Mensch & Politik

Sekundarstufe I

Sozialkunde
Rheinland Pfalz

Dr. Slobodan Comagic
Carsten Frigger
Werner Immesberger
Rainer Kohlhaas
Georg Mohr
Ursula Müller
Dr. Stefan Müller-Dittloff

Schroedel

Mensch & Politik

Sekundarstufe I

Sozialkunde
Rheinland-Pfalz

Dr. Slobodan Comagic
Carsten Frigger
Werner Immesberger
Rainer Kohlhaas
Georg Mohr
Ursula Müller
Dr. Stefan Müller-Dittloff

mit Beiträgen von
Susanne Egner
Anton Egner
Florian Grosch
Dr. Magdalena Heider
Dr. Dietrich Heither
Egbert Klöckner
Karl-Heinz Meyer
Werner Launhardt
Jürgen Westphal
Friedrich-Wilhelm Wedemeyer
Dr. Hartmann Wunderer

in Zusammenarbeit mit der Verlagsredaktion

© 2015 Bildungshaus Schulbuchverlage
Westermann Schroedel Diesterweg Schöningh Winklers GmbH, Braunschweig
www.schroedel.de

Das Werk und seine Teile sind urheberrechtlich geschützt. Jede Nutzung in anderen als den gesetzlich zugelassenen Fällen bedarf der vorherigen schriftlichen Einwilligung des Verlages. Hinweis zu § 52a UrhG: Weder das Werk noch seine Teile dürfen ohne eine solche Einwilligung gescannt und in ein Netzwerk eingestellt werden. Dies gilt auch für Intranets von Schulen und sonstigen Bildungseinrichtungen. Auf verschiedenen Seiten dieses Buches befinden sich Verweise (Links) auf Internet-Adressen. Haftungshinweis: Trotz sorgfältiger inhaltlicher Kontrolle wird die Haftung für die Inhalte der externen Seiten ausgeschlossen. Für den Inhalt dieser externen Seiten sind ausschließlich deren Betreiber verantwortlich. Sollten Sie bei dem angegebenen Inhalt des Anbieters dieser Seite auf kostenpflichtige, illegale oder anstößige Inhalte treffen, so bedauern wir dies ausdrücklich und bitten Sie, uns umgehend per E-Mail davon in Kenntnis zu setzen, damit beim Nachdruck der Verweis gelöscht wird.

Druck A[1] / Jahr 2016
Alle Drucke der Serie A sind im Unterricht parallel verwendbar.

Redaktion: Andrea Schulz
Layout: Jesse Konzept & Text, Hannover und Sandra Grünberg
Illustrationen: Ingo Römling, Frankfurt/M.
Umschlaggestaltung: Sandra Grünberg
Grafik: Langner & Partner, Hannover
Satz: Typo Concept GmbH, Hannover
Druck und Bindung: westermann druck GmbH, Braunschweig

ISBN 978-3-507-**11593**-4

Inhalt

Vorwort 5

Demokratie in der Schule und der Gemeinde

1. Leben in der Schule – fremd- oder selbstbestimmt? .. 8
2. Wahlen in der Schule –
   Wer eignet sich als Klassensprecher/-in? 10
   METHODE Die Klassenversammlung organisieren .. 13
3. Wie könnt ihr in der Schule mitbestimmen? 14
4. ERWEITERUNG Wie können Probleme
   und Konflikte gelöst werden? 16
   METHODE Streitschlichtung:
   Das Schlichtungsverfahren 17
   METHODE Richtiges Suchen im Internet 19
5. Was leistet die Gemeinde? 20
6. Wie plant die Gemeinde ihre Ausgaben? 22
7. Die Gemeinde muss haushalten 24
8. Wie wird die Kommune regiert? 26
   METHODE Expertenbefragung – Interview 27
9. VERTIEFUNG Politische Beteiligung durch Wahlen .. 28
   METHODE Rollenspiel:
   So arbeitet ein Gemeindeparlament 30
10. VERTIEFUNG Politische Beteiligung Jugendlicher 31
    PROJEKT Partizipation vor Ort: Jugendparlamente .. 32
11. ERWEITERUNG Bürgerinitiativen –
    Bürgerbeteiligung auf Zeit? 34
    KOMPETENT? 36

Familie in Gesellschaft und Staat

1. Welche Bedeutung hat die Familie heute? 40
   METHODE Auswertung von Grafiken 41
2. Wie erziehe ich richtig? 42
3. Welche Formen von Familien gibt es heute? 44
4. ERWEITERUNG Sind die Aufgaben
   in der Familie gerecht verteilt? 46
5. Fördert der Staat Familien ausreichend
   und sinnvoll? 48
6. VERTIEFUNG Kinderarmut – ein Skandal!? 50
   METHODE Erkundung:
   Ist unsere Stadt kinderfreundlich? 52
   KOMPETENT? 53

Leben in der Mediengesellschaft

1. Wie wichtig sind Medien für Jugendliche? 56
2. Was sind die Aufgaben der Medien
   in der Demokratie? 58

3. Zeitungsvergleich – wer berichtet wie? 60
   METHODE Zeitungsvergleich:
   Qualitäts- und Boulevardzeitungen 61
4. Woher kommen die Nachrichten? 62
   METHODE Die Klasse als Redaktion 63
5. VERTIEFUNG Medienkonzentration und
   Medienmacht – Gefahr für die Meinungsfreiheit? 64
6. ERWEITERUNG Das duale Rundfunksystem 68
7. ERWEITERUNG Politik und Medien –
   wer dominiert hier wen? 70
   METHODE Karikaturenanalyse 70
8. VERTIEFUNG Politik im Netz –
   Chance oder Gefahr für die Demokratie? 72
   METHODE Poster-Chat 73
   METHODE Der Nachrichten-Check 75
9. Wie kann ich mich vor den Gefahren
   im Netz schützen? 76
10. Was tun gegen Cyber-Mobbing? 78
11. Wie schütze ich meine persönlichen Daten? 80
    KOMPETENT? 82

Wirtschaft verstehen

1. Konsumieren – mehr als nur Geld ausgeben? 86
2. Werden wir durch Werbung informiert
   oder manipuliert? 88
   METHODE Werbematerial analysieren 90
3. ERWEITERUNG Click and Buy – einfach kaufen? 92
4. Wie vermeiden Jugendliche Schuldenfallen? 94
5. Wirtschaftet der Mensch, damit er leben kann? 96
6. Bewusst einkaufen – nachhaltig konsumieren? 100
7. Die Produktion unserer Güter:
   Input, Produktion und Output? 102
8. Die Konjunktur – ein ewiges Auf und Ab? 104
9. Der Wirtschaftskreislauf: Was sind die Chancen
   und Grenzen des Arbeitens mit Modellen? 106
10. Wer lenkt Produktion, Verteilung und Konsum? 108
11. Arbeitnehmer und Arbeitgeber – Sozialpartner? 112
12. Der Staat in der Wirtschaft 114
13. ERWEITERUNG Wie entfaltet sich
    der Sozialstaat in der Marktwirtschaft? 116
    METHODE Analyse komplexer Statistiken
    (Tabellen und Diagramme) 120
14. VERTIEFUNG Auf welche Veränderungen in
    der Arbeitswelt muss ich mich einstellen? 122
15. VERTIEFUNG Anders arbeiten –
    Herausforderungen heute 124
16. Welche Erfindungen könnten die Zukunft prägen? .. 126
17. VERTIEFUNG Wie besteht Deutschland
    in der globalisierten Welt? 128
    KOMPETENT? 132

Die politische Ordnung der Bundesrepublik Deutschland

1. Möglichkeiten politischer Beteiligung – mitmachen oder zuschauen? 136
2. Parteien: Brücke zwischen Bürgern und Staat? 138
3. Parteiprogramme: unverwechselbar oder alle gleich? 140
   METHODE Wahlplakate analysieren 142
4. Warum wählen? 144
5. Wählen als Mittel demokratischer Beteiligung 146
6. Ist unser Wahlrecht zu kompliziert? 148
7. Regierungsbildung: Welche Optionen gibt es nach der Wahl? 150
8. Die Bundesregierung – wer hat das Sagen? 152
9. Ist das Gesetzgebungsverfahren zu langwierig? 154
10. Ist der Abgeordnete frei in seinen Entscheidungen? 156
11. **ERWEITERUNG** Die parlamentarische Opposition: mächtig oder ohnmächtig? 158
12. Die Bundesländer im Bundesstaat: mehr Chancen durch Vielfalt? 160
    METHODE Fishbowl-Diskussion 161
13. Der Bundesrat: Mitwirkungs- oder Blockadeorgan der Landesregierungen? 162
14. **VERTIEFUNG** Der Bundespräsident: ein machtpolitisches Amt? 164
15. **VERTIEFUNG** Das Bundesverfassungsgericht: Machen Richter Politik? 166
16. **VERTIEFUNG** Direkte Demokratie: Soll das Volk mehr selbst entscheiden? 168
    METHODE Die Pro- und Kontra-Debatte 169
17. **ERWEITERUNG** Extremismus: Wie soll man gegen die Gefährdung der Demokratie wirksam vorgehen? 170
    KOMPETENT? 172

Recht und Rechtsprechung

1. Was sind die Rechte und Pflichten von Jugendlichen? 176
   METHODE Rechtstexte erfassen 178
   METHODE Die juristische Vorgehensweise 179
2. Was sind die Ursachen von Jugendkriminalität? 180
3. Jugendstrafrecht 182
   METHODE Rollenspiel: Gerichtsverhandlung 184
4. **ERWEITERUNG** Jugendstrafe und Jugendstrafvollzug – gibt es Alternativen? 186
5. Strafe und Strafvollzug 188
   METHODE Unterrichtsgang zu einer Gerichtsverhandlung 190
6. **ERWEITERUNG** Resozialisierung – Eine Herausforderung für den Einzelnen und die Gesellschaft? ... 191
7. Der Zivilprozess – wenn zwei sich streiten 192

8. **VERTIEFUNG** Menschenrechte – Grundrechte – Bürgerrechte 194
   KOMPETENT? 196

Politik in der EU: Welches Europa wollen wir?

1. Die EU im Alltag: Mehr Schutz und Freiheit oder Einengung und Gleichmacherei? 200
2. Ist der Gesetzgebungsprozess in der EU zu kompliziert? 202
3. Institutionen in der EU: Wer trifft die Entscheidungen? 204
4. Wahlen zum Europäischen Parlament: Wie kann die Wahlbeteiligung erhöht werden? 206
5. Politische Partizipation: Können sich die Bürger effektiv an der Politik der EU beteiligen? 208
6. **ERWEITERUNG** Wie soll die Finanzkrise in der Währungsunion bekämpft werden? 210
7. **VERTIEFUNG** Wo liegen die Grenzen und Möglichkeiten einer gemeinsamen Außenpolitik? ... 212
8. Soll die Türkei in die EU aufgenommen werden? 214
9. **ERWEITERUNG** Migration: Wie soll die EU mit Flüchtlingen umgehen? 216
   FÄCHERÜBERGREIFENDES SCHULPROJEKT Wie soll das Europa der Zukunft (2030) aussehen? ... 224
   METHODE Szenarien entwickeln 226
   KOMPETENT? 227

Frieden und Sicherheit

1. Was gefährdet den Frieden im 21. Jahrhundert? 230
2. Warum gibt es in Afghanistan Krieg? 232
3. Kann die UNO Frieden schaffen? 234
4. Kann die NATO für Sicherheit sorgen? 236
5. Hat das internationale Engagement Afghanistan Frieden gebracht? 238
6. **ERWEITERUNG** Soll die Bundeswehr verstärkt international eingesetzt werden? 240
7. **ERWEITERUNG** Können NGOs Frieden schaffen? ... 242
8. **VERTIEFUNG** Der Internationale Strafgerichtshof – effektives Instrument zur Verfolgung von Kriegsverbrechen? 244
9. **VERTIEFUNG** Wie können Kinder in Kriegszeiten geschützt werden? 246
   KOMPETENT? 247

Glossar 248
Stichwortverzeichnis 254
Bildquellenverzeichnis 256

Liebe Schülerinnen und Schüler,

mit „MENSCH & POLITIK" haltet ihr ein modernes Schulbuch für den Sozialkunde-Unterricht in euren Händen. Es bietet zuverlässige Informationen, verschafft Grundwissen und hilft, Zusammenhänge zu verstehen. MENSCH & POLITIK orientiert sich an den Vorgaben des Bildungsplans und ist darauf angelegt, die geforderten Kompetenzen im Fach Sozialkunde zu gewährleisten.

Wir möchten euch auf einige Besonderheiten von „MENSCH & POLITIK" hinweisen:

- Unsere Kapitel beginnen immer mit einer **Doppelseite (Auftaktseiten)**. Auf dieser wird – durch Bildmaterial und kurze Texte – der Einstieg in das Kapitel, in Kernthemen und -probleme ermöglicht.

- In der Regel gehen die Kapitel von **Fällen** und **Problemen** aus. Sie enthalten dabei alle nötigen Sachinformationen. Dabei werden die Themen überwiegend durch einen kurzen **Infotext** anmoderiert.

- Umfangreiche **Materialien** und konkrete **Aufgabenstellungen** ermöglichen ein selbstständiges Arbeiten.

M 1 Material

- ❗ Das **Ausrufezeichen** kennzeichnet **Kerninformationen** und **Materialien**, die sich gut zur Wiederholung und zur Vorbereitung von Leistungskontrollen eignen.

- Die **Aufgabenstellungen** des Buches lassen sich mithilfe der unterschiedlichen Farben **Kompetenzbereichen** zuordnen. Auf den Umschlagseiten am Ende des Buches findet ihr eine Übersicht der Aufforderungsverben **(Operatoren)**, mit denen die jeweiligen Anforderungen der Aufgaben genau definiert werden. Einige Aufgaben können auch mehreren Kompetenzbereichen zugeordnet werden. In diesen Fällen haben wir uns bei der Zuordnung für die Kompetenz entschieden, bei der in unseren Augen der Schwerpunkt der Kompetenzerwartung liegt.

  1 Sachkompetenz
  2 Kommunikationskompetenz
  3 Urteilskompetenz
  4 Handlungskompetenz
  5 Methodenkompetenz

- Am Rand stehen wichtige Informationen, Tipps und Internetlinks. Der Glossarverweis teilt euch mit, welche Begriffe im Anhang zu finden sind.

  INTERNET　　**GLOSSAR**

- Seitenverweise helfen euch dabei, thematische und methodische Querbezüge zu erkennen.

  ◂◂ Expertenbefragung, S. 27　　▸▸ Der Staat in der Wirtschaft S. 114f.

- Der Band legt einen Schwerpunkt auf **methodenorientiertes Lernen**. Auf farbig unterlegten Methodenseiten werden spezielle Arbeitsweisen vorgestellt und an Beispielen erklärt. In den einzelnen Aufgaben wird immer wieder auf diese Methodenseiten verwiesen.

  METHODE

- Auf einigen Seiten findet ihr **Webcodes**, über die verständliche **Filme** und andere **Materialien** zu wichtigen Themen und Grundbegriffen direkt abgerufen werden können. Den Webcode bitte einfach ins Suchfeld bei *schroedel.de* eingeben.

  💻 **WEBCODE**
  SDL-11593-401

- Zum Abschluss jedes Kapitels könnt ihr auf der **Kompetent?-Seite** euer durch die Arbeit mit den Materialien erworbenes Wissen und Können überprüfen.

  KOMPETENT?

- Am Ende des Buches gibt es ein detailliertes **Stichwortverzeichnis** mit Seitenverweisen sowie ein ausführliches **Glossar** mit Begriffserklärungen.

Wir, die Autorinnen und Autoren des Buches, sind langjährig erfahrene und junge Lehrerinnen und Lehrer aus Rheinland-Pfalz. Wir sind dankbar für Rückmeldungen. Richtet diese bitte an den Schroedel Verlag in Braunschweig: info@schroedel.de

Demokratie in der Schule und der Gemeinde

„Wer die Lebenslaufbahn seiner Kinder zu verpfuschen gedenkt, der räume ihnen alle Hindernisse weg."

Emil Oesch (1894–1974)

„Demokratie heißt, sich in seine eigenen Angelegenheiten einzumischen."

Max Frisch (1911–1991)

1. Leben in der Schule – fremd- oder selbstbestimmt?

Zeichnung nach: Gerhard Mester

M 1 Aus einer Umfrage

Jeder von euch erlebt Schule anders, darum sind Aussagen über Schulerfahrungen oft widersprüchlich. Die eigenen Erlebnisse und Erfahrungen prägen jedoch nicht nur die Ein-
5 stellung zur Schule, sondern auch gegenüber dem Lernen.
Wir haben dazu eine aktuelle Umfrage an acht Schulen mit insgesamt 951 Schülerinnen und Schülern zwischen 10 und 18 Jahren aus
10 den Schulformen Gymnasium und IGS durchgeführt. Im Jahr 2014 erleben demnach 63,2 % den Schulalltag als öde oder langweilig. 24,1 % verbinden den Aufenthalt in der Schule mit positiven Attributen wie interessant oder lus-
15 tig. Bei der Bewertung der Lehrerinnen und Lehrer gaben die unter 14-Jährigen die Schulnote 3,0; während die über 14-Jährigen die Note 2,8 vergaben. Erwartet wird, dass sich die Lehrpersonen fair verhalten (92,3 %) und
20 den Lernstoff verständlich vermitteln. 47,4 % der Schüler erwarten, dass auf ihre Stärken und Schwächen eingegangen wird. Auch wollen 76 %, dass die Lehrer den Lernstoff beherrschen. Dabei wünschen sich 48,8 % Unter-
25 richt in Kleingruppen, nur 33,6 % bevorzugen den Frontalunterricht. Allerdings wollen noch weniger die Einzelarbeit.

Autorentext

M 2 Schülerinnen und Schüler bewerten Schule

Ein Tag in der Schule ist für dich ...
(nur ein Kreuz machen)
☐ so schön, wie einen Tag am Strand zu verbringen
☐ so lustig, wie einen Tag mit deinen Freundinnen und Freunden zu verbringen
☐ so unerträglich, wie einen Tag in der Folterkammer zu verbringen
☐ so Angst machend, wie eine Nacht alleine in einem dunklen Wald zu verbringen
☐ so interessant, wie einen Tag in deiner Lieblingsstadt zu verbringen
☐ so öde, wie einen Tag in einem langweiligen Museum zu verbringen.

Es gibt in der Schule verschiedene Möglichkeiten zu lernen. Welche gefällt dir am besten? (nur ein Kreuz machen)
☐ Frontalunterricht: der/die Lehrende steht vor der Klasse und stellt die Inhalte dar
☐ Gruppenunterricht: in einer kleinen Gruppe von etwa 6 Leuten eine Aufgabe selbstständig bearbeiten
☐ Einzelarbeit: alleine und eigenständig an einem Thema arbeiten

Welche Gesamtnoten gibst du deinen Lehrerinnen und Lehrern?
sehr gut (1)   gut (2)
befriedigend (3) ausreichend (4)
mangelhaft (5)   ungenügend (6)

Was wünschst du dir von Personen (Lehrern, Trainern ...), die dein Wissen erweitern sollen?
(auch mehrere Kreuze möglich)
☐ Sie sollen auf meine Wünsche eingehen.
☐ Sie sollen auf meine Schwächen eingehen.
☐ Sie sollen auf meine Stärken eingehen.
☐ Sie sollen sich fair verhalten.
☐ Sie sollen streng sein.
☐ Sie sollen den Lernstoff verständlich vermitteln.
☐ Sie sollen den Lernstoff beherrschen.
☐ Sie sollen auch mal Druck ausüben.

M 3 Schule um 1900

Die Kinder sitzen während des mündlichen Unterrichts in Reihen und angelehnt. Die Hände liegen gefaltet auf dem Tische. Zweckmäßiger erscheint es noch, [...] die Kinder nach vorn geneigt sitzen zu lassen, sodass sie die Unterarme waagerecht in Richtung des Schultisches neben- oder übereinander auf demselben liegen haben. [...] Die Füße stehen parallel auf dem Tritte oder dem Fußboden. Das Auge ist auf den Lehrer gerichtet. Alles Umsehen, Sprechen mit dem Nachbarn, Spielen mit den Fingern ist nicht zu dulden. Das Melden geschieht mit dem Zeigefinger der rechten Hand; sie darf dabei nicht von der anderen unterstützt werden. Beim Antworten hat sich das Kind zu erheben, gerade zu stehen, die Hände ruhig zu halten, in vollständigen Sätzen laut und rein zu sprechen. [...]

Das Aufnehmen der Tafeln und Bücher geschieht von der ganzen Klasse auf Kommando, ebenso das Weglegen.
Das Schreib- und Zeichenmaterial ist vor Beginn der Lehrstunde von dem Lehrer nach Brauchbarkeit und Zweckmäßigkeit zu prüfen. Man verlange lange, bequeme Stifte. [...] Schreibe- und Zeichenbücher werden nach Zählen zusammengenommen. Auf „eins" fassen alle Schüler das zugemachte Buch an, auf „zwei" schiebt der letzte einer Bank das seinige dem Nachbarn zu, der beide auf „drei" weiter befördert usw. Die Reihenfolge der zusammengelegten Bücher muss der Reihenfolge der Schüler entsprechen.

Nadler, Friedrich: Ratgeber für Volksschullehrer. 6. Auflage 1900, S. 226 ff.

M 4 Gemeinsame Erziehungsverantwortung

Erziehungsverantwortung ist eine gemeinsame Aufgabe von Elternhaus und Schule und ein unverzichtbarer Auftrag der Gesellschaft. [...] Das im Grundgesetz vorgegebene Erziehungsrecht und die Erziehungspflicht der Eltern (Art. 6) und der in den Länderverfassungen und Schulgesetzen niedergelegte Erziehungsauftrag der Schule ergänzen sich und bedürfen gegenseitiger Rücksichtnahme und vertrauensvoller gemeinsamer Erfüllung und Verantwortung. [...]
Im Dialog Erziehungsziele und deren Prioritäten zu definieren und die zu beschreibenden Wege gemeinsam zu verantworten, ist die Aufgabe von heute. Leistungsentwicklung, Persönlichkeitsentwicklung und die Verständigung auf einen gelebten Grundkonsens im Umgang miteinander sind die Leitmotive.

Zur Erreichung dieser Ziele wollen wir folgende Grundprinzipien beachten:
- Respekt vor der Würde des Menschen;
- Mündigkeit des Menschen;
- Verantwortung jedes Einzelnen;
- Verpflichtung zur Leistung entsprechend den individuellen Fähigkeiten;
- gegenseitige Unterstützung und Rücksichtnahme;
- Kommunikation als Voraussetzung für partnerschaftliche Zusammenarbeit und Zusammenleben;
- Toleranz im direkten Miteinander wie in weltanschaulicher Auseinandersetzung;
- Erhaltung einer gemeinsamen Ordnung zur Sicherung der individuellen Freiheit.

Bonner Erklärung der KMK vom 3.12.2003

GLOSSAR

Demokratie

---

1 Beantwortet die Fragen aus M 2, stellt das Klassenergebnis zusammen und vergleicht es mit den Ergebnissen in M 1. Formuliert weitere Fragen zum Thema Schule und lasst über diese geheim abstimmen. Beurteilt, wie die Klasse eure Schule sieht.
2 Analysiert die Ratschläge von 1900 (M 3). Was sollten sie erreichen?
3 Vergleicht die damalige mit der heutigen Schule – haltet eure Ergebnisse fest.
4 Diskutiert, wie Erziehung in der Schule und im Elternhaus mit dem Alltagsleben zusammenhängen (M 4).

2. Wahlen in der Schule – Wer eignet sich als Klassensprecher/-in?

„Die eigentliche SV-Arbeit wird bei uns von Freiwilligen gemacht. Das Problem ist: Klassensprecher- und Stufensprecher-Wahlen sind immer Beliebtheitswahlen. Das kann keine Schule von sich abstreiten. Also das hübscheste Mädchen und der süßeste Junge oder so. Für die SV brauchen wir aber Schüler, die wirklich Lust haben mitzuarbeiten."

▶▶ Wie können Probleme und Konflikte gelöst werden?, S. 16 f.

▶▶ Wählen als Mittel demokratischer Beteiligung, S. 146 f.

Seit ihr zur Schule geht, kennt ihr das Amt des Klassensprechers und des Stellvertreters. Beide vertreten die Interessen der Klasse und geben Vorschläge, Wünsche oder Beschwerden von Einzelnen oder der ganzen Klasse nach „außen" weiter, z. B. an die Lehrer, Schulleiter oder Verbindungslehrer. Zusammen sind beide auch Mitglieder der Versammlung der Klassensprecher und der Versammlung der Schüler. Innerhalb der Klasse sollen sie Anregungen und Kritikpunkte von Einzelnen, von Teilen oder der Mehrheit der Klasse aufgreifen und in Klassengesprächen zur Diskussion stellen. Bei Streit unter Schülern sollen sie vermitteln, ausgleichen, falls nötig unter Hinzuziehung schulinterner Streitschlichter. Eventuell habt ihr die Klassensprecher bisher „offen" gewählt, das heißt nicht geheim. Demokratischer ist es, eure Vertreter, die vorgeschlagenen Kandidaten und Kandidatinnen, in mehreren Wahlgängen, geheim mit jeweils einer Stimme pro Person zu wählen. Manchen mag es zu aufwendig scheinen, aber es ist schließlich ein im Schulgesetz vorgesehenes Amt und somit euer Recht, dieses Amt zu besetzen. Deshalb sollte man vorher überlegen, was zu diesem Amt gehört und welche Voraussetzungen ein Klassensprecher mitbringt.

M 1 Ein Beispiel aus dem Schulalltag

Die Schüler der Klasse 9b sind aufgebracht. Die Klasse soll eine schriftliche Überprüfung in Sozialkunde schreiben. Dabei hat sie gerade eine Überprüfung in Physik hinter sich.
5 Frau Müller, die Sozialkundelehrerin, ist auch verärgert. Sie hat die Überprüfung letzten Freitag angekündigt und in die Übersicht im Lehrerzimmer eingetragen. Von Physik hatte dort nichts gestanden. Sie wirft der Klasse
10 vor, dass sie dem Physiklehrer nichts von der Sozialkundeüberprüfung gesagt habe. Aber die Klasse wehrt sich. Sie habe ja nicht gewusst, an welchem Tag Sozialkunde geschrieben werde, und für einige von ihnen sei die
15 Überprüfung in Physik wichtig. Schließlich sei in der nächsten Woche Zeugniskonferenz und einige hätten so ihre Noten noch verbessern wollen. Am Donnerstag werde schon eine Deutscharbeit geschrieben, sodass heute 20 wirklich der letzte Termin für Physik gewesen sei. Sozialkunde könne ja noch am Freitag geschrieben werden. Genau das werde sie nicht tun, eiferte sich Frau Müller. Schließlich sei sie im Recht und für Freitag sei auch 25 schon Erdkunde eingetragen. Die Klasse ist bestürzt. Davon weiß sie noch gar nichts. Es müsse heute geschrieben werden. Und mit den Worten „Holt eure Stifte heraus" beginnt sie, die Aufgabenstellung auszuteilen. Da meldet sich Janna, die Klassensprecherin ... 30

1 Prüft, ob es rechtmäßig ist, die Arbeit in Sozialkunde zu schreiben (M 1, M 2).
2 Entwickelt eine Strategie, wie die Klasse sich verhalten könnte, falls die Lehrerin sich durchsetzt.

M2 · Aus der Schulordnung von Rheinland-Pfalz

§ 52 Klassen- und Kursarbeiten, schriftliche Überprüfungen

(1) Klassen- und Kursarbeiten sowie die schriftliche Überprüfung dienen der individuellen Leistungsfeststellung und Leistungsbeurteilung.

(3) Die Klassen- oder Kursarbeiten eines Fachs sind entsprechend dem Fortgang des Lernprozesses gleichmäßig auf das Schuljahr zu verteilen. Zu Beginn des Schulhalbjahres wird bekannt gegeben, in welchen Zeiträumen voraussichtlich Klassen- oder Kursarbeiten vorgesehen sind.

(4) In Fächern, in denen keine Klassen- oder Kursarbeiten vorgesehen sind, kann in jedem Schulhalbjahr eine schriftliche Überprüfung angesetzt werden. Die schriftliche Überprüfung erstreckt sich höchstens auf die Unterrichtsinhalte der letzten zehn Unterrichtsstunden, darf bis zu 30 Minuten dauern und nicht in den letzten vier Wochen vor der Zeugniskonferenz geschrieben werden. In Fächern, in denen Klassen- oder Kursarbeiten vorgesehen sind, sind schriftliche Überprüfungen nicht zulässig.

(5) Mehr als insgesamt drei Klassen- oder Kursarbeiten oder schriftliche Überprüfungen an sechs aufeinanderfolgenden Kalendertagen dürfen nicht gefordert werden.

(6) An einem Unterrichtstag darf nur eine Klassen- oder Kursarbeit oder schriftliche Überprüfung gefordert werden.

(7) Am letzten Unterrichtstag vor und in der jeweils ersten Fachstunde nach den Ferien darf keine Klassen- oder Kursarbeit oder schriftliche Überprüfung gefordert werden.

(8) Die Termine der Klassen- oder Kursarbeiten und schriftl. Überprüfungen werden mindestens eine Woche vorher bekannt gegeben.

Gesetz- und Verordnungsblatt für das Land Rheinland-Pfalz 2009

M3 · Eigenschaften und Aufgaben eines Klassensprechers

Welche Aussagen über den Klassensprecher treffen zu?	sehr wichtig	wichtig	unwichtig
1. Sie sollte den anderen ein Vorbild sein.	○	○	○
2. Er darf nie seine Aufgaben oder sonst etwas vergessen.	○	○	○
3. Sie sollte sich gut ausdrücken können.	○	○	○
4. Er muss unbedingt ein Junge sein.	○	○	○
5. Sie muss, wenn der Lehrer nicht da ist, für Ruhe sorgen.	○	○	○
6. Er sollte den Tafel- und Ordnungsdienst überwachen.	○	○	○
7. Sie sollte keine Angst haben.	○	○	○
8. Er bringt recht gute Leistungen.	○	○	○
9. Sie sollte die SV-Ordnung und die Hausordnung besonders gut kennen.	○	○	○
10. Er darf nie stören oder unangenehm auffallen.	○	○	○
11. Sie muss sich für die Klasse einsetzen.	○	○	○
12. Er muss in der Klasse beliebt sein.	○	○	○
13. Sie holt die Karten und führt das Klassenbuch.	○	○	○
14. Er unterstützt den Klassenlehrer beim Einsammeln von Geld, Formularen ...	○	○	○
15. Sie informiert den Schulleiter über alles, was in der Klasse passiert.	○	○	○
16. Die ganze Klasse unterstützt sie/ihn bei seiner/ihrer Arbeit.	○	○	○
17. Er bespricht Probleme mit dem Klassenlehrer, dem Vertrauenslehrer und besucht die SV-Sitzungen.	○	○	○
18. Sie ist, wenn es sein muss, verschwiegen und man kann ihr vertrauen.	○	○	○
19. Er informiert die Klasse über schulische Dinge (Vertretungen, Veranstaltungen, Mitteilungen).	○	○	○
20. Sie führt von allen Stunden Protokolle für die Fehlenden.	○	○	○
21. Er engagiert sich bei Aktionen der SV in besonderem Maße.	○	○	○
22. Sie hält regelmäßig Klassenversammlungen ab.	○	○	○

*Nach: Forum Schule, Zeitschrift des Landesinstituts NRW in Soest, Heft 3, 2001,
in: Wochenschau Nr. 6, 2002, „Partizipation – teilnehmen und mitmachen", S. 222*

GLOSSAR
Demokratie
Grundgesetz

M4 Demokratie erleben im „gestalteten Wahlverfahren"

Bei der Klassensprecherwahl solltet ihr folgende Punkte beachten:
- Wahltermin.
- Einladung zur Wahl, wobei der Klassensprecher des Vorjahres oder der Klassenlehrer zur Wahl einlädt. Einer förmlichen, also schriftlichen Einladung bedarf es nicht.
- Wahlleiter ist der einladende Klassensprecher oder der Klassenlehrer.
- Stimmzettel für die Wahl: Sie sollten zwei Wochen lang von demjenigen aufbewahrt werden, der die Wahl geleitet hat, weil nach Ablauf dieser Frist gegen die Wahl kein Einspruch mehr eingelegt werden kann.
- Zu wählen sind der Klassensprecher/die Klassensprecherin und sein(e) Vertreter.
- Protokollführer kann nicht der Wahlleiter sein; er muss einen Mitschüler auswählen.
- Das Wahlprotokoll sollte folgende Angaben enthalten: Wahlzeitpunkt, Zahl der Stimmberechtigten, Name der Kandidaten für das jeweilige Amt, Wahlergebnis, Festlegung, ob der/die Gewählte das Amt angenommen hat.
- Das Wahlprotokoll sollte die/der Klassensprecher/in bis zur Neuwahl im nächsten Schuljahr aufbewahren; diese Aufgabe kann auch die Schülervertretung zentral für alle Klassen übernehmen. Das Protokoll sollte außerdem vom Protokollführer und vom gewählten neuen Klassensprecher unterschrieben werden.
- Die Amtsdauer erstreckt sich bis zum Ende des Schuljahres. Die Klassensprecherin ist so lange Mitglied des Schülerrates, bis im nächsten Jahr der neue Schülerrat zusammentritt. Die Wiederwahl des alten Klassensprechers ist möglich.
- Ist eine Klasse im Laufe des Schuljahres mit ihrem Klassensprecher nicht mehr zufrieden, kann sie mit Zweidrittelmehrheit der Anwesenden einen Nachfolger wählen.
- Wie soll abgestimmt werden? Offen oder geheim?
- Zählen nur Ja/Nein-Stimmen oder auch Enthaltungen?
- Wer gilt mit wie vielen Stimmen als gewählt?

Stimmzettel für die Klassensprecherwahl der Klasse _____

am _____

Erster Wahlgang: Klassensprecher/in

1. Stimme: _____   2. Stimme _____

Zweiter Wahlgang: Stellvertreter/in

1. Stimme: _____   2. Stimme _____

So könnte ein Stimmzettel für die Klassensprecherwahl aussehen.

1 Diskutiert in eurer Klasse, welche Eigenschaften eines Klassensprechers/einer Klassensprecherin ihr für die wichtigsten haltet, und erstellt auf einer Folie eine Rangfolge. Beurteilt, ob das Amt etwas für euch wäre (M3).

2 Erläutert, warum die Klassensprecherwahl nach den Grundsätzen in M4 durchgeführt werden sollte.

Die Klassenversammlung organisieren

METHODE

Den Klassensprechern obliegt es, die Klassenversammlung zu leiten. Damit die Moderation gelingt, müssen zunächst allgemeine Regeln für die Diskussion und die Abstimmung beschlossen werden. Die jeweilige Stunde sollte gut vorbereitet sein. Ein guter Klassensprecher verfügt dabei über einige „Moderationstechniken", die sie oder er sich im Laufe der Jahre aneignet.

Allgemeine Regeln für die Diskussion und Abstimmung:
- Jede/r hat Rederecht.
- Jede/r muss sich melden.
- Eine Redeliste wird nach der Reihenfolge der Meldungen geführt.
- Jede/r darf ausreden.
- Persönliche Beleidigungen sind verboten.
- Über Abwesende sollte nicht gesprochen werden.
- Beschlüsse werden mit einfacher Mehrheit gefasst.
- Für besonders wichtige Beschlüsse kann eine 2/3-Mehrheit erforderlich sein.

Folgende Ämter sind jeweils (neu) zu besetzen:
Führung der Redeliste – Zeitwächter – Protokollantin – Beobachter

Vorbereitung einer Sitzung:
Es ist sinnvoll, im Vorfeld allen die Möglichkeit zu geben, Wünsche, Themenvorschläge, Probleme oder Fragen zu notieren. Dies kann in Form einer Wandzeitung (öffentlich) oder eines „Briefkastens" (nicht-öffentlich) geschehen.
Aus diesen Vorschlägen erstellen die Klassensprecher die Tagesordnung (TO) – am besten mit Zeitvorgaben. An erster Stelle der TO steht dabei das Protokoll der letzten Sitzung. Mit der Tagesordnung wird auch der aktuelle Protokollant der Sitzung (nach alphabetischer Reihenfolge) bestimmt.

Durchführung einer Sitzung:
Die Leitung (**Klassensprecher/in**) eröffnet die Sitzung und fragt zunächst, ob alle Teilnehmer mit der Tagesordnung einverstanden sind. Mögliche Änderungen werden festgehalten. Anschließend wird über das Protokoll der letzten Stunde abgestimmt. Dann werden die einzelnen Punkte der Tagesordnung unter Leitung des Klassensprechers abgearbeitet.
Durch das **Führen einer Redeliste** ist garantiert, dass alle nach Eingang der Meldungen drankommen.
Ein **Zeitwächter** achtet darauf, dass die Zeitvorgaben der einzelnen Tagesordnungspunkte eingehalten werden.
(Mögliche) Beobachter notieren Störungen der Diskussion und bringen diese gegebenenfalls am Ende der Sitzung zur Sprache.
Der **Protokollant** notiert die Beschlüsse und Abstimmungsergebnisse (Ergebnisprotokoll). Das zu Hause erstellte Protokoll wird abschließend im Protokollordner abgeheftet.

Die Sitzung nachbereiten:
Die in der Klasse zugänglichen Protokolle werden herangezogen, um zu überprüfen, ob Beschlüsse eingehalten werden. Sie dienen auch zur Vorbereitung der nächsten Sitzungen.

1 Erarbeitet gemeinsam, was für eine Klassenversammlung spricht, und beurteilt, ob sie der demokratischen Mitentscheidung dient.

3. Wie könnt ihr in der Schule mitbestimmen?

M1 Mitbestimmung

„Immer weniger Schüler engagierten sich", klagt ein Verbindungslehrer.
Schülersprecherin Helena beklagt sich über die fehlende Wertschätzung ihrer Mitschüler. Alexander Becker, der Schülersprecher, meint: „Den Schulleitungen sind wir lästig und uns werden Informationen vorenthalten".
Ein anderer Schülersprecher äußert sich enttäuscht, dass die Schülerzeitung kontrolliert wird und dass die Lehrer nicht wollen, dass Unterricht für die Vertretungsarbeit ausfällt.

Autorentext

M2 Mitbestimmungsmöglichkeiten im Unterricht

Befragt wurden 10 856 Schülerinnen und Schüler	keine Mitwirkung		Mitwirkung	
Wie wirst du bei folgenden Dingen im Unterricht einbezogen?	… werde ich gar nicht einbezogen.	… werde ich informiert.	… kann ich meine Meinung sagen.	… kann ich mitbestimmen.
	Angaben jeweils in %			
Bei der Festlegung der Hausaufgaben …	54,6	21,1	14,7	9,6
Bei der Leistungsbewertung/Notengebung …	43,8	20,3	26,0	10,0
Bei der Auswahl von Unterrichtsthemen …	26,2	22,6	34,5	16,7
Bei der Gestaltung des Unterrichts …	31,2	14,3	34,9	19,6
Bei der Festlegung von Regeln im Unterricht …	30,0	19,0	28,9	22,2
Bei der Festlegung von Terminen für Klassenarbeiten …	28,0	22,9	23,8	25,3
Bei der Auswahl von Klassenfahrtszielen …	12,9	14,6	32,7	39,7
Bei der Ausgestaltung des Klassenzimmers …	15,0	11,9	33,1	40,0
Bei der Sitzordnung im Klassenzimmer …	10,8	12,6	32,7	43,8
Mittelwert	**28,1**	**17,7**	**29,0**	**25,2**

Partizipation von Kindern und Jugendlichen in Deutschland, Bertelsmann Stiftung (Hrsg.) 2008, S. 46, auf: https://www.bertelsmann-stiftung.de/de/publikationen/publikation/did/partizipation-von-kindern-und-jugendlichen-in-deutschland/

M3 Verwaltungsvorschrift des Ministeriums

1.2.1 Mitglieder der Schülervertretung sollen von der Schulleitung im notwendigen Umfang für ihre Tätigkeit und für ihre Fortbildung für diese Aufgabe freigestellt werden.
1.3.1 Wegen der Tätigkeit als Vertretung für die Schülerschaft darf kein Schüler benachteiligt werden. Auf Antrag der Schülerin ist die Tätigkeit als Vertretung für Schüler im Zeugnis zu vermerken. Wegen einer Tätigkeit als Vertretung für Schülerinnen entschuldigte Fehlzeiten im Unterricht werden im Zeugnis nicht vermerkt.
1.6.1 Der Vertretung für Schüler steht zur Erfüllung ihrer Aufgaben eine Mitteilungsmöglichkeit zur Verfügung. Die Verantwortung für das Mitteilungsbrett trägt die Vertre-

GLOSSAR
Partizipation

Wie könnt ihr in der Schule mitbestimmen? 15

tung für Schülerinnen. Aushänge bedürfen [...] nur eines Sichtvermerks der Schülersprecher.
2.1.1 Der Vorstand der Vertretung der Schülerinnen wird über alle die Schülerschaft betreffenden Belange informiert und in die Entscheidungsfindung einbezogen. [...] Die Schulleitung unterrichtet die Versammlung der Klassensprecher über alle die Schüler betreffenden Vorschriften (Rundschreiben, Verwaltungsvorschriften, Verordnungen, Gesetze) und erläutert sie. [...] Die Vertretung für Schülerinnen hat das Recht, mit den Vertreterinnen der Schulbehörde, insbesondere auch bei deren Schulbesuchen, zu sprechen. Die Besuche sind der Vertretung für Schüler von der Schulleitung rechtzeitig anzukündigen.
2.6.1 An allen Konferenzen, mit Ausnahme der Zeugnis- und Versetzungskonferenzen, können die Schülersprecher bzw. der Vorstand der Vertretung für Schülerinnen und die weiteren Schülervertreterinnen im Schulausschuss mit beratender Stimme teilnehmen und Angelegenheiten zur Sprache bringen, die zur Zuständigkeit der Konferenz gehören.
3.1.1 Die Verbindungslehrerin arbeitet konstruktiv mit der Vertretung für Schüler zusammen; sie oder er hat die Aufgabe, sich für die Belange der Vertretung für Schülerinnen einzusetzen sowie die Schüler in Fragen der Vertretung für Schülerinnen zu beraten und zu fördern und bei Konfliktfällen zu vermitteln, bevor der Schulausschuss angerufen wird. In Erfüllung dieser Aufgaben wird der Verbindungslehrer von allen schulischen Beteiligten, vor allem von der Schulleitung und dem Kollegium unterstützt.

Verwaltungsvorschrift des Ministeriums für Bildung, Wissenschaft, Weiterbildung und Kultur Rheinland-Pfalz

Wer entscheidet?

Die Klasse wählt die Klassensprecher/-innen, – soweit alles klar. Bei den meisten anderen Ämtern gibt es laut Schulgesetz hingegen zwei verschiedene Möglichkeiten. Entweder wählt die Klassensprecher/-innenversammlung (KSV) oder die Schüler/-innenvollversammlung (SVV). Natürlich haben beide Möglichkeiten Vor- und Nachteile.

Grundsätzlich gibt es auch zwei verschiedene Arten, um einen SV-Vorstand zu wählen:
Die **Teamwahl**: Vor der Wahl finden sich verschiedene Teams zusammen. Die Teams bestimmen vorab, wer Schülersprecher und Stellvertreter werden soll, wenn das Team gewählt wird. Außerdem können vorher verschiedene andere Ämter oder „Beauftragte" für bestimmte Themenbereiche festgelegt werden. Die Teams können sich auch ein Wahlprogramm geben.
Die **Personenwahl**: Es wird kein gesamtes Team gewählt, sondern einzelne SchülerInnen werden in den SV-Vorstand oder direkt in die Ämter gewählt, für die sie kandidieren. Nach der Wahl bilden die gewählten Schüler zusammen den SV-Vorstand. Auch hier haben beide Möglichkeiten Vor- und Nachteile.

Nach: LandeschülerInnenvertretung Rheinland-Pfalz; www.lsvrlp.de

1 Vergleicht die Ergebnisse aus M 2 mit euren eigenen Erfahrungen.
2 Benennt die in M 1 genannten Probleme und überprüft mithilfe des Schulgesetzes eures Bundeslandes und M 3, ob gegen das Recht der Schüler verstoßen wurde.
3 Ladet euren Schülersprecher zu einem Interview ein und erfragt, wie die Beteiligungsmöglichkeiten an eurer Schule gesehen werden. Was sind erfolgreiche Projekte bzw. Schwierigkeiten an eurer Schule?
4 Benennt Argumente für die direkte Wahl der Schülersprecherin durch die Schülerschaft und für die Wahl durch die Klassensprecherversammlung. Recherchiert in diesem Zusammenhang die Vor- und Nachteile einer Team- bzw. Personenwahl (M 4).
5 Recherchiert zu einem aktuellen Fallbeispiel die Mitwirkungsmöglichkeiten eurer Landesschülervertretung.

Schulgesetz Rheinland-Pfalz
§ 31 – § 36 des SchulG vom März 2004

Schulgesetz Saarland
Gesetz Nr. 994 über die Mitbestimmung und Mitwirkung im Schulwesen – Schulmitbestimmungsgesetz (SchumG)

INTERNET
www.lsvrlp.de,
www.derklassenrat.de

4. Wie können Probleme und Konflikte gelöst werden?

Überall, wo Menschen zusammentreffen und zusammenleben, treffen auch viele unterschiedliche Interessen, Bedürfnisse, Meinungen und Einstellungen aufeinander. Wenn diese einander widersprechen, entstehen oft Streitigkeiten. Deshalb gibt es überall Regeln, die dazu beitragen sollen, Konflikte nicht entstehen zu lassen bzw. zu entschärfen oder auch zu lösen.

Zu diesen Regeln gehören zum Beispiel Gesetze. Ihr habt schon verschiedene Gesetze (Grundgesetz, Schulgesetz, Schulordnung, Hausordnung …) kennengelernt, welche das Miteinander in der Schule regeln, ordnen und lösen sollen. Denn auch im Schulleben kommt es häufig zu Konflikten zwischen den einzelnen Akteuren, wie Schülern/Schülerinnen untereinander oder auch zwischen Lehrer/Lehrerinnen auf der einen Seite und Schülern/Schülerinnen auf der anderen Seite.

Manche Konflikte sind unvermeidlich, andere sind hingegen unnötig. Die folgenden Schul- und Alltagssituationen zeigen, wie Streitfälle entstehen können. Immer bestimmt dabei das Verhalten der Beteiligten den Verlauf. Die Frage ist: Wie kann mit Konflikten sinnvoll umgegangen werden? Und ab wann kann überhaupt von einem Konflikt gesprochen werden?

M 1 Zwei Esel

M 2 Was ist ein Konflikt?

1. Christine sieht schlecht und muss eine Brille tragen. Ralf lacht sie immer aus.
2. Bei den Bundesjugendspielen laufen Jan, Phillip und Marco im 100-Meter-Lauf um die Wette. Jan will auf jeden Fall gewinnen.
3. Erik und Tom spielen Tischtennis auf dem Schulhof. Sie wollen Ahmed und Peter nicht mitspielen lassen.
4. David und Sahand sind in Mathematik die Besten in der Klasse. Sie lachen über andere, die nicht so schnell rechnen können. Tina ärgert sich darüber, sagt aber nichts.
5. Michael fährt in einem Kaufhaus mit dem Aufzug. Eine Frau tritt ihm mit ihren Stöckelschuhen auf seine neuen Schuhe.
6. Ramona und Florian sind befreundet. Ramona ist Vegetarierin. Beim Bummeln in der Stadt holt sich Florian eine Bratwurst.
7. Nicos Vater liebt klassische Musik und lehnt Rockmusik ab. Sie haben aber nur einen gemeinsamen CD-Player.
8. Die Klassenlehrerin fordert die Schüler immer auf, sich gegenseitig zu helfen. Peter hilft Annika im Physikunterricht bei einer schweren Aufgabe. Die Physiklehrerin schimpft und trägt Peter eine Fünf wegen Schwätzen ein.
9. Bei einem Boxkampf bluten beide Gegner. Aber sie machen weiter.
10. Michael stellt Eike ein Bein. Eike fällt hin und verletzt sich. Michael sagt, er habe nur Spaß machen wollen und es täte ihm leid.

Beispiele nach Kurt Faller/Wilfried Kerntke/Maria Wackmann: Konflikte selber lösen. Ein Trainingshandbuch für Mediation und Konfliktmanagement in Schule und Jugendarbeit, Mülheim a. d. Ruhr 2009, S. 42

Wie können Probleme und Konflikte gelöst werden? **17**

M 3 **Streitsituation in der Schule: „ßänk you"**

Lena aus der 8 b ist genervt. Ihre Erzfeindin Sophie hat ihr nicht nur das Thema New York vor der Nase weggeschnappt. Die Englischlehrerin hat Sophie auch noch in den höchsten
5 Tönen für ihr Referat gelobt, obwohl ihre Aussprache einfach unterirdisch ist.
In der Pause trifft Lena auf dem Schulhof Florian und Melanie aus der Parallelklasse. „Englisch war grässlich", berichtet sie und be-
10 ginnt damit, Sophie nachzuahmen. „Sis is everyßing about New York – ßänk you." Florian zückt sein Handy, um Lena als Sophie zu filmen. „Das müssen wir unbedingt posten!" ruft Melanie begeistert. „Was müsst ihr pos-
15 ten?", erklingt plötzlich eine Stimme. Hinter ihr steht Noemi, Sophies beste Freundin. „Das

hier", sagt Melanie trotzig und hält Noemi Florians Handy unter die Nase. Noemi ist geschockt. „Das könnt ihr doch nicht machen!", ruft sie ungläubig. „Versuch doch, mich daran 20 zu hindern!", erwidert Melanie. Das lässt Noemi sich nicht zweimal sagen. Sie versucht, Melanie das Handy wegzunehmen, was zu einem Handgemenge führt, bei dem beide zu Boden gehen. Dem Lehrer, der Pausenauf- 25 sicht hat, gelingt es zwar, die beiden zu trennen, doch an den Beschimpfungen, die hin und her fliegen, erkennt er, dass für die beiden Kontrahentinnen die Sache noch längst nicht erledigt ist. 30

Autorentext

▶▶ Was tun gegen Cyber-Mobbing?, S. 78 f.

Streitschlichtung: Das Schlichtungsverfahren

METHODE

1. Schlichtung einleiten:
Zu Beginn der Mediation verständigt sich der Streitschlichter mit den Konfliktparteien über die Gesprächsregeln und die Ziele der Mediation. Dabei wird die Vertraulichkeit des Gespräches zugesichert.

2. Sachverhalte vortragen und klären:
Nacheinander tragen die Konfliktparteien ihre Positionen vor. Der Vermittler sorgt dafür, dass die Kontrahenten ihre unterschiedliche Auffassung und Wahrnehmung klar und deutlich formulieren. Sie sollen sich gegenseitig verstehen, ein Stück „in den Schuhen des anderen laufen". So kommt es wieder zur Kommunikation zwischen ihnen.

3. Lösungen suchen:
Gemeinsam werden Lösungsmöglichkeiten gesucht. Dabei geht es um zwei Hauptfragen: „Was bin ich bereit zu tun?" und „Was erwarte ich vom anderen?" Beide erarbeiten eine Lösung, beide müssen mit der Lösung leben können.

4. Vereinbarungen treffen:
Am Ende der Mediation wird eine Vereinbarung getroffen. Diese wird von einem Protokollanten schriftlich festgehalten. Beide Kontrahenten unterschreiben diesen „Vertrag". Mit der Vereinbarung verbinden sich Wiedergutmachung, Versöhnung und künftiges Verhalten. Am Ende verabschiedet der Mediator die beiden Konfliktparteien.

Mediation
(lat.: Vermittlung) freiwilliges Verfahren zur Beilegung eines Konflikts mit Unterstützung einer dritten Person (Mediator)

Schlichter: ___ Termin der Schlichtung: ___

Konfliktpartei A: ___ Klasse: ___
Konfliktpartei B: ___ Klasse: ___

Sachverhalt:
___
___
___

Vereinbarung:
___
___

Wir nehmen die Vereinbarung an.

___ ___
(Konfliktpartei A) (Konfliktpartei B)

___
(Schlichter)

Ein Schlichtungsvertrag

||||**1** Interpretiert die Zeichnung (M 1). Formuliert eure Lösungsidee.
||||**2** Erklärt, welche der in M 2 beschriebenen Situationen ihr als „Konflikt" bezeichnen würdet.
||||**3** Beurteilt in der Klasse gemeinsam eure Entscheidungen und diskutiert, aus welchen Beschreibungen ein Streit entstehen könnte (M 2).
||||**4** Erklärt euch gegenseitig die Methode der Streitschlichtung. Falls ihr Streitschlichter in der Schule habt, ladet sie ein und interviewt sie über ihre Arbeit.
||||**5** Spielt den Konflikt (M 3) nach. Erarbeitet mithilfe der Methode arbeitsteilig eine Lösung und stellt diese vor. Einigt euch abschließend als Klasse auf die beste Lösung.

DEMOKRATIE IN DER SCHULE UND DER GEMEINDE

M4 Win-win-Strategie

GLOSSAR
Gesetze
Konflikt

Eine Win-win-Strategie, auch als Doppelsieg-Strategie bekannt, hat das Ziel, dass alle Beteiligten und Betroffenen einen Nutzen erzielen. Jeder Verhandlungspartner respektiert auch sein Gegenüber und versucht, dessen Interessen ausreichend zu berücksichtigen. Es wird von gleichwertigen Partnern um einen für beide Seiten positiven Interessenausgleich gerungen. Die Auswirkungen auf Dritte sind dabei zu berücksichtigen. Diese Strategie ist eher auf langfristigen nachhaltigen Erfolg und auf langfristige Zusammenarbeit, als auf kurzfristigen Gewinn ausgerichtet.

Autorentext

M5 Das 4-Ohren-Modell

M6 Das Eisbergmodell

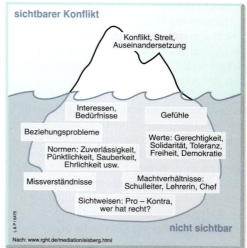

▶▶ Methode: Auswertung von Grafiken, S. 41

1. Beurteilt, ob die Methode der Streitschlichtung eine Win-win-Situation (M 4) darstellt. Diskutiert dabei die Vorteile einer solchen Situation. Welche Hürde gilt es zu überwinden?
2. Beim Entstehen von Konflikten werden oft das Eisbergmodell oder das 4-Ohren-Modell erwähnt. Recherchiert über die beiden Modelle und stellt sie der Klasse anhand der Grafiken vor (M 5, M 6).
3. Nehmt begründet Stellung zu diesen beiden Aussagen:
„Streit ist der Vater des Fortschritts!" (Kurt H. Biedenkopf, ehemaliger Ministerpräsident Sachsens); „Demokratie lebt vom Streit, von der Diskussion um den richtigen Weg." (Richard von Weizsäcker, Bundespräsident 1984–1994)

Richtiges Suchen im Internet

METHODE

Viele kennen eigentlich nur *eine* Suchmaschine, aber man sollte wissen, dass es noch diverse andere gibt. Vor allem, weil die verschiedenen Suchmaschinen verschiedene Eigenschaften haben. Manche, wie z. B. *Yahoo* oder *allesklar.de*, sammeln ihre Seiten nicht, indem sie automatisiert das Netz nach Volltext-, Titel- und sonstigen Stichworten durchkämmen (wie es *google* oder *msn* tun), sondern sie haben Katalogverzeichnisse, die redaktionell betreut werden. Deshalb gibt es dort auch Rubriken, in denen man suchen kann. Metasuchmaschinen aktivieren gleich mehrere andere Suchmaschinen, wenn man ein Suchwort eingibt, ein Beispiel ist *metager.de* oder *metacrawler.de*. Außerdem gibt es „Suchdienste", thematisch ausgerichtete Suchmaschinen, die sich auf bestimmte Themengebiete wie z. B. Freeware-, Städte- oder Jobverzeichnisse spezialisiert haben.

Praktische Suchtipps

In ein Suchfeld kann man mehr eingeben als nur ein einzelnes Schlagwort. Bei der Eingabe mehrerer Begriffe kann man ab dem zweiten Begriff ein „+" (ohne Leerzeichen) vor jedes Wort setzen, um sicherzugehen, dass nur Ergebnisse mit allen eingegebenen Wörtern angezeigt werden. Mit der Eingabe des Und-Zeichens „&" wird nach eng verbundenen Ausdrücken und Wortgruppen gesucht. Genauso kann man auch Begriffe ausschließen, und zwar mit einem Minuszeichen vor dem Schlagwort, das nicht berücksichtigt werden soll. Möchte man, dass die Suchwörter auf jeden Fall in der angegebenen Reihenfolge und als zusammenhängender Satz in den Ergebnissen vorkommen, setzt man Anführungszeichen – andernfalls wird alles angezeigt, was an irgendeiner Stelle der jeweiligen Internetseite die Schlagwörter enthält. Als Platzhalter kann man das Sternchen verwenden – allerdings erweitert es eine Suche eher, als dass es sie eingrenzt. Sucht man z. B. mehrere Arten von „Streit" (8,6 Mio. Treffer), kann man auch „*streit" eingeben, um verschiedene Wortkombinationen (32,4 Mio. Treffer) wie Opelstreit, Streitsprüche, Streitbeziehung, Stefan Streit usw. angezeigt zu bekommen.

Ein Recherche-Beispiel:

Bleiben wir beim „Streit" – die Eingabe dieses Wortes bringt uns bei Google sehr sehr viele Treffer. Wir nehmen an, wir suchen nur Seiten, die sich mit dem Streitschlichtungsverfahren in Schulen und deren Methoden befassen, also fügen wir hinzu: „&schlichter". Trefferzahl: ca. 350 000! Um die Trefferzahl weiter zu reduzieren und an die Schule anzupassen, geben wir „+schule" ein. Übrig bleiben um die 43 Treffer, deren Überprüfung sich lohnen könnte. Eine weitere Reduktion der angezeigten und zu überprüfenden Webseiten, bringt die zusätzliche Angabe „&verfahren" (8 Treffer). Auch wenn nicht alle Treffer hilfreich sein werden, zeigt dieses Beispiel, wie stark zusätzliche Angaben das Ergebnis verändern. Wichtig ist es, eine klare Vorstellung davon zu haben, was man suchen möchte. Bei der Recherche von fundierten Informationen sollte man nie nur einer Maschine vertrauen, sondern immer bei mehreren suchen. Stets genau auf die Quelle und aufs Datum der Veröffentlichung achten. Da im Netz jedermann etwas schreiben kann, sollte man die Ergebnisse inhaltlich gut prüfen und nicht einfach übernehmen. Skepsis bzw. eine kritische Haltung sind also eine gute Grundvoraussetzung fürs Suchen, Finden und Weiterdenken.

Nach: www.checked4you.de; Online-Jugendmagazin der Verbraucherzentrale Nordrhein-Westfalen (Zugriff am 27. 5. 2014)

INTERNET

www.yahoo.de
www.allesklar.de
www.google.de
www.msn.de
www.metager.de
www.metacrawler.de

umweltfreundliche Suchmaschinen:
ecosia.de
– unterstützt mit ihren Einnahmen die Arbeit des WWF im Amazonas

znout.de
Der gesamte über Znout-Suchen verursachte Kohlendioxid-Ausstoß wird durch den Erwerb von Zertifikaten für erneuerbare Energien kompensiert. Finanziert werden die Zertifikate durch die Google Adsense-Werbeanzeigen in den Suchergebnissen.

Weitere umweltschonende Suchmaschinen sind z. B. Forestle, Ecocho, Umlu oder Searchgreen.

---

1. Recherchiert im Internet Tipps zum richtigen und einfachen Suchen. Erklärt euch diese gegenseitig und überprüft diese.
2. Wählt in der Klasse zum Thema passende Suchbegriffe aus und führt Internetrecherchen entsprechend der im Text genannten Suchtipps durch.

5. Was leistet die Gemeinde?

Wie wichtig in unserem Alltag eine gut funktionierende Gemeinde ist, kannst du eigentlich jeden Tag feststellen:
Wenn du morgens aufstehst, ist es für dich selbstverständlich, dass du fließendes Wasser hast. Das schmutzige Waschwasser läuft einfach durch den Abfluss weg.

Warme Getränke werden auf dem Elektroherd oder im Wasserkocher zubereitet. Deinen Abfall steckst du in die Mülltonne. Dein Schulweg führt dich über gut ausgebaute Bürgersteige und Straßen. Vielleicht benutzt du auch den öffentlichen Bus oder die Straßenbahn? Dein Schwimmunterricht findet eventuell im städtischen Hallen- oder Freibad statt und am Nachmittag triffst du deine Freunde beim Training in der Sporthalle oder vielleicht im Jugendtreff.
Und: Demnächst wirst du sechzehn Jahre alt und freust dich sicherlich schon auf deinen ersten Personalausweis. Diesen beantragst du im Rathaus deiner Gemeinde. Denn die Gemeinden erledigen diese Angelegenheiten im Auftrag des Staates für ihre Bürger, die damit weite Wege zu anderen Ämtern sparen. Dafür musst du eine Gebühr entrichten.
So nimmst du also jeden Tag bewusst oder unbewusst Leistungen der Gemeinde in Anspruch.

M1 Verwaltungsstruktur Deutschlands

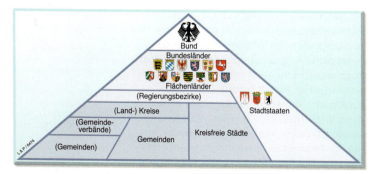

M2 Aufgaben der Städte, Gemeinden und Landkreise

Auftragsangelegenheiten
vom Bund oder Land zugewiesene Pflichtaufgaben

Kommune
Oberbegriff für Städte, Dörfer, Verbandsgemeinden und Landkreise

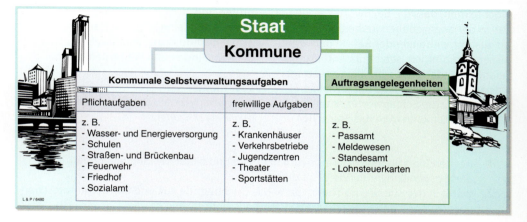

M 3 Die politische Gliederung und Aufgabenverteilung

Beispiel: das Bundesland Rheinland-Pfalz und seine Kommunen

Aufgaben	Ebenen		
Polizei, Hochschulen, Lehrer, Lehrpläne, Landesplanung, Landstraßen	Bundesland		
Schulgebäude (RS+, Gy, IGS, BBS und Förderschulen), Schülerbeförderung, Müll, ÖPNV, Denkmalpflege, Bauaufsicht, Kreisstraßen	24 Landkreise		12 kreisfreie Städte
Schulen (GS, RS+), Wasser, Abwasser, Einwohnermeldeamt, Standesamt, Flächennutzungsplan	161 Verbandsgemeinden	36 verbandsfreie Städte/Gemeinden incl. 8 große kreisangehörige Städte	
Bebauungsplan, Kindergarten, Dorfentwicklung, Straßen	2258 Ortsgemeinden verbandsangehörige Städte		

Stand: 2014

In Art. 28 (2) des Grundgesetzes (GG) ist festgelegt, dass in den 16 Ländern der Bundesrepublik die örtlichen Angelegenheiten nach dem Grundsatz der kommunalen Selbstver-
5 waltung geregelt werden müssen. Die Bundesländer erlassen dazu eigene Gemeindeordnungen, in denen die Aufgaben und die Arbeitsweise der Kommunen geregelt sind. Unterhalb der Landesebene erledigen die
10 Kommunen alle Aufgaben, die für das Leben der Bürgerinnen und Bürger notwendig sind. Pflichtaufgaben müssen, freiwillige Aufgaben können in den Grenzen der vorhandenen Mittel geleistet werden (M 1).
15 Auftragsangelegenheiten sind den Kommunen aufgrund von Gesetzen übertragen worden. Sie müssen nach Weisung der zuständigen Behörden des Bundes oder des Landes erledigt werden (M 1). Die Kosten trägt der Auftraggeber (Konnexitätsprinzip). 20 Die Aufgabenverteilung zwischen den drei kommunalen Ebenen (M 1: Stadt/Kreis, Verbandsgemeinde, Ortsgemeinde) erfolgt nach dem Grundsatz der Subsidiarität. Die verschiedenen Ebenen arbeiten dabei zusam- 25 men. Um ihre Aufgaben kostengünstig zu erfüllen, schließen sich benachbarte Kommunen zu Zweckverbänden zusammen oder gründen Eigenbetriebe, die selbstständig wie Privatunternehmen arbeiten. Wasserversor- 30 gung und der öffentliche Personennahverkehr (ÖPNV) werden in der Regel in solchen Stadtwerken organisiert.

Autorentext

Konnexitätsprinzip
meint vereinfacht: wer bestellt, zahlt

Subsidiarität
Die übergeordnete Ebene übernimmt eine Aufgabe erst dann, wenn die untere Ebene diese nicht mehr aus eigener Kraft erfüllen kann.

1 Erstellt eine Übersicht über Leistungen eurer Stadt, Gemeinde, Verbandsgemeinde und eures Landkreises, die ihr in Anspruch nehmt (M 1, M 2).

2 Erkundigt euch im Rathaus, welche übergeordneten Stellen eurer Gemeinde Auftragsangelegenheiten übertragen haben.

3 Informiert euch über Zweckverbände oder Eigenbetriebe, die Teilaufgaben eurer Kommune übernommen haben.

4 Entwerft ein ähnliches Schema wie M 3 für das Saarland und vergleicht den Verwaltungsaufbau beider Bundesländer.

5 Durch Kommunalreformen werden Struktur und Anzahl der Kommunen verändert. Informiert euch über die Situation in eurer Kommune.

6. Wie plant die Gemeinde ihre Ausgaben?

Der Gemeinderat entscheidet im Rahmen der Aufgaben der Gemeinde, wofür das Geld ausgegeben wird. Alle für das Folgejahr geplanten Einnahmen und Ausgaben einer Gemeinde werden in einem Haushaltsplan aufgelistet. Bürgermeister und Gemeindeverwaltung setzen die Beschlüsse um. Nach Ablauf des Jahres überprüft der Gemeinderat, ob der beschlossene Haushaltsplan eingehalten wurde. Haben sich durch unvorhergesehene Entwicklungen höhere Ausgaben oder geringere Einnahmen als angenommen zwingend ergeben, wird vom Rat ein Nachtragshaushalt beschlossen.

M 1 Beispiel: Haushaltsplan von Langenlonsheim/Nahe

Langenlonsheim
Langenlonsheim hat ca 3750 Einwohner (2012). Es liegt an der Nahe zwischen Bad Kreuznach und Bingen. Neben Weinbau und üblichem Handwerk und Dienstleistungen besitzt der Ort ein Industriegebiet mit sehr gutem Bahn- und Autobahnanschluss. Größere Betriebe der Kunststoffverarbeitung und der Autoelektrik sowie der Metallverarbeitung, des Weinhandels und des Messebaus führen zu einem außergewöhnlich hohen Arbeitsplatzangebot (2900 Arbeitsplätze). 2675 Pendler kommen täglich in den Ort.

EINNAHMEN	in Euro	in %	AUSGABEN	in Euro	in %
Steuern			**Laufende Ausgaben**		
Einkommensteueranteil	1 551 100		Personalausgaben	766 160	
Grundsteuer	617 600		sachlicher Verwaltungsaufwand	857 840	
Gewerbesteuer	2 230 000		sonstige laufende Zahlungen	80 640	
sonstige	455 200		**Summe**	1 704 640	**22 %**
Summe	4 853 900		**Investitionen**		
Zuweisungen			Straßenausbau	430 000	
Land (Schlüsselzuw.)	199 600		Gemeindezentrum (Ausbau)	520 000	
Land (sonstige)	377 550		Erschließung Neubaugebiet	700 000	
Summe	577 150	**7 %**	Erwerb von Sachvermögen	490 000	
Einnahmen aus der Verwaltung			**Summe**	2 140 800	
Verkauf, Vermietung	126 890		**Abführungen an:**		
Gebühren	64 200		Kreis	1 969 500	
Erstattungen, sonst. Einnahmen	166 080 *(darunter Konzessionsabgaben 141 000)*		Verbandsgemeinde	1 385 200	
Summe	357 170	**5 %**	Gewerbesteuerumlage	421 600	
Einnahmen aus Investitionen			Finanzausgleichsumlage an Land	60 210	
Öffentliche Zuwendungen	255 200		sonstige Transferzahlungen	116 350	
Erschließungsbeiträge	211 000		**Summe**	3 952 860	**51 %**
Grundstücksverkäufe	1 175 000		**Gesamtsumme**	**7 798 300**	**100 %**
Summe	**1 641 200**	**21 %**			
Liquiditätsausgleich	368 800	**5 %**			
Gesamtsumme	**7 798 300**	**100 %**			

M 2 Ein Skater-Dome für X-Stadt

Die fünf Jahre alte private Skater-Anlage muss im nächsten Jahr geschlossen werden, weil der Platz für die Erweiterung des Friedhofs gebraucht wird. Die jugendlichen Skater suchen hartnäckig nach einer Lösung. Der Bürgermeister von X-Stadt erklärt, dass er die Wünsche versteht, sich aber nicht in der Lage sieht, einen Ersatz zu schaffen – es stünden wichtigere Dinge auf der Tagesordnung:

Investitionsvorhaben von X-Stadt:
- Dachsanierung der Grundschule
- Ausbau der IGS
- Bau eines Ganztagskindergartens
- Reparatur von vier Ortsstraßen
- Erweiterung des Friedhofs
- Erhaltungsmaßnahmen am denkmalgeschützten Rathaus
- Abbau von Schulden

Die Stadt hat vor vier Jahren sechs Millionen Euro in ein Gewerbegebiet investiert. Bisher haben sich erst eine Farbenfabrik mit 100 Beschäftigten, eine Tankstelle und ein Schnellrestaurant angesiedelt. Statt damit Einnahmen zu erzielen, sitzt die Stadt nun auf hohen Schulden. Ein ortsansässiger Sportartikelhersteller (Skating-Star; Skate-Boards und Kleidung), bei dem viele Jugendliche ihre Sportgeräte kaufen, hat eine Idee: ein Skater-Dome mit angeschlossenem Wellnessbereich und Restaurants, in dem Sportler der ganzen Region ihre Freizeit verbringen.

Die Firma könnte ihren auswärtigen Kunden Neuentwicklungen im attraktiven Ambiente vorstellen. Ein Pächter für das Restaurant stünde bereit. Die Stadt steht dem Anliegen wohlwollend gegenüber, da endlich ein zusätzlicher Nutzer des Gewerbegebietes bereitsteht und neue Investoren angelockt werden könnten. Als das Planungskonzept vorgelegt wird, beginnen in der Stadt heftige Diskussionen.

Planungskonzept Skater-Dome:
- Grundstück inkl. Parkplatz   125 000 €
- jährlicher Zuschuss für Vereine, die die Anlage kostenlos nutzen   10 000 €
- jährlicher Zinszuschuss der Stadt für die Baukosten (5 Jahre)   50 000 €

Die Investitionsvorhaben (s. o.) werden dem Vorhaben Skater-Dome gegenübergestellt; der zukünftige Ruin der Stadt wird beschworen; man solle erst einmal die Schulden aus den überdimensionalen Projekten der Vergangenheit bezahlen. Andere meinen, dass die Stadt mit Unterstützung dieser Planung endlich einmal einen beherzten Schritt in die Zukunft wage. Die Stadt ist gespalten! Was tun?

---

1. Errechnet, wie hoch der Steueranteil (%) an den Einnahmen und der Investitionsanteil (%) an den Ausgaben der Gemeinde Langenlonsheim ist (M 1). Inwiefern spiegelt sich die große Zahl an gewerblichen Arbeitsplätzen in der Struktur der Steuereinnahmen? Wie ist die Finanzlage zu bewerten, welche Investitionsmöglichkeiten hat die Gemeinde?
2. Vergleicht den Haushalt von Langenlonsheim (M 1) mit den Finanzen der Kommunen in Deutschland (M 2, S. 24).
3. Ordnet die Planungsalternativen aus M 2 den Gliederungspunkten des Haushalts (M 1) zu.
4. Die Bewohner von X-Stadt streiten sich über ihre Zukunft. Wie beurteilt ihr die vergangenen Entscheidungen der Stadt aus der Haushaltsperspektive? Welche Vorhersagen z. B. zur zukünftigen Entwicklung der Einnahmen und Ausgaben für X-Stadt lassen sich machen, wenn man die Planungsalternativen aus M 2 verwirklicht?
5. Führt das Rollenspiel von Seite 30 mit den Materialien für X-Stadt durch.

▶▶ Methode: Rollenspiel, S. 30

7. Die Gemeinde muss haushalten

Abführungen
Umlagen
(siehe M 1, S. 22)

▶ **Der Staat in der Wirtschaft,** S. 114f.

Das Recht der kommunalen Selbstverwaltung schließt auch die finanzielle Eigenverantwortung der Kommunen ein. Steuern sind die Haupteinnahmequellen der Gemeinden. Der 15-prozentige Anteil der Gemeinden an der Lohn- und Einkommensteuer ist der größte Einnahmeposten, er hängt aber sehr von der Einkommensstärke der Bewohner ab. Gewerbesteuer wird von den örtlichen Betrieben je nach ihrer Gewinnsituation bezahlt. Über die Höhe dieser Steuer (Hebesatz) entscheidet die Gemeinde. Etwa 17,5 Prozent der Gewerbesteuer werden über eine Gewerbesteuerumlage in den Finanzausgleichstopf beim Bund und bei den Ländern abgeführt. Auch Grundsteuern, die auf alle Grundstücke je nach Entscheidung der Gemeinde erhoben werden, sind eine Gemeindesteuer. Gemeindeverbände (Verbandsgemeinden) und Landkreise finanzieren sich überwiegend durch Abführungen der Ortsgemeinden. Zuweisungen von Bund und Ländern (Finanzausgleich) helfen leistungsschwächeren Gemeinden und Gemeindeverbänden, ihre Aufgaben zu finanzieren. Schulden dürfen Gemeinden maximal in Höhe ihrer Investitionen machen. Seit der Einführung der „Schuldenbremse" wurden diese Spielräume nochmals verringert.

Subvention
staatliche Zuschüsse an einzelne Unternehmen oder eine gesamte Branche mit dem Ziel der Verbesserung ihrer Marktposition

M 1 Subvention für Kulturbetriebe in München

Tierpark 1,27 € Zuschuss je Besucher
Stadtmuseum 107,60 € Zuschuss je Besucher
Stadtbibliothek 2,86 € Zuschuss je Ausleihe
Olympiapark 6,73 € Zuschuss je Besucher

M 2 Kommunen in der Klemme

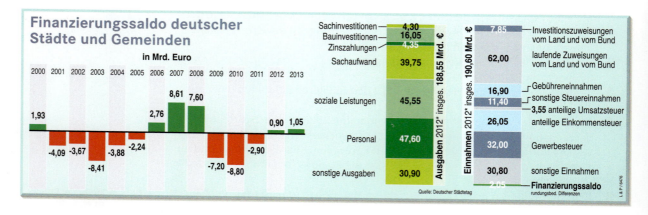

Die Pflichtaufgaben und die Auftragsangelegenheiten werden durch steigende Personal- und Sachkosten immer teurer, Geld fehlt dann zur Erfüllung freiwilliger Aufgaben. Gerade Kultur-, Sport- und Erholungseinrichtungen aber machen eine Gemeinde für die Bürger und Bürgerinnen attraktiv, eine größere Stadt kann gar nicht darauf verzichten. Durch Eintrittsgelder und Gebühren sind die Kosten jedoch nicht zu decken, es müssen Zuschüsse gewährt werden, damit diese „unrentablen" Leistungen weiterhin erbracht werden können. Aufstrebende Städte und Gemeinden müssen darüber hinaus viel in die Weiterentwicklung investieren (z. B. Erschließung von Gewerbe- und Wohngebieten). Hier sind zunächst gar keine Einnahmen zu verbuchen, sie sind erst in späteren Jahren zu erwarten. Zur Finanzierung müssen Kredite aufgenommen werden. Die Verschuldung der Kommunen pro Einwohner liegt vielfach über 5 000 Euro.

Die mittlerweile auch in allen Landesverfassungen festgeschriebene „Schuldenbremse" wird die Verschuldung verringern, verringert aber gleichzeitig die Möglichkeit notwendiger Investitionen.

Für alle Gemeinden wächst die Belastung durch die steigende Zahl der Sozialhilfeempfänger/-innen. 1997 mussten dafür 46 Milliarden DM aufgewendet werden. Im Jahr 2000 waren es schon 25,7 Milliarden Euro. Durch die Hartz-IV-Gesetze verringerte sich die Belastung im Jahr 2008 auf 19,8 Milliarden Euro.

Viele Gemeindevertreter beklagen, dass der Staat Gesetze mache, die sie ausführen müssten, ohne mehr Geld dafür zu bekommen. So werde der Spielraum der Gemeinden immer enger und die Selbstverwaltung bedroht.

M 3 Die Gemeinden zahlen zu

Die Dienstleistungsangebote der Gemeinden für ihre Bürger kosten viel Geld. Die Gebühren, die Bürgerinnen und Bürger dafür zahlen müssen, decken diese Kosten bei Weitem nicht. Der Anteil der Bezuschussung ist bei den verschiedenen kommunalen Leistungen dabei höchst unterschiedlich: Während z. B. die Müllabfuhr meist zu über 90 Prozent über Gebühren finanziert wird, liegt dieser Anteil bei öffentlichen Büchereien unter 5 Prozent.

Die nebenstehende Grafik zeigt, in welchem Maß die Gemeinden in Deutschland ihre verschiedenen Angebote bezuschussen müssen. Sollen Angebote wie Jugendzentren und Museen aufrechterhalten werden, müssen daher andere Einnahmen der Gemeinde verwendet werden, zum Beispiel Steuern. Da es

sich hierbei um freiwillige Leistungen handelt, untersagt die Kommunalaufsicht solche Leistungen im Haushaltsgenehmigungsverfahren.

Autorentext

---

1. Ordnet die in M 3 dargestellten Aufgaben nach Pflichtaufgaben und freiwilligen Aufgaben.
2. Errechnet, wie viel eine Eintrittskarte in dem Schwimmbad kosten müsste, wenn die Bezuschussung von 76 % entfallen würde (M 3). Recherchiert die entsprechenden Zahlen für euer Schwimmbad.
3. Diskutiert die Möglichkeit, kostendeckende Gebühren (Eintrittspreise) z. B. für Schwimmbäder einzuführen.
4. Nehmt Stellung zu dem Vorwurf: „Der Finanzausgleich belohnt die Faulen und bestraft die Kommunen, die sich anstrengen!"

8. Wie wird die Kommune regiert?

M 1 Blick eines Außerirdischen

Ein Raumschiff ist im Mainzer Volkspark notgelandet. Ein kleines grünes Männchen (kgM) steigt aus und trifft auf einen Erdling:

kgM: Wo bin ich hier gelandet?
Erdling: Du bist in Mainz.
kgM: Was ist denn Mainz?
Erdling: Mainz ist die Hauptstadt von Rheinland-Pfalz! Kennst du die nicht ... Oh, warte, du bist ja nicht von hier!
kgM: Wer ist denn euer Anführer?
Erdling: Ich denke, das ist der Bürgermeister.
kgM: Bei uns wird der Stärkste als Anführer ausgerufen. Wie ist das bei euch?
Erdling: Na ja, er wird von den Bürgern gewählt und leitet die Stadtverwaltung.
kgM: Und was ist jetzt eine Stadtverwaltung?
Erdling: Die Stadtverwaltung kümmert sich um alles, was der Bürger braucht.
KgM: Und entscheidet der Bürgermeister, wie er es will?
Erdling: Nein! Er und seine Verwaltung werden vom Stadtrat kontrolliert und der entscheidet auch, was gemacht werden soll.
kgM: Wenn du ein Bürger bist, was soll dann ein Stadtrat sein?
Erdling: Den wählen ebenfalls die Bürger, jeweils für fünf Jahre, um die Gemeinde zu vertreten und Beschlüsse zu fassen.
kgM: Was sind Beschlüsse?
Erdling: Also, das sind Entscheidungen, die über gewisse Situationen gefällt werden müssen, zum Beispiel über unsere Schule oder die Bücherei. Durchgeführt werden die dann von der Verwaltung.
KgM (ärgerlich): Das hast du mir bereits gesagt. Ich bin grün aber nicht dumm! Wo finde ich denn die Verwaltung und den Anführer?
Erdling: Du musst zum Rathaus gehen. (Das kgM ist plötzlich verschwunden.) Oh!

Autorentext

M 2 Selbstverwaltung vor Ort

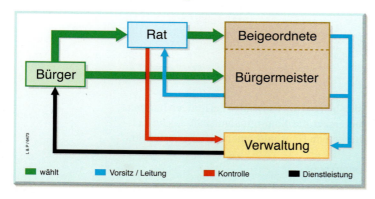

Zentrale politische Institutionen der Kommunen sind Rat und Verwaltung.
Für einzelne Aufgabenbereiche (z.B.: Finanzen oder Kultur) bildet der Rat Ausschüsse. Mitglieder sind in der Regel Ratsmitglieder und eine gleiche Zahl von weiteren sachkundigen Bürgern. Sie bereiten alle Themen vor, die im Rat zu behandeln sind, und machen Vorschläge. In der Ratssitzung werden die Alternativen diskutiert und Entscheidungen getroffen. Der Rat tagt in der Regel öffentlich; die Ausschüsse meistens nicht.

1. Entwerft analog zu M 1 ein Vorstellungsgespräch für eure Gemeinde/Stadt.
2. Informiert euch über den Rat eurer Gemeinde (Anzahl männlicher/weiblicher Mitglieder; Stärke der Fraktionen; wer ist Bürgermeister/in?) (M 2).
3. Führt ein Interview mit einem Gemeinderatsmitglied über seine Arbeit in Ausschüssen und im Plenum. Fragt nach aktuellen Problemen und Vorhaben.
4. Präsentiert den Verlauf des Interviews vor der Klasse in einem szenischen Dialog.
5. Befragt den Bürgermeister/die Bürgermeisterin im Rathaus nach seinen/ihren Aufgaben und erkundigt euch, was die Verwaltung für die Bürger leistet.

Expertenbefragung – Interview

METHODE

Viele Themen, die ihr im Unterricht behandelt, betreffen auch Erwachsene. Wenn ihr diese als „Experten" befragt, könnt ihr viel erfahren. Bei einer Expertenbefragung wird eine fachkundige Person zu ihrer Tätigkeit, ihren Erfahrungen, ihrem Wissen, ihren Einstellungen etc. befragt.

Vorbereitung

Als Erstes müsst ihr überlegen, ob ihr tatsächlich eine Expertenbefragung durchführen müsst, oder ob sich die Informationen nicht auch auf andere Weise gewinnen lassen. Habt ihr euch für die Befragung entschieden, sollte möglichst früh bei dem Experten angefragt werden, ob und wann dieser zu einer Besprechung bereit ist. Klärt ab, ob er/sie zu euch in die Klasse kommt, oder ob ihr euch selbst auf den Weg macht. Euch muss klar sein, dass der Befragte immer Interessen vertritt – die einer Partei, einer Behörde etc.

Ihr solltet dem Gesprächspartner vorab mitteilen, worum es bei dem Gespräch geht. So kann dieser notwendige Materialien zusammenstellen und sich auf das Gespräch besser vorbereiten.

Vor der Befragung müsst ihr euch selbst kundig machen. Je besser ihr euch auskennt, desto gezielter und besser könnt ihr fragen! Ihr müsst euch darüber verständigt haben, was ihr wissen bzw. herausbekommen wollt. Sammelt zu diesem Zweck Fragen, strukturiert diese, bildet Leitfragen und legt fest, wer sie stellt. Am besten eignen sich für ein Interview „offene Fragen". Das sind Fragen, bei denen der Gesprächspartner die Möglichkeit hat, weiter auszuholen, und die sich nicht nur mit „ja" oder „nein" beantworten lassen. Wichtig: Unterscheidet Fragen, die auf die Klärung von Sachinformationen zielen, von Meinungsfragen. Hilfreich ist es, sich auf sechs bis sieben Leitfragen zu einigen. Verabredet auch, wie die Antworten festgehalten werden – in Stichpunkten per Mitschrift, mit einem Aufnahmegerät o. ä.

Durchführung

Die Befragung sollte mit einer Begrüßung und dem Dank für die Gesprächsbereitschaft beginnen. Stellt dann eure Fragen und achtet dabei auf die gegebenen Antworten. Fragt nach, wenn ihr etwas nicht verstanden habt. Habt den Mut, ruhig einmal nachzuhaken, wenn ihr den Eindruck habt, dass eurer Frage ausgewichen wird. Ihr dürft auch einmal mit einer Frage provozieren. Wichtig: Unterscheidet Informationsfragen von Einschätzungs- und Beurteilungsfragen!

Auswertung

Die Ergebnisse müssen zunächst verschriftlicht werden. Nutzt hierzu eure Notizen bzw. schreibt das Interview auf. Anschließend muss die Befragung überarbeitet werden. Dann werden die Ergebnisse zusammengefasst. Jetzt müsst ihr selbstkritisch eure Befragung reflektieren: Wurden alle Fragen beantwortet? Sind die Sachverhalte geklärt? Kann die Aufgabe jetzt gelöst werden?

9. Politische Beteiligung durch Wahlen

Politische Entscheidungen wirken sich unmittelbar auf die Lebensbedingungen der Menschen aus: Ob eine Straße gebaut wird, ob der öffentliche Nahverkehr einen Zuschuss bekommt, ob die Steuern erhöht oder gesenkt werden, in welchem Alter man einen Führerschein machen darf – alle diese Fragen sind politische Fragen, über die entschieden wird. Es gibt deshalb auch niemanden, den Politik nichts angeht: Sie betrifft alle.

Und auch das eigene Verhalten hat politische Auswirkungen, selbst wenn man überhaupt nichts bewusst unternimmt. Denn das bedeutet immerhin, dass man an bestehenden sozialen Problemen nichts ändert und auch andere Menschen nicht bei deren Aktivitäten unterstützt. Man kann sich eigentlich nicht unpolitisch verhalten. Welche Möglichkeiten ergeben sich aber für politisches Engagement? An zentraler Stelle in der politischen Ordnung der Bundesrepublik Deutschland steht das Wählen. Die Bürgerinnen und Bürger entscheiden mit ihrer Teilnahme an der Wahl darüber, wer sie z. B. im Stadt- oder Gemeinderat politisch vertritt. Über einzelne Sachfragen entscheiden in der Regel nicht die Bürgerinnen und Bürger selbst, sondern ihre Vertreterinnen und Vertreter. Die Wahl basiert also auf dem Vertrauen, dass diese Vertreter im Sinne ihrer Wählerinnen und Wähler entscheiden.

Bei den Wahlen zum Gemeindeparlament treten Parteien mit ihren Kandidaten an, aber auch parteiunabhängige Bewerber können als freie Wählergemeinschaften kandidieren.

Die Parteien und Wählergemeinschaften treffen durch die Vorauswahl der Kandidaten und deren Reihenfolge auf den Listen schon wichtige Vorentscheidungen für die Zusammensetzung der zu wählenden Räte.

M1 Das Kommunalwahlsystem in Rheinland-Pfalz

Verhältniswahl mit offenen Listen

In Rheinland-Pfalz werden die Mitglieder der Räte nach einem **Verhältniswahlrecht** mit offenen Listen gewählt. Dies bedeutet:
5 Die Parteien können den Wählern Wahlvorschläge in Form von Kandidatenlisten vorlegen. Die Wählerinnen und Wähler haben so viele Stimmen, wie Ratsmitglieder zu wählen sind; ihre Anzahl hängt von der Gemeindegröße ab (in unserem Beispiel 12 Ratsmitglie- 10 der). Sie können Bewerbern, die sie besonders stärken wollen, bis zu drei Stimmen geben (**kumulieren**); sie können ihre Stimmen auch auf Bewerber verschiedener Wahlvorschläge verteilen (**panaschieren**). Sie können 15 aber auch einen Wahlvorschlag in der Kopfleiste kennzeichnen. Dann werden die noch nicht vergebenen Personenstimmen auf die Kandidaten des gekennzeichneten Wahlvorschlags in der Reihenfolge der Liste zuge- 20 teilt. Entsprechend dem Stimmzettel erhalten so die ersten beiden Bewerber die noch nicht vergebenen Stimmen (Sperber und Kübel). Darüber hinaus können Bewerber, die man in der angekreuzten Liste für ungeeignet hält, 25 gestrichen werden. Seit 1994 werden außerdem die Bürgermeister direkt gewählt.

Wahlvorschlag 1 **A-Partei**				Wahlvorschlag 2 **B-Partei**			
1. Mörsberger, Jean	✗	✗	✗	1. Sperber, Babette			
2. Knoke, Irmgard				2. Kübel, Gerhard			
3. Wunder, Oskar				3. Scharfe, Gustl	✗	✗	
4. Kohler, Traudl	✗			4. Preuß, Sebastian	✗		
5. Putz, Liselotte	✗			5. Schletz, Renate			
6. Dr. Renner, Dieter				6. Kehlen, Emma			
7. Möbus, Wilhelm				7. Mösch, Hermann			
8. Roth, Hans				8. Dr. Hickl, Ernst			
9. Kasper, Ludwig				9. Drexler, Gabriele			
10. Schmidt, Hans-P.				10. Stetzner, Hilde			
11. Sand, Karl	✗	✗		11. Bubner, Karl			
12. Maier, Eva				12. Kuhn, Peter			

Stimmzettel zur Kommunalwahl in Rheinland-Pfalz

Autorentext

M 2 Beteiligungsmöglichkeiten zwischen den Wahlen

Die Kommunalpolitik bietet den interessierten Bürgern über den Wahltag hinaus Möglichkeiten der Einflussnahme auf anstehende Entscheidungen. Die Gemeindeordnung sieht außer der schon dargestellten Mitarbeit sachkundiger Bürger in Ausschüssen noch die Einwohnerversammlung vor, die vom Bürgermeister bzw. von der Bürgermeisterin der Gemeinde mindestens einmal im Jahr zur Information und zur Diskussion für alle Bürger durchgeführt werden soll.
Der/die Bürgermeister/in hält regelmäßig Sprechstunden ab, in denen jeder Bürger seine Anliegen vorbringen kann. Bürger, die von einer Entscheidung unmittelbar betroffen werden, sind vorher vom Gemeinderat anzuhören. Wenn die Kommune neue Baugebiete plant, muss sie ihre Planung offenlegen und allen Bürgern die Gelegenheit geben, ihre Einwände oder Anregungen abzugeben.
Im Rahmen seiner regelmäßigen öffentlichen Sitzungen kann der Gemeinderat für alle Bürger Einwohnerfragestunden einrichten.
Darüber hinaus ist in Rheinland-Pfalz eine neue besondere Form der Bürgerbeteiligung vorgesehen, der Einwohnerantrag: Bürger stellen einen Antrag, damit der Rat über bestimmte Angelegenheiten der örtlichen Selbstverwaltung berät und entscheidet. Der Antrag muss schriftlich bei der Verwaltung eingereicht werden und von einer je nach Ortsgröße festgelegten Mindestzahl von Bürgern unterzeichnet sein.
Gemeindeordnungen anderer Bundesländer ermöglichen zusätzlich weitere Formen der direkten demokratischen Beteiligung. Nach einem erfolgreichen Bürgerbegehren können in einem Bürgerentscheid die wahlberechtigten Bürger unmittelbar über örtliche Angelegenheiten entscheiden.

Autorentext

M 3 Zu welcher Art von politischer Beteiligung wärst du bereit?

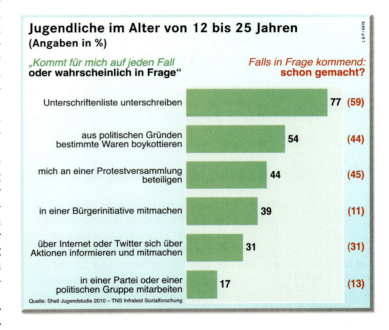

1. Fragt eure Eltern nach ihren Erfahrungen mit dem Kommunalwahlrecht.
2. Überprüft die Stimmzettel (M 1). Ergänzt im Stimmzettel die beiden noch zu verteilenden Wählerstimmen. Wie wäre gewertet worden, wenn der Wähler anders entschieden hätte:
   a) statt bei der B-Partei das Kreuz in der Kopfzeile bei der A-Partei gemacht hätte;
   b) oder zwei weitere Kreuze bei „Möbus, Wilhelm" gemacht hätte;
   c) oder „Kübel, Gerhard" gestrichen hätte?
3. Diskutiert Vor- und Nachteile eines solchen Wahlverfahrens.
4. Im Saarland gibt es bei Kommunalwahlen nur eine reine Verhältniswahl mit geschlossenen Listen. Der Wähler hat eine Stimme für eine Liste. Diskutiert Vor- und Nachteile.
5. Recherchiert unter www.bpb.de die derzeitige Bereitschaft von Jugendlichen zur politischen Beteiligung. Vergleicht mit den Ergebnissen der Shell-Studie (M 3).

WEBCODE
SDL-11593-101

DEMOKRATIE IN DER SCHULE UND DER GEMEINDE

METHODE

Rollenspiel: So arbeitet ein Gemeindeparlament

Vorbereitung
Bildung des Gemeindeparlaments:
Erkundigt euch zunächst über die Zusammensetzung des Rates in eurer Gemeinde:
- Welche Parteien/Wählergemeinschaften sind vertreten?
- Wie viele Sitze hat jede dieser Gruppen? Wer bildet die Mehrheits- und die Oppositionsfraktion?
- Wurden Koalitionen gebildet?
- Welcher Partei/Wählergemeinschaft gehört der Bürgermeister/die Bürgermeisterin an?

Nach den ermittelten Fakten bildet nun entsprechend ein Gemeindeparlament aus Mitgliedern eurer Klasse!
Bestimmt (wählt) den Bürgermeister und die Fraktionsvorsitzenden!

Festlegung des Themas
Besorgt euch von der Kommunalverwaltung einen Themenkatalog der anstehenden Beratungen in den nächsten Sitzungen. Falls ein für euch interessantes Gebiet behandelt wird, macht dies zum Thema eures Rollenspieles.
Ihr könnt auch Bereiche aufgreifen, die nicht genannt sind, eurer Meinung nach aber unbedingt einmal angesprochen werden müssten, z. B. das Radwegenetz, der Bau einer Skaterbahn usw. Zu dem ausgewählten Thema müsst ihr euch nun umfassend informieren.

◂◂ Ein Skater-Dome in X-Stadt, S. 23, M 2

Durchführung
1. Phase:
Die einzelnen Fraktionen beraten getrennt (Gruppenarbeit):
- Welchen Standpunkt nehmen wir ein?
- Welche Pro- und Kontra-Argumente bringen wir vor?
- Wie gehen wir vor? (Reihenfolge der Argumentation, Reaktion auf Gegenargumente ...)
- Können wir unseren Standpunkt durchsetzen oder brauchen wir Verbündete?
- Wie können wir Kontakte zu anderen Fraktionen des Rates aufnehmen?

2. Phase:
Die eigentliche Ratssitzung läuft nach einer Geschäftsordnung eines Stadtrates ab:
- Der Bürgermeister/die Bürgermeisterin eröffnet und leitet die Sitzung;
- die Ratsmitglieder debattieren das Thema;
- die Anträge zur Abstimmung werden klar formuliert;
- die Ratsmehrheit kann den Schluss der Debatte beschließen und zur Abstimmung aufrufen;
- das Gemeindeparlament fasst einen Beschluss;
- die Ergebnisse werden in einem Protokoll festgehalten.

Nachbereitung
Besucht eine Ratssitzung, auf der eventuell euer gewähltes Thema auf der Tagesordnung steht. Vergleicht Ablauf, Argumentation, Abstimmungsverhalten und Ergebnis mit eurem Rollenspiel. Diskutiert darüber (oder über euer alternatives Thema) mit dem Bürgermeister/der Bürgermeisterin und/oder Ratsmitgliedern.

10. Politische Beteiligung Jugendlicher

In vielen Gemeinden, besonders in Baden-Württemberg, gibt es Jugendgemeinderäte neben den von Erwachsenen gewählten Kommunalparlamenten. Auch in anderen Bundesländern gibt es Jugendbeiräte und Jugendparlamente, jeweils mit anderen Kompetenzen. Am Beispiel des Jugendrates der saarländischen Gemeinde Saarwellingen wollen wir untersuchen, ob er mehr Chancen der Mitwirkung bietet und wie die Möglichkeiten genutzt werden.

Diskussion im Jugendrat

M1 Jugendratsordnung

Gemeinde Saarwellingen

§1 Ziel des Jugendrates
Der Jugendrat der Gemeinde Saarwellingen hat die Aufgabe, die Interessen und Bedürfnisse junger Menschen festzustellen und gegenüber dem Gemeinderat und der Gemeindeverwaltung zu vertreten bzw. den Gemeinderat und die Gemeindeverwaltung in Jugendfragen zu beraten.

§2 Zusammensetzung des Jugendrates
Der Jugendrat setzt sich in der Regel aus 11 Mitgliedern zusammen; [...].
Es soll darauf hingewirkt werden, dass der Jugendrat paritätisch besetzt wird.

§3 Amtszeit
Die Amtszeit des Jugendrates beträgt 3 Jahre.

§4 Wahlberechtigung
Wahlberechtigt – aktiv und passiv – sind ungeachtet ihrer Nationalität alle Jugendlichen und jungen Erwachsenen, die zum Zeitpunkt der Wahl das 14. Lebensjahr, aber noch nicht das 24. Lebensjahr vollendet haben und seit mindestens 3 Monaten in der Gemeinde Saarwellingen leben.

§9 Kompetenzen und Rechte des Jugendrates
Zur Beratung von Punkten, die Interessen von jungen Menschen berühren, wird der Gemeinderat dem Jugendrat von Fall zu Fall nach §49 Abs. 3 KSVG ein Anhörungsrecht einräumen.

M2 Jugendratssitzung

Auszug aus den Protokollen:

TOP 1: Dirt-Jump-Bahn
Von der Dirt-Jump-Gruppe waren drei Jugendliche anwesend. Zum Errichten einer Dirt-Jump-Bahn würde ein Grundstück von mind. 10 m x 70 m benötigt, wobei die Länge wichtiger ist als die Breite. Tamara teilte mit, dass die Gemeinde kein eigenes freies Grundstück hat. Gemeinsam mit dem Jugendrat hatten die Jugendlichen aber einige Ideen, wo sich geeignete Grundstücke befinden könnten.

TOP 2: Konzert für Saarwellinger Bands
Der Termin bleibt. Saarwellingen und Reisbach haben eine vorläufige Helferliste von ca. 20 Personen zusammengestellt, die Helferliste vom Juz Schwarzenholz steht noch aus. Neuer Vorschlag für einen Headliner: Streetlight Manifesto.

TOP 5: Europawahl
Nach der Wahl soll eine Veranstaltung mit den Parteien stattfinden, um den Kontakt zum JR herzustellen. Der Ort ist noch unklar.

TOP 8: Ergänzung der Ordnung des Jugendrates in §2
Zusammensetzung des Jugendrates: Wenn ein Jugendratsmitglied ausscheidet, können interessierte Jugendliche nachrücken und vom Bürgermeister eingesetzt werden.

▶▶ Partizipation vor Ort: Jugendparlamente, S. 32

1 Stellt die Aufgaben des Jugendrates dar (M1, M2).

DEMOKRATIE IN DER SCHULE UND DER GEMEINDE

PROJEKT

Partizipation vor Ort: Jugendparlamente

GLOSSAR

Partizipation

In vielen Städten und Gemeinden gibt es heute sogenannte Kinder- und Jugendparlamente. Diese sind die Interessenvertretung gegenüber der kommunalen Politik und bieten jungen Menschen einen Einstieg. Die genaue Ausgestaltung variiert genauso wie die Bezeichnungen, denn die Parlamente werden auch Jugendrat oder Kinder- bzw. Jugendbeirat genannt. Allen gemeinsam ist allerdings, dass Kinder und/oder Jugendliche von Gleichaltrigen als Delegierte direkt gewählt werden und für einen gewissen Zeitraum die Interessen ihrer Altersgenossen vertreten. Diese Form der Vertretung durch gewählte Abgesandte wird auch „repräsentativ" genannt.

Aufgaben

Die genauen Aufgaben variieren in den unterschiedlichen Städten. In jedem Fall möchten die Jugendgemeinderatsmitglieder ihre Stadt für Jugendliche in den Bereichen Schule, Beruf und Freizeit attraktiver machen. Hierzu gehören die Gestaltung und Einrichtung von Spiel- und Sportplätzen, die Umgestaltung von Schulhöfen, der öffentliche Personennahverkehr, Umweltaktionen, Band-Contests und vieles mehr. Darüber hinaus sind sie Sprachrohr aller Kinder und Jugendlichen und beraten kommunale und städtische Gremien, wenn es um die Belange junger Menschen geht.

Vor- und Nachteile

INTERNET

Weitere Informationen zu Kinder- und Jugendparlamenten:

Wegweiser Bürgergesellschaft: www.buergergesellschaft.de

Das Kinderparlament Hilden: http://www.kinderparlament-hilden.de

Dachverband der Jugendgemeinderäte Baden-Württemberg: www.jugendgemeinderat.de

Deutsches Kinderhilfswerk: www.kinderpolitik.de

Die repräsentativen Beteiligungsformen bieten jungen Menschen einen Einstieg in die Politik, ohne dass sie Mitglieder einer Partei sein müssen. Die engagierten Kinder und Jugendlichen lernen quasi „am eigenen Leibe", was eine parlamentarische Vertretung ist. Darüber hinaus kann in den Sitzungen die Gesamtpalette aller jugendspezifischen Themen behandelt werden. Es gibt keine themenspezifischen, räumlichen oder zeitlichen Beschränkungen. Auf der anderen Seite können aber auch Probleme und Nachteile auftauchen. Ein besonderes Problem ist der dauerhafte Erhalt der jeweiligen Form. Häufig stehen die direkt gewählten Vertretungen vor dem Problem der Inaktivität oder Auflösung. Gründe hierfür könnten sein: Ausscheiden der alten Mitglieder, Überbelastung der Jugendlichen durch ungerechte Verteilung der Arbeit, mangelndes politisches Interesse oder auch geringe Resonanz bei den Kindern und Jugendlichen außerhalb der Gremien. Für den Erfolg der parlamentarischen Arbeit ist es daher wichtig, sich mit allen anderen kinder- und jugendrelevanten Einrichtungen zu vernetzen.

Wahlverfahren

Wahlverfahren und Alterszusammensetzung sind von Ort zu Ort sehr unterschiedlich. In der Regel werden die Mitglieder für 2 bis 3 Jahre in das Parlament gewählt. In fast allen Städten haben Jugendliche von 14 bis 18 Jahren das aktive und passive Wahlrecht, sie können also entweder wählen gehen oder sich auch selbst wählen lassen. Der deutsche Pass ist keine Voraussetzung für das Wahlrecht, allerdings müssen die Jugendlichen ihren Wohnsitz in der jeweiligen Stadt haben. Die Kandidaturen sind öffentlich und werden zumeist an den Schulen und Einrichtungen der Kinder- und Jugendarbeit bekannt gemacht. Die Kandidaten werden direkt gewählt, entweder auf postalischem Weg oder in Schulen. Es lässt sich allerdings feststellen, dass die Wahlbeteiligung höher liegt, wenn die Wahlen in bzw. von den Schulen organisiert werden. Die Zahl der Abgeordneten, die letztlich in das Parlament einzieht, richtet sich nach der Anzahl der zu vertretenden Kinder und Jugendlichen. Sitzungen im gesamten Plenum finden etwa zwei- bis viermal jährlich statt. Die Vorbereitung und Durchführung der hier getroffenen Beschlüsse geschieht in Arbeits- und Projektgruppen, die deutlich häufiger zusammenkommen.

Bundeszentrale für politische Bildung; www.bpb.de /lernen/unterrichten/grafstat/141252/m-03-02-direkt-gewaehlte-vertretungen

1 Entspricht der Jugendrat euren Vorstellungen von der Mitarbeit Jugendlicher in der Gemeinde? Macht eigene Vorschläge.

2 Erkundigt euch nach entsprechenden Einrichtungen in eurer Gemeinde.

M3 Mit 16 Jahren wählen?

Ingrid Hönlinger, 48, ist Bundestagsabgeordnete für Bündnis 90/Die Grünen und hat den Gesetzentwurf für ein Wahlrecht ab 16 auf Bundesebene erarbeitet. Astrid Wallmann, 33, ist CDU-Landtagsabgeordnete in Hessen und spricht sich gegen ein Wahlrecht ab 16 aus.

Ingrid Hönlinger (Grüne): [...] Junge Leute sind heute früher bereit, politische Verantwortung zu übernehmen und zu wählen. Sie machen mit 17 Abitur oder starten nach der zehnten Klasse ins Berufsleben, da sollen sie auch wählen dürfen. Zum anderen geht es uns um die Inhalte. Wer wählt, entscheidet, welche Politik gemacht wird. Und die Wähler tragen die Konsequenzen der Entscheidung; die Jüngeren sogar länger als die Älteren.

Und was spricht dagegen?
Astrid Wallmann (CDU): Eine Wahl setzt einen bestimmten Reifegrad voraus, den ein 16-Jähriger nicht unbedingt erfüllt. Mit 16 darf man in Deutschland noch nicht eigenständig Autofahren, man darf ohne Begleitung nur bis Mitternacht ausgehen, das Strafrecht behandelt 16-Jährige anders, bestimmte Verträge darf man erst abschließen, wenn man 18 Jahre alt ist. Die Altersgrenze von 18 Jahren hat sich in vielen Bereichen bewährt. Wenn das Wahlalter auf 16 Jahre gesenkt wird, müssen die Schulen und die Bildungspolitik gewährleisten, dass die Schüler genug Informationen haben, um wählen zu gehen.
Ingrid Hönlinger: Die Kritiker sagen gerne, dass 16-Jährige noch nicht richtig politisch informiert sind. Das empfinde ich anders. Ich war neulich in einer zehnten Klasse und hatte durchaus den Eindruck, dass sich die Schüler mit Politik beschäftigen. Schulen leisten eine gute politische Bildungsarbeit. Schüler sind deshalb auch bereit und in der Lage, eine Wahlentscheidung zu treffen. Man wird nicht 18 und ist automatisch politisch interessiert.

Kann ein Herabsetzen des Wahlalters 16- und 17-Jährige für Politik begeistern?
Astrid Wallmann: Ich glaube nicht, dass das funktioniert. Wir wissen ja nicht, wie viele wirklich von ihrem Wahlrecht Gebrauch machen.
Ingrid Hönlinger: Es wird viel über Politikverdrossenheit gesprochen. Ein starkes Mittel dagegen ist eine frühe demokratische Bildung.

Wie stehen Sie zum Wahlrecht ab 16 speziell auf Bundesebene?
Astrid Wallmann: Ich finde, man kann nicht argumentieren: Auf Kommunal- und Landesebene dürfen 16- und 17-Jährige wählen, auf Bundesebene nicht. Diese Unterschiede ergeben sich, weil die Länder von unterschiedlichen Parteien regiert werden. Meiner Meinung nach müssten einheitliche Altersgrenzen gelten. Wahlentscheidung ist Wahlentscheidung. Die maßgebliche Frage ist: Kann ich eine fundierte Wahlentscheidung treffen? Die Grenze von 18 Jahren hat sich in vielen Bereichen bewährt, sie ist ein Konsens. Sonst könnte man auch ein Wahlrecht ab 17 oder 15 Jahren diskutieren.
Ingrid Hönlinger: Auf kommunaler Ebene erleben die Jugendlichen Politik direkt vor Ort, zum Beispiel in der Entscheidung, ob ein Radweg gebaut wird. Landesgesetze wirken innerhalb eines Bundeslandes, aber auch sie greifen direkt in die Lebenssituation von Jugendlichen ein. Kultur- und Bildungspolitik ist Ländersache. Auch Regelungen auf Bundesebene haben Auswirkungen auf Jugendliche. In Österreich darf man schon ab 16 an allen Wahlen teilnehmen und es gibt keine Probleme damit.

Nach: Kathrin Hollmer, in: Süddeutsche Online vom 6.6.2013

Wahlen mit 16
1996 durften bei den Kommunalwahlen in Niedersachsen zum ersten Mal 16-Jährige ihre Stimme abgeben. Inzwischen dürfen sie das in sieben weiteren Bundesländern und Stadtstaaten: in Berlin, Brandenburg, Bremen, Mecklenburg-Vorpommern, Nordrhein-Westfalen, Sachsen-Anhalt und Schleswig-Holstein. Bei Landtagswahlen gilt das Wahlalter ab 16 in Bremen, Brandenburg und Hamburg.

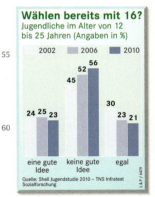

---

3 Stellt die Argumente von CDU und Grünen gegenüber und formuliert selbst mögliche Einwände gegen diese Argumentation zum Wahlrecht mit 16.

4 Recherchiert, welche Positionen die politischen Parteien in Rheinland-Pfalz bzw. im Saarland zum Thema „politische Partizipation von Jugendlichen" einnehmen.

5 Erstellt ein Meinungsbild in eurer Klasse zu dieser Frage und diskutiert darüber.

6 Diskutiert die These: „Die Einrichtung von Jugendgemeinderäten und das Wahlrecht ab 16 fördern das politische Engagement Jugendlicher und wirken der Politikverdrossenheit entgegen".

11. Bürgerinitiativen – Bürgerbeteiligung auf Zeit?

GLOSSAR

Bürgerinitiative

Politische Meinungs- und Willensbildung spielt sich vor allem in den verfassten Institutionen der repräsentativen Demokratie ab. Daneben gibt es rechtlich nicht geregelte Formen der Beteiligung an der Gemeindepolitik. Zu bestimmten Anlässen organisieren sich z. B. Bürgerinitiativen. Sie sind oft spontane, zeitlich begrenzte, organisatorisch eher lockere Zusammenschlüsse einzelner Bürger und beschränken sich auf die Durchsetzung eines bestimmten Zieles. Sie bedienen sich der wichtigsten Mittel der Öffentlichkeitsarbeit (Leserbriefe, Flugblätter, Plakate und Demonstrationen) und üben so politischen Druck auf die Entscheidungsträger aus. Damit leisten sie einen direkten Beitrag zur politischen Willensbildung in der Kommune (direkte Demokratie) und mischen sich in die verfassten politischen Entscheidungsprozesse (repräsentative Demokratie) ein. Ihre Akzeptanz in der Bevölkerung ist seit Jahren höher als die der Politiker.

Auch Vereine, Kirchengemeinden und Bürger kümmern sich um öffentliche Dinge in den Kommunen. Sie erfüllen soziale und damit politische Aufgaben.

In jüngster Zeit hat die Bereitschaft zum Engagement in diesen klassischen Institutionen abgenommen. War früher dieses Engagement mit hohem Ansehen in der Kommune verbunden, suchen heute engagierte Bürger eher Tätigkeitsbereiche, die sie selbst als sinnvoll und bereichernd ansehen. Das moderne ehrenamtliche Engagement soll zeitlich überschaubar sein, viel Mitgestaltungs- und Mitbestimmungsmöglichkeiten bieten, Kontakte zu anderen Menschen fördern und Spaß machen.

Auch Politiker erkennen zunehmend, wie unverzichtbar ehrenamtliches Engagement für die Gesellschaft ist, und unterstützen es durch staatliche Mittel wie Steuerbefreiung, Versicherungsschutz oder öffentliche Ehrungen.

M1 Wir protestieren

M2 So arbeitet eine Bürgerinitiative

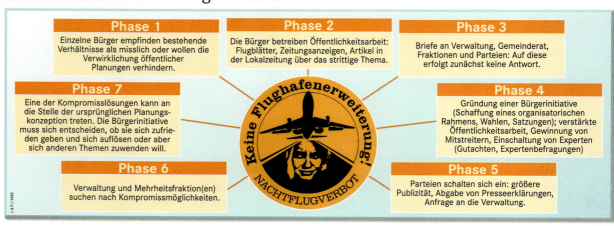

Phase 1 Einzelne Bürger empfinden bestehende Verhältnisse als misslich oder wollen die Verwirklichung öffentlicher Planungen verhindern.

Phase 2 Die Bürger betreiben Öffentlichkeitsarbeit: Flugblätter, Zeitungsanzeigen, Artikel in der Lokalzeitung über das strittige Thema.

Phase 3 Briefe an Verwaltung, Gemeinderat, Fraktionen und Parteien: Auf diese erfolgt zunächst keine Antwort.

Phase 4 Gründung einer Bürgerinitiative (Schaffung eines organisatorischen Rahmens, Wahlen, Satzungen); verstärkte Öffentlichkeitsarbeit, Gewinnung von Mitstreitern, Einschaltung von Experten (Gutachten, Expertenbefragungen)

Phase 5 Parteien schalten sich ein: größere Publizität, Abgabe von Presseerklärungen, Anfrage an die Verwaltung.

Phase 6 Verwaltung und Mehrheitsfraktion(en) suchen nach Kompromissmöglichkeiten.

Phase 7 Eine der Kompromisslösungen kann an die Stelle der ursprünglichen Planungskonzeption treten. Die Bürgerinitiative muss sich entscheiden, ob sie sich zufrieden geben und sich auflösen oder aber sich anderen Themen zuwenden will.

Bürgerinitiativen – Bürgerbeteiligung auf Zeit? 35

M3 Das Vereinswesen in Deutschland verändert sich

„Der demografische Wandel wird das Vereinsleben ebenso beeinflussen wie die ständig wachsende Zeitkonkurrenz zwischen Arbeit und Alltag, Konsum und Kommerz, Familie und Freunden, Medien und Mußebedürfnis. All dies wird zu einem Umdenken in den Vereinen führen: Von einer neuen Angebotsstruktur über eine stärkere Berücksichtigung der Bedürfnisse älterer Mitglieder bis hin zu neuen Ansätzen beim ehrenamtlichen Engagement. [...] Die Mitglieder der Zukunft wollen sich weder verpflichten noch festlegen, sondern flexible Angebote nutzen, die ihnen zeitlich und inhaltlich zusagen wie auch zwischenmenschlich passen. Wenn dies passiert, werden Vereine eine große Zukunft haben", meint Prof. Ulrich Reinhardt von der Stiftung für Zukunftsfragen. [...]
Bei der Verteilung nach Vereinstypen zeigt sich deutlich die große Beliebtheit der Sportvereine. Jeder fünfte Bundesbürger verbringt in mindestens einem einen Teil seiner Freizeit. Aber auch Hobby- und Interessenvereine begeistern viele. Probleme, ihre Mitgliedszahlen stabil zu halten, haben nicht nur die politischen Vereine, auch karitative, humanitäre, Umwelt- oder Tierschutzvereine stehen vor ähnlichen Herausforderungen. [...] Im Vergleich zur Vergangenheit sind immer mehr Mitglieder aktiv im Verein tätig. Drei von vier Deutschen, die sich in einem Verein engagieren, sind aktive Mitglieder – im Jahr 2000 waren dies nur 2/3 der Befragten. Aktivität wird vor allem im Hobby- und Sportklub groß geschrieben. [...] Nur bei Umwelt-, Tier- und Naturschutzvereinen beschränken sich die meisten auf eine passive Mitgliedschaft.
Reinhardt: „Gemeinschaftliche Erfahrungen verbinden. Daher sehe ich die Chance, dass Vereine zu einer Art sozialem Kitt in unserer Gesellschaft werden: Bieten sie doch schon heute Angebote für junge wie alte Mitbürger, Einheimische wie Ausländer oder einkommensstarke wie einkommensschwache Deutsche."

Nach: www.stiftungfuerzukunftsfragen.de/de/ newsletter-forschung-aktuell/254.html (2.6.2014)

Vereine
In Deutschland gibt es 600 000 Vereine – seit 1970 hat sich diese Summe verfünffacht. Allerdings sinkt seit Jahren die Anzahl der Vereinsmitglieder kontinuierlich. Sind 1990 noch immerhin 62 % der Bundesbürger Mitglied in wenigstens einem Verein gewesen, war dies im Jahr 2000 bereits nur noch eine knappe Mehrheit (53 %). Aktuell geben lediglich 44 % der Deutschen an, eine Vereinsmitgliedschaft zu besitzen.

M4 Vereine – pro und kontra

Die Ehrenamtlichen in Vereinen tun viel Gutes für sich und andere. Ihr kostenloses Engagement verringert sinnlosen Fernsehkonsum und Vereinsamung.

Ohne die Jugendgruppe meines Vereins wäre für mich das Leben in diesem Dorf einfach nur öde.

Diese deutsche Vereinsmeierei ist lächerlich. Kaum sind drei Leute auf einem Fleck, wählen sie einen Vorstand und einen Kassenwart.

Gerade in Sportvereinen kommt es schnell zu Kontakten zwischen Deutschen, ausländischen Einwohnern und Neubürgern.

Wenn auf diese Weise Politiker Kontakt zum Bürger halten, kann das nur gut sein.

Die Vereinsvorstände wimmeln von Parteipolitikern. Die versuchen doch nur Beziehungen aufzubauen, damit sie bei den nächsten Wahlen wieder genügend Wählerstimmen bekommen.

1. Sammelt arbeitsteilig in der Lokalpresse und im Internet Informationen über Aktivitäten von Vereinen oder Bürgerinitiativen in eurer Stadt/Gemeinde.
2. Vergleicht eure Ergebnisse und beurteilt, inwieweit dabei wichtige Aufgaben für eure Stadt/Gemeinde gefördert oder behindert werden.
3. Erkundigt euch in eurem Ort, wie gewählte Ratsmitglieder oder Vertreter der Verwaltung die Arbeit von Bürgerinitiativen bewerten. Diskutiert die Ergebnisse unter den Leitbildern „repräsentative oder direkte Demokratie".
4. Stellt dar, wie sich das Engagement der Bürger in Vereinen verändert hat (M 3).
5. Erörtert, zu welchen Themen und Bedingungen ihr euch selbst die Mitarbeit in einem Verein oder einer Bürgerinitiative vorstellen könnt.

◂◂ Wie wird die Kommune regiert?, S. 26 f.

DEMOKRATIE IN DER SCHULE UND DER GEMEINDE

KOMPETENT? Was kostet eine Schule die Kommune?

Ausgaben der Musterschule (Städtisches Gymnasium in Musterstadt, 1 300 Schülerinnen und Schüler)	Ergebnis der Jahresrechnung 2010 (in Euro)
Personalkosten (Hausmeister, Schulsekretärinnen, Personalkostenanteile von Mitarbeitern der Stadtverwaltung, die mit der Schule befasst sind)	393 415,77*
Schulsportplatz (Inventar und Geräte)	0,00
Schulturnhalle (Reparaturen und Ergänzung von Turngeräten)	3 433,24
Reparatur und Ergänzung von Einrichtungsgegenständen (Tische, Stühle, Computer)	49 380,78
Reinigungskosten (Personal- und Materialkosten)	291 558,95
davon Personalkosten: 268 078,05 Euro	
davon Reinigungsmittel: 13 080,30 Euro	
davon Fensterreinigung: 10 400,60 Euro	
Müllgebühren	17 466,36
Pflege des Internet-Netzwerkes	3 099,39
Anschaffung von Unterrichtsmitteln (u. a. Chemikalien, Musiknoten, Bücher für die Schulbücherei, Zeitschriftenabonnements)	29 990,35
Zuschuss für Schüleraustausch	2 000,00
Unterrichtsfahrten	1 793,70
Beihilfen für Schulausflüge (bedürftige Schüler)	140,00
Geschäftsausgaben (Papier, Miete für Kopierer, Drucker, Porto)	13 232,60
Fernsprechkosten	3 183,03
Internetgebühren	1 465,47
Kosten für die Benutzung der Bäder (Schwimmunterricht)	2 677,46
Sachkosten (Heizung, Beleuchtung, Wasserversorgung, Abwässer)	241 671,95
Instandsetzung des Schulgebäudes	122 744,97
Schülerunfallversicherung	50 749,32
Vermischte Ausgaben	931,70
Summe Ausgaben	**1 228 935,04**

* Die Lehrerinnen und Lehrer werden vom Land bezahlt.

Die Zukunft?

Demokratie in der Schule und der Gemeinde 37

Wer wählt, entscheidet mit

KOMPETENT?

Politische Beteiligung bringt einem selbst einen persönlichen Gewinn.

Nur wer mitmacht, kann gestalten.

Politik macht Spaß.

Nichts machen, aber meckern – die politische „Tugend" des Spießbürgers.

Politik ist ein schmutziges Geschäft, von dem man besser die Finger lässt.

Wer sich raushält, überlässt den anderen das Feld.

1 Schaut euch die einzelnen Ausgabenbereiche in der Jahresrechnung der Musterschule an. Überlegt euch, ob es Positionen gibt, die von euch als Schüler beeinflusst werden können. Entwickelt Vorschläge, was Schüler tun können, um Kosten zu sparen.
2 Diskutiert: Aus welchen Gründen baut eine Stadt eine derart teure Einrichtung? Welche Vorteile haben Schulen aus der Sicht des Stadtrates für die Kommune?
3 Interpretiert die Karikatur und informiert euch, welche Sparmaßnahmen in eurer Gemeinde diskutiert werden und wie Alternativen aussehen, um diese Einschnitte für die Bürger zumutbar zu halten.
4 Wählt drei Zitate aus und diskutiert diese in Kleingruppen. Formuliert im Anschluss ein eigenes Statement.

▶▶ **Methode: Karikaturenanalyse, S. 70**

Familie in Gesellschaft und Staat

„Gerade die starken, die emotionalen Gemeinschaften, allen voran die Familie, prägen Eltern wie Kinder, bleiben lebenslang der Grund für moralische Kompetenz, Lebenstüchtigkeit und die Fähigkeit, sein Glück zu finden."

Udo di Fabio: In Freiheit zum Glück, in: Rheinische Post vom 24.12.2010. Di Fabio war von 1999–2011 Richter am Bundesverfassungsgericht.

„Ehe und Familie stehen unter dem besonderen Schutze der staatlichen Ordnung."

Art. 6 GG

1. Welche Bedeutung hat die Familie heute?

 Wunschvorstellungen von einer Familie

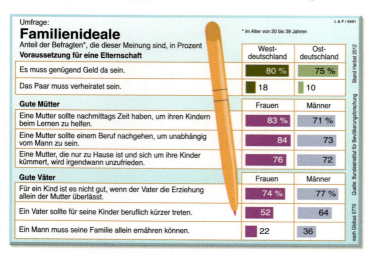

Eine Mutter sollte im Idealfall in Teilzeit arbeiten, unabhängig vom Mann sein und sich nachmittags um die Erziehung der Kinder kümmern. Das ist ein Ergebnis einer Studie des Bundesinstituts für Bevölkerungsforschung zu den Vorstellungen, Meinungen und Erwartungen junger Menschen in Deutschland zum Thema Familie. Väter sollten sich nach Meinung der meisten Befragten an der Erziehung der Kinder beteiligen. 85 Prozent der Befragten finden es wichtig bzw. sehr wichtig, eigene Kinder zu haben. Akzeptiert wird allerdings auch die Kinderlosigkeit. So sind 59 Prozent der Befragten der Ansicht, dass es etwas ganz Normales ist, keine Kinder zu haben.

 Was leistet die Familie?

Sozialisation
Prozess der Einordnung des heranwachsenden Individuums in die Gesellschaft und die damit verbundene Übernahme gesellschaftlich bedingter Verhaltensweisen durch das Individuum

Für das Kind ist die Familie die erste und wichtigste Sozialisationsinstanz. Kinder haben Anspruch auf eine Welt, in der sie sich wohlfühlen. Eine gute Erziehung ist ohne ein starkes Gefühl von Zugehörigkeit zwischen dem Kind und einem oder mehreren Erwachsenen unmöglich. Kinder brauchen Liebe und Stabilität in den Beziehungen, sie brauchen feste Bezugspersonen. Dies kann die Familie in besonders hervorragender Weise bieten. Die Atmosphäre der Emotionalität, der Geborgenheit und der Hinwendung ist allein in der Lage, dem Kind erste Sicherheit gegenüber sich selbst und anderen zu vermitteln. [...] Dadurch wird für den Einzelnen das Fundament gelegt, sodass er sich auch in größeren Lebenskreisen zurechtfinden und schwierige Lebenssituationen durchstehen kann. Familie ist in dem, was sie für die Privatheit von Menschen leistet, bedeutsam für die Gesellschaft:

- Die Familie vermittelt grundlegende Werte.
- Familie ist gelebtes menschliches Miteinander mit all seinen Chancen und Möglichkeiten, aber auch seinen Problemen. In der Familie kann Solidarität eingeübt werden: untereinander, zwischen den Generationen und nach außen. Gleichberechtigung und Partnerschaft lassen sich in der Familie verwirklichen und erfahren.
- Eigenständigkeit und Gemeinschaftsfähigkeit sind nicht nur Erziehungziele, sondern auch wichtig für jeden Erwachsenen.
- Die Familie erzieht und prägt Menschen, die sich auch in größeren Gemeinschaften, in der Gesellschaft zurechtfinden können.

I. Karwatzki: Politik zugunsten der Familie, in: Aus Politik und Zeitgeschichte, B 20/84, S. 4

1. Betrachtet die Bilder auf Seite 38 und 39 und beschreibt eure Assoziationen dazu.
2. Wertet das Schaubild M 1 aus (siehe Methode).
3. Führt eine ähnliche Umfrage durch und stellt die Ergebnisse grafisch dar.
4. Erläutert mithilfe von M 2 den Begriff Sozialisation und die Rolle der Familie als Sozialisationsinstanz.

Auswertung von Grafiken

METHODE

Wenn ihr Zeitungen oder Zeitschriften lest, findet ihr oft Tabellen oder Schaubilder, die ein Problem verdeutlichen oder einen Sachverhalt beweisen sollen. Häufig jedoch – jedenfalls auf den ersten Blick – verwirren diese Darstellungen und werden deshalb übergangen. Sie zu verstehen, fällt leichter, wenn ihr zunächst herausarbeitet,
- worum es in einem Schaubild eigentlich geht,
- worauf sich die Zahlen beziehen,
- aus welchem Jahr sie stammen und
- ob es sich um absolute Zahlen handelt oder um Prozentangaben.

Wichtig ist in jedem Fall auch, zu überprüfen, ob sich die gemachten Angaben über die gefragte Gruppe hinaus verallgemeinern lassen. Bei Umfrageergebnissen macht es z. B. einen wichtigen Unterschied, ob die Daten telefonisch oder per Internet erhoben wurden, denn 2013 verfügten zwar 99 Prozent der Haushalte in Deutschland über ein Telefon, einen Internetanschluss hatten jedoch nur etwa 83 Prozent.

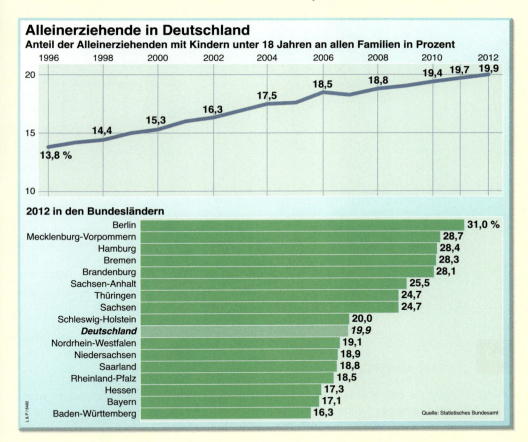

1. Wertet die Grafik aus und schreibt einen zusammenhängenden Text.
   So könntet ihr anfangen:
   Die Grafik „Alleinerziehende in Deutschland" basiert auf Daten des Statistischen Bundesamtes. Sie zeigt den Anteil der Alleinerziehenden mit Kindern unter 18 Jahren an allen Familien in Prozent. …

2. Wertet die Grafik zu den Erziehungszielen in der Umfrage aus (M 4, S. 43).

INTERNET
destatis.org

2. Wie erziehe ich richtig?

Eine der wichtigsten Aufgaben der Familie ist die Erziehung der Kinder. Erwachsene beeinflussen das Verhalten und Denken ihrer Kinder, um bestimmte eigene Vorstellungen zu verwirklichen. Die Erziehungsziele haben sich im Laufe der Zeit den gesellschaftlichen Veränderungen angepasst und sich entsprechend gewandelt.

Wurden in früheren Zeiten von Staat und Gesellschaft insbesondere Gehorsam, Fleiß und Unterordnung unter eine vorgesetzte Autorität verlangt, brauchen ein demokratischer Staat und eine moderne Wirtschaft andere Eigenschaften, z. B. Selbstständigkeit, Kreativität, Flexibilität, Teamfähigkeit und Eigenverantwortung.

M1 „Wie kann man nur …"

Zeichnung: Marie Marcks (Original in alter Rechtschreibung)

M2 „Erziehungssache"

Die 12-jährige Julia lebt mit ihrer Mutter in einer kleinen Wohnung. Da die Mutter vor Kurzem eine Vollzeit-Arbeitsstelle annehmen musste, vereinbarte sie mit Julia, dass diese kleinere Aufgaben im Haushalt übernimmt. Das funktionierte bisher oft nicht, weil Julia die Aufträge vergaß, keine Lust dazu hatte oder so lange mit Freunden zusammen war, dass keine Zeit blieb, die Arbeit zu erledigen. Die Mutter kritisiert auch, dass Julia so unordentlich ist. Julia lässt im Wohnzimmer, das der Mutter als Schlafzimmer dienen muss, alles liegen. Die Mutter ist sehr „sauer", wenn sie nach der Arbeit erst einmal eine halbe Stunde aufräumen muss. Als die Mutter ihrer Freundin ihr Leid klagt, hört sie von dieser: „Das ist Erziehungssache!" – „Ich möchte aber, dass sich im Zusammenleben mit Julia eine Art Partnerschaft entwickelt", erwidert die Mutter.

Kinder erziehen – aber wie?, in: Zeitlupe 30, Bundeszentrale für politische Bildung

Wie erziehe ich richtig?

M 3 Erziehungsziele

Erziehungsziele	sehr wichtig	wichtig	weniger wichtig
Selbstbewusstsein			
persönliche Entfaltung			
Durchsetzungsfähigkeit			
Horizonterweiterung			
Pünktlichkeit			
Gefühle zeigen können			
Sparsamkeit			
Ordentlickeit			
Fleiß			
Mut			
Willensstärke			
Wissensdurst			
Entscheidungsfreude			
Anpassungsfähigkeit			
Bescheidenheit			
…			

M 4 Umfrageergebnisse

M 5 Erziehungsmittel

- Strafe
- Vorbild sein
- Lob
- Schläge
- Drohen
- Hilfe
- Förderung
- Tadel
- Überzeugung
- Unterstützung
- Liebesentzug
- Befehl

---

1 Interpretiert die Karikatur M 1.

2 Erläutert, worin das Fehlverhalten von Julia besteht (M 2).

3 Diskutiert die Aussage „Das ist Erziehungssache" der Freundin.

4 Erörtert, welche der in M 5 genannten Erziehungsmittel in diesem Fall angemessen sind.

5 Übertragt die Tabelle M 3 in euer Heft und kreuzt – jede/r für sich – für das jeweilige Erziehungsziel an, ob es euch sehr wichtig, wichtig oder weniger wichtig ist.

6 Diskutiert eure Ergebnisse in der Klasse und vergleicht sie mit den Erziehungszielen der Eltern (M 4).

▶▶ Methode: Karikaturenanalyse, S. 70

3. Welche Formen von Familien gibt es heute?

Bis in die 60er-Jahre des 20. Jahrhunderts bestand die „Normalfamilie" aus Vater, Mutter und Kindern. Die meisten Menschen heirateten und die Ehe blieb lebenslang stabil, die Zahl der Ehescheidungen war niedrig. Aus den Ehen gingen in der Regel Kinder hervor.

In den vergangenen Jahrzehnten sank die Kinderzahl in den Familien kontinuierlich: Immer mehr Ehen blieben kinderlos, die Zahl der Ein-Personen-Haushalte (der sogenannten Singles) stieg an, während jene der Familien mit vielen Kindern stark zurückging. Zugleich wuchs die Zahl der Ehescheidungen.

Doch wenn sich Ehepartner für Kinder entscheiden, wollen sie in der Regel zwei Kinder haben, nur 19 % aller Kinder wachsen ohne Geschwister auf. Bevölkerungswissenschaftler stellen weiterhin fest, dass Frauen heute deutlich später als früher Kinder bekommen. Das durchschnittliche Alter der Frauen bei der ersten Geburt ist zwischen den Jahren 1970 und 2012 von etwa 24 auf 29 Jahre gestiegen.

Die Familie spielt immer noch eine sehr große Rolle: Zwar wachsen die meisten Jugendlichen noch in einer „traditionellen" Familie auf, aber es werden immer weniger, denn der Anteil der Alleinerziehenden steigt kontinuierlich an. Ebenso gibt es immer mehr Ehepaare ohne Kinder, und es haben sich andere Lebensformen herausgebildet, wie z. B. gleichgeschlechtliche Ehen.

M1 Von der Groß- zur Kleinstfamilie

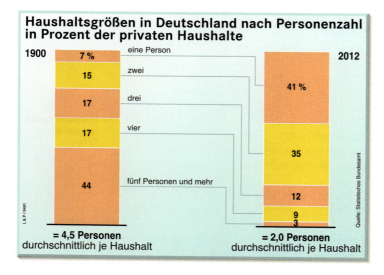

M2 Familien in Deutschland

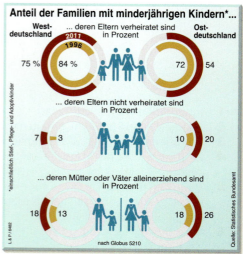

Welche Formen von Familien gibt es heute? 45

M 3 Formen des Zusammenlebens

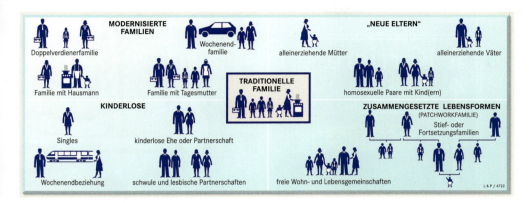

M 4 Patchwork-Familien

Es gibt schöne Seiten, die eine so bunt gemischte Konstellation wie eine Patchworkfamilie mit sich bringt. Z. B. haben die Kinder viele Bezugspersonen, an die sie sich wenden
5 können. Alle Mitglieder lernen, wie wichtig Kompromisse sind und können somit besser auf Neues reagieren. Die Kinder aus einer Patchworkfamilie weisen eine deutlich höhere Sozialkompetenz auf als Kinder aus regulä-
10 ren Familienkonstellationen.
Trotz aller Komplikationen kann der Versuch einer Patchworkfamilie ein aufregendes Unterfangen werden, das den Wunsch nach einer eigenen Familie erfüllt.

Wanda Steinmetz: Probleme und Regeln einer Patchworkfamilie; www.hallofamilie.de

M 5 Und welcher Elternteil soll es unterzeichnen?

Und welcher Elternteil soll es unterzeichnen? Mein leiblicher Vater, mein Stiefvater, der dritte Mann meiner Mutter, meine wirkliche Mutter oder die vierte Frau meines leiblichen Vaters, die bei uns wohnt?

M 6 Alleinerziehend

In Deutschland gibt es immer mehr Alleinerziehende: Beinahe jede fünfte Familie besteht aus einem alleinerziehenden Elternteil. Diese Mütter und Väter stehen im Alltag vor besonderen
5 Herausforderungen. Aber allein zu erziehen, heißt nicht, auch mit allen Problemen allein zu sein. Es gibt zusätzliche Hilfsangebote, die besonders unterstützen sollen.

Familienministerium (Zugriff am 3. 6. 2014)

1. Fasst anhand der Fotos und Schaubilder (M 1–M 3) den Wandel der Familienstruktur zusammen.
2. Erklärt den Begriff „Patchworkfamilie" (M 4).
3. Interpretiert die Karikatur M 5.
4. Stellt dar, welche Folgen sich aus den unterschiedlichen Familienstrukturen insbesondere für Kinder und Jugendliche ergeben können.
5. Diskutiert, ob es ein Adoptionsrecht für gleichgeschlechtliche Paare geben sollte.

▶▶ **Methode: Karikaturenanalyse, S. 70**

INTERNET

unterm Regenbogen
www.mifkjf.rlp.de/familie/vielfalt-foerdern-benachteiligung-abbauen/rheinland-pfalz-unterm-regenbogen/

4. Sind die Aufgaben in der Familie gerecht verteilt?

M1 Rollenverteilung heute konservativer als in den 90ern

Der Mann macht Karriere, während die Frau zuhause die Kinder betreut und den Haushalt schmeißt – traditionelle Geschlechterrollen von gestern? Von wegen. Trotz der vielgepriesenen „neuen Väter" ist das Rollenverständnis bei Männern und Frauen im Jahr 2013 konservativer als in den 90er-Jahren des 20. Jahrhunderts. Das ergab die aktuelle „Vorwerk Familienstudie".

Für die repräsentative Studie befragte das Institut für Demoskopie Allensbach 1 548 Menschen ab 16 Jahren in Deutschland. Demnach kann sich heute nicht einmal mehr jede zweite Frau (48 Prozent) vorstellen, dass ihr Partner zu ihren Gunsten bei seiner Karriere zurücksteckt. 1993 erwarteten das noch 54 Prozent der Frauen. Bei den Männern liegt der Anteil 2013 bei 40 Prozent, 1993 lag er noch bei 47 Prozent.

Vor 20 Jahren konnte sich noch jeder dritte Mann vorstellen, nur noch halbtags zu arbeiten, um auch seiner Frau die Berufstätigkeit zu ermöglichen. Heute kommt das nur noch für 30 Prozent der Männer in Frage. Dagegen finden Männer in Elternzeit heute deutlich mehr Akzeptanz als 1993: 44 Prozent der Männer und 56 Prozent der Frauen befürworten heute, dass der Mann in Elternzeit geht. 1993 waren es nur 33 Prozent der Männer und 37 Prozent der Frauen.

Die Studie erfasste neben den beruflichen auch soziale Aspekte des Familienlebens. Mehr als zwei Drittel der Eltern mit Kindern, die jünger als 16 Jahre sind, haben das Gefühl, zu wenig Zeit für sich oder ihre Familie zu haben und nicht allen Anforderungen gerecht zu werden. Überdurchschnittlich häufig klagen teilzeitbeschäftigte Mütter darüber. Mütter finden, dass vor allem sie selbst zu kurz kommen. Väter geben an, dass unter ihrem Zeitmangel in erster Linie die Partnerin und die Kinder leiden.

Knapp 80 Prozent der Mütter geben an, dass die Hauptlast der Familienarbeit bei ihnen liegt. Aber immerhin 62 Prozent der Frauen sehen ihre Leistungen für die Familie durch ihren Partner ausreichend anerkannt.

Beitrag vom 26.11.2013, t-online.de, dpa-tmn (Zugriff am 3.2.2014)

Sind die Aufgaben in der Familie gerecht verteilt? **47**

M 2 Väter und Familienarbeit

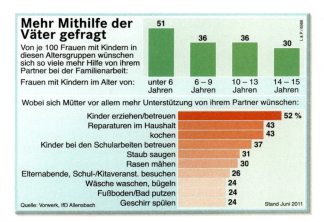

M 3 Mütter und Väter in Teilzeitarbeit

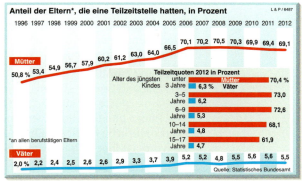

M 4 Kinder kriegen und Chefin werden

Was waren sie damals optimistisch: die Frauen, die das Wissenschaftszentrum Berlin für Sozialforschung (WZB) 2007 das erste Mal für die Zeitschrift *Brigitte* befragte. Sie hatten
5 große Pläne: „Wir wollen alles, und zwar jetzt!", lautete ihre Forderung. „Kinder kriegen und Chefin werden – mit uns gibt es kein Entweder-oder!" Die rund 1000 Teilnehmerinnen waren zwischen 17 und 19 sowie
10 zwischen 27 und 29 Jahren alt und kamen aus allen Gesellschaftsschichten. Sie standen am Anfang ihres Berufslebens, und viele hatten noch keine Kinder. 2012, fünf Jahre später, hat das WZB ein knappes Drittel von ih-
15 nen nach ihren Erfahrungen befragt. Die Antworten sind ziemlich ernüchternd.
An ihren Berufsplänen halten die jungen Frauen fest, davon lassen sie sich nicht abbringen. Haben sie doch mit Ausbildung und
20 Studium gerade erst darauf hingearbeitet! Die Probleme kommen jedoch mit dem Nachwuchs. Kinder und Karriere sind zwei Ks, die offenbar immer noch nicht zusammenpassen. Die Hälfte von ihnen sagt, die Vereinbarkeit
25 von Beruf und Familie habe sich nicht verbessert, 30 Prozent sind sogar der Ansicht, sie hätte sich verschlechtert. Kinderkriegen heißt häufig Teilzeit arbeiten – und mit Teilzeit kommt man nicht weit.
Mehr als Teilzeit ist jedoch meist nicht drin, 30 wenn daheim der Haushalt gemacht werden muss und die Kinder auf ihr Essen warten. Irgendwer muss sich ja darum kümmern – die Männer sind das bislang aber selten. Das Angebot, Elternzeit zu nehmen, wollen die meis- 35 ten Männer nur kurz nutzen, 40 Prozent sagen sogar, dass sie gar nicht pausieren wollen. Die Konsequenz: weniger Kinder. 92 Prozent der Frauen gaben bei der ersten Befragung an, dass sie gerne welche hätten. Jetzt sind 41 40 Prozent Mütter. „Lieber noch warten", sagt sich der Rest. Die Aussagen der Befragten erklären, warum die Geburtenrate stagniert, obwohl die Krippen ausgebaut werden. Um Kinder und Karriere zusammenzubringen, 45 fehlen nicht Kitaplätze, sondern es fehlt: Zeit. Und zwar den Frauen wie den Männern.

Nach: Inge Kutter: *Kinder kriegen und Chefin werden*, in: Zeit Online vom 21.9.2013

1 Diskutiert arbeitsteilig die Rollenverteilung in der Familie (M 1–M 4).
2 Stellt Möglichkeiten der eigenen Mithilfe im Haushalt dar.
3 Informiert euch im Internet über die Möglichkeit, Elternzeit zu nehmen.
4 Entwickelt vor dem Hintergrund von M4 Möglichkeiten, die Vereinbarkeit von Kindern und Karriere zu verbessern.

5. Fördert der Staat Familien ausreichend und sinnvoll?

Der Staat kümmert sich in vielfältiger Weise um die Familien. Gesetzliche Regelungen betreffen das Verhältnis Staat-Familie, aber auch Rechtsverhältnisse der Familienmitglieder untereinander. Unser Grundgesetz enthält den besonderen Artikel 6:

> **Ehe und Familie**
> (1) Ehe und Familie stehen unter besonderem Schutze der staatlichen Ordnung.
> (2) Pflege und Erziehung der Kinder sind das natürliche Recht der Eltern und die zuvörderst ihnen obliegende Pflicht. Über ihre Betätigung wacht die staatliche Gemeinschaft. [...]
> (4) Jede Mutter hat Anspruch auf den Schutz und die Fürsorge der Gemeinschaft.

Auch die rheinland-pfälzische Landesverfassung stellt im Abschnitt II Ehe und Familie unter den besonderen Schutz des Staates:

> z. B. Artikel 23 (Ehe und Familie)
> (2) Besondere Fürsorge wird Familien mit Kindern, Müttern und Alleinerziehenden sowie Familien mit zu pflegenden Angehörigen zuteil.

In Gesetzen wird jeweils die Höhe der finanziellen Hilfen für Familien festgelegt. Zur Unterstützung der Familien zählt auch die kostenlose Schulbildung der Kinder von der Grundschule bis zur Universität.
Seit dem 1. August 2013 hat außerdem jedes Kind mit Vollendung des ersten Lebensjahres einen Rechtsanspruch auf einen Kindergartenplatz in einer Betreuungseinrichtung oder in der Tagespflege. Insgesamt haben Bund, Länder und Kommunen bis 2013 über 12 Milliarden Euro in den Ausbau der Kinderbetreuung investiert, um diesen Rechtsanspruch sicherzustellen.

GLOSSAR
Sozialleistungen
Sozialstaat

M1 Familie – Staat

M2 Das Betreuungsgeld

Seit 2013 erhalten alle Eltern, die ein einjähriges Kind zuhause betreuen, monatlich 100€. Ab 2014 wurde das Betreuungsgeld auf 150€ angehoben. Dann sollen auch Eltern zweijähriger Kinder das Betreuungsgeld erhalten.
Argumente für das Betreuungsgeld:
- Stärkung der Mutter-Kind-Beziehung;
- Betreuungsgeld ist günstiger als zusätzliche Kitaplätze;
- Wahlfreiheit;
- gesellschaftliche Anerkennung des „Berufes Mutter".

Argumente dagegen:
- ökonomischer Anreiz nur für Arme;
- Betreuungsgeld verhindert notwendige Förderung von Kindern;
- Betreuungsgeld ist teuer;
- Gleichstellung von Mann und Frau wird verhindert.

Autorentext

Fördert der Staat Familien ausreichend und sinnvoll? 49

M 3 So viel fürs Kind

M 4 Betreuungsquoten

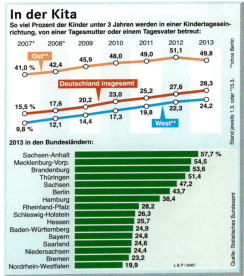

Elterngeld
ist eine Transferzahlung für Eltern, die wegen der Betreuung eines Kindes nicht oder nicht voll erwerbstätig sind oder ihre Erwerbstätigkeit für die Betreuung ihres Kindes unterbrechen. Es soll die Eltern bei der Sicherung ihrer Lebensgrundlage unterstützen und ist in erster Linie als Entgeltersatzleistung ausgestaltet. Das Elterngeld wird über die Zeit des Mutterschutzes hinaus gezahlt, längstens für 14 Monate. Das Elterngeld ist einkommensabhängig und beträgt zwischen 65 und 100 Prozent des Netto-Monatseinkommens, höchstens 1 800 Euro, mindestens 300 Euro im Monat.

M 5 Die Familie Schneider

Maria Schneider verdient derzeit 1 410 € und war bisher kinderlos. Nach der Geburt ihrer Tochter Sophie besteht für sie ein Anspruch auf Elterngeld in Höhe von knapp 920 €. Zu-
5 sätzlich hat sie nun einen Anspruch auf Wohngeld in Höhe von rund 120 € sowie Leistungen nach dem Unterhaltsvorschussgesetz in Höhe von 127 €. Zusammen mit dem Kindergeld beträgt das Familieneinkommen
10 dann gut 1 350 € im Monat. Da sie das alleinige Sorge- und Aufenthaltsbestimmungsrecht für ihr Kind hat, erhält sie diese Leistung über 14 Monate.

Autorentext

M 6 Die Familie Leinen

Michaela Leinen (25) arbeitet als Buchhalterin in einer großen Firma und verdient 830 € netto. Nach der Geburt ihres Kindes möchte sie zunächst zu Hause bleiben und sich ganz um den Nachwuchs kümmern. Ihr Mann Wolfgang arbeitet als Facharbeiter und
5 verdient monatlich 1 710 €. Das Elterngeld für Michaela beträgt 600 €. Zusammen mit dem Kindergeld verfügt die junge Familie über 2 470 € Haushaltseinkommen. Wolfgang möchte nach der Elternzeit seiner Frau zwei Vätermonate nehmen, um sich ebenfalls um seinen Nachwuchs zu kümmern. Das Elterngeld für Wolfgang
10 beträgt etwa 1 100 €. Michaela, die nun in den Beruf zurückkehrt und als Alleinverdienerin die günstigere Steuerklasse wählt, erwirtschaftet ein Nettoeinkommen von gut 1 250 €. Mit dem Kindergeld ergibt sich ein verfügbares Einkommen von über 2 500 €.

Autorentext

1. Diskutiert anhand von M 2, ob das Betreuungsgeld eine sinnvolle Förderung für Familien darstellt.
2. Wertet die Schaubilder M 3 und M 4 aus.
3. Recherchiert, ob es in eurer Stadt/Gemeinde genügend Plätze im Hort bzw. Kindergarten und Kindertagesstätten gibt und welche Kosten hierfür von den Eltern zu tragen sind.
4. Legt dar, wie der Staat Alleinerziehende wie Maria Schneider (M 5) unterstützt.
5. Diskutiert, wieso bisher so wenige Männer die Möglichkeit nutzen, Elternzeit zu nehmen (M 6).

◂◂ **Methode: Auswertung von Grafiken, S. 41**

6. Kinderarmut – ein Skandal!?

M1 Kinderarmut

M2 Arme deutsche Kinder – eine Schülerin berichtet

GLOSSAR

Armut

INTERNET

www.tafel.de
Es gibt über 900 Tafeln in Deutschland. Sie verteilen kostenlos einwandfreie Lebensmittel an sozial und wirtschaftlich benachteiligte Bürgerinnen und Bürger.

www.wegweiser-kommune.de
Auf der Homepage „Wegweiser Kommune" der Bertelsmann Stiftung sind u. a. Daten mit den Kinderarmutsquoten aller Städte und Gemeinden mit mehr als 5000 Einwohnern abrufbar.

Kinderarmut unterscheidet sich stark von der Armut Erwachsener, denn Kinder können nichts dagegen tun.
Nehmen wir Maria: Sie ist 15, geht auf ein Gymnasium in Düsseldorf. Sie hat wenige Freunde. Die Mädchen in ihrer Klasse tragen neue Schuhe und Klamotten. Gerne würde sie mal zu H&M gehen und sich eine neue Hose kaufen. Sie merkt, dass sie alle auf dem Schulhof anstarren und kichern. Ihre Mutter war heute nicht zu Hause, deshalb hat Maria Hunger. Nichts gab es mehr im Kühlschrank, und Geld hat sie auch nicht. „Ich schäme mich für meine Mutter und für meinen Vater sowieso. Er hat, als ich noch ein Baby war, unsere Familie verlassen. Nach der Schule muss ich Pfandflaschen wegbringen und mir etwas zu essen kaufen. Jetzt reden alle über die Klassenfahrt. Alle freuen sich, aber ich kann nicht mitfahren", erzählt Maria.
So wie ihr geht es vielen Mädchen und Jungen. Viele können sich nichts zu essen leisten und gehen zur Düsseldorfer Tafel. Die Idee zur Düsseldorfer Tafel entstand durch eine Studie, die belegte, dass einkommensarme Menschen viel weniger Geld für Essen ausgeben als andere. Deshalb hatten vor mehr als 30 Jahren Menschen in den USA die Idee, Bedürftigen Essen und Kleidung auszuteilen. Erst seit 1993 gibt es diese Tafeln in Deutschland. In Düsseldorf gibt es circa 40 Einrichtungen, die die Düsseldorfer Tafel mit Spenden unterstützen. Vielen Kindern konnte dadurch geholfen werden. Im Rahmen der offenen Ganztagsschulen kommen auch in den Mittagspausen circa 30 Kinder in die Tafel, um sich warmes Essen zu holen.
Auch Schüler können helfen. Ihr müsst nicht Geld spenden, es gibt auch Aktionen wie den „Schuhkarton". Den befüllt man mit seinem alten Spielzeug. Noch einmal zu Maria: „Auf dem Nachhauseweg kam ich an der Tafel vorbei. Alle Menschen da waren total freundlich. Ich habe Hausaufgaben gemacht und ein warmes Essen gekriegt. Ich gehe jetzt jeden Tag dahin. Endlich gibt es Menschen, die mich so nehmen, wie ich bin."

Aus: Schüler lesen Zeitung. Ein Gemeinschaftsprojekt von Rheinischer Post und Vodafone, Januar 2011, S. 46; Autorin: Lea Köhler, 8a, Leibniz-Gymnasium Düsseldorf

Kinderarmut – ein Skandal!?

M 3 Von Armut bedroht

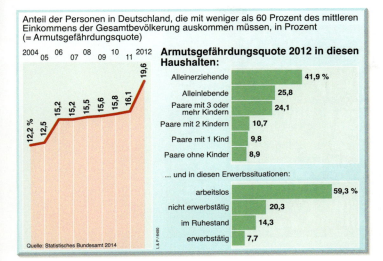

M 4 Kinderarmut

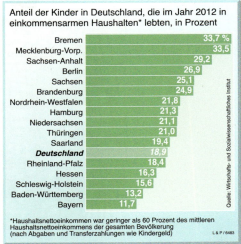

M 5 Soziale Gerechtigkeit

Zeichnung: Klaus Stuttmann

▶▶ Wirtschaftet der Mensch, damit er leben kann?, S. 96 ff.

1. Beschreibt die Bilder und stellt zusammen, was Armut für ein Kind bedeuten kann (M 1).
2. Beschreibt die Armutssituation der Schülerin Maria und legt dar, wie die Schülerin Lea Köhler die Armutssituation Gleichaltriger wahrnimmt, und welche Maßnahmen sie vorschlägt (M 2).
3. Wertet die Grafiken aus (M 3, M 4). Prüft insbesondere, welcher Haushaltstyp das größte Armutsrisiko trägt.
4. Interpretiert die Karikatur (M 5).
5. Ermittelt im Online-Portal der Bertelsmann Stiftung die Daten mit den Kinderarmutsquoten in eurer Stadt/Gemeinde, in eurem Landkreis.
6. Diskutiert Möglichkeiten, Kinderarmut wirksam zu bekämpfen.

◀◀ Methode: Auswertung von Grafiken, S. 41

METHODE Erkundung: Ist unsere Stadt kinderfreundlich?

Ministerin Alt bewilligt Zuschuss für Kinderstadtplan Landau
Kinder- und Jugendministerin Irene Alt hat für die Weiterentwicklung des Kinderstadtplans Landau der Stadtverwaltung Fördergelder in Höhe von 4.284 € bewilligt. In die aktualisierte Version soll auch die Landesgartenschau einfließen.

„In einem solchen Stadtplan tragen Kinder all jene Punkte ein, die für sie von Bedeutung sind – seien es Spielplätze, schöne Orte oder auch gefährliche Punkte im Straßenverkehr. Die Kinder lernen so ihre Stadt besser kennen und die Erwachsenen können auf die Belange der Mädchen und Jungen wo nötig punktgenau reagieren. Das ist gelebte Partizipation, wie ich sie mir für die Kinder und Jugendlichen in unserem Lande wünsche", erklärt Ministerin Alt. „Denn wer schon früh im Leben erfährt, dass das eigene Wort etwas zählt und bewirken kann, der wird vielleicht auch später Spaß daran haben, sich für die Gemeinschaft zu engagieren."
Das Land hat bereits 49 Kinderstadtpläne von rheinland-pfälzischen Kommunen gefördert. Einzusehen sind sie unter dem folgenden Link: *http://kinderrechte.rlp.de/einzelne-kinderrechte/spiel-freizeit-und-kultur/materialien/kinderstadtplaene/gefoerderte-kinderstadtplaene/*

Ministerium für Integration, Familie, Kinder, Jugend und Frauen Rheinland-Pfalz; www.mifkjf.rlp.de (Zugriff am 30.1.2014)

◀◀ Wie plant die Gemeinde ihre Ausgaben?, S. 22 f.

Tipps zur Durchführung einer Erkundung
1. Diskutiert in der Klasse das Projekt Kinderstadtplan des Ministeriums für Integration, Familie, Kinder, Jugend und Frauen.
2. Besprecht die Erfahrungen, die ihr in eurer Stadt gemacht habt.
3. Benennt wichtige Kriterien einer kinder- und jugendfreundlichen Stadt auf Plakatkarton: Radwege, Spielplätze, Jugendzentren, Veranstaltungen, Busverbindungen usw.
4. Erkundet arbeitsteilig in Gruppen die aktuelle Situation nach ausgewählten Themen bzw. Stadtteilen und haltet eure Ergebnisse fest durch Fotos, Zeichnungen, Interviews usw.
5. Gestaltet gemeinsam die Ergebnisse eurer Erkundungen auf z. B. Plakatwänden oder Wandzeitungen.
6. Ladet Verantwortliche aus der Stadtverwaltung oder Kommunalpolitiker zu einer Diskussion ein, stellt eure Ergebnisse vor und erörtert Möglichkeiten, eure Stadt noch kinderfreundlicher zu gestalten.

◀◀ Methode: Expertenbefragung, S. 27

Familie in Gesellschaft und Staat **53**

KOMPETENT?

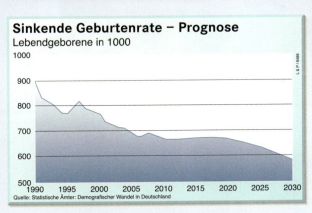

1. Beschreibt anhand der Bilder, wie sich Familienstrukturen und Rollenverteilung in den Familien gewandelt haben.
2. Erläutert wesentliche familienpolitische Maßnahmen des Staates.
3. Prüft, ob sich die Einführung des Elterngeldes in 2007 positiv auf die Geburtenrate in Deutschland ausgewirkt hat.
4. Entwerft eine Rede, in der ihr für die Akzeptanz von Vätermonaten werbt.
5. Informiert euch im Internet auf den Seiten der im Bundestag vertretenen Parteien über deren familienpolitische Positionen.

Leben in der Mediengesellschaft

„Was wir über unsere Gesellschaft, ja über die Welt, in der wir leben, wissen, wissen wir durch die Massenmedien."

Niklas Luhmann; deutscher Soziologe, 1927–1998

Links: Politikerinnen und Politiker in der Talkshow „Günther Jauch", 2013.

Unten: Schülerinnen und Schüler lesen Zeitung im Unterricht.

1. Wie wichtig sind Medien für Jugendliche?

Ohne Medien ist das Leben in unserer Gesellschaft kaum mehr denkbar – sie informieren uns, sie unterhalten uns und sie verschaffen uns Gesprächsstoff. Damit prägen sie unseren Tagesablauf – oftmals ohne dass wir es merken.

M 1 Wie wichtig sind dir Medien?

	… ist mir nicht wichtig	… ist mir weniger wichtig	… ist mir wichtig	… ist mir sehr wichtig
Musik zu hören …				
Handy zu nutzen …				
Internet zu nutzen …				
Bücher zu lesen …				
Radio zu hören …				
Fernzusehen …				
Tageszeitung zu lesen …				
Computerspiele …				

JIM steht für Jugend, Information, (Multi-)Media. Die JIM-Studie beschäftigt sich mit dem Medienumgang von 12- bis 19-Jährigen in Deutschland.

M 2 Ergebnisse der JIM-Studie 2013

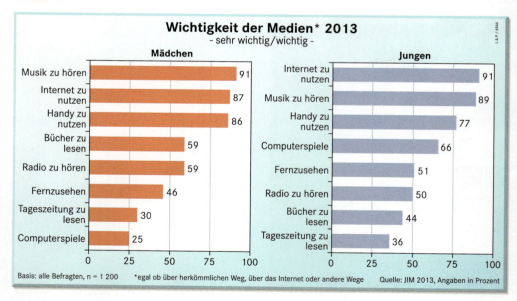

1 Übernehmt die Tabelle aus M 1 in euer Heft und kreuzt an, wie wichtig die unterschiedlichen Medien für euch sind. Vergleicht die Ergebnisse in der Klasse.

2 Wandelt die Ergebnisse nach dem Muster von M 2 in Prozentzahlen um und vergleicht sie mit den Ergebnissen der JIM-Studie. Gibt es bei euch auch deutliche Unterschiede zwischen den Ergebnissen von Jungen und Mädchen?

Wie wichtig sind Medien für Jugendliche? **57**

M 3 Weitere Informationen aus der JIM-Studie 2014

102 Minuten schauen die befragten Jugendlichen im Schnitt täglich fern.

Pro7, RTL, RTL2 sind ihre Lieblingssender.

„Germany's next Topmodel" & **„Deutschland sucht den Superstar"** sind die populärsten Unterhaltungssendungen.

73 Prozent nutzen Online-Communities.

M 4 Darf mein Kind „Topmodel" und „DSDS" gucken?

Mit Marktanteilen von zum Teil über 60 Prozent sind Castingshows der Quotenerfolg des neuen Jahrtausends. Aber woher kommt es, dass mittlerweile sogar jüngere Kinder schon
5 infiziert sind vom Castingwahn? Sind die Inhalte der Castingshows sogar gefährlich? Und was können Eltern machen, deren Kinder unbedingt die Topmodels und Superstars sehen wollen? [...]
10 Dr. Maya Götz ist Leiterin des Internationalen Zentralinstituts für das Jugend- und Bildungsfernsehen (IZI) [...]. Sie rät davon ab, Kindern den „Germany's next Topmodel"- Abend gänzlich zu verbieten – zumal sich die Shows zu
15 den neuen Familienformaten entwickelt haben: Was früher „Wetten, dass..?" war, sind heute eben „The Voice of Germany" oder „Germany's next Topmodel".
Häufig übernähmen die Kinder die Begeiste-
20 rung für diese Shows sogar von den Eltern. Und diese gehen häufig davon aus, dass derartige Formate kindgerechter seien als ein Großteil des restlichen Abendprogramms. Was außerdem nicht zu vergessen ist: Wer
25 am nächsten Tag in der Schule mitreden will, sollte schon wissen, wer auf dem Laufsteg gestolpert ist, wer den falschen Ton getroffen hat und wer die Zicke in der Modelvilla ist. Eltern, die das Schauen von Castingshows strikt verweigern, warnt Wissenschaftlerin 30 Götz daher: „Bloßes Schlechtreden bringt nichts!" Der erhobene Zeigefinger und ein grummeliges „Diesen Mist schau ich mir nicht länger an!" seien sogar kontraproduktiv. Vielmehr sollten die Eltern ein kritisches Auge 35 auf die Sendungen werfen und versuchen, auch ihre Kinder darin zu schulen. „Es ist wichtig, dass die Eltern ihren Kindern klarmachen, dass das im Fernsehen Gezeigte nicht der Realität entspricht und dass auch 40 die Kandidaten das Material einer Unterhaltungsshow sind. Die Suche nach einem Topmodel oder einem Superstar, wie es der Titel der Sendung vorgibt, ist nicht das Ziel", so Götz. 45

Sophia Meyer: Darf mein Kind „Topmodel" und „DSDS" gucken?, www.eltern.de/schulkind/ jugendliche/castingshows.html (Zugriff am 31.8.2014)

---

3 Führt eine Woche lang Buch über euren Medienkonsum. Vergleicht eure Ergebnisse.
4 „Castingshows haben einen schlechten Einfluss auf Jugendliche!" Führt hierzu eine Pro- und Kontra-Diskussion durch (M 3, M 4).
5 In M 4 wird „Germany's next Topmodel" als „Familienformat" (Zeile 15) bezeichnet. Diskutiert, ob solche Formate das Familienleben bereichern.
6 Nehmt Stellung zur These von Niklas Luhmann auf der Eingangsdoppelseite, S. 55.

▶▶ Methode: Die Pro- und Kontra-debatte, S. 169

2. Was sind die Aufgaben der Medien in der Demokratie?

! Von Medien wird erwartet, dass sie sowohl die Erwartungen der Menschen an die Politik artikulieren als auch die Bevölkerung über politische Entwicklungen informieren, also als Mittler zwischen den politischen Institutionen und der Gesellschaft wirken. Durch kritische Berichterstattung üben Medien zudem Kontrolle über das Handeln von Politikern, aber auch von Verbänden und Unternehmen aus. Sie wirken auf die Meinungen der Bürger ein. Deshalb werden die Medien auch als „Vierte Gewalt" bezeichnet. Dieser Aufgabe können sie aber nur nachkommen, wenn sie unabhängig berichten können und sich auch gegenseitig kontrollieren. Je mehr Medienangebote es gibt, desto wahrscheinlicher ist es, dass falschen Informationen widersprochen wird.

M1 Welche Medien gibt es?

GLOSSAR
Massenmedien

▶ Politik im Netz, S. 72f.

Wenn von „den Medien" die Rede ist, sind in der Regel die „klassischen" Massenmedien gemeint. Sie informieren ein breites Publikum über gesellschaftliche Ereignisse aus
5 Politik, Wirtschaft, Kultur oder Sport.
Unterschieden wird zwischen den gedruckten (Print-)Medien (Zeitungen, Zeitschriften) und den elektronischen Medien (Radio, Fernsehen). Während die Printmedien in Deutsch-
10 land überwiegend privat betrieben werden, waren die Rundfunk- und Fernsehanstalten lange ausschließlich in öffentlich-rechtlicher Hand (ARD und ZDF). Sie finanzieren sich zum großen Teil aus Gebühren. Seit 1986 können auch Privatsender betrieben werden, die 15 sich über Werbung oder über Kundenbeiträgen (Pay TV) finanzieren.
Als „neue" Medien gelten alle Medien rund um das Internet. Das Web 2.0 erlaubt die direkte Rückmeldung zwischen Sendern und 20 Empfängern. So intensiviert es auch die Kommunikation zwischen Politikern und Bürgern.

Autorentext

M2 Neue Medien

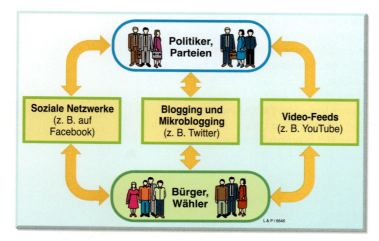

M3 Artikel 5 Grundgesetz

Meinungs- und Pressefreiheit:

(1) Jeder hat das Recht, seine Meinung in Wort, Schrift und Bild frei zu äußern und zu verbreiten und sich aus allgemein zugänglichen Quellen ungehindert zu unterrichten. Die Pressefreiheit und die Freiheit der Be- 5 richterstattung durch Rundfunk und Film werden gewährleistet. Eine Zensur findet nicht statt.
(2) Diese Rechte finden ihre Schranken in den Vorschriften der allgemeinen Gesetze, 10 den gesetzlichen Bestimmungen zum Schutze der Jugend und in dem Recht der persönlichen Ehre.

---

1 Beschreibt in eigenen Worten die Unterschiede zwischen „klassischen" Massenmedien und „neuen" Medien (M1 und M2).

M 4 Aus dem Landespressegesetz Rheinland-Pfalz

§ 1 Freiheit der Presse:
(1) Die Presse ist frei. Sie dient der freiheitlichen demokratischen Grundordnung.
(2) Die Freiheit der Presse unterliegt nur den Beschränkungen, die durch das Grundgesetz unmittelbar und in seinem Rahmen durch dieses Gesetz zugelassen sind.
[...]

§ 3 Öffentliche Aufgabe der Presse:
Die Presse erfüllt eine öffentliche Aufgabe, wenn sie in Angelegenheiten von öffentlichem Interesse Nachrichten beschafft und verbreitet, Stellung nimmt, Kritik übt oder auf andere Weise an der Meinungsbildung mitwirkt.

§ 4 Informationsrecht der Presse:
(1) Die Behörden sind verpflichtet, den Vertretern der Presse die der Erfüllung ihrer öffentlichen Aufgabe dienenden Auskünfte zu erteilen.
(2) Auskünfte können verweigert werden, soweit
1. durch sie die sachgemäße Durchführung eines schwebenden Verfahrens vereitelt, erschwert, verzögert oder gefährdet werden könnte oder
2. Vorschriften über die Geheimhaltung entgegenstehen oder
3. ein überwiegendes öffentliches oder schutzwürdiges privates Interesse verletzt würde oder
4. ihr Umfang das zumutbare Maß überschreitet.
(3) Allgemeine Anordnungen, die einer Behörde Auskünfte an die Presse verbieten, sind unzulässig. [...]

INTERNET
Alle Landespressegesetze unter:
www.presserecht.de/Gesetzestexte

M 5 Die Medien bedrohen die Pressefreiheit selbst

Die Zeiten der Zwangsjacke für die Pressefreiheit sind [...] 1945 nicht ganz zu Ende gegangen. Es sind nur die Zeiten vorbei, in denen [...] diese Zwangsjacken [...] ein staatliches Hoheitsabzeichen trugen. Staatliche Fesselungsversuche gibt es auch heute noch in Deutschland – denken wir an die Durchsuchungsaktionen in Zeitungshäusern, Redaktionen und Privatwohnungen von Journalisten [...]. Aber schlimmer [...] sind die geistigen Zwangsjacken, die sich der Journalismus selber anzieht: Zu beklagen ist eine Tendenz zur Vermischung von Information und Unterhaltung. Zu beklagen ist die Vermischung von Journalismus und PR. Zu beklagen ist die Verquickung von Journalismus und Wirtschaft – die Tatsache also, dass sich immer mehr Journalisten zu Büchsenspannern und Handlangern von Wirtschaftslobbys machen lassen. Mittlerweile gibt es Medienpreise für „Kritischen Journalismus". Kritischer Journalismus – das sollte eigentlich eine Tautologie sein, ist es aber nicht. [...]
Es besteht wie noch nie seit 1945 die akute Gefahr, dass der deutsche Journalismus verflacht und verdummt, weil der Renditedruck steigt; weil an die Stelle von sach- und fachkundigen Journalisten Produktionsassistenten für Multimedia gesetzt werden, wieselflinke Generalisten, die von allem wenig und von nichts richtig etwas verstehen. Aus dem Beruf, der heute Journalist heißt, wird dann ein multifunktionaler Verfüller von Zeitungs- und Webseiten. Solche Verfüllungstechnik ist allerdings nicht die demokratische Kulturleistung, zu deren Schutz es das Grundrecht der Pressefreiheit gibt.
Der Ruf des Journalismus leidet, und mit ihm leidet der Wert der Pressefreiheit.

Nach: Heribert Prantl: Über den Hochverrat, Süddeutsche Zeitung vom 24./25. 2. 2007

Tautologie
Häufung gleichbedeutender Wörter wie z. B. kleiner Zwerg

Rendite
Ertrag einer Kapitalanlage, meist in Prozent angegeben

WEBCODE
SDL-11593-301

2 Stellt aus M 1 bis M 4 zusammen, welche Aufgaben und Rechte die Medien haben.
3 Prüft eine Ausgabe eurer Regional- oder Lokalzeitung daraufhin, ob sie ihren Auftrag gemäß § 3 des Landespressegesetzes erfüllt (M 4).
4 Arbeitet heraus, welchen Gefahren die Pressefreiheit laut M 5 ausgesetzt ist und diskutiert dabei auch den Pressekodex des Deutschen Presserats.

INTERNET
Pressekodex:
www.presserat.de/pressekodex/pressekodex/

3. Zeitungsvergleich – wer berichtet wie?

! Trotz fallender Auflagenzahlen ist Deutschland weiterhin ein Land der Zeitungsleser. Anfang des Jahres 2015 erreichten die Zeitungen eine Gesamtauflage von gut 20 Mio. Exemplaren – davon gut 16 Mio. Tageszeitungen. Mit Blick auf Inhalt, Aufmachung und Stil werden Qualitätspresse und Boulevardpresse unterschieden (siehe die zwei Beispiele rechts). Hilfreich für die Unterscheidung sind auch folgende Fragen: Wie häufig erscheint das Printmedium? Welches Format hat es? Über welche Themen wird berichtet? Wie weit ist das Medium verbreitet? Kostet es etwas? Welche Rolle spielen Anzeigen?

M1 Auflagen überregionaler Zeitungen im Vergleich

Zeitung	Typ	Verkaufte Auflage (1. Quartal 2015)
BILD/B. Z. Deutschland	Boulevardzeitung	2 220 875
Süddeutsche Zeitung (SZ)	Qualitätszeitung	392 204
Frankfurter Allgemeine Zeitung (FAZ)	Qualitätszeitung	277 314
Die Welt gesamt/Welt kompakt	Qualitätszeitung	201 159
Handelsblatt	Qualitätszeitung	121 930
Die Tageszeitung (taz)	Qualitätszeitung	54 748

Statista 2015

M2 Der Monopolmarkt der Regionalzeitungen

In Freiburg lesen fast alle die Badische Zeitung, Hannover wird vom Madsack-Verlag dominiert, der neben der Hannoverschen Allgemeinen noch die Neue Presse herausgibt und damit den Markt fast komplett abdeckt. [...] Dasselbe gilt für Köln, das der Verleger Neven DuMont fest im Griff hat. Neben dem Kölner Stadtanzeiger gibt er dort das Boulevardblatt Express heraus. [...] In Rostock dominiert die Ostseezeitung, die zum Springer-Konzern gehört, in Leipzig die Volksstimme. Das ist viel Macht in den Händen von wenigen: Insgesamt haben die Regionalblätter einen Marktanteil von 70 Prozent, werden also weitaus mehr gelesen als die überregionalen Blätter wie die Süddeutsche Zeitung oder die FAZ.

www.fluter.de/de/medien/thema/3723/ (Zugriff am 24.6.2014)

1. Tauscht euch darüber aus, welche Printmedien bei euch zu Hause gelesen werden: Wie unterscheiden sie sich (Infotext)?
2. Erklärt, warum sich Boulevard- besser als Qualitätszeitungen verkaufen (M 1).
3. Beurteilt mithilfe von M 2 mögliche Auswirkungen der Pressekonzentration auf die Berichterstattung und auf die Möglichkeiten, sich unabhängig zu informieren.
4. Sucht je ein Beispiel für Qualitäts- und Boulevardzeitungen und vergleicht die Beispiele. Nutzt hierzu die Anregungen der Methodenseite „Zeitungsvergleich".
5. Überprüft, inwiefern diese Zeitungen ihre Aufgaben erfüllen (M 4, S. 59).
6. Diskutiert mögliche Gründe für den fehlenden Nachwuchs an Zeitungslesern.

Zeitungsvergleich – wer berichtet wie? **61**

Zeitungsvergleich: Qualitäts- und Boulevardzeitungen

METHODE

Der Vergleich einer Qualitätszeitung mit einer Boulevardzeitung kann den Blick schärfen für die Wirkungsweise von Printmedien. Die untersuchten Zeitungen sollten *vom selben Tag* stammen. Konzentriert euch auf die *Titelseiten*.

Aufmachung:
- Wie groß sind die Überschriften?
- Wie viel Raum nehmen die Schlagzeile und der Text des Hauptartikels ein?
- Wie viele Fotos gibt es?
- Wie viel Platz nehmen Schlagzeilen, Fotos und Text auf der ersten Seite ein?
- Gibt es Werbeanzeigen?
- Welche Rolle spielt der Farbdruck?

Inhalt:
- Welche Themen werden angesprochen?
- Aus welchen Bereichen (Politik, Sport, Kultur, Wirtschaft usw.) stammen sie?
- Werden Nachrichten (Berichte) und Meinungen (Kommentare) klar getrennt?
- Betrachtet ein Thema genauer: Wo ist es platziert, wie ist es aufgemacht, welche Informationen werden gegeben?

Sprache:
- Ist die Sprache sachlich oder emotional?
- Ist zum Verstehen der Artikel Hintergrundwissen notwendig?
- Werden Fremd- oder Fachwörter benutzt?

INTERNET

www.bild.de
www.faz.net
www.fr-online.de
www.focus.de
www.spiegel.de
www.sueddeutsche.de
www.tagesspiegel.de
www.welt.de
www.zeit.de

Websites einiger Zeitungen und Zeitschriften

4. Woher kommen die Nachrichten?

Zeichnung: Ulrich Kieser

Wer entscheidet eigentlich darüber, was in der Zeitung steht? Zeitungsredakteure haben die schwierige Aufgabe, auszuwählen, was erscheinen soll und was nicht. Sie werden auch als „Gatekeeper" (engl.: „Torwächter") bezeichnet, weil sie festlegen, welche Informationen über den Weg der Zeitung zu uns gelangen.
Aber warum berichten fast alle Tageszeitungen über die gleichen Themen? Es scheint Regeln dafür zu geben, worüber es sich zu berichten lohnt und worüber nicht. Die Redakteure können nämlich nicht einfach auswählen, was ihnen persönlich gefällt. Es muss die Kunden, die Leserinnen und Leser interessieren. Doch was wollen wir in der Zeitung lesen?

M1 Wie kommen Zeitungen zu ihren Informationen?

Da gibt es zum einen die Nachrichtenagenturen, z.B. die britische Agentur Reuters oder die deutsche Presseagentur (dpa), die rund um die Uhr Meldungen aus dem In- und Ausland an
5 die Redaktionen liefern. Zum anderen beschäftigen größere Zeitungen und Fernsehsender häufig Korrespondentinnen und Korrespondenten. Hinzu kommen schließlich die Redakteure sowie freie Mitarbeiterinnen 10 und Mitarbeiter, die selbst Informationen bei Parteien, Verbänden oder Vereinen einholen.

Autorentext

M2 Nachrichtenwertfaktoren

In zahlreichen Studien wurde erforscht, welche Kriterien eine Nachricht erfüllen muss, damit sie in der Zeitung oder im Fernsehen landet. Diese Kriterien, auch „Nachrichten-
5 wertfaktoren" genannt, entscheiden darüber, ob eine Nachricht „berichtenswert" ist. Je mehr Faktoren auf eine Nachricht zutreffen, desto größer ist ihr Nachrichtenwert.

Hier eine Auswahl:

10 ■ Sind die Leserinnen und Leser bzw. die Zuschauerinnen und Zuschauer von dem Ereignis direkt betroffen?

■ Sind viele Personen von dem Ereignis betroffen?
■ Liefert die Nachricht „aufregende" Bilder? 15
■ Gibt es einen Bezug zu einer berühmten Person oder einem als wichtig eingeschätzten Land?
■ Ist das Ereignis, über das berichtet wird, in der Nähe geschehen? 20
■ Ist das Ereignis außergewöhnlich?
■ Ist das Ereignis einfach erklärbar und darstellbar?
■ Ist das Ereignis negativ (getreu dem Motto: „Bad news is good news")? 25
■ Ist es eine neue Nachricht?

Autorentext

M 3 Was ist eine Nachricht?

oben links:
Waldsterben

oben rechts:
1. FSV Mainz 05 – Hamburger SV

unten links:
die drei Erstplatzierten bei der Wahl zur rheinhessischen Weinkönigin 2013

unten rechts:
Soldaten in Afghanistan

Die Klasse als Redaktion

METHODE

Zunächst müsst ihr einige Fragen klären:
- Wer soll eure Zeitung kaufen? Welche Berufsgruppen? Welche Altersgruppen?
- Wo soll die Zeitung verkauft werden? Bundesweit? In eurem Bundesland? In eurem Landkreis?
- Über welche Themenbereiche wollt ihr berichten? Internationale Politik? Kultur? Sport?

Dann kann die Arbeit beginnen:
- Teilt euch in verschiedene Fachredaktionen (Ressorts) auf.
- Recherchiert jeweils in euren Ressorts nach interessanten Themen und wählt die drei besten aus. (Ihr könnt dazu auf aktuelle Zeitungen und Zeitschriften sowie Onlineportale zurückgreifen.) Beachtet die Nachrichtenwertfaktoren (M 2).
- Überlegt euch, wie ihr die Artikel präsentieren wollt: als Bericht, in Form eines Interviews oder einer Reportage, mit Foto oder Schaubild?
- Im Anschluss treffen sich die einzelnen Ressorts in der Redaktionskonferenz aller Redakteure. Wählt einen Redakteur, der die Konferenz leitet.
- Stellt eure Artikelvorschläge nacheinander vor und erläutert, wie ihr sie präsentieren wollt. Die Redaktionskonferenz diskutiert den Nachrichtenwert der Artikel und stimmt darüber ab, welcher Artikel jeweils der Aufmacher des Ressorts und welcher Artikel der Aufmacher auf der Titelseite wird.

1. Nennt Antworten auf die Frage der Karikatur.
2. Recherchiert Themen, die bei strikter Beachtung der Nachrichtenwertfaktoren auf der Strecke bleiben würden (M 2).
3. Betrachtet die Bilder in M 3: Welchen Nachrichtenwert könnt ihr erkennen? Diskutiert, in welchen Medien die Bilder am ehesten veröffentlicht werden könnten.
4. Führt die vorgeschlagene Redaktionskonferenz (Methode) als Gruppenarbeit durch.

5. Medienkonzentration und Medienmacht – Gefahr für die Meinungsfreiheit?

Die deutsche Medienlandschaft ist im internationalen Vergleich vielfältig und bietet ein breites und differenziertes Angebot: Im Bereich der Presse gibt es z. B. noch 133 Zeitungen mit eigener Redaktion, die in 1 552 verschiedenen Ausgaben herausgebracht werden. An diesen Zahlen wird aber bereits deutlich, dass vielfach unter verschiedenen (traditionellen) Namen eine Zeitung mit ähnlichem Inhalt veröffentlicht wird. Oft unterscheidet sich nur der Lokalteil. Der Zeitungsmantel und die überregionalen und nationalen Themen sind zwischen den verschiedenen Ausgaben identisch.

Insgesamt lässt sich aber auch in der deutschen Medienlandschaft ein verstärkter Konzentrationsprozess feststellen. Mit der Entstehung neuer Medienformen und der ständigen Beschleunigung der Informationsvermittlung wird sich der Prozess der Konzentration auch weiter verstärken, wodurch die führenden Medienkonzerne an Macht gewinnen.

M 1 Unter Haien

GLOSSAR
Massenmedien

Für den Gütersloher Medienkonzern Bertelsmann sieht der optimale Konsument so aus: Morgens, nach dem Aufstehen, schaltet er den Fernseher an und schaut sich die Nachrichten auf RTL an. Später am Frühstückstisch blättert er in der Financial Times Deutschland. In der Mittagspause kauft er sich den Stern, Brigitte und für die Kinder GEOlino. Und abends schaut er sich Big Brother bei RTL2 an oder einen guten Spielfilm bei Vox. Mit der Senderkette RTL, RTL2 und Vox gehört Bertelsmann der größte Anteil am deutschen Privatfernsehen, seine 100-prozentige Verlagstochter Gruner+Jahr ist auf dem Zeitschriftenmarkt dominant. Rund zwei Drittel des Marktes für Nachrichtenmagazine (auf dem es neben Stern und Spiegel nur noch Focus aus dem Burda-Verlag gibt) werden maßgeblich von Gruner+Jahr bestimmt. [...]

In Deutschlands Medienbetrieb gibt es Machtballungen, wohin man nur schaut: So hat der Springer-Konzern allein schon durch die Bild-Zeitung, die sich rund vier Mio. Menschen täglich kaufen, eine Vormachtstellung auf dem Markt der Boulevardpresse. Der Holtzbrinck-Konzern aus Stuttgart (Handelsblatt, Wirtschaftswoche, Zeit) wiederum ist führend in der Wirtschaftspresse. [...] Den größten Horror haben hiesige Medienunternehmer vor ausländischen Konkurrenten, [davor, dass] ausländische Mediengrößen wie Rupert Murdoch deutsche Zeitungen kaufen. Tatsächlich sind Leute vom Schlage eines Murdoch Haie, die um die Welt schwimmen; auf der Suche nach den besten Brocken.

Oliver Gehrs: Fluter/bpb 21.3.2005

M 2 Die größten Medienunternehmen 2013

Umsatz im Jahr 2013 in Milliarden Euro

Bertelsmann	16,36
ARD	6,28
Axel Springer	2,8
ProSieben/Sat.1	2,61
Hubert Burda Medien	2,45
Bauer Media Group	2,4
ZDF	2,01
Verlagsgruppe G. von Holtzbrink	1,88
Verlagsgruppe Weltbild	1,59
Funke Mediengruppe	1,2

Das Bertelsmann-Imperium

Zur **RTL Group** gehören Fernseh- und Radiosender sowie eine TV-Produktionsfirma. Jeden Tag schalten mehr als 170 Millionen Europäer einen ihrer TV-Sender ein, beispielsweise RTL Television, Super RTL, Vox oder N-TV. 104.6 RTL ist deutschen Radiohörern ein Begriff. Der Anteil am Bertelsmann-Umsatz beträgt 36 Prozent.

Penguin/Random House (New York): Die weltgrößte Buchverlagsgruppe bringt es jedes Jahr auf mehr als 9 000 Neuerscheinungen. Zu den über 100 Verlagen gehören Goldmann, btb und Heyne aus Deutschland, die amerikanische Doubleday oder Ebury aus Großbritannien. Zu den prominenten Autoren zählen Bestseller-Schreiber wie John Grisham und John Irving. Anteil am Umsatz: 16,2 Prozent.

Gruner+Jahr (Hamburg): Das internationale Druck- und Verlagshaus bringt Magazine wie Stern, Brigitte, Geo oder Schöner Wohnen heraus. Hinzu kommen deutsche Zeitungen. In Europa und Asien erscheinen mehr als 120 Zeitschriften. Anteil am Umsatz: 12,6 Prozent.

BMG (New York): Die Bertelsmann Music Group fusionierte 2004 zu gleichen Teilen mit Sony. Im weiteren Verlauf wurde die Hälfte an einen Finanzinvestor verkauft, der seine Beteiligung im Jahr 2013 aufgab. Seitdem hält Bertelsmann 100 Prozent des Unternehmens. Zu den bekannten Musiklabeln gehören Arista, Columbia Records und Ariola. Zu BMG gehört auch der Musikverlag BMG Music Publishing.

Arvato (Gütersloh): Arvato kümmert sich um Druck, Medien-Dienstleitungen, Informationstechnik und Speichermedien für von anderen Unternehmen outgesourcte Bereiche. Bei Arvato arbeiten weltweit die meisten Mitarbeiter des Bertelsmann-Konzerns. Anteil am Umsatz: 27 Prozent.

Autorentext

Logo	Bereich	Beteiligung	Mitarbeiter	Umsatz in Mio €	Umsatz in %	EBIT in Mio €	EBIT in %
arvato BERTELSMANN	Arvato	100,00 %	66 410	4 414	27,0	206	12,1
G+J	Gruner+Jahr	100,00 %	10 819	2 065	12,6	123	7,2
PENGUIN RANDOM HOUSE	Penguin Random House	53,00 %	11 838	2 655	16,2	280	16,4
RTL GROUP	RTL Group	76,40 %	11 589	5 889	36,0	1 257	73,6
BE PRINTERS	Be Printers Group	100,00 %	6 201	1 123	6,9	−81	−4,7
BMG	BMG Rights Management	100,00 %		ca. 242			

*Neugründung in 2013; Zahlen z. T. noch nicht veröffentlicht. L & P / 6547. Stand: 10.10.2014

EBIT (engl.: earnings before interest and taxes; wörtlich übersetzt „Gewinn vor Zinsen und Steuern"), wird auch als operatives Ergebnis bezeichnet.

1 Erläutert anhand von M 1 und M 2, was man unter Medienunternehmen versteht.
2 Recherchiert in der „Mediendatenbank der Kommission zur Ermittlung der Konzentration im Medienbereich" die Firmen-Beteiligungen der Bertelsmann AG.
3 Entwickelt anschließend ein Firmenporträt „Das Bertelsmann-Imperium" (M 3).
4 Stellt (mögliche) Auswirkungen dar, die sich aus solchen Beteiligungen ergeben.

INTERNET
www.kek-online.de

M4 Auflagenschwund der Tageszeitungen

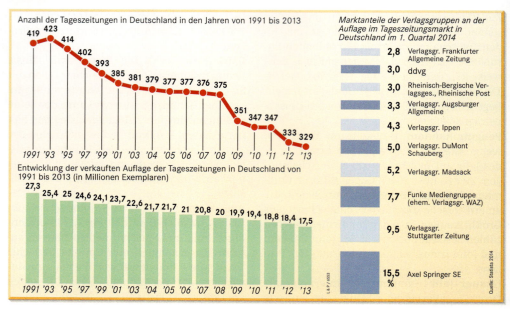

M5 Zeitungen pro Landkreis

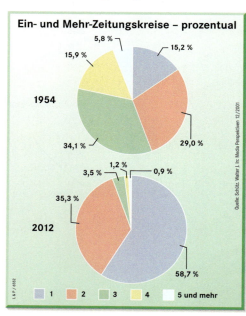

M6 Marginaler Wettbewerb

Der Professor am Institut für Journalistik und Kommunikationsforschung Walter J. Schütz über den Zeitungsmarkt:

[Es hat sich] ein gefestigter Zeitungsmarkt herausgebildet, in dem Wettbewerb (abgesehen von wenigen Orten) nur noch marginal stattfindet. In seit Jahrzehnten abgesteckten Verbreitungsgebieten sichert die Allein- oder 5 Erstanbieterposition in lokalen/regionalen Bereichen den meisten Blättern als „Zeitung für alle" immer noch oder wohl auch weiterhin die Funktion einer Art von „kommunaler Versorgungseinrichtung". [...] Seit Jahrzehn- 10 ten bestehen kaum noch Markteintrittschancen. Im alten Bundesgebiet waren [...] seit 1954 nur zwei örtliche Zeitungsneugründungen auf Dauer erfolgreich. [...] Auch eine stabile Ausdehnung des Verbreitungsgebietes 15 bestehender lokaler Zeitungen mit neuen Ausgaben blieb eher die Ausnahme.

Walter J. Schütz: Deutsche Tagespresse 2008, in: Media Perspektiven H. 9 (2009), S. 454 f.

M 7 Auswirkungen der Pressekonzentration

Die *Sächsische Zeitung* organisiert Lokalredaktionen als Profit-Center, bei denen Redakteursgehälter an den wirtschaftlichen Erfolg gekoppelt sind.
Der *Axel Springer Verlag* legte die Redaktionen von Welt und Berliner Morgenpost zusammen und baute 150 Stellen ab.
Die *Rhein-Zeitung* lagerte in Bad Ems und Neuwied Lokalredaktionen in Dienstleistungsgesellschaften aus, um geringere Agentur-Tarife zahlen zu müssen. Ähnliches wird für die Koblenzer Lokalredaktion vorbereitet.
Das *Offenburger Tageblatt* ließ vor zwei Jahren die Wirtschaftsredaktion durch externe „Dienstleister" ersetzen. [...]
Die *Kieler Nachrichten* beziehen die Fernsehseite im Rahmen eines Pilotprojektes komplett von der Presseagentur dpa.
Der *Verband der Lokalpresse* bietet Lokalzeitungen Elemente (Kreuzworträtsel, Texte etc.) und sogar komplette Themenseiten der Tochtergesellschaft Medienservice Berlin GmbH.

Nach: www.medienmaerkte.de (Zugriff am 21.9.2014)

M 8 Gefahren der Medienkonzentration

Unter Medienkonzentration versteht man das Ausmaß und den Umfang, mit dem einzelne Unternehmensgruppen eine marktbeherrschende Stellung im Medienbereich einnehmen. Dies kann man sowohl unter dem Aspekt der Meinungsvielfalt als auch der [...] Kartellbildung kritisch beobachten. [Es steht zu befürchten], dass die Medienunternehmer ihre meinungsbildende Macht zu politischen Zwecken missbrauchen könnten. [...]
In Deutschland wird die Medienkonzentration vor allem aus geschichtlichen Erfahrungen kritisch beleuchtet: In der Weimarer Republik beherrschte der rechtskonservative Zeitungsverleger Alfred Hugenberg weitestgehend den Markt für Tageszeitungen und unterstützte damit aktiv die politischen Bestrebungen der Deutschnationalen, die ab 1930 [...] zu Steigbügelhaltern der NSDAP wurden.

Aus: www.wikipedia.de; Medienkonzentration (Zugriff am 1.10.2014)

M 9 Die Macht der Bildzeitung

Interview mit Günther Rager, Mitglied der Grimme-Preis-Jury und Journalistik-Professor:

taz: Welche politische Bedeutung hat die Bild-Zeitung heute?
Günther Rager: Ich glaube, dass diese Bedeutung kaum überschätzt werden kann. Zum einen operiert Bild im Boulevardmarkt ohne große Konkurrenz. Und in den elektronischen Medien ist Boulevardberichterstattung praktisch politikentleert.

taz: Die Ausnahmestellung von Bild in der Presselandschaft ist also keine Einbildung?
Günther Rager: Mit 3,1 Millionen Auflage [Stand 2014] hat Bild neben einer enormen Reichweite nach wie vor eine erhebliche politische Bedeutung. Das sieht man auch daran, dass sich alle Mächtigen in der Politik durchaus gern in der Bild dargestellt sehen. Zumindest wenn's für sie positiv ausgeht.

Nach: taz vom 1.2.2001 (Zugriff am 21.7.2014)

◀◀ **Bildzeitung Titelseite, S. 61**

INTERNET
www.bildblog.de

1. Analysiert die Entwicklungen des Pressemarktes anhand der Materialien M 4 bis M 6 und fasst eure Ergebnisse in einem ausformulierten Text zusammen.
2. Beurteilt mithilfe von M 7 und M 8 mögliche Auswirkungen der Medienkonzentration auf die Berichterstattung und auf die Möglichkeiten, sich unabhängig zu informieren.
3. Diskutiert über mögliche (politische) Folgen der „Macht der Bildzeitung" (M 9). Bezieht dabei die Internetseiten von www.bildblog.de in eure Diskussionen ein.

6. Das duale Rundfunksystem

! Unter dem dualen Rundfunksystem versteht man das seit 1984 in Deutschland bestehende Nebeneinander von öffentlich-rechtlichen und privaten Rundfunksendern (Fernsehen/Radio). Die bedeutendsten Unterschiede der beiden Systeme betreffen die Zielsetzungen und die Organisationsform. Das letztendliche Ziel des privaten Rundfunks liegt in der Gewinnerzielung für private Investoren. Die öffentlich-rechtlichen Rundfunkanstalten haben einen Informations- und Bildungsauftrag zu erfüllen, der öffentlich kontrolliert wird. Ihnen ist die Erwirtschaftung von Gewinnen im privatwirtschaftlichen Sinn nicht erlaubt.

M 1 „Die Patientenkurve"

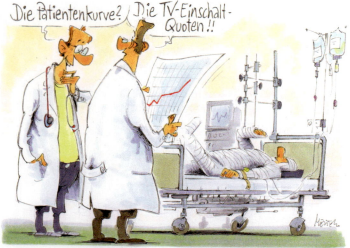

Zeichnung: Gerhard Mester

Bruttowerbeumsätze privater Fernsehanbieter

	in Mio. Euro 2013	Veränderung gegenüber 2012 in %
SevenOneMedia	5208	+7,4
IP Deutschland	4104	+4,5
RTL	2685	+4,4
ProSieben	2290	+8,7
Sat.1	2016	+2,7
RTL II	724	+16,0
Super RTL	284	+0,4
kabel eins	902	+15,5
VOX	1028	+6,2
n-tv	106,0	−0,9
N24	187	+6,9

Quelle: Pamela Möbus, Michael Heffler: Fernsehwerbung dominiert den Werbemarkt. Der Werbemarkt 2013. In: Media Perspektiven 6/2014

M 2 Die Finanzierung des öffentlich-rechtlichen Rundfunks

Das nötige Geld bekommt der öffentlich-rechtliche Rundfunk, auch die ARD, von denjenigen, für die er es ausgibt: den Rundfunkteilnehmern. Sie finanzieren mit ihren Rundfunkbeiträgen die (Programm-)Arbeit der Landesrundfunkanstalten etwa zu 85 Prozent (2012). Erträge aus Rundfunkwerbung und Sponsoring betragen etwa sechs Prozent, den Rest machen andere Erträge aus (etwa aus Koproduktionen, Kofinanzierungen und Programmverwertungen). Die Höhe der Rundfunkbeiträge können die Rundfunkanstalten nicht selbst bestimmen, sondern die Landesparlamente legen sie in Form eines Staatsvertrags aller Bundesländer fest. Basis dafür ist eine Empfehlung der unabhängigen Kommission zur Ermittlung des Finanzbedarfs (KEF).

www.ard.de/home/intern/fakten/finanzen/Finanzen/346640/index.html (Zugriff am 14.9.2014)

M 3 Werbeumsätze

Werbefernsehumsätze der ARD und ZDF Brutto

Jahr	ARD-TV in Mio. Euro	Veränderung gegenüber 2012 in %
2013	257,9	−1,9
	ZDF in Mio. Euro	Veränderung gegenüber 2012 in %
2013	240,9	−2,3

Quelle: © Statista 2014

Das duale Rundfunksystem

M 4 Marktanteile im Tagesdurchschnitt

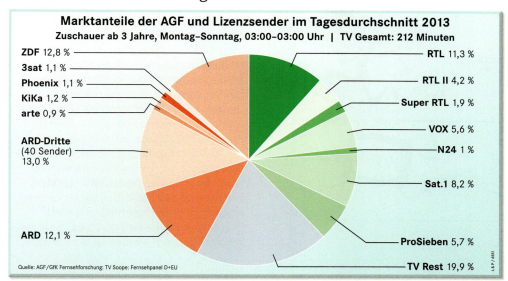

M 5 Unterschiede im dualen Rundfunksystem

Der Medienwissenschaftler Manfred Muckenhaupt:

- Zum Glück gibt es einen Kinderkanal, sonst würden die Kids von den Privaten nur noch mit Zeichentrickserien überflutet.
- Zum Glück gibt es die öffentlich-rechtlichen Beiboote arte und 3sat mit anspruchsvollen Kulturprogrammen, Dokumentationen und Themenabenden. [...]
- Zum Glück halten die Öffentlich-Rechtlichen an ihrem Informationsanspruch fest. Das zeigt sich in der Zahl der Nachrichtenausgaben, einschließlich der Morgen- und Mittagsmagazine, an Brennpunktsendungen, der Auslandsberichterstattung in eigenen Sendungen [...], der Vielzahl politischer Magazine und Diskussionssendungen.
- Und zum Glück ist die Tagesschau standhaft geblieben, die Trennung von Nachricht und Meinung und die sachlich-distanzierte Nachrichtendarstellung sind bis heute ihr Markenzeichen geblieben [...].

Die andere Seite der Medaille zeigen beispielhaft die täglichen Boulevardmagazine: Hier sind die Öffentlich-Rechtlichen den Privaten hinterher gerudert. [...] Die Sendungen überfallen ihr Publikum im Gleichklang mit einer geballten Berichterstattung über Kindesentführungen, Sexualmorde, Unglücke und Katastrophen, gepaart mit der Glitzerwelt der Stars und Sternchen.

Nach: Pervoi, Zeitschrift des Goethe-Instituts, Schwerpunktthema: Medienlandschaft (2005) S. 8

---

1. Interpretiert die Karikatur M 1.
2. Erklärt die unterschiedliche Finanzierungsstruktur von öffentlichem und privatem Rundfunk (M 2/M 3) und formuliert unter Einbezug von M 4 Thesen zu möglichen Folgen bzw. Auswirkungen auf die Programmgestaltung.
3. Verfasst aus der Sicht eines privaten Anbieters ein Antwortschreiben an den Autor von M 5 mit dem Inhalt: „Wir zeigen nur, was die Zuschauer sehen wollen!"
4. Diskutiert die Auswirkungen des dualen Systems auf die öffentlich-rechtlichen Sender.

▶▶ **Methode: Kariakturenanalyse, S. 70**

7. Politik und Medien – wer dominiert hier wen?

Zeichnung: Burkhard Mohr

Durch das Zulassen der privatwirtschaftlich betriebenen Rundfunk- und Fernsehsender in den 1980er-Jahren hat sich die deutsche Medienlandschaft verändert: Da unterhaltende Sendungen den größten Zuspruch fanden, mussten auch die politischen Sendungen kurzweiliger werden – statt „Information pur" wurde nun Information plus Entertainment, kurz: Infotainment, geboten. Diese Entwicklung, die auch vor den Öffentlich-Rechtlichen nicht haltmachte, wird von vielen bedauert, weil sie das Leichte und Seichte fördere, statt Zusammenhänge differenziert darzustellen. Dieser Trend habe sich durch das Aufkommen der „neuen" Medien weiter verstärkt.

METHODE | Karikaturenanalyse

Karikaturen verzerren, übertreiben und verfremden Sachverhalte und bringen sie so oft auf den Punkt. Sie informieren und regen zum Nachdenken an. Mit folgenden Arbeitsschritten könnt ihr eine Karikatur analysieren.

1. Beschreibung: Beschreibt die Abbildung in all ihren Einzelheiten.
2. Einordnung: Welche Situation bzw. welcher Sachverhalt wird dargestellt? Was ist das Thema?
3. Aussage: Welche Bedeutung haben die dargestellten Details? Was sagt die Karikatur aus? Wie sieht der Karikaturist den behandelten Sachverhalt? Fasst die Aussagen zusammen.
4. Beurteilung: Mit welchen Stilmitteln arbeitet der Karikaturist? Wird die Aussage deutlich? Sind die Personen treffend wiedergegeben?
5. Weiterführende Fragen: Welche Sachverhalte, Einzelheiten müssen mit weiterführenden Materialien geklärt werden?

M1 Medien als Instrument der Politik

Aus einem Interview mit dem Journalisten Hans-Ulrich Jörges: Die Medien werden zum Instrument der Politik gemacht. Die Politik versucht, die Herrschaft über die Medien zu erringen. Die Politik versucht auch, sich den kritischen Anfragen von Medien zu entziehen. Sie versucht, sie durch Drohungen und Verlockungen in einem System von Druck gefügig zu machen. […]
Journalisten glauben, sie seien Teil der Politik, sie würden Politik mitmachen. Sie werden von der Politik gelockt, auf das Feld der Politik. Sie sind geschmeichelt, wenn sie mit Politikern persönlichen Umgang haben; sie fangen an, sich mit ihnen zu duzen; sie laden sie zu Geburtstagen, Hochzeiten oder ähnlichen Feiern ein; sie werden umgekehrt eingeladen. Das ist eigentlich schon der Kern der Perversion dieses Berufs.

*Nach: www.bpb.de/mediathek/626/
das-ohr-an-der-redaktion (Zugriff am 29.7.2014)*

M 2 Unterhaltung statt Information

Zum sechzigjährigen Bestehen des Berliner Presse Clubs hielt Norbert Lammert am 24. April 2012 eine Festrede, in der er auf die Auswirkungen der Medien auf die Politik einging.

[Die] Wettbewerbsbedingungen unter den Medien [haben sich] mit der Dominanz des Internets und der digitalen Verfügbarkeit von Daten, Zahlen, Fakten grundlegend verändert [...]. Die Zeiten, in denen die Printmedien die Wettbewerbsbedingungen für den Rest bestimmt haben, sind längst vorbei, und natürlich sind die Relationen längst umgekehrt, sind es die digitalen Medien, die die Wettbewerbsbedingungen des Restes bestimmen, bis hin zur Themenfindung, der Aufmachung von Artikeln für Tageszeitungen oder Wochenzeitungen, bei denen immer häufiger schon die Anzahl der Klicks, die sich auf Internetseiten finden und statistisch nachweisen lässt, als vermeintlicher Relevanz-Nachweis für die Bedeutung, wenigstens die Aktualität von Sachverhalten und Informationen benutzt wird. [...]
Die Dominanz der digital verfügbaren Sachverhalte, Medien und Anknüpfungspunkte im weitesten Sinne hat nach meinem Eindruck längst eine flächendeckende Wirkung quer durch das gesamte Mediensystem in der Weise erfahren, dass wir es mit einem zunehmenden Vorrang von Bildern gegenüber Texten zu tun haben, mit einer immer stärkeren Dominanz von Personen gegenüber Themen, mit dem immer höheren Gewicht von Überschriften gegenüber komplexen Sachverhalten, der Schlagzeilen vor den Analysen. Wir haben, und das ist fast eine unvermeidliche Folge dieses technisch revolutionären Prozesses, es mit einem grausamen Vorrang der Schnelligkeit vor der Gründlichkeit in der Informationsvermittlung zu tun und mit einem geradezu deprimierenden Vorrang der Unterhaltung vor der Information. [...]
Die erschreckende Dominanz von Talkshows auf allen deutschen Monitoren ist für mich so etwas wie die tägliche ultimative Demonstration dieses Vorrangs der Bilder, Personen, Schlagzeilen, Schnelligkeit, Unterhaltung. Und ich habe zugegebenermaßen etliche Jahre gebraucht, um die Weisheit einer Bemerkung von Neil Postman zu begreifen, die schon vor gut 25 Jahren in seinem Bestseller „Wir amüsieren uns zu Tode" formuliert worden ist. Nämlich die Weisheit des Satzes: „Das Problem des Fernsehens ist nicht, dass es zu viel Unterhaltung bringt. Das Problem des Fernsehens ist, das es aus allem und jedem Unterhaltung macht."
Die Talkshows stehen heute an prominenten Zeiten im Abendprogramm dort, wo früher andere Formate sich um die sorgfältige Analyse komplexer Sachverhalte bemüht haben, um sich heute mit einem mehr oder weniger definierten Kreis der immer gleichen Personen in einer Weise über scheinbar [...] relevante Sachverhalte zu beugen, bei denen das Format ausschließt, dass sie ernsthaft diskutiert werden können.
Ich finde es schon einfach vom Zeitengagement oder Zeitmanagement betrachtet her bemerkenswert, dass die live übertragenen Debatten aus dem Deutschen Bundestag im Jahr 28 Stunden ausmachen, während die Talkshows, die im öffentlich-rechtlichen Fernsehen zu sehen sind, pro Woche 22 Stunden ausmachen und 1 000 Stunden im Jahr.

www.berliner-presse-club.de/60-jahre-bpc?id=178
(Zugriff am 29.7.2014)

*Bundestagspräsident Norbert Lammert (*1948, CDU)*

---

1 Analysiert die Karikatur anhand der Methode und vergleicht deren Aussage mit M 1.
2 Arbeitet heraus, wie der Politiker Norbert Lammert den Einfluss der Medien auf die Politik beschreibt (M 2).
3 Gestaltet einen Antwortbrief an Norbert Lammert aus Sicht einer der folgenden Personen: a) Zeitungsjournalistin/Zeitungsjournalist; b) Politikerin/Politiker, die/der häufig in Talkshows auftritt; c) Talkshow-Zuschauer/in (M 2).
4 Diskutiert mögliche Folgen für die Demokratie durch die in den Materialien vorgestellten Entwicklungen.

8. Politik im Netz – Chance oder Gefahr für die Demokratie?

M1 Zitate

„Man wird Wahlen nicht durchs Internet gewinnen können, aber ohne das Netz wird man sie verlieren."
*Laurenz Meyer; deutscher Politiker, ehemaliger Generalsekretär der CDU, *1948*

„Das Internet macht doof."
*Henryk M. Broder; deutscher Publizist, *1946*

„Netzanschluss ist Menschenrecht."
*Volker Beck; innenpolitischer Sprecher der Bundestagsfraktion Bündnis 90/Die Grünen, *1960*

„Das Problem mit Zitaten im Internet ist, dass man nicht weiß, ob sie echt sind oder nicht."
laut verschiedener Internetquellen eine Aussage des US-Präsidenten Abraham Lincoln, 1809–1865

M2 i-Politics – Grundbegriffe

GLOSSAR
Demokratie
Internet

Blog: kurz für Weblog, ein auf einer Internetseite geführtes, meist öffentliches Tagebuch oder Magazin. Besonders in repressiven Regimen haben sich Blogs als wichtiges Mittel zur politischen Meinungsäußerung etabliert.

e-Democracy: die Wahrnehmung demokratischer Rechte über elektronische Informations- bzw. Kommunikationstechnologien, z. B. Wahlen (I-Voting) oder Internetwahlkampf. Online-Petitionen ersetzen z. T. Unterschriftenlisten.

Open Government: öffentliche Nachvollziehbarkeit und Überprüfbarkeit von Regierungs- und Verwaltungstätigkeit auf der Grundlage von Transparenz und umfassenden informationellen Freiheiten (z. B. Veröffentlichung von Parlamentsprotokollen, Pressefreiheit). Durch die Verwendung von Web-2.0-Technologien erhoffen sich Verfechter eines erweiterten Open-Government-Begriffs eine größere politische Beteiligung der Bürger.

Open Source: kurz für Open-Source-Software. Ihr Quellcode ist frei zugänglich und darf laut ihrer Lizenz von jedem Anwender genutzt, verändert und weiterverbreitet werden. Dadurch unterscheidet sich Open Source grundlegend von den urheberrechtlich geschützten Programmen kommerzieller Anbieter.

Twitter: sog. Mikroblogging-Dienst, der es Nutzern erlaubt, Kurznachrichten mit einer Länge von bis zu 140 Zeichen per Internet oder Mobiltelefon zu versenden. Die Mitteilungen eines Nutzers erhält, wer dessen Beiträge (Tweets) abonniert und so zum „Follower" der entsprechenden Person wird. Das Programm ist primär ein Medium zur einseitigen Echtzeitkommunikation. Indem Nutzer ihre Tweets gegenseitig abonnieren, kann „twittern" auch dialogische Formen annehmen.

Liquid Feedback: frei zugängliches Computerprogramm, das Teilnehmern die Beteiligung an Meinungs- und Entscheidungsfindungsprozessen auf einer Diskussionsplattform ermöglicht. Die Grenzen zwischen repräsentativer und direkter Demokratie sind hierbei fließend (engl.: „liquid").

Autorenübersetzung nach: iPolitics Dictionary, in: Internationale Politik IP, Juli/August 2009, S. 16f.

WEBCODE
SDL-08160-015

Politik im Netz — Chance oder Gefahr für die Demokratie? 73

Poster-Chat

METHODE

Ein Poster-Chat funktioniert wie ein Online-Chat, bloß auf einem Poster statt im Internet. Eine Person schreibt eine oder mehrere Botschaften auf, lässt aber dazwischen ausreichend Platz. Eine zweite Person kommentiert die erste Botschaft oder fügt eine neue hinzu. Eine dritte Person kommentiert die Botschaften oder fügt eine weitere hinzu usw.

- Im Internet findet man viel leichter Informationen.
  - leichter? eher mehr?
    - Man muss halt wissen, wo man suchen muss.
  - bloß versteht die dann keiner – denken musst du selbst

- Das Internet erleichtert Mitwirkungsmöglichkeiten in der Demokratie.
  - für Computernerds
    - Vor allem für Ältere wird es eher schwieriger.
      - Es müsste Internetkurse für Senioren geben.
  - Wenn man keine Lust auf Politik hat, hilft das Internet auch nicht mehr.

 M 3 Ein Politiker fordert: Netzanschluss ist Menschenrecht!

Wer Twitter liest, weiß nicht zwingend mehr, aber vieles früher. Der politische Schlagabtausch wird durch Tweets schneller und kompakter. Politiker lernen plötzlich, sich in 140 Zeichen kurzzufassen. Selbstverständlich hat auch Twitter seine Grenzen. Differenzierte Debatten leiden zuweilen unter Oberflächlichkeit und populistischer Vereinfachung. [...] Die Top-down-Kommunikation hat ausgedient. Man muss sich auf den Dialog einlassen: Für Menschen, die am öffentlichen Leben [...] teilhaben, führt heute kein Weg an sozialen Netzwerken vorbei. Die Frage ist nicht mehr, ob, sondern nur noch, wie. Eigentlich muss man den Menschen nur einen Internetanschluss geben. Von da an gehen sie ihren Weg im WorldWideWeb allein. [...] Zentrale Fragen der Netzintegrität, des „Anspruchs auf kommunikative Grundversorgung" [...] und eines Grund- und Menschenrechts auf Netzzugang werden die Agenda einer freiheitlichen und sozialen Politik zu Beginn dieses Jahrhunderts revolutionieren.

Volker Beck: Netzanschluss ist Menschenrecht, in: Frankfurter Allgemeine Zeitung vom 31. Oktober 2011, S. 25

Top-down-Kommunikation
hier: Kommunikation, bei der Regierung, Parteien und Politiker Botschaften aussenden und das Volk (vermeintlich) passiver Empfänger ist

Volker Beck
seit 1994 Mitglied des Deutschen Bundestags, innen- und religionspolitischer Sprecher der Bundestagsfraktion von Bündnis 90/Die Grünen

1. Diskutiert die Aussagen in M 1. Stimmt ihr zu? Begründet eure Meinung.
2. Überlegt arbeitsteilig, wie die in M 2 vorgestellten Phänomene beeinflussen, wie
   a) Bürger sich über Politik informieren können;
   b) Politiker und Bürger untereinander kommunizieren können;
   c) Bürger selbst politisch partizipieren können.
   Verwendet dazu die Methode „Poster-Chat".
3. Menschen haben in Deutschland ein Recht auf Information, Fernseher und Radio dürfen nicht gepfändet werden. Diskutiert in Kleingruppen, ob sich daraus ein Recht auf Netzzugang ableiten lässt und ob dieses die Demokratie revolutionieren würde (M 3).
4. Im Kapitel finden sich einige Karikaturen zum Thema Politik und Medien. Gestaltet selbst eine Karikatur zum Thema „Politiker im Netz".

◂◂ **Methode: Karikaturenanalyse, S. 70**

M 4 Bedroht das Internet die Demokratie?

In einer Demokratie muss sich jeder ohne Angst vor den Folgen äußern dürfen. Die unbeschränkte, unzensierte und unkontrollierte Debatte ist wesentlich für ein freies Gemein-
5 wesen. [...] Das Internet ist jedoch dabei, diese Vorstellungen radikal zu ändern. Google speichert alles, Google findet jeden. „Das Netz verzeiht nicht, vergisst nicht und vergibt nicht", sagt [der Dortmunder Medienwissenschaftler
10 Claus] Eurich. Jede Blödheit, jede Jugendsünde wird aufgehoben und bleibt für alle Zeiten weltweit abrufbar. Wo alles gespeichert bleibt, ist die freie Meinungsäußerung in Gefahr; der Marktplatz der Ideen wandelt sich
15 gleichsam zu einem gläsernen, überwachten Raum. Das Wesen der Öffentlichkeit als freier und offener Diskussionsraum verändert sich dadurch und unterliegt zusätzlich der Aufsicht privater Konzerne.

20 Die zweite Gefahr geht von den Mediennutzern aus. Jeder richtet sich in seiner medialen Nische ein, je nach Neigung, Lust und – vor allem: Bildung. „Die Wissenskluft wird immer größer", sagt Eurich. Es geht um „Medien-
25 kompetenz". Die Fragmentarisierung der Gesellschaft wird durch das Netz beschleunigt: [...] Wo [...] jeder sich individuell mit Informationen versorgt, verschwindet ein gemeinschaftlich getragenes Bild von unserer Welt
30 und unserem Gesellschaftssystem, der soziale Kitt geht verloren.

Christopher Onkelbach, www.derwesten.de,
19. 9. 2010 (Zugriff am 17. 8. 2013)

Fragmentarisierung
Aufspaltung in Teile

M 5 Erdoğans Feldzug gegen das Protest-Medium

In Sachen Twitter-Nutzung gehören die Türken weltweit zur Spitze. Für Premierminister Erdoğan ist das ein Problem: Er verliert die Kontrolle über die Geschichten, die man sich über ihn erzählt.

„Dieses Twitter werden wir jetzt ausradieren. Wie die internationale Gemeinschaft darauf reagieren wird, das ist mir komplett egal. Alle werden sehen, wie mächtig die türkische Re-
5 publik ist." Keine sechs Stunden später ist Twitter in der Türkei geblockt. [...]
In [...] einem mittlerweile fünf Mio. Mal angehörten Mitschnitt fordert Erdoğan seinen Sohn Bilal auf, große Geldsummen aus dem
10 Haus zu schaffen. In einer anderen Tonaufzeichnung soll Erdoğan den Justizminister drängen, für die Verurteilung eines Medienunternehmers zu sorgen. Es sind Aufnahmen wie diese, anhand derer sich klar zeigt, war-
15 um Erdoğan Twitter so verachtet.
Jeder dritte Mensch, der in der Türkei im Internet unterwegs ist, ist auf Twitter. Insgesamt sind das 11 Mio. Menschen. Das ist bei einer Gesamtbevölkerung von 77 Mio. zwar
20 vergleichsweise wenig. Aber es sind genug, um für Erdoğan ein massives Problem darzustellen, sagt Professor Yaman Akdeniz, der seit Jahren zur Internet-Zensur in der Türkei forscht: „Die Regierung will den freien Fluss
25 von Informationen verhindern. Twitter ermöglicht es den Menschen, sowohl sozial als auch politisch zu interagieren und einen Diskurs zu führen. Sollte Twitter in der Türkei zukünftig fehlen, wäre das ein Rückschritt in
30 Sachen Transparenz und Demokratisierung." Spätestens seit den Protesten im Gezi-Park im vergangenen Jahr misstrauen viele Menschen klassischen Medien. Wollen sich diese Menschen informieren oder organisieren, pas-
35 siert das vor allem über Twitter. [...]
Doch Twitter rät in der Türkei aktuell, dass die Nutzer ihre Tweets per SMS absetzen sollen. Zudem werden Dienste wie Instagram gegen die Blockade genutzt, denn auch sie
40 haben eine Tweetfunktion.

Nach: H. Tanriverdi, sueddeutsche.de (21.3.2014)

▶▶ Methode: Die Pro- und Kontra-Debatte, S. 169

5 Arbeitet die in M 4 genannten Wirkungen neuer Medien auf die Demokratie heraus.
6 Führt eine Pro-Kontra-Diskussion zu der Frage „Web 2.0. – Chance oder Gefahr für die Demokratie?" durch (M 4 und M 5).

Der Nachrichten-Check

METHODE

Vorbereitung

Um Nachrichten gründlich untersuchen zu können, muss man sie mehrmals ansehen; ihr braucht also ein TV-Gerät und ein DVD-Aufnahmegerät, um die Sendung aufzuzeichnen.

Bildet Arbeitsgruppen und nehmt per Video zwei Nachrichtensendungen vom selben Tag (etwa um dieselbe Uhrzeit, abends) auf, und zwar eine aus dem öffentlich-rechtlichen Fernsehen, also die ARD-„Tagesschau" oder „heute" vom ZDF, und die andere von einem Privatsender (Vox, Pro7, RTL oder Sat.1). Erstellt gemeinsam ein „Analyseschema", indem ihr die Aspekte festlegt, die ihr an den beiden Sendungen untersuchen wollt, z. B.:

- Aus welchen Bestandteilen besteht das Nachrichtenstudio?
- Welche Farben sind bei der Einrichtung vorherrschend?
- Welche Personen treten auf und wie würdet ihr diese Personen beschreiben?
- Welche Nachrichten/Themen kommen in der Sendung vor und in welcher Reihenfolge?
- Welche Themen werden ausführlicher (oder als Film) behandelt?
- Welche Musik/Töne hört man an welchen Stellen?

Analyse/Durchführung

Untersucht in Gruppen die beiden Nachrichtensendungen unter denselben Aspekten und stellt die Ergebnisse in einer Tabelle (Sendung A/Sendung B) gegenüber. Wählt nun ein Thema aus, das in beiden Nachrichtensendungen vorkommt. Seht euch die Präsentation der Meldung in den jeweiligen Sendungen noch einmal ganz genau an und vergleicht die Sprechertexte. Tragt die Gemeinsamkeiten und Unterschiede in der Tabelle zusammen.

Auswertung

Vergleicht nun die Ergebnisse der Gruppen (die Tabellen) und fasst die wichtigsten Unterschiede zwischen der öffentlich-rechtlichen und der privaten Nachrichtensendung in einer gemeinsamen Tabelle zusammen.

Kennzeichnet (jeder für sich) die Nachrichtensendungen, indem ihr sie mit jeweils drei Eigenschaftswörtern beschreibt. Stellt eure Ergebnisse vor und diskutiert sie. Überlegt: Welche Nachrichtensendung spricht euch eher an und aus welchen Gründen?

Nennt Argumente, die für die eine, und Argumente, die für die andere Form der Nachrichtensendung sprechen.

Wochenschau Nr. 6 (2004), Presse- und Informationsfreiheit, S. 234

1. Analysiert mithilfe des Nachrichten-Checks Nachrichtensendungen im öffentlich-rechtlichen und privaten Fernsehen.
2. Diskutiert abschließend in der Klasse die Qualität unterschiedlicher Nachrichtensendungen.

76 LEBEN IN DER MEDIENGESELLSCHAFT

9. Wie kann ich mich vor den Gefahren im Netz schützen?

M1 Der gläserne Mensch

Stelle dir vor, du schlägst eines Tages deine Zeitung auf und kannst auf der Titelseite Folgendes lesen:
„Liebe/r ***, heute ist der 11. November 2025.
5 Herzlichen Glückwunsch zum Geburtstag, Du wirst heute 25 Jahre alt. Du erlaubst mir doch, dass ich Dich duze? Du kennst mich zwar nicht, aber ich kenne Dich umso besser."
Es folgt eine Auflistung persönlichster Details
10 aus deinem Privatleben. Deine letzte aufregende Urlaubsbekanntschaft wird, unterstützt durch intime Fotos, der Leserschaft vorgestellt. Auch die wenig freundlichen Bemerkungen, die du vor einiger Zeit in einem
15 Forum über deinen Arbeitgeber gemacht hast, bleiben dem Publikum nicht verborgen. Ebenso wie die eher peinlichen Fotos von zahlreichen Parties. Als Krönung einer langen Auflistung, welche auch deine Hobbys
20 und Vorlieben enthält, werden schließlich noch deine Handynummer sowie deine Adresse bekannt gegeben.

Psychogramm
die (grafische) Darstellung von Fähigkeiten und Eigenschaften einer Person

Eiskalt läuft es dir den Rücken herunter, denn die privaten Informationen, die preisgegeben wurden, treffen zu 100 Prozent zu. Unmög- 25 lich, denkst du?
Nun, Ähnliches ist Marc L. aus Frankreich widerfahren: Das französische Magazin „Le Tigre" entwarf mithilfe von Google, Facebook, Youtube und Flickr ein Psychogramm des 30 offenbar sehr mitteilsamen Netzbürgers. Jede einzelne veröffentlichte Information war dabei, für sich betrachtet, nicht unbedingt brisant. Besorgniserregend wurde es durch das Zusammenfügen und Vernetzen der er- 35 spähten Daten. Marc L. hatte laut „Le Tigre" einfach das Pech, als Erster für ein derartiges Experiment herhalten zu müssen.

Nach: Rainer Hattenhauer: Der gläserne Mensch, www.stern.de (Zugriff am 7.7.2014)

M2 „Informationsgesellschaft"

Zeichnung: Thomas Plaßmann

Jugendliche, die in die Berufswelt eintreten möchten, treffen auf Arbeitgeber, die das Internet als Informationsquelle einsetzen. Mittlerweile verschafft sich ein Großteil der
5 Personalchefs vor der Einladung zu einem Vorstellungsgespräch einen Einblick in das Leben der Bewerber, indem sie gezielt recherchieren und deren Aktivitäten im Netz überprüfen. Bevorzugt werden die sozialen
10 Netzwerke nach Informationen durchkämmt: Wie präsentiert sich der Bewerber im Netz? Brüstet er sich mit Alkoholgeschichten und pflegt er Kontakte mit fragwürdigen Personen? Nicht so schön, wenn das dort auf-
15 gebaute Image nicht zur Bewerbung passt.

Autorentext

Wie kann ich mich vor den Gefahren im Netz schützen? **77**

M 3 Persönliche Daten im Netz

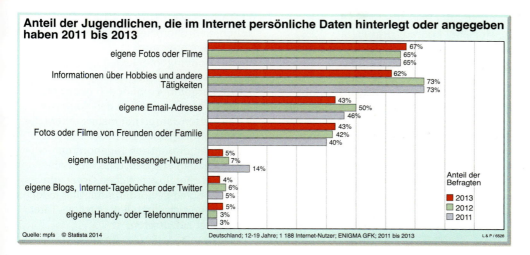

M 4 Sicher im Web 2.0

Seit es Web 2.0 gibt, machen viele ihr Leben eher unbewusst öffentlich. Scheibchenweise. Mal hier, mal dort etwas. So werden sie zum gläsernen Menschen. [...] Wer Fotos, Videos
5 und was auch immer online stellt, sollte bedenken: Das ist nicht für den Moment, sondern für die Ewigkeit. Denn das Internet vergisst nichts. Im eigenen Blog lassen sich Einträge relativ leicht wieder entfernen, in
10 fremden Systemen ist das schon schwieriger. Und selbst wenn etwas gelöscht wird: Es gibt Online-Archivsysteme wie archive.org, die immer wieder ein Abbild des Webs auf Servern speichern. Dauerhaft. Darüber sollte
15 sich jeder im Klaren sein. Und vielleicht noch mal einen Moment nachdenken, bevor der „Senden"-Button angeklickt wird. [...]

Es geht nicht darum, nun unnötige Hemmungen aufzubauen. Die Möglichkeiten des Internets sind enorm und spannend. Aber es be-
20 steht fast immer die Möglichkeit, anonym im Netz aufzutreten. Mit einem einfallsreichen Namen, der nichts mit der Realität zu tun haben muss. Davon sollte jeder Gebrauch machen.
25 Außerdem gibt es beim Onlinestellen von Fotos und Videos fast immer die Möglichkeit, nur einen geschlossenen Benutzerkreis zuzulassen. Auch das ist eine sinnvolle Möglichkeit, etwas mehr Privatsphäre zuzulassen.
30

Nach: www.internet-abc.de (Zugriff am 7.7.2014)

Web 2.0
veränderte Nutzung des Internets, bei der nicht mehr die reine Verbreitung von Informationen, sondern die Beteiligung der Nutzer am Web im Vordergrund steht.

INTERNET
www.saferinternet.at/themen/soziale-netzwerke/

www.klicksafe.de/materialien

WEBCODE
SDL-11600-401

1 Erarbeitet aus M 1 und M 2, welche Probleme und Gefahren mit der Veröffentlichung persönlicher Daten im Netz verbunden sein können.
2 Wertet die Grafik M 3 aus.
3 Erstellt für eure Klasse eine ähnliche Statistik und vergleicht eure Daten mit M 3.
4 Diskutiert auf der Basis von M 4 und mithilfe der Links über sinnvolle Verhaltensregeln für sicheres Surfen im Internet.

◀◀ Methode: Auswertung von Grafiken, S. 41

10. Was tun gegen Cyber-Mobbing?

to mob
engl.: angreifen, anpöbeln

to bully
engl.: jmd. einschüchtern, tyrannisieren

Mobbing – der Begriff geht auf den Verhaltensforscher Konrad Lorenz (1903–1989) zurück. Er beobachtete, dass Tiere Artgenossen aus einer Gruppe ausstießen und danach massiv angriffen. Das Wort entlehnte Lorenz vom englischen Ausdruck „mob". Mobbing ist auch unter Menschen verbreitet, vor allem in der Arbeitswelt und in der Schule. In der Schule spricht man von Mobbing, wenn eine Schülerin oder ein Schüler wiederholt und über einen längeren Zeitraum hinweg durch Mitschülerinnen oder Mitschüler schikaniert wird – oft wochenlang und mehrmals am Tag. Mobbing in der Schule äußert sich in Verhaltensformen wie z. B. dem Ausgrenzen, Auslachen, Bedrohen, Beschimpfen, Erpressen, Verleumden oder auch in sexueller Belästigung. Mobbingopfer leiden massiv – physisch und psychisch. Bei allen wird das Selbstwertgefühl empfindlich getroffen. Manche von ihnen zerbrechen daran.
In den letzten Jahren hat insbesondere das Cyber-Mobbing, auch als Cyber-Bullying bezeichnet, dramatisch zugenommen. Studien haben ergeben, dass mehr als ein Drittel aller Jugendlichen Opfer von Cyber-Mobbing geworden sind. Und jeder Fünfte kann sich vorstellen, auch als Täter im Internet aufzutreten.

M 1 Cyber-Bullying

Jonas wurde nach dem Sportunterricht in der Umkleide gefilmt, wie ihm ein Mitschüler die Hose herunterzieht. Der Film wird über die Handys seiner Klassenkameraden verschickt,
5 wahrscheinlich findet man ihn schon längst im Internet.

Lena hat das Gefühl, die ganze Schule tuschelt über sie, und sie kann sich das nicht erklären.

10 Die Mitschüler von Max haben eine Max-Hasser-Gruppe gegründet. Fast alle sind dort Mitglied, selbst Theo, den er eigentlich für seinen Freund
15 gehalten hatte.

Flyer „Cyber-Bullying!",
www.jugendinfo.de
(Zugriff am 7.7.2014)

Buchtitel von Florian Buschendorff

M 2 Wer sind Täter und Opfer?

Täter
Mobber wollen nur eines: Sie wollen ihre Stellung in der Gruppe festigen und damit ihr Selbstwertgefühl steigern. Indem sie wehrlose Opfer einschüchtern und ihnen immer 5 mehr Angst einjagen, demonstrieren sie ihre Stärke und Macht. Mobber sind selbstsicher und dominant. Entsprechend aggressiv gehen sie gegen andere vor. Aggression kann eine sehr erfolgreiche Strategie sein, wenn viele 10 mitmachen und dem Täter Bestätigung geben. Ungefähr 30 Prozent einer Klasse verbünden sich gerne mit dem Täter, weil sie denken, so könnten sie etwas von dessen „Glorienschein" abhaben. Mobbing ist also 15 nicht nur eine Angelegenheit zwischen Täter und Opfer, sondern ein Gruppenphänomen.

Opfer
Jeder kann Opfer sein. Etwa jedes siebte Kind macht diese Erfahrung, Opfer zu sein. Meist 20 geraten Kinder in diese Rolle, die zu keiner Clique gehören, weil sie aus irgendeinem Grund „anders" sind als die, die in der Klasse das Sagen haben, zum Beispiel ein Kind, das besonders begabt ist und nicht so gut zum 25 Rest der Klasse passt.

www.spiegel.de/schulspiegel (mit eigenen Ergänzungen) (Zugriff am 7.7.2014)

Was tun gegen Cyber-Mobbing? 79

Sieben Tipps gegen Cyber-Mobbing

Schütze deine Privatsphäre

Überlege dir von vornherein, was du im Internet von dir veröffentlichst. Je mehr Informationen andere von dir haben, desto größer ist die Angriffsfläche. Gib niemals Passwörter weiter, damit niemand auf die Idee kommt, in deinem Namen irgendwelchen Unsinn zu machen. Gib nicht jedem gleich deine Kontaktdaten. Vorsicht ist vor allem bei Leuten angesagt, die du nicht persönlich, sondern nur aus dem Chat kennst.

Äußere dich mit Bedacht

Überlege sorgfältig, bevor du etwas sendest. Alles kann an andere weitergegeben, vervielfältigt und veröffentlicht werden.

Informiere dich

„Google" nach dir selbst. Hast du Anhaltspunkte für Mobbing, bitte den Webseitenbetreiber, die Inhalte zu löschen.

Reagiere nicht auf Attacken

Wenn dich jemand direkt belästigt, antworte nicht darauf. Dadurch steigert sich meist der Konflikt, und der Täter fühlt sich zum Weitermachen angestachelt.

Reduziere die Kontaktmöglichkeiten

Vielleicht hilft es, wenn du deine Mail-Adresse oder deine Handynummer änderst oder dir einen neuen Nickname im Chat zulegst.

Sammle Beweise

Bewahre Nachrichten und Bilder auf, sichere ICQ- und MSN-Angriffe, mache Kopien von Beleidigungen auf Webseiten, um ggf. gegen den Bully vorzugehen. Der hat sich übrigens geschnitten, wenn er glaubt, dich völlig anonym mobben zu können. Sowohl Mobilfunkbetreiber als auch Internet-Provider können die Identität des Täters feststellen. Allerdings dürfen sie das nur, wenn deine Eltern vorher Anzeige bei der Polizei erstattet haben. Mit ihnen oder einem Lehrer solltest du in jedem Fall über dein Problem sprechen.

Helfe anderen

Schreite ein und hilf Mobbingopfern. Am besten zusammen mit anderen. Wenn der Bully mitbekommt, dass das Opfer nicht allein ist, hören die Belästigungen oft schnell auf.

Nach: Flyer „Cyber-Bullying!", www.jugendinfo.de (Zugriff am 9.7.2014)

LITERATUR

Sylvia Hamacher:
**Tatort Schule –
Gewalt an Schulen,**
tredition (2010).
Die Autorin ist Abiturientin und beschreibt ihre eigenen Mobbing-Erfahrungen. Das Buch gibt Einblicke über die ersten Anfänge von Mobbing bis hin zur totalen Eskalation.

Mechthild Schäfer und Gabriela Herpell:
Du Opfer! Wenn Kinder Kinder fertigmachen,
rowohlt (2010).
Die Autorinnen zeigen anhand vieler Fallbeispiele, wie Mobbing entsteht, in welche Abgründe Opfer schauen müssen und was die Motivation von Tätern ist.

- Hol dir Hilfe! Wer von Mobbing betroffen ist, kann sich anonym beraten lassen.
  Die Nummer gegen Kummer:
  Tel. 0800 111 0333 oder 0800 116 111,
  jeweils Mo–Sa, 14–20 Uhr,
  gebührenfrei in Deutschland über Festnetz und Handy

- Jugendliche beraten Jugendliche am Kinder- und Jugendtelefon samstags von 14 bis 20 Uhr,
  Tel. 0800 111 0333

- Für all diejenigen, die nicht gerne telefonieren, gibt es eine Beratung im Internet: www.kijumail.de

INTERNET

Weitere Infos zum Thema Mobbing
www.klicksafe.de/materialien
www.mobbing, seitenstark.de
www.lizzynet.de/dyn/107293.php (Mädchenportal)
www.youtube.com/watch?v=PnJL8ImUVVA
(Bericht „Cyber Mobbing" – 3sat Kulturzeit vom 18.8.2008 mit dem Schwerpunkt „Mobbing auf Videoportalen")

1 Beschreibt in der Klasse eigene Erfahrungen mit Cyber-Mobbing (M 1).
2 Stellt anhand von M 2 die Merkmale von Cyber-Mobbing dar.
3 Überprüft die Tipps gegen Cyber-Mobbing.
4 Diskutiert in der Klasse über Strategien, sich gegen Mobbing erfolgreich zu wehren.

11. Wie schütze ich meine persönlichen Daten?

! Unter dem Begriff „Datenschutz" wird umgangssprachlich zumeist der Schutz von oder der sensible Umgang mit persönlichen Daten verstanden, damit diese nicht unrechtmäßig weitergegeben oder missbraucht werden können.

Was aber sind personenbezogene Daten genau? Nach § 3 Abs. 1 des Bundesdatenschutzgesetzes (BDSG) sind personenbezogene Daten „Einzelangaben über persönliche oder sachliche Verhältnisse einer bestimmten oder bestimmbaren natürlichen Person (Betroffener)": Name, Alter, Familienstand, Geburtsdatum, Anschrift, Telefonnummer, E-Mail-Adresse, Konto-, Kreditkartennummer, Kraftfahrzeugnummer, Kfz-Kennzeichen, Personalausweisnummer, Sozialversicherungsnummer, Vorstrafen, genetische Daten und Krankendaten, Zeugnisse u. ä.

M1 Daten statt Geld – womit bezahle ich eigentlich online?

Facebook, YouTube, Google, Skype, Twitter und viele andere beliebte Internet-Dienste kosten nichts, jedenfalls nicht in der Grundversion. Manche Dienste bieten zusätzlichen
5 Service gegen Geld, andere sind komplett umsonst. Wie kann das sein? Irgendwie müssen sie ja Geld verdienen, denn alle sind private Firmen, die Ausgaben für Technik und Angestellte haben, aber auch Gewinn abwerfen
10 wollen. Viele soziale Netzwerke (zum Beispiel Facebook und Google Plus) verlangen, dass man sich mit seinem richtigen Namen anmeldet. Gleichzeitig verfolgen sie und viele weitere Firmen über Tracking-Cookies (kleine Text-Dateien, die im Browser im Hintergrund 15 gespeichert werden), wie du dich im Web bewegst. Daraus erstellen sie Nutzerprofile, für die zum Beispiel Hersteller von Produkten Geld bezahlen, damit sie gezielt Werbung schalten können. Du zahlst mit deinen Daten. 20

Valie Djordjevic: Mein digitales Leben; Ijab.de (Fachstelle für internationale Jugendarbeit der Bundesrepublik Deutschland) (Zugriff am 22. 7. 2014)

M2 WhatsApp

WhatsApp Inc. steht vor allem aufgrund der Weitergabe von Namen und Telefonnummern in der öffentlichen Kritik. Datenschützer bemängeln, dass bei der Nutzung der App das
5 vollständige Adressbuch des Nutzers unverschlüsselt an den amerikanischen Server von WhatsApp Inc. weitergeleitet wird. Somit können diese Daten auf dem Weg theoretisch problemlos von potenziellen Angreifern abgegrif-
10 fen werden. Äußerst problematisch ist vor allem, dass es sich dabei nicht nur um die eigenen Daten, sondern auch um die Daten von Personen handelt, die den WhatsApp-Messenger womöglich nicht einmal besitzen.

WhatsApp hat nicht nur Zugriff auf das 15 vollständige Telefonbuch, sondern auch auf SMS-Nachrichten sowie Kalendereinträge und Bilder. Es ist nicht möglich, den Zugriff einzuschränken. Da Privatsphäre-Einstellungen bei WhatsApp nicht vorhanden sind, liegt 20 es am Nutzer selbst, auf versendete Inhalte zu achten. Das heißt, man sollte nur solche Inhalte versenden, die jeder lesen oder sehen dürfte. Es gilt auch hier: Erst denken, dann schreiben! 25

www.youngdata.de/facebook/whatsapp/ (Zugriff am 22. 7. 2014)

Wie schütze ich meine persönlichen Daten? 81

Schutz von persönlichen Daten

Ob man sich ein Profil in einem sozialen Netzwerk zulegen will oder nicht, muss jeder für sich selbst entscheiden. Will man aber sinnvoll bei sozialen Netzwerken mitmachen, ist es unerlässlich, persönliche Daten zu veröffentlichen. Schließlich möchte man in aller Regel ja von anderen Nutzern gefunden werden. Die Balance zwischen Privatsphäre und Öffentlichkeit ist vor allem für Jugendliche nicht immer leicht. Um sich trotzdem einigermaßen sicher durch soziale Netzwerke zu bewegen, solltest du dir folgende Punkte bewusst machen:

- Datensparsamkeit: Gib nur die privaten Infos in soziale Netzwerke ein, die wirklich notwendig sind.
- Zugangskontrollen: Überprüfe die Voreinstellungen des Anbieters, die festlegen, wer welche Inhalte sehen kann.
- Auch wenn du dein Profil auf „privat" gestellt hast, poste nur Dinge in sozialen Netzwerken, die du auch sonst öffentlich sagen würdest – vor allem, wenn du viele Freunde dort hast. Denn: Du weißt nie genau, wer mitliest.
- Bevor du etwas postest, überlege, ob die Informationen, die du ins Netz gestellt hast, dir später unangenehm werden können, wenn sie zum Beispiel dein Arbeitgeber oder Lehrer oder andere offizielle Stellen sehen.
- Informiere dich darüber, wie deine Daten weiterverwendet werden und welche Rechte sich die Anbieter herausnehmen.
- Überprüfe vor allem, was passiert, wenn dich Leute auf Fotos markieren. Bei Facebook kannst du einstellen, dass du benachrichtigt wirst, wenn dich jemand auf einem Foto markiert und diese Markierung entfernen, wenn es dir nicht gefällt.

Valie Djordjevic: Mein digitales Leben; Ijab.de (Fachstelle für internationale Jugendarbeit der Bundesrepublik Deutschland) (Zugriff am 22.7.2014)

Telefonieren mit Krypto-Handys

Vorratsdatenspeicherung

1 Stellt dar, was man unter dem Begriff „persönliche Daten" versteht (Infotext).
2 Erklärt, welche Gefahren mit der Preisgabe persönlicher Daten im Netz verbunden sind (M1, M2).
3 Erläutert, welche Daten für staatliche Behörden von Interesse sind (M5).
4 Diskutiert auch vor dem Hintergrund von M3 und M4, wie ihr euch vor diesen Gefahren schützen könnt.

KOMPETENT? „Karikatour"

Karikatur 1

Zeichnung: Peter Kaczmarek

Karikatur 2

Zeichnung: Thomas Plaßmann

Leben in der Mediengesellschaft 83

Karikatur 3

KOMPETENT?

Zeichnung: Götz Wiedenroth

Karikatur 4

Zeichnung: Burkhard Mohr

Bearbeitet die Karikaturen arbeitsteilig:
1. Beschreibt die jeweilige Karikatur. Ordnet sie den Themen des Kapitels zu.
2. Deutet die Karikatur. Nutzt hierzu die Inhalte des jeweils relevanten Kapitels.
3. Bildet Gruppen und tauscht eure Beschreibungen und Deutungen aus. Vergleicht die Karikaturen und stellt Gemeinsamkeiten und Unterschiede heraus. Formuliert zu jeder Karikatur einen Titel. Diskutiert darüber, welche Karikatur euch besonders gefällt und warum.
4. Erläutert, wie die einzelnen Karikaturen die Kontrollfunktion der Medien in der Demokratie darstellen. Beurteilt diese Frage auch aufgrund eurer Erkenntnisse aus der Bearbeitung des Kapitels sowie vor dem Hintergrund eigener Erfahrungen.

Wirtschaft verstehen

"Wonach du sehnlichst ausgeschaut,
Es wurde dir beschieden.
Du triumphierst und jubelst laut:
Jetzt hab ich endlich Frieden!"
Ach, Freundchen, rede nicht so wild.
Bezähme deine Zunge.
Ein jeder Wunsch, wenn er erfüllt,
kriegt augenblicklich Junge.

Wilhelm Busch (1832–1908)

Foto links: Trotz Skandalen, Kritik und Kampagnen kaufen Verbraucher massenweise bei Billigketten ein.

1. Konsumieren – mehr als nur Geld ausgeben?

Zurzeit verfügen Jugendliche zwischen 10 und 19 Jahren nach Angaben des Bundesfinanzministeriums über eine Kaufkraft von rund 22 Milliarden Euro. Damit sind sie als Konsumenten und Verbraucher ein bedeutender Faktor im Wirtschaftsgeschehen. Darüber hinaus beeinflussen sie auch die familiären Kaufentscheidungen. Typisch dafür sind Produkte aus dem Nahrungsmittelbereich wie Joghurt oder Süßwaren. Aber auch bezüglich größerer Anschaffungen in der Familie, wie beispielsweise einem neuen Auto, haben Jugendliche oft ein Mitspracherecht.

M 1 Können wir jetzt …

Zeichnung: Burkhard Mohr

! M 2 „Konsumgesellschaft"

Status
gesellschaftliche Stellung, Rang

Geltungsnutzen
der über den reinen Gebrauchswert hinausgehende Nutzen eines Produkts. Er zielt darauf ab, das Geltungsbedürfnis des Besitzers zu befriedigen.

Konsumgesellschaft ist eine Gesellschaft, die den Status und Erfolg ihrer Mitglieder an deren Konsumverhalten misst. Die Wünsche der Verbraucher werden durch Werbung angeheizt. Mit dem Konsum soll persönliches Ansehen gesteigert werden.

Sociolexikon, www.socioweb.org/lexikon/index.html

Der Begriff beschreibt die Tatsache, dass man in einer Gesellschaft lebt, in der keine Versorgungslücken mehr auftreten, dass also alle Menschen immer mit den nötigen Konsumgütern versorgt werden können. Heute ist damit aber meist eine eher kritische Haltung gegenüber dem Lebensstil bestimmter Menschen gemeint, die das Konsumieren von Waren und Gütern in den Mittelpunkt ihres Lebens gestellt haben.

www.gesellschafteninfo.de/konsumgesellschaft.html

Kennzeichnend für die Konsumgesellschaft sind Massenproduktion und Massenabsatz von kurzlebigen Verbrauchs- und Gebrauchsgütern, Herstellung von Wegwerfprodukten und minderwertiger Billigware sowie eine auf den Geltungsnutzen einer Ware gerichtete Werbung.

www.wissen.de

Konsumieren – mehr als nur Geld ausgeben? **87**

M 3 Das jugendliche Markenuniversum

Konsum wird von Marken geprägt. Im Hinblick auf den spezifisch jugendlichen Konsum unterscheiden Marktforscher drei Markentypen.

- **Cliquen- und Glamourmarken:** Sie sind im Freundeskreis aktuell, auch wegen guter Werbung und weil sie mit angesagten Stars in Verbindung gebracht werden.
- **Ego- und Imagemarken:** Der Imagegewinn ist besonders bei Marken wichtig, die von anderen gesehen werden können. Wer sie verwendet, kann selbstbewusst auftreten und seine Persönlichkeit ausdrücken. Sie verheißen Anerkennung, Akzeptanz und Sicherheit.
- **Status- und Showmarken:** Mit diesen Marken können sich Jugendliche aufgrund ihrer Exklusivität bewusst abgrenzen und Begehrlichkeiten bei anderen wecken. Am ehesten ist dies mit Kleidung und Technik möglich. Allerdings werden Luxusmarken und ihre Nutzer von Jugendlichen teilweise als arrogant empfunden und abgelehnt.

Nach: Bravo Faktor Jugend 10 von 2009, www.bauermedia.de

> *„Leute, die Louis Vuitton tragen, sind Angeber."*

> *„Die Marke ist cool und schön. Bekannte Sportler und coole Typen tragen auch Nike – das hat Style."*

M 4 Fragebogen

Was nehmt ihr ein, was gebt ihr aus?

1. Geschlecht
   ☐ m   ☐ w

2. Gesamteinkommen im Monat in € (durchschnittlich)
   ☐ bis 25
   ☐ 25–50
   ☐ 50–75
   ☐ 75–100
   ☐ 100–125
   ☐ mehr als 125

3. Davon durchschnittlich
   als Taschengeld _____
   aus Jobs _____
   als Geldgeschenk _____

4. Durchschnittliche Ausgaben im Monat
   _____ €

5. Davon durchschnittlich für
   Kleidung _____   Lebensmittel/Süßigkeiten _____
   Handy _____
   Sport _____   DVDs/Videos _____
   Sportartikel _____   Computer/-spiele _____
   Eintrittsgelder _____   Kinokarten _____
   Konzerte/Disco _____   Zigaretten _____
   CDs _____   Sonstiges _____

6. Sparst du? Falls ja:
   Wie hoch ist dein Sparguthaben insgesamt? _____
   Hast du ein konkretes Sparziel?
   Falls ja, welches? _____

7. Hast du Schulden? Falls ja:
   Wie hoch sind sie? _____
   Wie sind sie entstanden? _____
   Bei wem hast du sie? _____
   Wie zahlst du sie zurück? _____

▶▶ Bewusst einkaufen – nachhaltig konsumieren?, S. 100 f.

1. Interpretiert die Karikatur M 1. Welche Marken stehen auf euren Zetteln?
2. Erarbeitet die Merkmale der modernen Konsumgesellschaft und diskutiert die Vor- und Nachteile (M 2).
3. Ordnet die beiden Aussagen in M 3 einzelnen Markentypen zu und untersucht, was sich die Jugendlichen von den Markentypen versprechen.
4. Führt mithilfe von M 4 eine anonyme Umfrage in eurer Klasse durch und wertet sie aus.

◀◀ Methode: Karikaturenanalyse, S. 70

▶▶ Konsumfreudige Jugend, S. 95, M 6

2. Werden wir durch Werbung informiert oder manipuliert?

Werbung als gezielte Einflussnahme auf unser Konsumverhalten begegnet uns überall und zu jeder Zeit: in Zeitungsanzeigen bei der Frühstückslektüre, an Plakaten auf dem Weg zur Schule oder zur Arbeit, im Radio während der Autofahrt, im Fernsehen während der Sportübertragung.
Jährlich werden in Deutschland rund 350 000 Werbeanzeigen gedruckt und sieben Millionen Werbespots gesendet. Auch im Internet und auf mobilen Geräten wie Smartphones oder Tablets begegnet sie uns überall. Werbung erreicht uns versteckt sogar in Spielfilmen. Sie wirkt häufig gerade da, wo wir sie nicht als solche wahrnehmen.

Die Unternehmen geben jährlich circa 30 Milliarden Euro für Werbemaßnahmen aus. Eine besondere Zielgruppe hinsichtlich Kaufkraft und Ausgabefreudigkeit stellen die Jugendlichen dar.
Die meisten Ökonomen, Soziologen und Politiker betrachten Werbung heute als unverzichtbaren Bestandteil unserer marktorientierten Wirtschaftsordnung. Sie sehen in ihr nicht etwa nur ein Mittel zur Umsatz- und Gewinnsteigerung privatwirtschaftlicher Unternehmen, sondern auch ein Instrument zur Förderung des Wettbewerbs auf den Märkten und damit zur Stärkung der wirtschaftlichen Position der Verbraucher.

M1 Was erwarten Jugendliche von der Werbung?

Die Werbung muss bestimmte Eigenschaften erfüllen, um den Nerv der Jugendlichen zu treffen. Jugendliche erwarten von „guter Werbung":
5 **Identifikation:** Werbung soll Probleme der Jugendlichen aufgreifen und ernst nehmen; sie soll alltagsbezogen und authentisch sein; die Zielgruppe will sich in der Werbung wiederfinden und mit ihr identifizieren.
10 **Kreativität:** Werbung, die nicht einfalls- und abwechslungsreich ist, wird nicht wahrgenommen. Immer wieder neue Ideen sind gefragt, Langeweile darf keinesfalls aufkommen.
Unterhaltung: TV-Spots müssen eine Geschichte erzählen, eine Handlung aufweisen, cool, lustig und witzig sein, Spaß machen; Musik ist wichtig.
Information: Werbung soll, soweit nötig, Produktinformationen liefern, aber bloß nicht zu ausführlich.

Nach: Bravo Faktor Jugend 10 von 2009, www.bauermedia.de

1. Interpretiert das Bild.
2. Stellt dar, wie ihr an Produktinformationen kommt. Erklärt, warum sie für euch wichtig bzw. unwichtig sind (M 1).

M2 Pro-/Kontra-Diskussion: Sollte Werbung für Kinder verboten werden?

Viele Eltern fürchten, dass Werbung Kinder zum „Habenwollen" verführt. Kinder können Werbebotschaften nicht einschätzen und würden deshalb leicht manipuliert. Wäre es da nicht am besten, Kinderwerbung gleich ganz zu verbieten? Das Für und Wider:

Der Konsum von Werbung kann bei Kindern verheerende Auswirkungen haben und zu Stress, Depressionen und geringem Selbstvertrauen führen .[V. a.] die Werbung, die direkt
5 auf Kinder abzielt. Sie erzeugt einen Druck, mit den Hochglanzbildern der Werbewelt mithalten zu müssen, so auszusehen und die Dinge zu besitzen, die in der Werbung propagiert werden, Kinder würden so zu lebenslan-
10 gem Konsumverhalten erzogen. [Eine] Studie der britischen Organisation ThinkTank Compass kritisiert, dass Marketingexperten immer neue Strategien entwickelt haben, um in die Welt der Kinder einzudringen.

Cnristina Steinlein, Studie: Werbung macht Kinder depressiv, in: Focus Online vom 12.12.2006, auf:www.focus.de/familie/erziehung/werbung-macht-kinder-depressiv-studie_id_1769649.html

15 Stefan Aufenanger, Professor für Medienpädagogik an der Uni Mainz, hält dagegen: „In Deutschland wird die Wirkung von Werbung überschätzt." Natürlich weckt die Werbung Wünsche, nicht nur bei Kindern. Das ist
20 schließlich Zweck des Ganzen. Die Hersteller geben jährlich mehr als 20 Milliarden Euro aus, damit wir glauben, ihre Produkte würden uns froh oder schlank machen. Das ist nicht immer ganz ehrlich und manchmal ir-
25 reführend. Aber beschützen müssen wir unsere Kinder davor nicht, sagt Aufenanger. „Kinder stehen Werbebotschaften umso kritischer gegenüber, je mehr sie darüber wissen, was Werbung will und mit welchen Tricks sie arbeitet." Statt also Werbung zu verteufeln,
30 sollten wir sie als das sehen, was sie ist: ein Teil unserer Kultur, der unsere Welt bunt macht. Wenn Werbung gut gemacht, ist, finden wir sie lustig, ist sie schlecht, finden wir sie langweilig. Dann ist ihr Einfluss aber
35 gleich null. [...]
„Kinder sind sehr nutzenorientiert", sagt Ingo Barlovic vom Jugendmarktforschungsinstitut iconkids & youth. „Hält ein Produkt nicht, was die Werbung verspricht, wird es nicht wieder
40 gekauft." [...] Um mit Werbung umgehen zu lernen, müssen Kinder sie (aber) erst einmal erkennen.

„Wie gefährlich Werbung für Kinder ist", in: familie.de; www.familie.de/kind/wie-gefaehrlich-werbung-fuer-kinder-ist-538485.html (Zugriff am 1.7.2014)

M3 Aufmerksamkeit für Werbung nach Alter

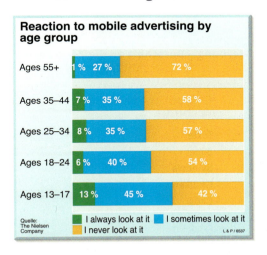

---

3 Führt in der Klasse eine Pro-/Kontra-Debatte zu der Frage durch, ob es Werbeverbote auch in Deutschland geben sollte (M 2).
4 Nehmt vor dem Hintergrund von M 3 Stellung, ob Werbung informiert oder manipuliert.
5 Diskutiert die Aussage, ob „Werbemuffel" eine Gefahr für die Wirtschaft darstellen (M 3).

▶▶ **Methode: Die Pro- und Kontra-Debatte, S. 169**

METHODE: Werbematerial analysieren

Werbung ist ein unerlässlicher Bestandteil der freien Marktwirtschaft: Produzenten und Dienstleister müssen die Kunden dafür gewinnen, die in der Regel knappen Mittel für den Kauf ihrer Angebote einzusetzen. Dabei konkurrieren Anbieter gleicher Produkte (Fahrradhersteller gegen Fahrradhersteller), aber auch Anbieter unterschiedlicher Produkte (Fahrradhersteller gegen Importeure von Digitalkameras). Für die dabei verwendete Strategie wird häufig auf die sogenannte AIDA-Formel verwiesen:

> **A** für „attention" (Aufmerksamkeit, Neugier),
>
> **I** für „interest" (Interesse, Bereitschaft, sich auf das Produkt einzulassen und darüber mehr zu erfahren),
>
> **D** für „desire" (der unwiderstehliche Wunsch, das Produkt zu besitzen),
>
> **A** für „action" (Kaufentscheidung und Abschluss des Kaufvertrages).

▶▶ Maslow-Pyramide, S. 98, M 4

Werbung hat die Bedürfnisse der Menschen im Blick, so, wie sie in der Maslow-Pyramide dargestellt werden. Sie verheißt ihnen Nutzen, der sich in der Befriedigung ihrer Bedürfnisse erweist. Dabei ist keineswegs gesagt, dass die Kunden von vornherein einen Mangel und den Wunsch, ihn zu beheben, empfinden. Bedürfnisse werden, auch wenn die Menschen eigentlich „schon alles haben", durch Werbung geweckt. Das gelingt oft nur, indem Werbung nicht nur auf den Nutzen, sondern auch auf den Zusatznutzen verweist: Ein Smartphone ist eben nicht nur ein Kommunikationsmittel, sondern erregt auch Bewunderung und hebt das Ansehen der Besitzerin, wenn das richtige Erzeugnis in der richtigen Umgebung gezückt wird.

Eine ganze Branche ist damit beschäftigt, im Dienste ihrer Auftraggeber für die verschiedenen Kanäle die passende Werbung für Produkte und Dienstleistungen zu finden. Die Ergebnisse umgeben die Kunden allenthalben. Sie können sich ihnen ausliefern, sie für ihre Kaufentscheidungen nutzen oder schlicht ihren Unterhaltungswert genießen. Dabei ist es hilfreich, sich klar zu machen, wie Werbung „arbeitet" und wie sie auf uns wirkt.

Werbung – Botschaft an die Verbraucher

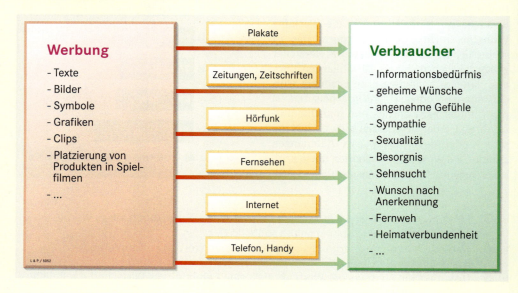

Werbematerial analysieren 91

METHODE

Beispiel für eine Werbung

Vorschlag für den Umgang mit Werbung

1. Lasst das Beispiel auf euch wirken und notiert eure Eindrücke und Empfindungen. Wärt ihr spontan bereit, für das beworbene Produkt Geld auszugeben?

2. Geht auf Distanz zu der Anzeige und analysiert sie unter folgenden Gesichtspunkten:
   - Um welches Produkt geht es?
   - Welches Medium dient als Werbeträger?
   - Wie ist die Werbung gestaltet?
     - *Text:* Umfang, Schriftart und Schriftgröße
     - *Sprache:* Jugendsprache, Technikersprache, Sprache des Sports
     - *Bild:* Farbe, Größe, Motiv, Perspektive, Symbole, Hintergrund
     - *Grafik:* Kurven, Tabellen
   - Welche Informationen zum Produkt liefert die Werbung?

3. Blickt hinter die Werbung:
   - An wen ist die Werbung gerichtet?
   - An welche Gefühle und Interessen appelliert sie?
   - Welche Wirkung soll erzielt werden?
   - Welchen Nutzen benennt sie?
   - Welchen Zusatznutzen verheißt sie?
   - Welche Informationen bleibt sie schuldig?

4. Beurteilt die Werbung kritisch:
   - Weckt die Werbung in euch positive oder negative Empfindungen?
   - Überzeugt oder überredet die Werbung?
   - An welche Haltungen und Einstellungen appelliert die Werbung?
   - Stimmt das Verhältnis von Nutzen und Zusatznutzen?
   - Welche Elemente könnten beim Kauf des Produkts maßgeblich sein?
   - Ist die Werbung für eine Kaufentscheidung im Sinne des ökonomischen Prinzips hilfreich?

5. Entwerft eine eigene Anzeige, in der ihr das vorliegende Beispiel „verbessert" oder für ein Konkurrenzprodukt werbt.

3. Click and Buy – einfach kaufen?

M 1 Onlinehandel nimmt rasant Fahrt auf

Zeichnung: Aaron Bacall

"Emily, have you been shopping online during class?"

Ob Kleidung oder Elektronik, Reisen oder Schuhe – die Deutschen kaufen immer mehr auf dem virtuellen Marktplatz ein. Das Internet stellt den Einzelhandel vor einen Umbruch. Von zu Hause oder unterwegs – einfach per Knopfdruck: Der Internethandel floriert weiter.

Einkaufen wird neu definiert. Milliardenumsätze wandern Jahr für Jahr über das Internet in den Handel. „Wir stehen mitten in einem Umbruch der gesamten Einzelhandelsbranche", sagte Christoph Wenk-Fischer, Hauptgeschäftsführer des Bundesverbandes des Deutschen Versandhandels (BVH), am Dienstag in Hamburg. Im laufenden Jahr werde der Onlinehandel um knapp 25 Prozent auf 48,8 Milliarden Euro wachsen. Im vergangenen Jahr lag die Wachstumsrate bei knapp 42 Prozent auf 39,1 Milliarden Euro. Darin noch gar nicht enthalten sind digitale Güter wie e-Books, Musik oder Software und Dienstleistungen wie Fahrscheine, Flugtickets, Reisen und Konzertkarten. Anders gesagt: In nur zwei Jahren gewinnt der Onlinehandel mehr als 20 Milliarden Euro Umsatz dazu. Der Anteil des Versandhandels am gesamten Einzelhandel (ohne Lebensmittel, steuerbereinigt) stieg allein im vergangenen Jahr von 9,4 Prozent auf 11,2 Prozent. Schon in wenigen Jahren könnten es nach Einschätzung von Experten 25 Prozent werden.

Mit dem Onlinehandel wächst der gesamte Versandhandel, wenn auch nicht ganz so schnell. Die Prognose für 2014 läuft auf ein Plus von 15,5 Prozent auf knapp 56 Milliarden Euro hinaus; im vergangenen Jahr lag der Umsatz noch bei 48,3 Milliarden Euro. Längst ist das Internet zum dominierenden Bestellweg geworden. Brief, Postkarte, E-Mail oder Telefon verlieren rasant an Bedeutung. Dicke Frühjahrs- und Herbstkataloge gibt es nicht mehr, sondern hoch innovative Webseiten.

Immer mehr Kunden bestellen von unterwegs, mit dem Smartphone oder dem Tablet. Jeder zehnte Umsatz-Euro kommt schon mobil zustande; mit 4,9 Milliarden Euro haben sich die Umsätze hier vervierfacht. „Vor allem das junge Zielpublikum ist längst bereit, technisch gerüstet und mit leistungsstarken Daten-Flatrates ausgestattet", sagt Verbandspräsident Thomas Lipke. Passende Apps des Handels und das schnelle Übertragungsprotokoll LTE sollen zusätzlichen Schub für das mobile Einkaufen bringen.

Für den stationären wie auch für den Versandhandel wächst die Vielfalt von Handelsformen und Anbietern. Es gibt Kunden, die sich im Internet informieren und dann im Laden kaufen. Oder umgekehrt. Oder einen Katalog lesen und dann im Internet bestellen. Der Händler muss überall präsent sein, auf allen Kanälen.

dpa am 18.2.2014; www.shz.de (Zugriff am 17.7.2014)

▶▶ Virtueller Marktplatz, S. 110, M 3

---

1 Arbeitet die neuen Entwicklungen beim Onlinehandel heraus. Recherchiert in eurem Umfeld, wer wie oft im Internet einkauft (M 1).

2 Überprüft mithilfe von M 2 euer Kaufverhalten. Unterscheidet in eurer Klasse das Kaufverhalten nach Geschlecht. Diskutiert die Unterschiede und vergleicht sie mit dem Kaufverhalten eurer Eltern.

Click and Buy – einfach kaufen? 93

M2 Internetkäufe

M3 Wer hilft?

Fall 1: Die 16 Jahre alte Alicia bestellt drei Tage vor dem 14-tägigen Urlaub die neuesten orangenen Sneaker bei Amazon. Sie hofft, dass die Schuhe noch rechtzeitig vor dem Urlaub ankommen. Außerdem sind sie im Internet gerade günstig zu haben. Da muss sie einfach schnell zugreifen.
Am Abreisetag wartet sie sehnsüchtig auf die Post, dann muss sie jedoch zum Flughafen. Nach dem Urlaub stürmt sie zum Briefkasten und findet die Benachrichtigung, dass sie die Schuhe bei der netten Nachbarin abholen kann. Beim Aufreißen des Paketes stellt sie jedoch fest, dass die Farbe der Schuhe nicht grellorange ist, sondern dunkelorange. Sie vergleicht den Bestellzettel mit dem Bestellstatus und dem Bild. Leider ist ihr in der Eile ein Fehler unterlaufen. Als sie bei ihrer Freundin Helena Trost sucht, meint diese auch noch: „Selber schuld, hättest du mal genau hingesehen! Den Umtausch kannst du übrigens vergessen, die 14 Tage, in denen du ein Rückgaberecht hast, sind vorbei."

Fall 2: Die Neuntklässerin Jenny braucht für ihre lockigen Haare endlich ein Glätteisen. Beim Stöbern auf ihrem iPhone findet sie ein mit „sehr gut" getestes Eisen für sagenhafte 34,90 €. Sofort bestellt sie das Gerät.
Als das Paket ankommt, muss sie beim Überprüfen der Rechnung feststellen, dass das Glätteisen 41,80 € kostet. Der Händler hat das Porto von 6,90 € auf den Preis addiert. Ihr Bruder Timm meint lapidar, „dann hättest du es ja gleich im Geschäft kaufen können und hättest sogar noch 1,90 € für ein Eis übrig gehabt. Selber schuld!" Jenny antwortet: „Ich dachte, das Porto muss ich nicht bezahlen."

Autorentext

INTERNET

Kennst du deine Rechte? (Internetadressen zur Information Verbraucherschutz)
- www.trustedshops.de/info/widerruf-ja-aber-richtig/
- www.trusteshops.de/info/neues-widerrufs-recht-beim-online-shopping/
- www.trustedshops.de/info/die-neuen-gesetze-furs-online-shopping/
- www.trusteshops.de/info/beachten-sie-diese-5-punkte-bei-einem-online-shop/
- www.test.de/thema/reklamation/
- www.test.de/Online-shopping-und-Versand-handel-Neue-Regeln-fuer-Widerruf-und-Ruecksendungen-4707876-0/
- www.verbraucherzentrale-rlp.de/beratung/www.vz-bw.de/So-funktioniert-der-Internet-Einkauf-2
- www.verbraucherzentrale-rlp.de/widerrufsrecht

▶▶ **Der Zivilprozess – wenn zwei sich streiten, S. 192 f.**

GLOSSAR

Internet

Professionelle Lohnschreiber
gemeint sind Autoren, die im Auftrag der Firmen positive Rezensionen schreiben

---

3 Begründet, welche Informationsquelle für euch die besten Entscheidungstipps bei Einkäufen darstellt. Diskutiert in der Klasse folgende Schlagzeile: „Das Netz der Lügner – Produkte werden durch professionelle Lohnschreiber nach vorn gelobt."

4 Sucht euch einen Fall aus und notiert euch, was ihr klären müsst. Informiert euch im Internet nach euren „Verbraucherrechten" und begründet eure Lösung (M 3).

5 Schreibt zu einer der beiden Aussagen einen Kommentar:
- „Unwissenheit schützt vor Strafe nicht."
- „Kontaktloses Bezahlen ist die Zukunft und hat nur Vorteile für mich."

4. Wie vermeiden Jugendliche Schuldenfallen?

Fast jeder neunte erwachsene Bundesbürger ist überschuldet. Das geht aus dem vorgestellten „Schuldneratlas Deutschland 2013" der Wirtschaftsauskunftei Creditreform hervor. Besorgniserregend ist dabei die deutlich wachsende Verschuldung unter Jugendlichen und jungen Erwachsenen. Zwischen 2004 und 2011 hat sich die Zahl der verschuldeten Jugendlichen vervierfacht, von 53 000 auf 243 000 junge Menschen.

M1 Wo und wofür verschulden sich Jugendliche?

Jugendliche leihen sich am häufigsten Geld bei Eltern, Freunden oder Verwandten. Das geliehene Geld geben sie dann vor allem für Essen und Trinken, Kleidung, PC-Spiele, fürs Kino oder Weggehen mit Freunden aus. Jugendliche ab 18 Jahren verschulden sich darüber hinaus oft auch bei Versandhäusern oder ihrer Bank. Denn erst ab dem 18. Geburtstag können sie Kredite in Anspruch nehmen, eine Geldkarte nutzen oder Ratenkäufe tätigen. Mit der eigenen Unterschrift sind so auch größere Anschaffungen wie ein Flachbildfernseher oder ein neuer Computer möglich. Die Handykosten sind ein weiterer Grund für Schulden bei Jugendlichen und die Telefongesellschaft ein zusätzlicher Gläubiger, also derjenige, bei denen sie Schulden haben. Wer hier seine Einnahmen und Ausgaben nicht im Blick und sich durch Sparen ein finanzielles Polster angelegt hat, ist schnell in den Miesen.

www.hoch-im-kurs.de/files/85/Arbeitsblatt_HiK_11_09.pdf (Zugriff am 27.7.2014)

M2 Handy – Vergnügen mit eingebautem Schuldenfaktor

Ob im Kino, im Eiscafé oder in der Schule – wo Jugendliche auftauchen, ist das Handy als unverzichtbarer Begleiter immer dabei. Das ehemalige Statussymbol für Manager mutiert unaufhaltsam zum Kultobjekt für eine Generation, die sich längst nicht nur stumm hinter Fernseher und Computer verschanzt. Laut der KIM-Studie 2013 besaßen 72 % der Jugendlichen ein Smartphone und 88 % ein internetfähiges Handy. [...] Handyanbieter haben diesen Trend erkannt und umwerben inzwischen verstärkt ihre jugendlichen Kunden. Handys mit hochwertiger Kamera, WAP und Internetanschluss überschwemmen den Markt und lassen das Vorgängermodell schnell veralten. Das immer neue Angebot verführt die Jugendlichen, mehr Geld auszugeben, als sie haben. Wenn die monatliche Handyrechnung regelmäßig das geringfügige Einkommen der Jugendlichen übersteigt, beginnt unweigerlich der Weg in die Verschuldung. [...]
Die Jugendlichen benutzen das Handy, um soziale Kontakte aufzubauen und Freundschaften zu pflegen. Eine Nachricht oder ein Anruf vermitteln das Gefühl, nicht alleine zu sein, die Inhalte der Mitteilungen sind da zweitrangig. Wichtig ist der Spaß, die Überraschung, die die nächste Nachricht mit sich bringt. Eine nicht enden wollende Kommunikation, denn die Antworten kommen so schnell wie die nichtigen Inhalte vergessen werden.
Wenn Jugendliche mit dem Handy positive Gefühle verbinden, verdrängen sie den Gedanken, dass sie dieses Vergnügen teuer bezahlen müssen. Das Ergebnis ist am Ende des Monats auf der Telefonrechnung abzulesen. Obwohl Jugendliche durchaus die Kosten eines Gesprächs oder einer Nachricht kennen, verlieren sie den Überblick über die Gesamtkosten. Außerdem ist ihnen dieses positive Lebensgefühl wichtiger als Geld.

Nach: Familienhandbuch des Staatsinstituts für Frühpädagogik; www.familienhandbuch.de (Zugriff am 1.7.2014)

Wie vermeiden Jugendliche Schuldenfallen? 95

M 3 Schulden?

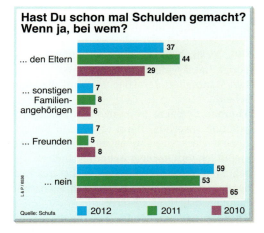

M 4 Schuldenursachen

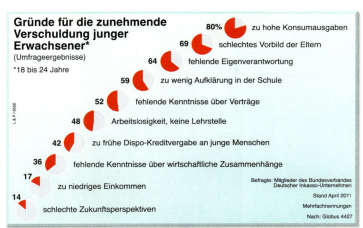

M 5 Bezahlen online

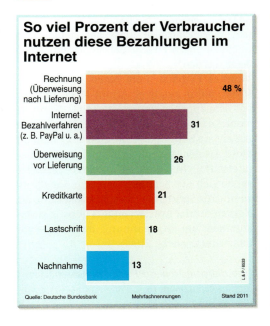

M 6 Konsumfreudige Jugend

1. Arbeitet die Gründe für die Verschuldung von Jugendlichen heraus. Wo ist Sparpotenzial, und wie könnte dies umgesetzt werden (M 1–M 6)?
2. Erläutert, inwiefern das Handy „ein Vergnügen mit eingebautem Schuldenfaktor" ist.
3. Diskutiert in Kleingruppen folgende Frage: „Lohnt es sich, für ein neues Smartphone einen Nebenjob anzunehmen und die Schule zu vernachlässigen?"
4. Sucht Werbeanzeigen heraus, die mit bargeldlosem Zahlen und Ratenzahlungen werben. Bewertet, ob solche Möglichkeiten stark zur Verschuldung beitragen.
5. Sucht drei Schuldensorgen aus M 4 heraus und formuliert eine Lösungsstrategie, um das Problem zu beheben. Wo seht ihr für euch die größten Gefahren?

INTERNET

Schuldenberatung
www.lag-schuldnerberatung-rlp.de/broschueren.htm

5. Wirtschaftet der Mensch, damit er leben kann?

M1 Kaufrausch

Statussymbole
Güter, die die gesellschaftliche Stellung eines Menschen anzeigen können

Verkaufsstart der neuen iPhones

Die Eröffnung des Einkaufszentrums Alexa am Alexanderplatz in Berlin verlief tumultartig. Rund 5 000 Menschen stürmten um Mitternacht das Einkaufszentrum, um bei der Eröffnung eines Elektronikmarktes Schnäppchen zu ergattern. Dabei wurden Kunden und Mitarbeiter verletzt. Die Berliner Zeitung taz bat in einem Interview Thomas Fydrich, Professor für Psychotherapie, diese Vorgänge zu erklären.

taz: Herr Fydrich, dass Menschen um Nahrung kämpfen, ist eine Sache. Aber wie kommt es, dass Berliner sich um Unterhaltungselektronik kloppen?
Thomas Fydrich: Das liegt am Marketing der Industrie mit ihren Sprüchen wie „Geiz ist geil" und „Ich bin doch nicht blöd". In unserer Gesellschaft sind alle Grundbedürfnisse gestillt. Deshalb funktioniert Werbung für unnötige Statussymbole so gut.
taz: Manipuliert derartige Werbung die Menschen?
Thomas Fydrich: Ja, man kann von Manipulation sprechen. Denn es werden Bedürfnisse geweckt beziehungsweise verstärkt, die eigentlich nur gering ausgeprägt sind.
taz: Sind Menschen, die sich nachts mit Tausenden anderen um Handys und Fernseher kloppen, psychisch gestört?
Thomas Fydrich: Nein. Von einer psychischen Störung kann man hier nicht sprechen. [...] Dieser Ansturm ist heute fast normal. Trägt man einen günstigen Fernseher aus dem Laden, zeigt man: „Ich bin dabei gewesen, habe Beute gemacht." Das ist eine moderne Form des menschlichen Jagdtriebs. [...]
taz: Woran liegt es, dass aus neugierigen Nachtshoppern rücksichtslose Schnäppchenjäger werden?
Thomas Fydrich: Zum einen gibt es Menschen, die in relativer Armut leben und die auf Schnäppchen angewiesen sind, wenn sie diese Luxusgüter haben wollen. Je schmaler das eigene Budget, desto anfälliger ist man für diese Art der Werbung. Aber auch die gut situierte Hausfrau oder der studierte Jurist begeben sich auf Schnäppchenjagd. Für die ist es eine Art Sport. Aber da geht es eher um den Nervenkitzel, etwas besonders günstig zu bekommen, um die Spannung, den Reiz – wie beim Glücksspiel. [...]

Inga Helfrich: Moderne Form des menschlichen Jagdtriebs, taz vom 13.9.2007 (Zugriff am 17.7.2014)

! M2 Was sind Bedürfnisse?

Bedürfnisse
Ein Bedürfnis stellt sich ein, wenn der Mensch einen bestimmten Mangel empfindet und danach strebt, diesen Mangel zu beseitigen. Das Entstehen von Bedürfnissen ist von vielerlei Faktoren abhängig, z. B. von Alter und Geschlecht, von Beruf und Einkommen, von der Mode und dem technischen Fortschritt.

Bedürfnisarten

Bedürfnisse werden nach ihrer Dringlichkeit unterschieden:

- **Existenz- oder Grundbedürfnisse** sind Bedürfnisse nach ausreichender Nahrung, Kleidung und Unterkunft, aber auch nach Sicherheit und medizinischer Versorgung. Ihre Befriedigung ist lebensnotwendig.
- **Kulturbedürfnisse** sind Bedürfnisse nach Bildung, Information, Unterhaltung oder Reisen. Sie zielen auf die geistige, soziale und kulturelle Entfaltung des Menschen.
- **Luxusbedürfnisse** sind Bedürfnisse nach qualitativ hochwertigen Gütern und Dienstleistungen wie teuren Autos oder Designerkleidung. Sie zeugen von einer Lebensführung, die über dem durchschnittlichen Lebensstandard einer Bevölkerung liegt.

Die Zuordnung einzelner Bedürfnisse zu bestimmten Bedürfnisarten ist nicht immer einfach. Sie hängt u. a. auch von der Höhe des durchschnittlichen Lebensstandards einer Bevölkerung ab. So zählte bis weit in die zweite Hälfte des 20. Jahrhunderts der Fernseher zu den Luxusgütern; heute gehört er in Deutschland zur Grundausstattung eines Haushalts und darf daher bei einer Zwangsvollstreckung nicht gepfändet werden.

Autorentext

M 3 Versorgt mit allem

Man stelle sich einmal das Problem der täglichen Versorgung einer Millionenstadt mit allen Gütern vor, deren ihre Bewohner zur Fristung, Verschönerung und Erheiterung des Lebens bedürfen: soundso viele Tonnen Mehl, Butter, Fleisch, soundso viele Kilometer Stoff, soundso viel Millionen Zigaretten und Zigarren, soundso viel tausend andere Dinge müssen täglich beschafft werden, ohne dass an der einzelnen Ware Mangel oder Überfluss herrscht. Sie müssen stündlich, täglich, monatlich oder jährlich (je nach Charakter der Ware) in Menge und Qualität auf die Nachfrage der Millionenbevölkerung abgestimmt werden. Diese Nachfrage kann nur auf den Besitz von Kaufmitteln (Geld) gestützt werden, aber dieser Besitz von Kaufmitteln setzt wieder voraus, dass Millionen, die als Konsumenten auftreten, zuvor als „Produzenten" (selbstständige und unselbstständige) ihrerseits die von ihnen angebotenen Güter und Leistungen in Art und Menge so auf die allgemeine Nachfrage abgestimmt hatten, dass sie ohne Verlust verkaufen konnten. Nun umfasst aber der moderne hoch differenzierte Wirtschaftsprozess nicht eine einzelne Stadt, sei sie noch so groß, nicht nur ein ganzes Land, sei es noch so weit, sondern den ganzen Erdball. Der Arbeiter in einer optischen Fabrik produziert für die fernsten Länder, die ihn dafür auf vielfach verschlungenen Wegen mit Kakao, Kaffee, Tabak oder Wolle versorgen. Dieser ungeheuer ausgedehnte und komplizierte Prozess kann nur vonstattengehen, wenn alles in jedem Augenblick so sehr aufeinander abgestimmt ist, dass größere Unordnung vermieden wird. Wäre das nicht der Fall, so wäre die Versorgung von Millionen mit einem Schlage gefährdet.

Wilhelm Röpke: Die Lehre von der Wirtschaft, Erlenbach-Zürich 1945, S. 171

▶▶ **Die Produktion unserer Güter, S. 102 f.**

---

1 Erarbeitet aus M 1 die Ursachen für den Kaufrausch und erläutert sie.
2 Lest M 2 und findet Beispiele für die Bedürfnisarten.
3 Lest den Text und benennt in Zeile 8 f. die „anderen Dinge" (M 3).
4 Diskutiert, wer eurer Meinung nach die in den Zeilen 35–37 genannte Gefährdung vermeiden soll (M 3).
5 Erklärt, was der Philosoph Seneca mit dem Zitat: „Nicht wer wenig hat, sondern wer viel wünscht, ist arm." sagen möchte?

M 4 Die Bedürfnispyramide von Maslow

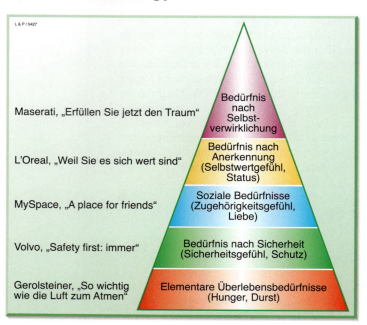

Das Modell der Bedürfnispyramide geht auf den amerikanischen Psychologen Abraham Maslow (1908–1970) zurück. Dieser stellte eine Rangfolge von fünf Bedürfnissen auf. Die wichtigsten, die elementaren Überlebensbedürfnisse, bilden die Basis der Pyramide; der Wunsch nach Selbstverwirklichung steht an ihrer Spitze. Nach Maslow wollen die Menschen zunächst die elementaren Überlebensbedürfnisse befriedigen, erst danach richtet sich ihr Interesse auf alles Höherrangige. In der modernen Gesellschaft, in der die Überlebens- und die Sicherheitsbedürfnisse für jedermann zumindest in einem gewissen Ausmaß erfüllt sind, geht es nach Maslow vor allem um die Befriedigung nicht-materieller Bedürfnisse, z.B. um die soziale Anerkennung.

Das Modell der Bedürfnispyramide hat vor allem in der Produktwerbung praktische Bedeutung erlangt.

1. Erklärt, warum Maslow für seine Darstellung einer Rangfolge der Bedürfnisse die Form einer Pyramide gewählt hat (M 4).
2. Erklärt den Unterschied zwischen materiellen und nicht–materiellen Bedürfnissen.
3. Erörtert, welcher Stufe bzw. welchen Stufen der Bedürfnispyramide die Fotos jeweils zugeordnet werden können.
4. Sucht Werbespots: Analysiert, welche Bedürfnisse jeweils angesprochen werden.
5. Überlegt, welchen Nutzen die Produktwerbung aus Maslows Erkenntnissen zieht.

M 5   Rechnen, verzichten, improvisieren

Früher hatte Carmen Schneider ein schönes Haus mit großem Garten, mit Pool und Spielgeräten für die Kinder. Und einen Mann, der zuletzt 9 000 Euro brutto verdiente. „Die Rate
5 fürs Haus betrug 1 000 Euro, da blieben rund 5 000 zum Leben", erzählt die 43-Jährige [...]. Sie hat dunkle Augenringe, ist ungeschminkt. Für Make-up reicht ihr Geld schon lange nicht mehr.
10 Die weiße Hose und den weißen Schal hat sich Carmen Schneider von ihrer Tochter geliehen. „Meine Große meckert dann zwar ein bisschen, aber sie schämt sich noch mehr, wenn ich mit meinen alten Kleidern raus-
15 gehe." Seit ihrer Scheidung ist nur deshalb ab und zu etwas Neues zum Anziehen für die Töchter drin, weil sie viermal pro Woche Nachhilfe geben; die Ältere hilft zusätzlich in einer Bäckerei. Wenn ihr Vater regelmäßig
20 den Unterhalt überweisen und nicht ständig untertauchen würde, müssten sie nicht so viel arbeiten. Dann würden sie auch nicht in einer maroden Wohnung leben. [...] „An dem Tag, an dem ich Hartz IV beantragt habe, hat
25 meine Älteste ihre Sachen gepackt und wollte ausziehen", sagt Carmen Schneider. [...] „Sie hat solche Angst, dass in der Schule bekannt wird, wie es uns wirklich geht." [...] Wenn Carmen Schneider an ihr Leben in
30 der Ehe zurückdenkt, vermisst sie am meisten das Sicherheitsgefühl und die Unbeschwertheit. „Dass man mal essen gehen kann oder nicht nur Billigkäse kaufen muss." [...] Sie ist durch ihre Not unsicher und verschlossen ge-
35 worden, die Gesundheit der ganzen Familie litt. [...] Carmen Schneider hatte ihr Lehramtsstudium unterbrochen, als die Kinder kamen. Später half sie ab und zu im Kindergarten aus. Die
40 finanzielle Abhängigkeit von ihrem Mann machte ihr nichts aus. Sie verwaltete das Einkommen und fühlte sich in der dörflichen Gemeinschaft mit der Erziehungs- und Hausarbeit erfüllt und anerkannt. [...]
Frauen aus der Mittelschicht gelingt es häufig 45 erstaunlich lange, den Schein zu wahren. [...] Sie wissen, wie man sich unter ihresgleichen bewegt und ausdrückt, sie interessieren sich weiterhin für Literatur, Kunst, gesunde Ernährung und Reisen. Allerdings können sie 50 sich früher oder später kaum mehr etwas davon leisten. Die Gesprächsthemen schwinden, und das ständige Rechnen, Verzichten und Improvisieren zehrt an ihrem Selbstwertgefühl. Viele Frauen gehen kaum noch 55 raus und ernähren sich schlechter. Ihre Gesichtsfarbe wird fahl, Haltung und Figur ändern sich vielleicht. Wer nicht sehr stark ist und nicht von seinem Umfeld aufgefangen wird, dem sieht man die Armut nach ein paar 60 Jahren an. [...] Auch für Angehörige ist es nicht immer einfach, der Realität ins Auge zu blicken. Carmen Schneiders Mutter war immer gern berufstätig und sagt ihrer Tochter, sie solle sich zusammenreißen und endlich 65 wieder arbeiten. „Dass es kaum versicherungspflichtige Stellen für Leute wie mich gibt, das will sie nicht hören", bedauert Carmen Schneider. Ihr würde es schon helfen, wenn ihre „ziemlich wohlhabenden" Eltern 70 ein bisschen Mitgefühl zeigen und ihren Töchtern ab und zu ein Taschengeld zustecken würden. Die 17- und 18-jährigen Gymnasiastinnen arbeiten schon jetzt hart an ihrer Karriere. Carmen Schneider findet, vor allem 75 die Ältere setze sich zu sehr unter Druck. „Sie hat einen Schnitt von 1,7 und glaubt, sie müsse noch besser werden, um später etwas damit anfangen zu können."

Nach: Jeannette Villachica, Plötzlich arm, Brigitte Woman 10/2010

GLOSSAR

Armut

marode
heruntergekommen

◀◀ **Kinderarmut –
ein Skandal,
S. 50 f.**

---

6 Erarbeitet aus M 5, welche Ursachen und welche Auswirkungen die Armut im Fall der Familie Schneider hat. Wendet dabei eure Kenntnisse aus der Maslow'schen Bedürfnispyramide an.

6. Bewusst einkaufen – nachhaltig konsumieren?

M 1 So leben wir, so leben wir alle Tage

Zeichnung: Jupp Wolter

M 2 Emissionsvergleich

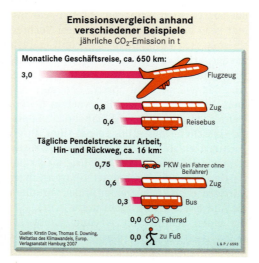

GLOSSAR
Nachhaltigkeit

M 3 Nachhaltiger Konsum

Fast allen ist inzwischen bewusst: Wir Menschen in den Industriestaaten verbrauchen […] mehr Rohstoffe und Energie und erzeugen mehr Schadstoffe, als uns zusteht, wenn alle die gleichen Chancen haben sollen. Mit unserem Kaufverhalten an der Ladentheke stellen wir alltäglich Weichen. Denn ob wir Kalbsragout mit Reis aus der Tiefkühltruhe aufwärmen oder ob wir ein vegetarisches Gericht mit regional erzeugtem Öko-Gemüse der Saison frisch zubereiten, ob wir ein Fertigparkett aus Tropenholz kaufen oder einen Linoleumbelag wählen, ob wir in den Kurzurlaub fliegen oder am örtlichen Badesee entspannen: Was und wie wir konsumieren, hat unterschiedliche soziale und ökologische Folgen.

Nachhaltiges Konsumieren ist umweltverträglich und sozial gerecht: Dabei müssen erstens die ökologischen Kosten bei der Rohstoffwahl, beim Transport der Waren, ihrer Verarbeitung und bei der Entsorgung im Auge behalten werden. Zweitens geht es auch um die sozialen Bedingungen bei der Produktion in den Erzeugerländern. Vielleicht freuen wir uns, dass der Discounter neuerdings auch Chiquita-Bananen in Öko-Qualität anbietet und dass das Tropenholz unserer Gartenmöbel aus nachhaltiger Waldbewirtschaftung stammt. Über die Arbeitsbedingungen in der Produktion ist aber wenig bekannt.

Nach: Nachhaltiger Konsum – Was ist das?, www.brot-fuer-die-welt.de (Zugriff am 17.7.2014)

M 4 Wirklich zu teuer?

Fast jeder Fünfte sagte 2009: „Selber etwas gegen den Klimawandel zu tun, ist zu teuer." Dass zum Beispiel klimabewusstes Verhalten aber nicht zwingend Mehrkosten auslöst, zeigt eine […] Studie, die das Ökoinstitut im Auftrag des Bundesverbandes der Verbraucherzentralen erstellt hat. Demnach wirken folgende Maßnahmen in einem Haushalt besonders positiv:
- Verzicht auf Fernflugreisen,
- weniger Pkw-Fahrten, dafür mehr Fahrrad fahren oder zu Fuß gehen,
- Erwerb eines Pkws mit niedrigem Verbrauch,

- auf einen „mediterranen" Ernährungsstil umsteigen (weniger Fleisch, mehr Obst und Gemüse),
- Wärmedämmung von Haus oder Wohnung,
- die alte Heizungsanlage durch eine neue austauschen, Solarkollektoren einbauen,
- Ökostrom beziehen,
- Biolebensmittel kaufen,
- spritsparend Auto fahren,
- alle Standby-Funktionen ausschalten.

Von diesen zehn wichtigsten Schritten würden sechs sogar helfen, Geld zu sparen, so das Ökoinstitut. Drei davon seien kostenneutral, und nur eine Umstellung sei teurer: der ausschließliche Kauf von Biolebensmitteln.

Presse- und Informationsamt der Bundesregierung: Magazin für Verbraucher 12 08/2010; www.bundesregierung.de (Zugriff am 17. 7. 2014)

Im Dschungel der Nachhaltigkeitssiegel

Klimafreundlich, ressourcenschonend, sozialverträglich, nachhaltig einkaufen – darauf legen Verbraucher immer mehr Wert. Doch ein Dschungel von immer neuen Bio- und Nachhaltigkeitssiegeln macht die Orientierung zunehmend schwieriger.

Neben den etablierten, staatlich kontrollierten Siegeln wie dem blauen Umweltengel oder dem Bio-Siegel vermarkten inzwischen auch Handelskonzerne ihre Eigenmarken mit selbst entwickelten Bio- und Nachhaltigkeits-Labeln. [...]

An die 50 Siegel, die im weitesten Sinne etwas mit Nachhaltigkeit zu tun haben, gibt es inzwischen. „Der Label-Wahn ist ausgebrochen", sagt Jan Berlin, Research-Direktor des Skopos-Instituts.

Wofür genau die Siegel stehen sollen, bleibt oft diffus oder wirkt eher verwirrend denn erhellend. Beispiel: das „Pro Planet"-Label der Rewe-Gruppe. Das blaue, dreieckige Siegel ist seit Frühjahr dieses Jahres auf Produkten zu finden, die sich durch eine geringere Umweltbelastung auszeichnen. „Wassersparend angebaut", heißt es dann ausgerechnet auf einer Packung importierter Erdbeeren, zudem ist eine siebenstellige Nummer aufgedruckt. Gibt der Verbraucher diese auf der Pro-Planet-Homepage ein, erfährt er, dass die Früchte aus der südspanischen Region Huelva kommen, wo die exzessive Landwirtschaft zu einer Absenkung des Grundwasserspiegels geführt hat. [...]

Organisationen wie Greenpeace oder Foodwatch sehen Nachhaltigkeitsinitiativen wie die von Rewe [...] kritisch. Zum einen werde die Aufmerksamkeit lediglich auf einen Aspekt von Nachhaltigkeit gelenkt. Zudem hapere es an der Nachprüfbarkeit für den Verbraucher.

Der verliert den Überblick. „Wenn demnächst alle Supermarktketten und Discounter eigene Nachhaltigkeitslabel entwickeln, wird das zu Verwirrung führen", sagt Greenpeace-Konsumexperte Jürgen Knirsch. Für problematisch hält er zudem, dass der Begriff nicht geschützt ist. „Die Kunden werden irgendwann nicht mehr wissen, was Nachhaltigkeit eigentlich bedeutet", befürchtet er. Deshalb plädiert er dafür, dass der Staat den Rahmen für ein einheitliches Nachhaltigkeitslabel vorgibt. Denn bisher gibt es kein Siegel, das ökologische und ökonomische Kriterien ebenso wie soziale Aspekte gleichermaßen abdeckt.

Jutta Maier: Nachhaltigkeits-Siegel. Im Label-Dschungel, in: Frankfurter Rundschau vom 23. 10. 2010; www.fr-online.de (Zugriff am 17. 7. 2014)

1. Analysiert die Kritik in der Karikatur (M 1).
2. Erläutert, was unter nachhaltigem Konsum verstanden wird (M 2–M 3). Diskutiert das genannte Problem in Zeile 29–30 (M 3). Formuliert einen Lösungsansatz.
3. Diskutiert die Vorschläge der Bundesregierung zum klimabewussten Verhalten (M 4).
4. Arbeitet anhand von M 5 das Problem der Kennzeichnung und Zertifizierung von Produkten heraus und hinterfragt, worauf die zunehmende Flut an Siegeln zurückzuführen ist.

TIPP

Projektvorschlag: Untersucht in einem Supermarkt die Siegel/Label, mit denen Produkte ausgezeichnet sind. Wofür stehen sie? Welche Vergabekriterien erfüllen sie?

7. Die Produktion unserer Güter: Input, Produktion und Output?

INPUT (Produktionsfaktoren, -mittel)
↓
PRODUKTION
↓
OUTPUT (Güter und Dienstleistungen)

! Was Konsumenten verbrauchen wollen, muss zuvor gemeinsam produziert werden. Die Menschen, die in der Wirtschaft arbeiten, stellen **Dienstleistungen** (wie „Haare schneiden", „Bus fahren") und **Konsumgüter** (Jeans, Schmuck) bereit; außerdem **Produktionsgüter** (Blech, PVC, Schaltkreise), die weiterverarbeitet werden, sowie **Investitionsgüter** (Maschinen, Fabrikhallen), die eine notwendige Voraussetzung für jede Produktion darstellen. Die Summe aller dieser Güter und Dienstleistungen, die die Wirtschaft eines Landes in einem Jahr bereitstellt, wird Bruttoinlandsprodukt genannt.

Zur Herstellung der Güter und Dienstleistungen werden **Produktionsfaktoren** eingesetzt:
– Boden (Ackerland, Bauland, Bodenschätze)
– Arbeit (Arbeitskraft, Wissen, Kreativität)
– Kapital (Investition, z. B. Werkzeug, Fertigungshallen, Transportmittel)

Qualität und günstige Kombination dieser Produktionsfaktoren entscheiden über den wirtschaftlichen Erfolg eines Unternehmens sowie über den Wohlstand eines Landes. Für den Betrieb, den Arbeitnehmer und den Konsumenten gibt es eine Richtschnur des Verhaltens, das **ökonomische Prinzip:** Jeder versucht, mit den vorhandenen Mitteln den größtmöglichen Erfolg zu erzielen **(Maximalprinzip).** Jeder versucht, ein bestimmtes wirtschaftliches Ziel mit geringstmöglichem Mitteleinsatz zu erreichen **(Minimalprinzip)**.

Die Produktion wird in drei **Wirtschaftssektoren** untergliedert:
1. Primärer Sektor: Land- und Forstwirtschaft
2. Sekundärer Sektor: Produzierendes Gewerbe
3. Tertiärer Sektor: Handel und Dienstleistungen.

Diese Sektoren gliedern sich wieder in Branchen, z. B. Weinbau, Textilindustrie, Versicherungsgewerbe, in denen Formen der **Arbeitsteilung** wirksam werden.

Unter **innerbetrieblicher Arbeitsteilung** versteht man die Zerlegung einer Aufgabe in Teilaufgaben und ihre Zuweisung an einzelne Mitarbeiter oder Abteilungen eines Betriebes.

Überbetriebliche Arbeitsteilung bedeutet, dass sich jeder Betrieb auf die Erstellung bestimmter Güter oder das Erbringen bestimmter Dienstleistungen spezialisiert. **Internationale Arbeitsteilung** geht davon aus, dass jede Volkswirtschaft die Güter erzeugen soll, die sie kostengünstiger als andere erzeugen kann (z. B. Baumwollproduktion, Spinnerei, Textilverarbeitung, Textildruck).

M 1 Arbeitsteilung gemäß ökonomischem Prinzip

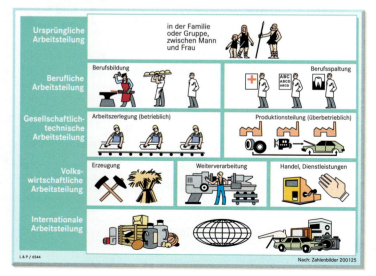

M2 Output: Das Bruttoinlandsprodukt

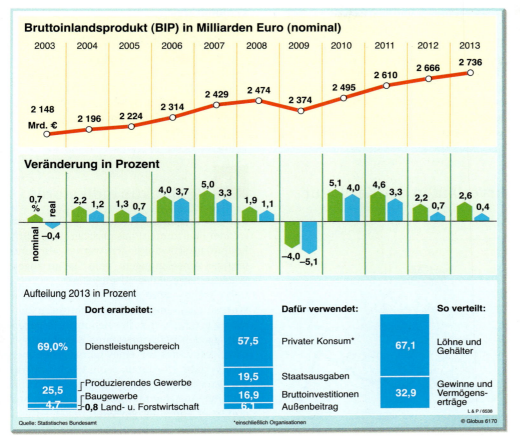

GLOSSAR

Sozialprodukt
Produktionsmittel

Entscheidend für das Ergebnis einer Volkswirtschaft sind neben der Qualität der Arbeitskräfte und der politischen Stabilität vor allem Art und Umfang der Investitionen in Produktionsmittel und Infrastruktur. Der wirtschaftliche Erfolg zeigt sich auf unterschiedlichen Feldern:

- volkswirtschaftlich: als steigendes Bruttoinlandsprodukt
- betrieblich: als Gewinn
- im Privathaushalt: als steigendes Einkommen.

Bruttoinlandsprodukt
Gesamtwert aller Waren und Dienstleistungen, die innerhalb eines Jahres in einer Volkswirtschaft hergestellt wurden; das BIP erfasst dabei sowohl die Leistungen inländischer wie ausländischer Staatsbürger.

1 Nennt Produktions- und Investitionsgüter, die nötig waren, um ein Konsumgut aus eurem Privatbesitz (z. B. Smartphone) herzustellen.
2 Wendet das „ökonomische Prinzip" auf einen eurer letzten Einkäufe an. Gab es noch ganz andere Motive für eure Entscheidung (Infotext, M 1)?
3 Ordnet die Herstellung eines Baumwoll-T-Shirts den Formen der Arbeitsteilung in M 1 zu.
4 Fragt Eltern oder Bekannte, inwieweit ihre Arbeit arbeitsteilig organisiert ist.
5 Die Bedeutung der Wirtschaftssektoren ist unterschiedlich hoch. Vergleicht die Sektoren miteinander (M 2). Errechnet, wie viele Güter und Dienstleistungen (in Euro) wieder investiert wurden. Nennt Beispiele für Investitionen.
6 Erläutert, inwiefern es sinnvoll ist, die gesellschaftliche Produktion von Waren und Dienstleistungen in einem Input-Output-Modell darzustellen.

8. Die Konjunktur – ein ewiges Auf und Ab?

Die Leistung der Volkswirtschaft wächst seit Jahrzehnten, aber sie wächst nicht stetig. Jahren, in denen das Wachstum sich beschleunigt, folgen solche, in denen es stagniert oder gar rückläufig ist. Dieses Auf und Ab der Wirtschaftsentwicklung nennt man **Konjunktur**. Man kann die Konjunkturschwankungen mit Wellenbewegungen vergleichen. Jede Welle ergibt einen **Konjunkturzyklus**. Der Begriff des Zyklus ist allerdings irreführend, da er die Vorstellung nahelegt, Konjunkturschwankungen folgten einem regelmäßigen und vorhersehbaren Muster. Dies trifft nur sehr eingeschränkt zu: Der genaue zeitliche Rahmen und das Ausmaß der Konjunkturschwankungen sind kaum exakt zu prognostizieren.

GLOSSAR
Konjunktur

M1 Konjunkturverlauf in der Karikatur

„Das ist die Talsohle, ab jetzt geht's aufwärts!"

M2 Idealtypischer Konjunkturverlauf

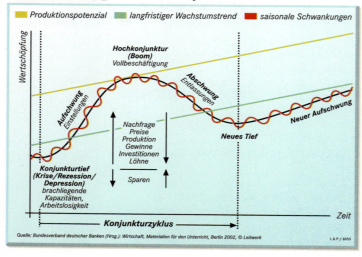

M3 Konjunkturindikatoren

Um den Konjunkturverlauf abzubilden, verwendet man zumeist das preisbereinigte BIP. Konjunkturschwankungen werden als kurzfristige Abweichungen vom langfristigen Wachstumstrend des BIP aufgefasst.
Der Trend wird aus den jährlichen Wachstumsraten des BIP eines längeren Zeitraums ermittelt, die Abweichungen ergeben sich aus den Wachstumsraten der einzelnen Jahre. Wenn das BIP eines Jahres gegenüber dem Vorjahr schrumpft, seine Wachstumsraten also negativ sind, liegt eine Rezession vor. Fällt der Aufschwung besonders kräftig aus und ist er von einer gewissen Dauer, spricht man von einer Hochkonjunktur (Boom).
Auch andere wirtschaftliche Größen schwanken zyklisch. Läuft eine Größe der Konjunktur voraus, spricht man von Frühindikatoren (Aktienkurse, Investitionsgüternachfrage), folgt sie verzögert (Preise, Löhne), handelt es sich um Spätindikatoren.
Ein wichtiger Konjunkturindikator ist der Auslastungsgrad des Produktionspotenzials. Dazu wird anhand der vorhandenen Produktionskapazitäten (Maschinenbestand usw.) das maximal produzierbare BIP ermittelt und untersucht, inwieweit die tatsächliche Produktion von diesem theoretisch möglichen Maximum abweicht.
Von Bedeutung ist auch die Normalauslastung des Produktionspotenzials. Sie liegt bei 93,5 Prozent.

Autorentext

M4 Wirtschaftswachstum und Konjunktur in Deutschland

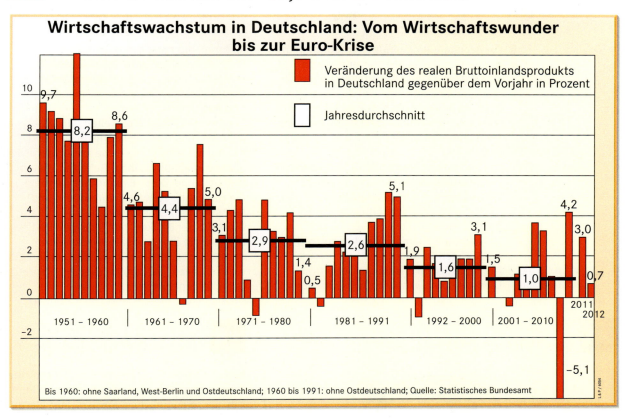

M5 Warum gibt es Konjunkturschwankungen?

Für Konjunkturschwankungen gibt es zahlreiche Erklärungen: Exogene Theorien verweisen auf außerhalb der Wirtschaft liegende Faktoren, z. B. Kriege, Naturkatastrophen, politische Veränderungen sowie psychologische Gründe, z. B. optimistische oder pessimistische Zukunftserwartungen. Endogene Theorien machen ökonomische Wirkungszusammenhänge für die Konjunkturschwankungen verantwortlich. Entweder wird wegen mangelnder Kaufkraft zu wenig konsumiert, oder es werden Überkapazitäten und damit Arbeitsplätze abgebaut. Auch kann die Erhöhung bzw. die Einschränkung der Geldmenge durch die Europäische Zentralbank einen Auf- bzw. Abschwung einleiten.

Themenblätter f. d. Unterricht Nr. 86, bpb, 2010

exogen
etwas entsteht aus äußeren Ursachen oder wirkt aus dem Äußeren eines Systems heraus nach innen oder außen

endogen
bedeutet, dass etwas aus inneren Ursachen entsteht oder aus dem Inneren eines Systems heraus nach innen oder außen wirkt

1. Interpretiert die Karikatur M 1. Berücksichtigt dabei auch den Infotext.
2. Beschreibt den idealtypischen Konjunkturverlauf (M 2, M 3).
3. Erklärt die Auffälligkeiten der Wirtschaftsentwicklung seit 1950 (M 4).
4. Vergleicht die Darstellungen der Konjunkturentwicklung (M 2, S. 103 und M 2, M 4 auf dieser Seite). Gebt eine mathematische Begründung für den unterschiedlichen Eindruck.
5. „Konjunkturschwankungen sind nicht auf eine einzige Ursache zurückzuführen." – Begründet diese Aussage mithilfe von M 5.

◂◂ Methode: Karikaturenanalyse, S. 70

9. Der Wirtschaftskreislauf: Was sind die Chancen und Grenzen des Arbeitens mit Modellen?

! Die Arbeitsteilung nimmt in modernen Industriegesellschaften immer mehr zu und damit wird das Wirtschaftsgeschehen immer unübersichtlicher. Um die Dynamik darzustellen und die Komplexität zu reduzieren, haben Volkswirte den **Wirtschaftskreislauf als Modell** entwickelt. Er umfasst vereinfacht
- die Orte der Produktion aller Güter und Dienstleistungen (Unternehmungen),
- die Orte des Verbrauchs der Güter und der Herkunft der Produktionsfaktoren (Haushalte).

Im Kreislaufschema kommt es zu zwei gegenläufigen Strömen:
Der reale Strom erfasst die Güter und Dienstleistungen sowie die Produktionsfaktoren, die zwischen Haushalten und Unternehmungen getauscht werden. Dafür entsteht im Gegenzug ein **monetärer Strom** (Geldstrom), der Geldeinkommen und Ausgaben darstellt.

Die privaten Haushalte stellen den Unternehmen ihre Arbeitsleistung, Boden und Kapital zur Verfügung, diese zahlen dafür als Gegenleistung Löhne, Gehälter, Mieten und Gewinne. Diese Einkommen können die Haushalte zum Kauf von Gütern und Dienstleistungen verwenden.

Die Rolle der Banken, des Staates und die Ströme, die die nationale Wirtschaft mit dem Ausland verbinden, wurden vorläufig nicht einbezogen, können jedoch entsprechend ergänzt werden.

WEBCODE SDL-11593-401

M1 Der Wirtschaftskreislauf

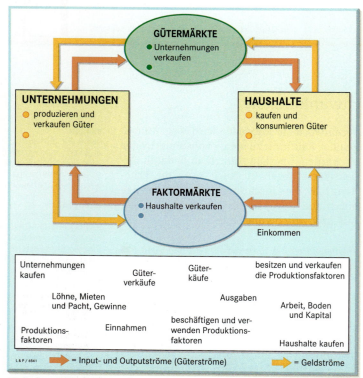

Einfacher Wirtschaftskreislauf

M2 Ökonomische Modelle

Biologielehrer im Gymnasium lehren die Grundlagen der Anatomie mit Nachbildungen des menschlichen Körpers aus Plastik. Das Modell ermöglicht es dem Lehrer, auf einfache Weise zu zeigen, wie die wichtigsten Körperteile zusammenpassen. [...] Derartige Modelle [...] lassen viele Details weg. Trotz dieser Realitätsferne [...] ist das Studium des Modells nützlich, um zu lernen, wie der menschliche Körper funktioniert.
Auch Ökonomen gebrauchen Modelle, um etwas über die Welt zu lernen. Aber statt Plastik werden bei der Modellierung Diagramme und Gleichungen verwendet. [...] Alle diese Modelle [sind] mit Annahmen konstruiert. Auch Ökonomen schließen viele Details, die für die Untersuchung einer bestimmten Frage irrelevant sind, mithilfe von Annahmen aus. Alle Modelle [...] simplifizieren die Realität, um unser Verständnis von der Wirklichkeit zu verbessern.

Nach: N. Gregory Mankiw/Mark P. Taylor: Grundzüge der Volkswirtschaftslehre, Stuttgart 2012, S. 26

Der Wirtschaftskreislauf: Was sind die Chancen und Grenzen des Arbeitens mit Modellen?

M 3 Funktion des Geldes

- Geld ist **gesetzliches Zahlungsmittel**, das von allen staatlichen und privaten Stellen zur Ablösung von Schulden oder zur Zahlung von Steuern angenommen werden muss.
- Geld ist **Tauschmittel**. Bevor es Geld gab, war nur ein direkter Tausch von Waren gegen Waren möglich. Da die Wünsche von Anbieter und Nachfrager selten zusammenpassten, war ein umfangreicher Gütertausch nicht möglich. Geld ermöglicht eine zeitliche und räumliche Zerlegung des Tauschvorgangs: „Ware 1 gegen Geld", (später an anderem Ort): „Geld gegen Ware 2".
- Geld ist eine **Recheneinheit** (Wertmaßstab). Ohne Geld wäre es nicht möglich, den Wert der vielen unterschiedlichen Güter und Dienstleistungen miteinander zu vergleichen. Dies ist die Voraussetzung für einen umfangreichen Gütertausch.
- Geld ist **Wertaufbewahrungsmittel**. Mithilfe des Geldes können Tauscherlöse und andere Werte (z. B. Lohn für Arbeit) gespart und ihr Gebrauch zeitlich hinausgeschoben werden. Ein stabiler Geldwert ist Voraussetzung für die Geldvermögensbildung.

M 4 Geldarten und Geldmenge im Euro-Raum

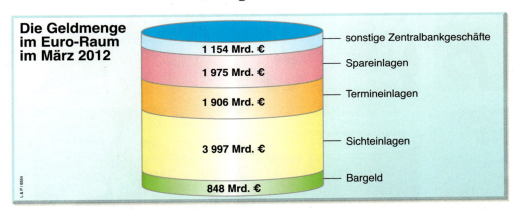

1. Fügt in das Kreislaufmodell M1 alle darunterstehenden Begriffe ein und begründet eure Zuordnung.
2. Der Text M 3 auf S. 97 beschreibt die Schwierigkeiten bei der Versorgung einer Millionenstadt. Benutzt das Kreislaufmodell (M 1), um dieses Geflecht zu ordnen. Falls nötig, nehmt Erweiterungen des Modells vor.
3. Erweitert den Wirtschaftskreislauf (M 1) um die Banken und fügt ein Fallbeispiel eines Gütererwerbs auf Kredit ein.
4. Prüft, inwiefern das Modell M 1 wirtschaftliche Sachverhalte stark vereinfacht oder sogar völlig ignoriert (M 2). Prüft auch das Input-Output-Modell auf S. 102 auf solche Vereinfachungen hin.
5. Diskutiert die Behauptung des Autors von M 2, dass Modelle helfen, unser Verständnis der Wirklichkeit zu verbessern.
6. Sucht Redewendungen, Sprichwörter, Lieder, in denen Geld eine Rolle spielt. Versucht die Namen (alter Münzen) mit einem Lexikon zu klären.
7. Projekt: Recherchiert Aufgaben und Instrumente der EZB (M 4).

◀◀ Die Produktion unserer Güter: Input, Produktion und Output?, S. 102 f.

▶▶ Wie soll die Finanzkrise in der Währungsunion bekämpft werden?, S. 210 f.

10. Wer lenkt Produktion, Verteilung und Konsum?

M1 Hinkelsteinschwemme – der Markt regelt alles ...

© 1998 – Les Éditions Albert René/Goscinny/Uderzo

Wer lenkt Produktion, Verteilung und Konsum? **109**

M2 Markt-Preis-System

Das Marktgeschehen soll an einem vereinfachten Beispiel verdeutlicht werden: Ein Schokoladenhersteller lässt von einem Marktforschungsunternehmen untersuchen, wie sich seine Schokolade verkauft. Dabei soll herausgefunden werden, wie die Verbraucher ihre Nachfrage und die Lebensmittelhändler ihre Bestellung bzw. ihr Angebot in den Läden bei unterschiedlichen Preisen für die gleiche Vollmilchschokolade verändern. Die Marktforscher kommen zu folgendem Ergebnis:

Preis je Tafel	nachgefragte Menge	angebotene Menge
0,80 €	280 Stück	360 Stück
0,70 €	300 Stück	340 Stück
0,60 €	320 Stück	320 Stück
0,50 €	340 Stück	300 Stück
0,40 €	360 Stück	280 Stück
0,30 €	380 Stück	260 Stück

Durch Verbindung der Preis-Mengen-Punkte erhält man einerseits die Nachfragekurve (N) der Konsumenten und andererseits die Angebotskurve (A) der Unternehmen. Nur im Schnittpunkt G beider Kurven stimmen nachgefragte und angebotene Menge überein. In unserem Beispiel kommt es nur bei dem Preis von 0,60 € zu einem Ausgleich von Angebot und Nachfrage. Einen solchen Preis nennt man Gleichgewichtspreis; die entsprechende Menge heißt Gleichgewichtsmenge. Auf einem Markt lassen sich folgende Gesetzmäßigkeiten feststellen:

- Mit steigendem Preis nimmt das Angebot zu, mit sinkendem Preis nimmt es ab („Gesetz des Angebots").
- Mit steigendem Preis nimmt die Nachfrage ab, mit sinkendem Preis nimmt sie zu („Gesetz der Nachfrage").
- Auf einem funktionierenden Markt bildet sich immer ein „Gleichgewichtspreis".

Auf langfristige Veränderungen der Nachfrage oder des Angebotes reagiert der Markt ähnlich wie im Falle „Hinkelsteinschwemme". Auslöser für eine solche Marktentwicklung können sein:

- Technische Neuentwicklungen (3D-Drucker, Tablet-PC),
- Modeentwicklungen (Kleidung, Musik),
- Veränderte Einstellungen (Bionahrung),
- Gesetzesänderungen (Glühbirnenverbot).

Funktionen des Markt-Preis-Systems

Der Preis kann auf dem Markt verschiedene Funktionen erfüllen:
- Der Preis gleicht Angebot und Nachfrage aus: **Ausgleichsfunktion**.
- Der Preis lenkt das Angebot (die Produktion) auf die Märkte mit der größten Nachfrage: **Lenkungsfunktion**.
- Der Preis signalisiert, ob ein Gut besonders knapp (hoher Preis) oder besonders reichlich (niedriger Preis) vorhanden ist: **Signalfunktion**.
- Der Preis „erzieht" Produzenten und Konsumenten dazu, jeweils die wirtschaftlichste Entscheidung zu treffen: **Erziehungsfunktion**.
- Der Markt lässt nur zukunftsfähige Betriebe überleben (**Auslesefunktion**).

Diese Leistung des Preismechanismus in der Marktwirtschaft hat der Nationalökonom Adam Smith (1723–1790) mit dem Wirken einer „unsichtbaren Hand" verglichen.

Autorentext

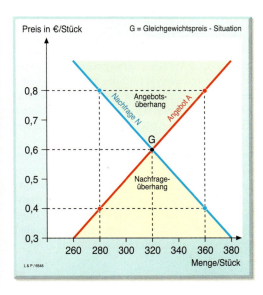

GLOSSAR

Marktwirtschaft

WEBCODE
SDL-11593-402

M3 Virtueller Marktplatz

eBay-Auktionen
Rechtlich ist eBay kein Auktionshaus, sondern Vermittler von Verkäufen, die in einem auktionsartigen Bieterverfahren zustande kommen („Verkauf zum Höchstpreis")

Mehr als 80 Millionen Kunden in zahlreichen Ländern nutzen inzwischen die 1995 als „virtueller Flohmarkt" gegründete Plattform eBay, um online Waren zu verkaufen oder zu
5 kaufen. Mehr als 50 Millionen Artikel sollen durchschnittlich im Angebot sein. Der von eBay erzielte Jahresumsatz stieg innerhalb von zehn Jahren von 748 Mio. auf 11,65 Mrd. US-$, der Gewinn von 116 Mio. auf 3,3 Mrd. US-$. Das eBay-Prinzip: Niedrige Startpreise 10 sollen die Bieter anlocken, und je mehr Interessenten es gibt, desto fieberhafter überbieten sie sich. Zusätzlich werden die eBay-Auktionen durch Bietagenten angeheizt, was das permanente automatische Mitbieten bis zu 15 einem vorher festgelegten Höchstpreis ermöglicht. Das Bietfieber führt bisweilen dazu, dass für vermeintliche Schnäppchen Gebote abgegeben werden, die deutlich über dem Neupreis liegen. Neuerdings gibt es Bietagen- 20 ten, die erst in den letzten Sekunden vor Ende der Bietfrist einsteigen, um preistreibendes Überbieten zu vermeiden. Neben dem traditionellen Bietverfahren setzt eBay zunehmend auch auf den „Sofort-Verkauf", d.h. auf das 25 Angebot von Neuware zum Festpreis durch gewerbliche Anbieter. Nach Ansicht von Kritikern führt die Konzentration auf gewerbliche Anbieter zu einem Rückgang der Angebotsvielfalt und der „Schnäppchen". 30

Autorentext

Ein Marktplatz im Internet

M4 Marktformen – Marktstörungen

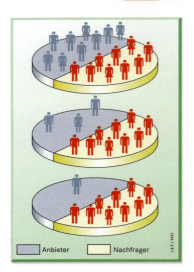

In Städten erinnern die Namen von Plätzen oft an alte Märkte. Manche dieser Plätze dienen heute noch als Wo-
5 chenmärkte. Daneben haben sich neue Märkte für spezielle Güter und Dienstleistungen entwickelt (z.B. Messen, Börsen, Flohmärkte). Man-
10 che Märkte haben gar keinen festen Ort mehr und finden z.B. in Zeitungen und im Internet statt (Arbeitsmarkt, Automarkt, Immobilien-
15 markt). Gemeinsam ist allen Märkten, dass Anbieter und Nachfrager zum Zweck des Tausches zusammentreffen.
Besonders wichtig sind internationale Märkte
20 für Rohstoffe und Kapital. Diese Märkte finden fast ausschließlich elektronisch statt, auch wenn noch immer alte Marktstandorte genannt werden, z.B. die „Frankfurter Börse" oder die „Wall Street".
Ideal ist ein Markt mit sehr vielen Nach- 25 fragern und Anbietern (**Polypole**), die miteinander konkurrieren und die als einzelne nur begrenzten Einfluss auf den Marktpreis haben. D.h., der Preis wird vom Markt bestimmt und die Anbieter und Konsumenten müssen 30 ihn so übernehmen.
Im Gegensatz dazu stehen Märkte mit nur wenigen Anbietern oder Nachfragern. Bei denen kann die eine Seite dank der Verhandlungsmacht den Preis beeinflussen. Solche **Oligo-** 35 **pole** (wenige Anbieter oder Nachfrager) oder gar **Monopole** (ein Anbieter oder Nachfrager) stören das Funktionieren der Märkte.

Autorentext

M 5 Freier Wettbewerb

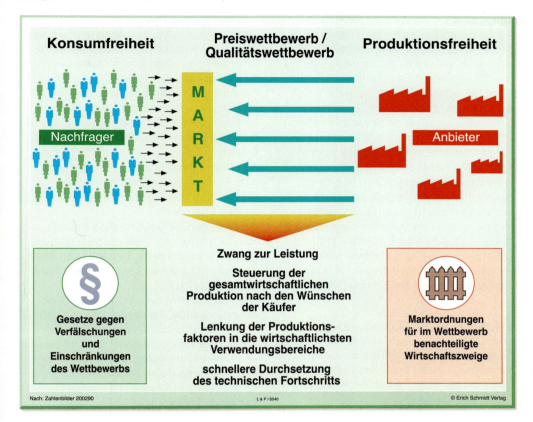

>> Der Staat in der Wirtschaft, S. 114 ff.

1. Gliedert die Bildergeschichte (M 1) in „Phasen der Marktentwicklung". Bewertet getrennt das Verhalten von Anbietern und Nachfragern. Formuliert eine Empfehlung an die Hersteller, wie sie den Marktzusammenbruch hätten verhindern können (M 2).
2. Ermittelt anhand der Grafik in M 2, bei welchem Preis die meiste Ware umgesetzt wird.
   a) Stellt fest, wie viel Ware bei einem Preis von 0,50 € und bei einem Preis von 0,80 € verkauft wird.
   b) Angenommen, die Werbung für gesundheitsbewusste Ernährung hätte durchschlagenden Erfolg; es würde erkennbar weniger Schokolade konsumiert. Zeichnet eine Nachfragekurve, die diesem Konsumverhalten Rechnung trägt.
3. Der Schädlingsbefall in einer Kakaoplantage hat zu einer drastischen Verknappung des Kakaoangebots geführt. Mit welcher Veränderung der Angebotskurve ist zu rechnen?
4. Erkundet mithilfe des Internets, wie Kauf und Verkauf bei eBay funktionieren. Klärt dabei auch, was ein „Bietagent" und ein „Treuhandservice" leisten und welchem Zweck sie dienen.
5. Die Grafik in M 4 stellt drei unterschiedliche Marktformen dar. Ordnet „Benzin", „Brötchen", „Mobiltelefon" den „Marktformen" zu. Verändert die dritte Marktform so, dass sie auf den Markt von „Autobahnschildern" zutrifft.
6. Diskutiert, bei welchen Gütern oder Dienstleistungen möglicherweise die Marktmechanismen nicht greifen.

<< Methode: Richtiges Suchen im Internet, S. 19

11. Arbeitnehmer und Arbeitgeber – Sozialpartner?

Tarifverträge können nur zwischen den entsprechenden Parteien geschlossen werden; aufseiten der Arbeitnehmer z. B. von den Gewerkschaften, aufseiten der Arbeitgeber z. B. von einzelnen Arbeitgebern oder ihren Verbänden oder Handwerksinnungen

GLOSSAR
Kapitalismus
Mitbestimmung

Arbeitgeber und Arbeitnehmer vertreten die Produktionsfaktoren Kapital und Arbeit. Sie wirken im Betrieb zusammen, haben aber gleichwohl unterschiedliche Interessen. Der Arbeitgeber ist daran interessiert, alle Produktionsfaktoren, also auch die Arbeit (Lohn, Arbeitsbedingungen), günstig zu beschaffen, um Gewinn zu erwirtschaften. Der Arbeitnehmer will hingegen seine Arbeit möglichst gut bezahlt bekommen und die Arbeitsbelastung niedrig halten. In Deutschland setzte sich zu Beginn des 20. Jahrhunderts eine Ordnung durch, in der Arbeiter das Recht erhielten, sich gegen die Macht der Arbeitgeber zu organisieren. Das Grundgesetz weist in Artikel 9 (3) Arbeitgebern und Arbeitnehmern eine verantwortungsvolle Rolle zu. Sie schließen ohne Einmischung des Staates (Tarifautonomie) Tarifverträge, die die Arbeitsbedingungen sowie die Löhne und Gehälter regeln. Die entscheidende Organisationsform der Arbeitnehmer sind dabei die **Gewerkschaften**.
Sie vertreten die Ansprüche der Arbeitnehmer, für bessere Lohn- und Arbeitsbedingungen. Auch sichern sie die Mitbestimmungsrechte der Arbeiter in ihrem Betrieb.
Das wirksamste Mittel zur Durchsetzung ihrer Forderungen ist der Streik – die Arbeitsniederlegung in Betrieben oder ganzen Branchen.
Dabei sorgen die Gewerkschaften dafür, dass sich möglichst viele am Streik beteiligen. Sie ersetzen den Arbeitnehmern einen Teil des entgangenen Lohns aus der Streikkasse.
Eine Gegenmacht dazu bilden die **Arbeitgeberverbände**, die bei Konflikten mit den Gewerkschaften die Verhandlungsführer stellen. Die Verhandlungen über Entlohnung und Arbeitsbedingungen (sog. **Tarifverhandlungen**) erfolgen nach bestimmten Spielregeln. Ihre Ergebnisse werden in **Tarifverträgen** verbindlich festgelegt.

> **Tarifautonomie im Grundgesetz (Koalitionsfreiheit) Artikel 9 (3):**
> Das Recht, zur Wahrung und Förderung der Arbeits- und Wirtschaftsbedingungen Vereinigungen zu bilden, ist für jedermann und für alle Berufe gewährleistet. Abreden, die dieses Recht einschränken oder zu behindern suchen, sind nichtig, hierauf gerichtete Maßnahmen sind rechtswidrig. [...]

Zeichnung: Thomas Plaßmann

Arbeitnehmer und Arbeitgeber – Sozialpartner? 113

M2 Die Forderungen liegen auf dem Tisch

Einigung! – Dritte Verhandlung bringt Ergebnis für die Beschäftigten.
Beide Parteien sind nach der langen Nacht zufrieden.

IG Metall beschließt Warnstreiks

Zeichnung: Wolfgang Horsch

M3 Tarifauseinandersetzungen

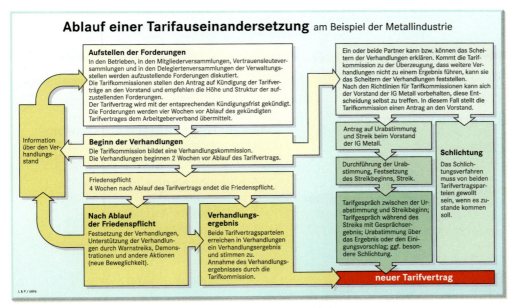

GLOSSAR

Betriebsrat
Gewerkschaften
Tarifautonomie
Tarifvertrag

◂◂ Methode: Karikaturenanalyse, S. 70

1. Interpretiert die Karikatur (M 1) und diskutiert die Zitate „Arbeit muss sich lohnen" und „Investition vor Lohnsteigerung".
2. Spielt die Auseinandersetzung in einem Rollenspiel. Dazu teilt ihr die Klasse in eine Gruppe „Gewerkschaft" und eine Gruppe „Arbeitnehmer". Die Forderung der Gewerkschaft beträgt 6,5 % mehr Lohn. Der Arbeitgeber verweist auf die schlechte Konjunkturprognose. Wählt zwei Vertreter eurer Interessenverbände. Erarbeitet eine Strategie und einigt euch auf ein begründetes Ergebnis (M 2, M 3).
3. Arbeitgeber und Arbeitnehmer werden häufig als „Sozialpartner" bezeichnet. Klärt diesen Begriff und diskutiert, ob er das Verhältnis von Arbeitgeber und Arbeitnehmer zutreffend erfasst.

12. Der Staat in der Wirtschaft

In Deutschland sind die hoheitlichen Befugnisse nicht an einer Stelle konzentriert, sondern auf verschiedene, abgestufte Ebenen (Bund, Länder, Gemeinden) verteilt.

◂◂ **Die Gemeinde muss haushalten, S. 24f.**

Der Staat, auch „öffentlicher Sektor" oder „öffentliche Haushalte" genannt, ist einerseits ein Teil der Volkswirtschaft. Er erhebt als Träger der Finanzhoheit z. B. Steuern von den privaten Haushalten und Unternehmen. Dafür stellt er öffentliche Güter zur Verfügung: Bildungsleistungen in Schulen und Universitäten, Sicherheitsleistungen durch Polizei und Militär, Rechtsprechung durch Gerichte, das Straßenverkehrsnetz zur Sicherung der Mobilität u. a. Jedes Gesellschaftsmitglied kann diese Güter nutzen, entweder kostenlos oder nach Bezahlung einer Gebühr, die in der Regel keinen echten Marktpreis darstellt. Darüber hinaus hat der Staat zusätzlich hoheitliche Befugnisse, d. h., er darf verbindliche Regeln (Gesetze, Verordnungen) festsetzen, wenn es dem Interesse aller in einem Gemeinwesen dient. Die Summe aller dieser Eingriffe lässt sich unter dem Begriff **Wirtschaftspolitik** zusammenfassen.

M 1 Schlagzeilen

Kollapsgefahr in der Stromversorgung
Frankfurter Allgemeine Zeitung vom 17. Februar 2012, S. 9

Finanzbranche verkraftet Schuldenschnitt für Griechenland
Financial Times Deutschland vom 22. Februar 2012, S. 13

Benzin treibt die Teuerung
Frankfurter Allgemeine Zeitung vom 17. Februar 2012, S. 12

Der Staat soll helfen – Politiker für Zuschuss zu privater Pflegevorsorge
Süddeutsche Zeitung vom 22. Februar 2012, S. 7

Flughafenstreik dauert bis Freitagnacht
Süddeutsche Zeitung vom 22. Februar 2012, S. 1

Weniger Fördermittel für Solarstrom
Grafschafter Nachrichten vom 24. Februar 2012, S. 1

Arbeitsvermittlung mit weniger Geld – Bund gewährt weniger Eingliederungshilfen
Grafschafter Nachrichten vom 24. Februar 2012, S. 15

Steuereinnahmen im Januar gesunken
Grafschafter Nachrichten vom 24. Februar 2012, S. 7

M 2 Die Wettbewerbspolitik

Damit der Markt seine Funktionen erfüllt, bedarf es folgender Voraussetzungen:
- umfassender Information aller Käufer und Verkäufer (Markttransparenz);
- einer großen Zahl von Anbietern und Nachfragern, die sich ohne Absprachen ökonomisch verhalten.

Das „freie Spiel der Kräfte" kann durch das Verhalten der Anbieter empfindlich gestört werden. Unfaire Werbung und Preisabsprachen hinter verschlossenen Türen sind bewusste Verstöße gegen die Grundsätze des Marktes, deren Ziel es ist, die Konkurrenz auszuschalten.

Aber auch andere Entwicklungen können die erwünschte Wirkung des Marktes stören: So können auch Unternehmenszusammenschlüsse (Fusionen) die Konkurrenz auf einem Teilmarkt so verringern, dass jeder Preis- und Qualitätswettbewerb zu Lasten des Verbrauchers ausgeschaltet wird.

Der Staat stellt deshalb Marktregeln (Wettbewerbsgesetze) auf:
- Gesetz gegen unlauteren Wettbewerb (z. B. Werbung)
- Warenzeichengesetz (Schutz gegen Imitate Wz, ®, ©)
- Preisauszeichnungspflicht
- Gesetz gegen Wettbewerbsbeschränkungen (Kartellgesetz; Kontrolle von Unternehmenszusammenschlüssen)

Autorentext

M 3 Grundzüge der Sozialen Marktwirtschaft

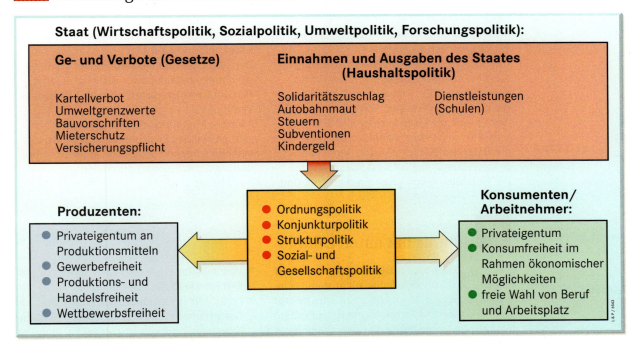

Ordnungspolitik: soll die Funktionsfähigkeit der marktwirtschaftlichen Ordnung sichern, insbesondere den freien Wettbewerb gewährleisten (M5, S. 110 f.).
Konjunkturpolitik: soll die Ausschläge im ständigen Auf und Ab der Wirtschaftsentwicklung verringern, um größeren Krisen vorzubeugen (Kapitel 8, S. 104 f.).
Strukturpolitik: verfolgt drei Ziele: Erhaltung wichtiger Branchen; Hilfe zur Anpassung an den Strukturwandel; Förderung der Zukunftsfähigkeit der Volkswirtschaft.
Sozial- und Gesellschaftspolitik: betrifft die soziale Sicherung der Bürger, den sozialen Ausgleich zwischen ihnen und den Schutz der sozial Schwächeren (S. 116–119).

Autorentext

GLOSSAR
Konjunkturpolitik
Strukturpolitik
Strukturwandel
Wirtschaftsordnung

1 Diskutiert die Beispiele in M 1 und sucht aktuelle Gesetze, politische Entscheidungen oder Entscheidungen von Unternehmen, an denen Verstöße gegen die Wettbewerbsordnung sichtbar werden. Diskutiert mögliche Folgen.
2 Diskutiert die Forderung nach mehr Wettbewerb, z. B. in den Bereichen Energie, Telekommunikation oder Software (M 2).
3 Recherchiert, inwiefern die EU in die Wettbewerbspolitik der Bundesrepublik eingreift.

▶▶ **Die EU im Alltag,** S. 200 f.

116 WIRTSCHAFT VERSTEHEN

13. Wie entfaltet sich der Sozialstaat in der Marktwirtschaft?

! Eine marktwirtschaftliche Ordnung beruht grundsätzlich auf dem eigenständigen, aber auch eigenverantwortlichen Handeln von Produzenten und Verbrauchern, auf Wettbewerb und freier Preisbildung. Zahlreiche Bereiche und Entwicklungen entziehen sich jedoch der marktwirtschaftlichen Selbststeuerung oder sie überfordern den Einzelnen, wie der Fall Dennis zeigt (M 1).

Der Staat unterstützt hilfsbedürftige Bürger, etwa in Form von Sozialhilfe, indem er die Verteilung von Einkommen und Vermögen, die sich am Markt ergibt, korrigiert.

Auch wenn grundsätzlich der Einzelne selbst für sein Leben verantwortlich ist, greift der Sozialstaat in vielen Bereichen unterstützend ein (Subsidiaritätsprinzip): Die Herstellung von Chancengleichheit und die Absicherung gegen individuelle Notlagen sind Hauptaufgaben des Sozialstaates. Seine Verwirklichung ist auf Bund, Länder, Gemeinden und gesetzliche Sozialversicherungen verteilt. Soziale Grundsicherung und Jugendhilfe teilen sich beispielsweise Staat und Kommunen. Der Staat legt eine gesetzliche Versicherungspflicht für Krankheit und Alter fest.

Der Staat stellt zur Herstellung der Chancengleichheit kostenlos oder verbilligt Räume, Personal und Transportmittel für Schüler zur Verfügung.

All diese Aufgaben verschlingen einen großen Teil des Bruttoinlandsprodukts. Manche sprechen schon von einer Überforderung der Wirtschaft durch den Sozialstaat.

GLOSSAR

Sozialstaat
Subsidaritätsprinzip

M 1 Dennis hat einen Unfall

Wie es genau passiert ist, daran kann Dennis Meyer, 18 Jahre, sich heute nicht mehr erinnern. An jenem Montagmorgen musste auf der Baustelle alles schnell gehen. Außerdem
5 war er nicht ganz fit: Am Sonntagabend hatte er noch mit Freunden den Sieg ihrer Fußballmannschaft mit ein paar Bier gefeiert. Er erinnert sich noch, dass er in ca. sieben Meter Höhe einen Seitenschutz an einem Gerüst an-
10 bringen wollte. Danach setzt seine Erinnerung aus. Erst im Krankenhaus ist er wieder aufgewacht. Er muss das Gleichgewicht verloren haben und von der Plattform gestürzt sein.
15 „Glück im Unglück!", sagen die Arbeitskollegen, die ihn im Krankenhaus besuchen. Aber das ist für Dennis kein Trost, denn er hat neben einer schweren Gehirnerschütterung Knochenbrüche davongetragen, die mehrere
20 Operationen erforderlich machen werden. Wochen wird er im Krankenhaus verbringen müssen. Aber noch mehr belastet ihn, wie es mit ihm weitergehen wird:

- Wer bezahlt eigentlich die Kosten für seinen Krankenhausaufenthalt? 25
- Er ist erst im zweiten Ausbildungsjahr als Gerüstbauer und hat noch nicht viel in die Krankenversicherung eingezahlt. Kommt seine Krankenkasse trotzdem für alles auf?
- Er war – zugegeben – auch nicht so gut 30 drauf an diesem Morgen. Wird das einen Einfluss auf die Bezahlung seiner Krankenkosten haben? Trägt er Mitschuld an dem Unfall?
- Während der Arbeit hat er nicht den 35 vorgeschriebenen Helm getragen. Wird das einen Einfluss auf die Begleichung der Kosten haben?
- Muss er jetzt um seinen Ausbildungsplatz fürchten, wenn er wochenlang nicht arbei- 40 ten kann?
- Bekommt er sein Ausbildungsentgelt weiter, obwohl er längere Zeit nicht arbeitet?
- Was wird sein, wenn er in seinem Beruf, der körperlich hohe Anforderungen stellt, 45 nicht mehr arbeiten kann?

Autorentext

M2 Die Zweige der gesetzlichen Sozialversicherungen (2015)

	Wer?	Finanziert durch:	Leistungen
Rentenversicherung	Alle Arbeiter, Angestellten, bestimmte Selbstständige, z. B. Handwerker, Künstler; Beitragsbemessungsgrenze*: Monatseinkommen von 6 050 € (West); 5 200 € (Ost), Bezieher von Arbeitslosengeld (ALG) I und II; Eltern: Kindererziehungszeiten vom 1. bis 3. Lebensjahr werden angerechnet.	18,7 % des Bruttogehaltes, Arbeitgeber und -nehmer je 9,35 %; Bundeszuschuss	Renten u. a. bei Alter und verminderter Erwerbsfähigkeit
Krankenversicherung	Arbeiter und Angestellte; Beitragsbemessungsgrenze*: Jahreseinkommen bis zu 49 500 €	14,6 % des Bruttoeinkommens; je zur Hälfte Arbeitgeber und Arbeitnehmer plus kassenspezifischer Zusatzbeitrag	Behandlungskosten, Hilfsmittel, Krankengeld (70 % des Nettogehaltes), in der Regel nach der sechsten Krankheitswoche
Arbeitslosenversicherung	Arbeiter und Angestellte; Selbstständige können sich freiwillig versichern; Beitragsbemessungsgrenze*: Monatseinkommen von 6 050 € (West), 5 200 € (Ost)	3 % des Bruttoeinkommens, Arbeitsnehmer und -geber je 1,5 %; Bundeszuschuss	ALG I in der Regel zwischen 5 und 12 Monate; Höhe: für Leistungsbezieher/innen ohne Kind 60 %, mit Nachwuchs 67 % des Nettoeinkommens; berufliche Aus- und Fortbildung, Umschulung, Arbeitsvermittlung
Unfallversicherung	Alle Arbeitnehmer	Arbeitgeber, Höhe je nach Gefahrenklasse	bei Arbeitsunfällen, Unfällen auf dem direkten Weg zur Arbeit und Berufskrankheiten: Behandlungskosten, Fördermaßnahmen und Rente
Pflegeversicherung	Gesetzlich Krankenversicherte zahlen einen gesetzlich vorgeschriebenen Beitrag; Bemessungsgrenze: Jahreseinkommen bis zu 49 500 €. Privat Versicherte müssen private Pflegeversicherung abschließen.	2,35 % des Bruttoeinkommens; je zur Hälfte vom Arbeitnehmer und –geber (Ausnahme Sachsen); Kinderlose, älter als 23 Jahre, zahlen zusätzlich 0,25 %.	Je nach Pflegestufe (I–III) von 205 € bis 1 918 € für häusliche oder stationäre Pflege

*Beitragsbemessungsgrenze: Bis zu diesem Betrag werden von den Sozialversicherungen Beiträge erhoben; der darüber hinausgehende Teil des Einkommens ist beitragsfrei. Arbeitnehmer mit einem Einkommen über der Beitragsbemessungsgrenze können sich auch privat versichern.

Autorenzusammenstellung

M3 Das soziale Netz

Sozialleistungen in Deutschland 2013 in Milliarden Euro (Schätzung)

WEBCODE SDL-11593-403

M4 Das System der sozialen Sicherung in Deutschland

Leistungen nach dem ...	Versicherungsprinzip	Versorgungsprinzip	Fürsorgeprinzip
durch die ...	Sozialversicherung	Staat	Staat
erhalten ...	Mitglieder der Sozialversicherung, wenn sie Versicherungsbeiträge gezahlt haben	bestimmte Bevölkerungsgruppen, wenn sie besondere Opfer oder Leistungen für die Gemeinschaft erbracht haben	alle Bürgerinnen und Bürger, wenn sie bedürftig sind
finanziert durch ...	Versicherungsbeiträge und Staatszuschüsse	Steuermittel	Steuermittel
Beispiele ...	Arbeitslosengeld I (Äquivalenzprinzip) gesetzliche Rentenversicherung (Äquivalenzprinzip) Krankenversicherung (Solidarprinzip)	Kriegsopferversorgung Kindergeld Beamtenversorgung	Arbeitslosengeld II Sozialhilfe

> Die Würde des Menschen ist unantastbar. Sie zu achten und zu schützen ist Verpflichtung aller staatlichen Gewalt.
>
> *Art. 1 GG*

Seit dem Ende des 19. Jahrhunderts hat der Staat ein System geschaffen, das den Bürgern Schutz gegen viele Lebensrisiken bietet: das soziale Netz.
Die Grundlagen der sozialen Sicherungssysteme in Deutschland können unter verschiedenen Blickwinkeln charakterisiert werden. Da ist zum einen das *Solidaritätsprinzip*, das besagt, dass die Beiträge des Einzelnen zu den Sozialversicherungen in Abhängigkeit von seinem Einkommen berechnet werden, alle aber den gleichen Anspruch auf Leistungen haben. Wer also mehr verdient, zahlt – bis zu einer bestimmten Obergrenze, der sogenannten Beitragsbemessungsgrenze – mehr als Geringverdienende und unterstützt sie damit. Kinder und nicht berufstätige Ehepartner/innen sind beitragsfrei mitversichert. Dadurch sollen Familien gefördert werden. Dieser Grundsatz gilt z. B. für die gesetzliche Kranken- oder Pflegeversicherung. Die Solidarität hat aber ihre Grenzen: Wer über einer gewissen Einkommensgrenze liegt, kann aus diesem System ausscheren und sich privat versichern.
Andere Versicherungen basieren auf dem *Äquivalenzprinzip*. Es geht von der Gleichwertigkeit von Leistung und Gegenleistung aus. Wer z. B. mehr und länger in die Rentenversicherung einzahlt, bekommt später eine höhere Rente.

Autorentext

GLOSSAR
Solidaritätsprinzip

M5 Sozialstaat?

Zeichnung: Walter Hanel

Wie entfaltet sich der Sozialstaat in der Marktwirtschaft?

GLOSSAR

Sozialstaat

M 6 Die Zukunft des Sozialstaats

„Die Zukunft des Sozialstaates heißt sparen, sparen, sparen!"

„Und selbst dann wird die Alterung der Gesellschaft uns alles abverlangen."

„Sozialhilfe nur noch für arme Erwerbsunfähige, Arbeitslosengeld für höchstens 18 Monate – und die Rente wird zur Grundsicherung: Nur so ist die Überforderung des Wohlfahrtsstaats zu verhindern."

M 7 Die Bevölkerungsentwicklung in Deutschland

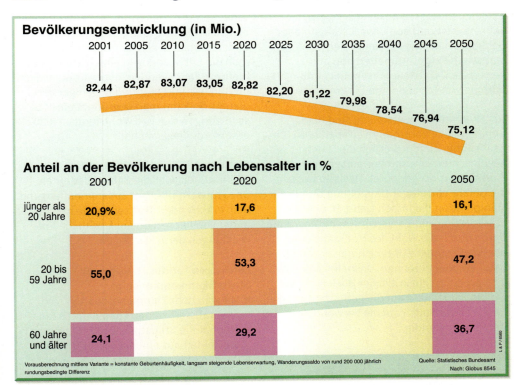

1. Macht euch mit Dennis' Schicksal und seinem Krankheitsfall genau vertraut (M 1). Könnt ihr Fragen, die Dennis sich stellt, bereits beantworten?
2. Erklärt, warum soziale Leistungen nach unterschiedlichen Prinzipien gewährt werden. Prüft dabei an Beispielen, wie das soziale Netz in Deutschland finanziert wird (M 2–M 4).
3. Interpretiert die Karikatur (M 5) unter Verwendung der Materialien M 6 und M 7. Diskutiert, welche Konsequenzen deren Aussagen für eure Zukunft hätten.

◂◂ Methode: Karikaturenanalyse, S. 70

METHODE: Analyse komplexer Statistiken (Tabellen und Diagramme)

Thema: Arbeitsmarkt im Wandel

Manche Zusammenhänge werden durch Zählen und Messen ausgedrückt, z. B. die Jahresarbeitszeit von Erwerbstätigen oder der Lohn, den eine Person bezieht. Solche statistischen (gesammelten und ausgewerteten) Daten veranschaulicht man oft mithilfe von Tabellen und Diagrammen.

Um Diagramme zu erstellen, sind häufig umfangreiche Vorarbeiten („Tabellierungen") nötig. Zudem werden die Daten in den gewünschten Zusammenhang gestellt und damit auch vor–gedeutet. Deshalb besteht die Gefahr einseitiger Darstellung bis hin zur Manipulation. So lassen sich z. B. bei der Präsentation von Zahlen in einem Diagramm schon durch die Wahl des Maßstabs oder der Bezugspunkte Unterschiede besonders betonen oder einebnen. Deshalb ist bei der Interpretation ein kritischer Blick nicht nur auf die Zahlen und auf die grafische Gestaltung, sondern auch auf die verwendeten Begriffe notwendig.

Außerdem ist zu bedenken, dass viele statistische Daten Durchschnittswerte ausdrücken. Wenn die Arbeitnehmer in Deutschland im Durchschnitt einen Jahresverdienst von X Euro erhalten, dann sagt das noch nichts über den Jahreslohn einer bestimmten Person im Jahr Y aus. Diese Person kann als Minijobber wenig Lohn beziehen, exakt den Jahresdurchschnittslohn oder eben weit höhere Jahresbezüge erhalten. Trotzdem sind Durchschnittswerte aussagekräftig. Man kann z. B. daraus schließen, welches Lohn- und Einkommensniveau in einem Staat im Vergleich zu anderen Staaten erreicht ist oder, wenn man die Entwicklung in einem Staat über mehrere Jahre vergleicht, ob die Menschen im Durchschnitt mehr oder weniger verdienen. So kann man begründet einschätzen, ob sich das Wohlstandsniveau erhöht oder gesenkt hat.

Wertet man Statistiken aus, muss man vor allem wissen, was die Zahlen bedeuten. Dazu muss man sie im Zusammenhang mit dem erklärenden Text sehen, sie miteinander vergleichen und ggf. zeitliche Entwicklungen berücksichtigen.

Leitfragen für die Analyse von Statistiken können sein:

- Mit welchem **Thema** beschäftigt sich die Statistik? Ist das Thema umstritten?
- Wer hat die Statistik erstellt? Stammen die Zahlen aus einer seriösen **Quelle**?
- Welche **grafische Form** wurde für die Präsentation der Zahlen gewählt? Welcher Eindruck wird dadurch vermittelt? Stimmen die Aussage des erklärenden Textes und Bildgestaltung überein?
- Was bedeuten die **Zahlen im Einzelnen**? Müssen Begriffe geklärt werden, um die Statistik und den Text zu verstehen?
- Was fällt beim **Vergleich** der Zahlen auf, was kann man daraus schlussfolgern?
- **Klärt** die Statistik ggf. **Strittiges**?

Analyse komplexer Statistiken (Tabellen und Diagramme) — METHODE

Tabelle

	1991	2000	2009
Deutschland			
Bevölkerung	79,98	82,18	81,85
Erwerbspersonen	40,82	42,17	43,30
Erwerbslose	2,16	3,14	3,24
a) Erwerbstätige	38,66	39,04	40,36
Selbstständige	3,52	3,92	4,42
Arbeitnehmer	35,14	35,12	35,89
b) Arbeitsstunden	59 789	57 659	55 956
Primärer Sektor: Land- und Forstwirtschaft			
a) Erwerbstätige	1,52	0,94	0,85
b) Arbeitsstunden	2 747	1 777	1 497
Sekundärer Sektor: Produzierendes Gewerbe			
a) Erwerbstätige	14,14	11,30	9,89
b) Arbeitsstunden	21 593	17 256	14 125
Tertiärer Sektor: Dienstleistungsbereich			
a) Erwerbstätige	22,97	26,90	29,64
b) Arbeitsstunden	35 450	38 625	40 366

Alle Zahlen in Mio.
Aus: Statistisches Jahrbuch 2010, S. 74, 82 ff.

Balkendiagramm

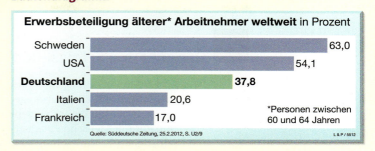

Säulendiagramm

Kreisdiagramm

Kurvendiagramm mit Tabelle

1. Überprüft das Diagramm „Löhne, Arbeitskosten und Produktivität" mithilfe der Leitfragen.
2. Bildet fünf Arbeitsgruppen und wertet die Tabelle bzw. jeweils eines der oben stehenden Diagramme aus. Orientiert euch dabei an den Leitfragen.
3. Präsentiert die Ergebnisse eurer Gruppe dann in der Klasse und diskutiert sie.
4. Gestaltet (z. B. in freiwilligen Arbeitsgruppen) einen methodisch und optisch einheitlichen Gesamtbericht zum Thema „Arbeitsmarkt im Wandel" aus euren – ggf. nachgebesserten – Gruppenberichten. Erstellt für jede(n) Schüler/-in ein Exemplar.

14. Auf welche Veränderungen in der Arbeitswelt muss ich mich einstellen?

M1 Der geheime Erfolgsfaktor

Wichtige Schlüsselqualifikationen:
- Präsentationstechniken
- Ausdrucksfähigkeit
- Zeitmanagement
- Konfliktfähigkeit
- Teamfähigkeit
- Eigeninitiative
- Führungsstärke
- Durchsetzungsfähigkeit
- Organisationsvermögen
- Belastbarkeit
- Problemlösefähigkeit
- Leistungsbereitschaft
- Ausdauer
- Sorgfalt und Gewissenhaftigkeit
- Interkulturelle Kompetenz

Eine Stadtverwaltung im Raum Frankfurt sucht eine Büroangestellte. Konfliktfähig soll sie sein und gut mit Menschen aus verschiedenen Kulturen umgehen können. Ein Unternehmen in Nordrhein-Westfalen hält Ausschau nach einem Software-Entwickler in leitender Funktion: ein durchsetzungsstarker Teamplayer mit souveränem Auftreten und Kommunikationsverhalten.

Wer Stellenanzeigen in Tageszeitungen oder im Internet studiert, merkt schnell: Es genügt heute nicht mehr, nur „vom Fach" zu sein, sprich eine Berufsausbildung oder ein Studium vorweisen zu können. Gefordert sind auch sogenannte Schlüsselqualifikationen, also fach- und positionsübergreifende Fähigkeiten wie Teamgeist, Stressresistenz oder Organisationsvermögen. Häufig wird dafür auch der Begriff Soft Skills verwendet. Er fasst die von Arbeitgebern so geschätzten „weichen" Fähigkeiten im Gegensatz zum „harten" Fachwissen zusammen.

„Früher mussten vor allem Führungskräfte team- und konfliktfähig sein und stark in der Kommunikation", sagt Dirk Werner, Bildungsexperte beim Institut der Deutschen Wirtschaft (IW) in Köln. „Heute wird das von jedem Sachbearbeiter erwartet." Schlüsselqualifikationen sind quer durch alle Branchen und Berufe gefragt. Das gilt auch für Freiberufler und Selbstständige. Je nach Aufgabe sind unterschiedliche Fähigkeiten erforderlich. [...]

So spielen zum Beispiel soziale Kompetenzen wie Team- und Konfliktfähigkeit für 40 Prozent der Unternehmen eine große Rolle [...]. Und laut einer Unternehmensumfrage des Deutschen Industrie- und Handelskammertages sind Teamfähigkeit, Selbstmanagement, Einsatzbereitschaft und Kommunikationsfähigkeit die wichtigsten Kompetenzen, die Hochschulabsolventen beim Berufseinstieg mitbringen sollten. Erst an fünfter Stelle rangiert Fachwissen.

Stiftung Warentest vom 07.11.2009; www.test.de (Zugriff am 17.7.2014)

M2 Was am Job wichtig ist

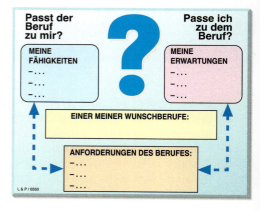

Auf welche Veränderungen in der Arbeitswelt muss ich mich einstellen? **123**

M 3 Gründe für Arbeitsunfähigkeit

Disposition
angeborene körperliche und seelische Verfassung

M 4 Warum uns Arbeit glücklich macht

Nicht alle Menschen freuen sich auf Feiertage und Wochenenden. Manche bekommen sonntags den Blues. Denn Arbeit erfüllt uns, wir identifizieren uns darüber. Doch das heißt
5 nicht, dass wir mehr arbeiten müssen. Arbeit macht glücklich. [...]
Eine amerikanische Studie zeigt, dass die Hochschulabsolventen immer mehr arbeiten. [...] Im Gegensatz zu der weit verbreiteten
10 Meinung bedeutet diese Entwicklung nicht automatisch mehr Stress. Das belegt eine Studie der Universität Stanford. Dort haben die Wissenschaftler die Stresswerte von Führungskräften untersucht. Das Ergebnis: Aus-
15 gerechnet die CEOs [*Chief Executive Officer, geschäftsführendes Vorstandsmitglied*], die 60 bis 70 Stunden die Woche schuften, wiesen den geringsten Wert des Stresshormons Cortisol auf. Auch bei Selbstständigen, die im Durchschnitt mehr Arbeit haben und weniger 20 Urlaub machen, sind psychische Erkrankungen seltener. [...]
„Arbeit ist identitätsstiftend", sagt der Arbeitspsychologe Tim Hagemann. Der Professor der Fachhochschule der Diakonie in Biele- 25 feld erklärt das an einem einfachen Beispiel: [...] Beim Kennenlernen auf einer Party wird man heute gefragt, was man denn beruflich macht.

www.handelsblatt.com/unternehmen/buero--special/zum-1-mai-warum-uns-arbeit-glueck-lich-macht/9827732.html, Zugriff am 22.7.2014

Plakat am Haus der IG Metall Bochum

1. Erarbeitet, was unter „Schlüsselqualifikationen", den sogenannten Soft Skills, verstanden wird. Entwickelt dabei Möglichkeiten, wie ihr diese „Kompetenzen" in eurem Alltag erwerben könnt (M 1).
2. Nehmt Stellung zu der Aussage, dass soziale Fähigkeiten wie Teamfähigkeit nicht erlernt werden können.
3. Diskutiert die Fragen „Welche Leistungskursfächer passen zu mir und meinem Berufswunsch?" und „Studium oder Ausbildung?" (M 2).
4. Recherchiert, warum die Berufe in der heutigen Zeit stressiger werden, und findet Möglichkeiten, dieser Entwicklung vorzubeugen (M 3).
5. Fragt Menschen aus eurem Umfeld, warum sie sich für ihren Beruf entschieden haben und was sie an diesem glücklich macht. Erfragt in diesem Zusammenhang, welche „berufsspezifischen Probleme" es gibt und wie diesen vorgebeugt wird (M 4).
6. Bewertet die Aussage: „Jeder ist seines Glückes Schmied!"

15. Anders arbeiten – Herausforderungen heute

Die Gesellschaft in Deutschland wird unter anderem als Arbeitsgesellschaft bezeichnet. Mit Arbeit ist in diesem Fall Erwerbsarbeit gemeint.

Zufriedenheit und Erfolg im Beruf haben für die Menschen in Deutschland einen hohen Stellenwert. So ist die Teilnahme am Erwerbsleben in unserer Gesellschaft maßgeblich für Ansehen, hohen Lebensstandard und für die Versorgung im Ruhestand.

In Umfragen bezeichneten junge Leute zwischen 14 und 29 Jahren neben Einsamkeit die Arbeitslosigkeit als das größte Unglück. Bei einer Arbeitslosenzahl von offiziell 2,83 Millionen Menschen im Juni 2014 haben viele schon persönlich oder in ihrer Umgebung Arbeitslosigkeit erfahren. Die Entscheidung für den „richtigen" Beruf wird daher als lebenswichtig empfunden – und manch einer schiebt sie lange vor sich her. Die Entscheidungsunsicherheit wird durch pessimistische Aussagen über die Aussichten für verschiedene Berufe erhöht – auch für solche, die bisher hohes Einkommen und soziales Ansehen zu garantieren schienen. Zugleich wächst der Entscheidungsdruck, wenn sich das Verhältnis von Ausbildungsstellen und Bewerbern zulasten der Bewerber verschlechtert. Auch sind einmal getroffene Entscheidungen zu überprüfen, wenn Berufspraxis und Karrierechancen sich anders darstellen als erwartet, wenn der gewählte Beruf verschwindet oder sich neue Möglichkeiten eröffnen. Schülerinnen und Schüler der Sekundarstufe I können erste Entscheidungen aber in dem guten Gefühl treffen, nichts Unwiderrufliches zu tun und höchstens Umwege zu riskieren. Denn es gilt als sicher, dass die Menschen in Zukunft mehrere berufliche Tätigkeiten nacheinander oder gar gleichzeitig ausüben werden und sich selbst innerhalb ihres Berufes ständig weiterbilden müssen.

M1 Das treibt die Welt voran

Die Dampfmaschine
Im beginnenden 19. Jahrhundert werden die von James Watt 1769 patentierten Dampfmaschinen vielfältig eingesetzt – zum Beispiel für den Antrieb von Webstühlen, Spinnereien und Sägemaschinen.

Elektrizität
In der zweiten Hälfte des 19. Jahrhunderts setzt sich die Elektrizität durch – und verändert das Alltagsleben in den Städten ebenso wie die Wirtschaft. Der Elektromotor verdrängt die Dampfmaschine.

Das Fließband
Henry Ford lässt 1913 erstmals das „Model T" am Fließband montieren und kann dadurch den Preis von 600 auf 360 Dollar senken. Die neue Technik ist ein wichtiger Schritt zur Massenfertigung.

Der Computer
Der Computer verändert die Arbeitswelt radikal. Die Verwendung des Mikroprozessors in leistungsfähigen Rechnern verdrängt ab Anfang der 1980er-Jahre die Schreibmaschinen aus den Büros.

Nach: „Stern" EXTRA, Nr. 3/2009, S. 43, 57, 71, 85, 101 und 117

M 2 Wandel der Arbeitswelt in Deutschland

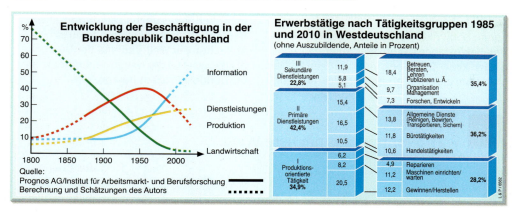

M 3 Die Zukunft der Arbeit

1. Arbeitet heraus, welche Auswirkungen/Anpassungen die jeweiligen Innovationen auf die Arbeitenden der Zeit wohl gehabt haben – und welche sie noch haben werden (M 1).
2. Beschreibt das Schaubild (M 2) und setzt die Aussagen mit den Inhalten aus M 1 in Beziehung. Informiert euch, in welchen Bereichen eure Großeltern und Eltern tätig waren oder sind. Klärt, ob sie sich anpassen mussten.
3. „Die Berufswahl sollte sich nicht durch Zukunftsaussichten und Trends, sondern ausschließlich durch Kompetenz, Stärken und Interessen leiten lassen." Nehmt auch vor dem Hintergrund von M 3 Stellung zu dieser Aussage.
4. Diskutiert arbeitsteilig die Zitate und präsentiert eure Ergebnisse:
   a „Homeoffice, mein Büro ist immer dabei."
   b „Job und Kinder? Für mich kein Problem, dank neuer Technologien und Medien."
   c „Mein Papa hat drei Berufe gelernt. Er ist flexibel und mobil. So ist das heute."

◀◀ Methode: Analyse komplexer Statistiken, S. 120 f.

16. Welche Erfindungen könnten die Zukunft prägen?

Von Nikolai Kondratieff (1892–1938) wurden lange Konjunkturwellen nachgewiesen, deren Zykluslänge bei 50 oder mehr Jahren liegen kann. Diese besonders langen Wellen scheinen stets mit grundlegenden technologischen Neuerungen verknüpft zu sein. Der lange Aufschwung mündet in ein Abflachen der Welle, sobald der Durchdringungsgrad der neuen Technologie an die hundert Prozent heranreicht.

Kondratieff-Zyklen
Der russische Ökonom Dimitri Kondratieff (1892–1938) fand heraus, dass sog. Basisinnovationen, also grundlegend neue, einen Strukturwandel auslösende Produkte und Produktionsmethoden, in Wellen auftreten, die 40 bis 60 Jahre dauern.

M1 Wann kommt die nächste Welle?

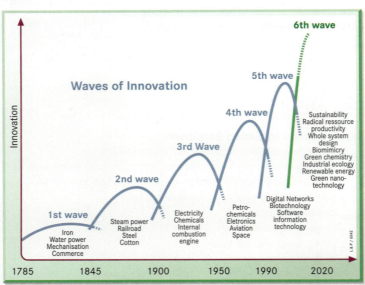

Hans Holzinger: Zur Zukunft der Arbeit (www.lebensministerium.at)

1. **Welle:** Eisen, Wasserkraft, Mechanisierung, Textilien
2. **Welle:** Dampfkraft, Eisenbahn, Stahl, Baumwolle
3. **Welle:** Elektrizität, Chemie, Verbrennungsmotor
4. **Welle:** Petrochemie, Elektronik, Luftfahrt, Raumfahrt
5. **Welle:** digitale Netzwerke, Biotechnologie, Informationstechnologie
6. **Welle:** Nachhaltigkeit, Nanotechnologie, erneuerbare Energien

M2 Zehn Leittechnologien bis 2020

- **Gentechnik-gestützte Medizin und Gesundheitsvorsorge:** Die Genforschung wird eine medizinische Technik hervorbringen, die es uns erlaubt, genetisch bedingte Krankheiten festzustellen und zu behandeln, noch bevor sie aufgetreten sind, vielleicht sogar schon im Mutterleib. In zwanzig Jahren wird es möglich sein, menschliche Organe zu klonen, die sich für Transplantationen eignen.
- **Hochenergie-Speicher:** Hoch entwickelte Batterien, billige Brennstoffzellen und Mikrogeneratoren für elektrische Energie werden elektronische Erzeugnisse und Anwendungen mobil machen. Dezentrale Energiequellen werden weit verbreitet sein und Energie erschwinglich und umweltverträglich machen.
- **Umwelttechniken:** Neue Materialien, Produktionstechniken und Energiesysteme werden die Wüsten verschwinden lassen und helfen, die Klimaprobleme zu lösen.
- **Allgegenwärtige Computerleistungen:** Computer werden überall sein und wir werden die Möglichkeit haben, ständig und auf den verschiedensten Wegen zu kommunizieren.
- **Nanotechnik** (auf der Milliardstel-Ebene): Mikroskopisch kleine Apparate werden unseren Alltag revolutionieren und viele Arbeitsplätze schaffen.

Welche Erfindungen könnten die Zukunft prägen? **127**

- **Optimierte Leitsysteme für den Individualverkehr:** Technische Systeme sollen die Aufgabe meistern, den Individualverkehr (Autos) in einen optimierten öffentlichen Verkehr zu integrieren.
- **Synthetisch hergestellte Lebensmittel** (Designer-Food): Gentechnisch hergestellte Nahrungsmittel werden umweltfreundlich und nährstoffreich sein. Beim Pflanzenschutz wird man dank der Gentechnik auf Pestizide verzichten können.
- **Intelligente Gebrauchsgüter:** Im Haushalt werden raffinierte Geräte und Anwendungen uns viele Funktionen abnehmen, um die wir uns jetzt selbst kümmern müssen, z. B. „denkende Toaster".
- **Preiswertes und sauberes Wasser weltweit:** Es gilt als technologische Herausforderung, durch Filterprozesse, Aufarbeitung oder Entsalzung bezahlbares Trinkwasser für die wachsende Weltbevölkerung bereitzustellen.
- **Entwicklung der Supersinne:** Sensoren und implantierte Geräte können dafür sorgen, dass wir besser hören als je zuvor, dass wir weiter oder gar im Dunkeln sehen. „Wir können Krankheiten heilen und Leiden bessern", sagt der Forscher Stoke, „aber warum sollen wir uns darauf beschränken? Warum nicht das Gehör besser machen, als es jemals war?"

Quellen: Battelle-Technology Forecasts, 30. 6. 2005

M 3 Gentechnisch veränderte Lebensmittel

Zeichnung: Gerhard Mester

M 4 Die Kurve kriegen

Zeichnung: Gerhard Mester

1. Erarbeitet mithilfe eures Geschichtsbuches und M 1, welche gesellschaftlichen Veränderungen mit der wirtschaftlichen Nutzung der jeweils neuen Technologien verbunden waren.
2. Informiert euch über die Problematik gentechnisch veränderter Lebensmittel und ihrer Verbreitung (M 3). Versucht, ein eigenes Urteil zu formulieren.
3. Recherchiert den derzeitigen Stand der Klimaentwicklung und stellt Maßnahmen der Klimapolitik zusammen (M 4).
4. Das Battelle-Institut hat 2005 eine Prognose für 2020 aufgestellt (M 2). Diskutiert, inwieweit sich die Vorhersagen erfüllen bzw. nicht erfüllen könnten.

17. Wie besteht Deutschland in der globalisierten Welt?

GLOSSAR

Globalisierung

Schengen
Abkommen zwischen einer Reihe von EU-Staaten, worin diese auf stationäre Grenzkontrollen zwischen ihren Staatsgebieten verzichten

TTIP
Transatlantic Trade and Investment Partnership: Bilaterales Wirtschaftsabkommen zwischen EU und USA

Der Begriff der Globalisierung ist bei Gesprächen über die Lage von Betrieben und Volkswirtschaften mittlerweile in aller Munde. Sie führt zu Umgestaltungen in Gesellschaft, Politik und Wirtschaft, die von den Zeitgenossen oft als Bedrohung von kultureller Identität oder Sicherheit in der Lebensplanung beklagt werden. Als Beispiele für Veränderungen kann man u. a. die Öffnung der Finanz- und Informationsströme nennen, die rasant fortschreitende Technisierung der Infrastruktur sowie zahlreiche Veränderungen in den politischen Systemen, der Organisation von Unternehmen, den gesamtgesellschaftlichen Wertvorstellungen und dem Verbraucherverhalten. Begünstigt und vorangetrieben wurde die Globalisierung durch Entwicklungen in den Bereichen Politik, Technik, Gesellschaft und Wirtschaft.

Politik: Mit dem Ende des Kalten Krieges ist die Bewegungsfreiheit auf der Welt gestiegen, Staatsgrenzen verlieren vielfach ihre beschränkende, aber auch schützende Qualität (Schengen).

Technik: Revolutionäre Fortschritte in der Kommunikationstechnik (Internet) und ein umfassender Ausbau weltumspannender Verkehrssysteme (Container) beschleunigen die Verbreitung von Ideen und Produkten.

Gesellschaft: Tradition und soziale Beziehungen (Familie, Heimat, Brauchtum, Normen) verlieren an Bindungskraft, was die Mobilität fördert.

Wirtschaft: Offene und deregulierte Kapital- und Gütermärkte verstärken den Trend zum grenzenlosen Wettbewerb. Die internationale Arbeitsteilung senkt Herstellungskosten und Güterpreise. Sie höhlt auch die souveräne Wirtschaftspolitik der Staaten aus (TTIP).

M1 Warenhandel weltweit

M2 Außenhandel

M 3 Globalisierung ist kein Schreckgespenst

Über die wohltuende Wirkung der Aktivitäten im Ausland ist man sich im Inland einig: „Die Internationalisierung hat dazu geführt, dass Arbeitsplätze in Deutschland gesichert
5 wurden", lobt Hans Baur von der IG Metall. Er ist sich sicher, dass das weltweite Engagement der Robert Bosch GmbH eher Segen als Fluch für die Beschäftigung in Stuttgart ist. Ähnlich sieht dies auch Hartwig Geisel, Betriebsrats-
10 vorsitzender im Werk Feuerbach: „Das gibt dem Unternehmen eine große Stabilität", so die Erfahrung von Geisel, „davon profitieren auch die Beschäftigten in der Region." Allerdings: Heute sind in Zuffenhausen rund 8 000
15 Angestellte und 3 000 gewerbliche Arbeitnehmer tätig. „Vor 15 Jahren war das genau umgekehrt", berichtet Geisel. Die internationalen Aktivitäten sind zwar keineswegs alleinige Ursache für die sinkende Zahl der Blaumän-
20 ner in den Fabriken, aber sie beschleunigen diesen Trend: „Man braucht eine andere Belegschaft, mehr Techniker, mehr Ingenieure", sagt Geisel. Besonders wichtig wurde in der jüngsten Welle der Globalisierung die Er-
25 schließung der asiatischen Märkte. Mit nicht weniger als 20 Fabriken, in erster Linie Joint Ventures mit einheimischen Unternehmen, ist Bosch heute in China vertreten. Hergestellt werden Elektrowerkzeuge, Verpackungsma-
30 schinen, Komponenten für die Fahrzeugindustrie, auch Warmwassergeräte, Hausgeräte oder Sicherheitssysteme.

Nach: Ulrich Schreyer, in: Stuttgarter Zeitung vom 2.9.2011

M 4 Die deutschen Handelsbeziehungen

M 5 Wichtige Exportgüter

---

1. Sucht in eurem Alltag Beispiele für Globalisierung in der Warenproduktion.
2. Erarbeitet die Situation Deutschlands im internationalen Wettbewerb (M 1–M 5).
3. Wertet M 4 daraufhin aus, welchen Anteil die EU-Staaten, die USA und China am deutschen Außenhandel haben.
4. Untersucht, in welchem Umfang Afrika und Südamerika in den Welthandel eingebunden sind. Vergleicht das mit den Wirtschaftsräumen der Nordhalbkugel (M 1). Benutzt dazu auch eure Erdkundebücher.

M6 Eiswind der Globalisierung

„Die Zechen haben dicht gemacht, und der Stahl ist auch weniger geworden, 2008 hat uns Nokia verlassen, aber es ging trotzdem irgendwie weiter", sagt Raimund Ostendorp. Und mit Opel sei es ja auch schon ein ziemlich langes Siechtum. Die Leute wüssten, was sie früher oder später erwartete. „Zerbrechen werden die trotzdem nicht dran. Wenn es im Süden so zuginge wie hier im Ruhrpott, dann wären manche sicherheitsbewusste Schwaben richtig in den Arsch gekniffen", so Ostendorp. Nokia in Bochum, das schien ein sicheres Zukunftszeichen an die digitale Welt. Doch 2008 ging alles ganz schnell. Am 15. Januar gaben die Finnen bekannt, dass man das Werk schließe und die Produktion nach Rumänien verlagere. Das Opel-Werk, das im Herbst 1962 auf dem Gelände der ehemaligen Zeche Dannenbaum im Stadtteil Laer seinen Betrieb aufnahm, war ein Zukunftszeichen, das wichtigste „Symbol der wirtschaftlichen Umstrukturierung" im Ruhrgebiet, wie der Wirtschaftshistoriker Dietmar Petzina schreibt.

Der Schock, vom Eiswind der Globalisierung so unvermittelt erfasst worden zu sein, wirkt bis heute nach. Nokia ging es blendend. Am 30. Juni 2008 standen trotzdem alle Nokianer, wie sich die Angestellten stolz nannten, auf der Straße. Niemand konnte ihnen erklären, warum das so sein musste. Die Opelaner bauten aus Solidarität einen Tag lang keine Autos. In den besten Zeiten fanden 21 000 Leute Beschäftigung bei Opel. [...] Und nun das: Als Opel im Mai 2012 entschied, seinen Kompaktwagen Astra im Ausland zu bauen, schrillten in Bochum die Alarmglocken. Seither befürchten die Opel-Arbeiter, die Produktion des Familienwagens Zafira (der einzige Typ, der noch in Bochum hergestellt wird) könnte nach Rüsselsheim verlegt werden.
Am 5.12.2014 endete die Autoproduktion in Bochum. Mehr als 3 000 Mitarbeiter verloren ihren Job.

Nach: Reiner Burger, in: Frankfurter Allgemeine Zeitung vom 13. 6. 2012

M7 Voraussetzungen für Globalisierung

Welche Voraussetzungen müssen herrschen, um den Nutzen der Globalisierung zu sichern und die Schäden zu verringern?

- Moderne, leistungsfähige Infrastruktur: gut ausgebaute Straßen-, Schienen-, Elektizitäts-, Gas- und Kommunikationsnetze. Seehäfen, Flughäfen, Binnenwasserstraßen.
- Investitionssicherheit für Unternehmen durch einen starken, politisch unabhängigen Rechtsstaat.
- Funktionstüchtige und zuverlässige staatliche Bürokratie, insbesondere zur schnellen Genehmigung von Investitionen.
- Hohes Qualifikationsniveau der Arbeitskräfte. Angemessenes Potenzial an Arbeitskräften.
- Leistungsfähige Universitäten und Forschungseinrichtungen.
- Niedrige Steuerbelastung und Arbeitskosten.
- Attraktives kulturelles Angebot.
- Sozialer Frieden und politische Stabilität.

Autorentext

---

1 Erstellt unter Verwendung von M 3 und M 6 eine Tabelle mit Chancen und Risiken der Globalisierung.

2 Recherchiert Meinungen über die Stärken/Schwächen des „Standorts Deutschland" in der globalisierten Wirtschaft.

3 Formuliert ausgehend von M 7 und dem Infotext auf S. 131 Vorschläge zur Stärkung des Wirtschaftsstandorts Deutschland.

Im Zuge der Globalisierung veränderte sich auch die innenpolitische Diskussion in Deutschland. Sorgen um die internationale Wettbewerbsfähigkeit und die „Zukunft des Standorts Deutschland" bestimmten seit den 1990er-Jahren die Tarifverhandlungen über Arbeitsbedingungen und Löhne. Ende der 1990er-Jahre galt Deutschland als „kranker Mann Europas". Die Tarifpartner reagierten über ein Jahrzehnt mit Lohnzurückhaltung und Reallohnsenkungen. Die Wirtschaftspolitik reagierte mit der Agenda 2010. Sie wurde am 14. März 2003 in einer Regierungserklärung von Bundeskanzler Gerhard Schröder (SPD) verkündet. [...] Als Ziele nannte Schröder unter anderem die Verbesserung der „Rahmenbedingungen für mehr Wachstum und für mehr Beschäftigung" sowie den „Umbau des Sozialstaates und seine Erneuerung". Die mit den Worten „Wir werden Leistungen des Staates kürzen" angekündigten Maßnahmen führten zu heftigen Kontroversen, insbesondere auch in der SPD selbst. Große Teile des Konzeptes wurden von den Oppositionsparteien unterstützt und von CDU/CSU aktiv mitgestaltet. In ihrer Regierungserklärung vom 30. November 2005 äußerte Schröders Amtsnachfolgerin Angela Merkel: „Ich möchte Bundeskanzler Schröder ganz persönlich dafür danken, dass er mit seiner Agenda 2010 mutig und entschlossen eine Tür aufgestoßen hat, eine Tür zu Reformen, und dass er die Agenda gegen Widerstände durchgesetzt hat."

Nach übereinstimmender Meinung der Ökonomen und Politiker verursacht die Globalisierung auch zukünftig einen ständigen Reformdruck, den „Standort Deutschland" zu sichern.

GLOSSAR

Sozialstaat

Agenda 2010
Aktionsprogramm
für eine nachhaltige
Arbeitsmarktpolitik

◀◀ **Arbeitnehmer
und Arbeitgeber –
Sozialpartner?, S.
112 f.**

M 8 Sozialstandards in Europa

Da Investitionen und Kapital mobil sind und sich jeweils – unabhängig von nationalstaatlichen Grenzen – ihre rentabelste Verwendung suchen, besteht die Gefahr, dass sie genau
5 dorthin gehen, wo Löhne möglichst tief und Umwelt- und Sozialstandards möglichst niedrig sind. Dieses beinhaltet die Gefahr, dass die Staaten [...] ihre Sozialstandards senken und eine soziale Marktwirtschaft langfristig im-
10 mer schwerer haltbar ist.
Unter Hinweis auf globale ökonomische Sachzwänge, auf Standortprobleme und Wettbewerbsfähigkeit können die Nationalstaaten immer mehr unter Druck gesetzt werden, die
15 Sozialordnungen in eine [Bewegung] nach unten zu treiben, deren Resultat nicht mehr der Umbau des Sozialstaates, sondern dessen Abbau wäre. Dies würde das Ende der sozialen Marktwirtschaft bedeuten.
20 Die Handlungsspielräume für Nationalstaaten werden in jedem Falle immer kleiner, ihre sozialstaatlichen, solidarischen Ausgestaltungen in eine globale Ökonomie zu integrieren. Diese Logik der Globalisierung legt die Notwendigkeit nahe, auf supranationaler Ebene 25 – für uns bedeutet dies zunächst auf europäischer Ebene – effiziente Einrichtungen zu schaffen, die stark genug sind, eine Marktwirtschaft mit solidarischer Komponente auch über die nationalstaatliche Ebene hin- 30 aus zu gewährleisten.
Dabei darf die EU nicht nur eine Wirtschaftsunion bleiben. Sie muss sich zu einer politischen Union mit sozialer Komponente und einer Wertegemeinschaft weiterentwickeln. 35 [...]

Bischof Dr. Walter Kasper: Soziale Marktwirtschaft auf dem Prüfstand – Wirtschaftsethik in der Zeit der Globalisierung. Vortrag vor der Württembergischen Arbeitgebervereinigung am 3.7.1997 ▪

GLOSSAR

soziale Marktwirtschaft (Wirtschaftsordnung)

---

4 Ein katholischer Theologe formulierte bereits 1997 Risiken, die die Globalisierung für den sozialen Frieden bedeutet (M 8). Inwiefern stehen Staat und Gesellschaft in Zukunft vor neuen Herausforderungen?

5 Diskutiert unter Berücksichtigung von M 8 die Aussage:
„Zur Jahrtausendwende leben die Menschen in der Spannung zwischen alten Werten und neuen Märkten" (Horst W. Opaschowski, 2000).

KOMPETENT? Eine Geschichte zum Nachdenken

Irgendwo an einer Küste Westeuropas. Ein ärmlich gekleideter Fischer, der in seinem Boot vor sich hindöst, und ein offensichtlich gut betuchter Tourist kommen ins Gespräch:

[...] „Sie werden heute einen guten Fang machen."
Kopfschütteln des Fischers.
„Aber man hat mir gesagt, dass das Wetter günstig ist."
Kopfnicken des Fischers.
„Sie werden also nicht ausfahren?"
Kopfschütteln des Fischers, steigende Nervosität des Touristen. Gewiss liegt ihm das Wohl des ärmlich gekleideten Fischers am Herzen.
„Aber warum fahren Sie dann nicht aus?"
Die Antwort kommt prompt und knapp. „Weil ich heute morgen schon ausgefahren bin."
„War der Fang gut?"
„Er war so gut, dass ich nicht noch einmal auszufahren brauche, ich habe vier Hummer in meinen Körben gehabt, fast zwei Dutzend Makrelen ... Ich habe sogar für morgen und übermorgen genug", [...] der Fremde setzt sich kopfschüttelnd auf den Bootsrand [...].
„Ich will mich ja nicht in Ihre persönlichen Angelegenheiten mischen", sagt er, „aber stellen Sie sich mal vor, Sie führen heute ein zweites, ein drittes, vielleicht sogar ein viertes Mal aus, und Sie würden [...] vielleicht gar zehn Dutzend Makrelen fangen ... stellen Sie sich das mal vor."
Der Fischer nickt.
„Sie würden", fährt der Tourist fort, „nicht nur heute, sondern morgen, [...] ja, an jedem günstigen Tag zwei-, dreimal, vielleicht viermal ausfahren – wissen Sie, was geschehen würde?"
Der Fischer schüttelt den Kopf.
„Sie würden sich in spätestens einem Jahr einen Motor kaufen können, in zwei Jahren ein zweites Boot, in drei oder vier Jahren [...] vielleicht einen kleinen Kutter haben, mit zwei Booten oder dem Kutter würden Sie natürlich viel mehr fangen [...] Sie würden ...", die Begeisterung verschlägt ihm für ein paar Augenblicke die Stimme, „Sie würden ein kleines Kühlhaus bauen, vielleicht eine Räucherei, später eine Marinadenfabrik, mit einem eigenen Hubschrauber rumfliegen, die Fischschwärme ausmachen und Ihren Kuttern per Funk Anweisung geben. Sie könnten die Lachsrechte erwerben, ein Fischrestaurant eröffnen, den Hummer ohne Zwischenhändler direkt nach Paris exportieren – und dann ...", wieder verschlägt die Begeisterung dem Fremden die Sprache.
Kopfschüttelnd, im tiefsten Herzen betrübt [...] blickt er auf die friedlich hereinrollende Flut, in der die ungefangenen Fische munter springen. „Und dann", sagt er, aber wieder verschlägt ihm die Erregung die Sprache.
Der Fischer klopft ihm auf den Rücken [...].
„Was dann?" fragt er leise.
„Dann", sagt der Fremde mit stiller Begeisterung, „dann könnten Sie beruhigt hier im Hafen sitzen, in der Sonne dösen – und auf das herrliche Meer blicken."
„Aber das tu ich ja schon jetzt", sagt der Fischer, „ich sitze beruhigt am Hafen und döse [...]."
Tatsächlich zog der solcherlei belehrte Tourist nachdenklich von dannen, denn früher hatte er auch einmal geglaubt, er arbeite, um eines Tages einmal nicht mehr arbeiten zu müssen [...].

Heinrich Böll: Anekdote von der Senkung der Arbeitsmoral, in: Ders.: Aufsätze – Kritiken – Reden, München 1969, Bd. II, S. 182 ff.

Zeichnung: Horst Haitzinger

Wirtschaft verstehen

Calvin und Hobbes erklären die Wirtschaft

KOMPETENT?

Ich hab schon alles

Zeichnung: Freimut Wössner

1. Führt ein Brainstorming zur Frage „Warum arbeiten wir?" durch und untersucht, welche eurer Motive auf den Fischer bzw. den Touristen zutreffen.
2. Überlegt, ob der Fang des Fischers als „knappes Gut" oder als „freies Gut" anzusehen ist. Lassen sich die Akteure vom ökonomischen Prinzip leiten?
3. Formuliert die Probleme, welche sich für den Jungen Calvin ergeben können, wenn seine Geschäftsidee scheitert. Welche Sicherungsmechanismen hat unser Wirtschaftssystem?
4. Dem wütenden Mädchen kommt eine Idee … . – Schreibt die Geschichte/den Comic ab dem siebten Bild weiter.
5. Interpretiert die Karikatur. Formuliert Lösungsansätze, dem beschriebenen Dilemma entgegenzuwirken.

Die politische Ordnung der Bundesrepublik Deutschland

„Aber Demokratie ist nicht immer eine Sache von einsamen Entscheidungen, sondern in der Regel ein Geschäft der Meinungsbildung vieler."

Angela Merkel, in einem Interview mit der Berliner Zeitung vom 7. November 2007

„Demokratie heißt eben nicht, die Macht in die Hände des Volkes zu legen. Demokratie heißt, dem Volk das Gefühl zu geben, es habe eine Wahl."

Volker Pispers, U-Punkt vom 28. März 2006, WDR

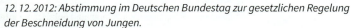

12. 12. 2012: Abstimmung im Deutschen Bundestag zur gesetzlichen Regelung der Beschneidung von Jungen.

1. Möglichkeiten politischer Beteiligung – mitmachen oder zuschauen?

! Politik bestimmt unser Leben in fast allen Bereichen: Bildungspolitik, Familienpolitik, Umweltpolitik, Sozialpolitik usw. Die Vorstellungen, welche Ziele jeweils angestrebt oder erreicht werden sollen, gehen oft weit auseinander, denn die Interessen und Überzeugungen, die die einzelnen Betroffenen und politisch Beteiligten haben, sind sehr verschieden. Im politischen Prozess wird versucht, allgemein verbindliche Regelungen für die Konflikte in den einzelnen Politikfeldern zu finden, um das Zusammenleben in der Gesellschaft zu ordnen und zu gestalten.

Dabei lebt der politische Prozess in der Demokratie von der Partizipation der Bürgerinnen und Bürger, d. h. allgemein von der freiwilligen aktiven Beteiligung bei der Erledigung politischer Angelegenheiten und speziell von der Teilhabe der Bürgerinnen und Bürger am politischen Willensbildungsprozess. Die Arten der Partizipation können sehr unterschiedlich sein. Um den politischen Prozess wirksam beeinflussen zu können, schließen sich Menschen mit ähnlichen Interessen und Wertvorstellungen zu Parteien, Verbänden oder Bürgerinitiativen zusammen.

Neue Kommunikations- und Informationstechnologien bieten den Bürgern die Möglichkeit, in Form von verschiedenen Mitteln der E-Partizipation am politischen Prozess teilzuhaben: z. B. Teilnahme an einem Onlinedialog mit politischen Akteuren, Starten oder Unterstützen einer Onlinepetition, Unterstützung politischer Aktionen durch Crowdfunding oder Crowdsourcing, Teilnahme an Abstimmungen in sozialen Netzwerken oder bei Parteien (delegate voting).

Crowdfunding
Finanzierung einer Aktion durch viele Internetnutzer

Crowdsourcing
Auslagerung einer Leistung an eine Masse unbekannter Akteure, z. B. durch einen offenen Aufruf bei Wikipedia

◄◄ **Politische Beteiligung Jugendlicher, S. 31 f.**

◄◄ **Bürgerinitiativen – Bürgerbeteiligung auf Zeit?, S. 34 f.**

M 1 Politisches Engagement von 12- bis 25-Jährigen

Interesse an Politik nach Geschlecht und Alter

männlich	42 %	12 bis 14 Jahre	21 %	18 bis 21 Jahre	38 %
weiblich	31 %	15 bis 17 Jahre	33 %	22 bis 25 Jahre	47 %

Zusammenhang zwischen Bildung und politischem Interesse

Hauptschule	18 %	Abitur	50 %
Mittlere Reife	28 %	Studierende	66 %

Was an politischen Aktivitäten oder Aktionen infrage käme:

„Kommt für mich auf jeden Fall oder wahrscheinlich infrage"
(dahinter in Klammern in %: Falls infrage kommend: schon gemacht?)

Unterschriftenliste unterschreiben	77 %	(59)
aus politischen Gründen bestimmte Waren boykottieren	54 %	(44)
mich an einer Protestversammlung beteiligen	44 %	(45)
in einer Bürgerinitiative mitmachen	39 %	(11)
über Internet oder Twitter sich über Aktionen informieren und mitmachen	31 %	(31)
in einer Partei oder politischen Gruppe mitarbeiten	17 %	(13)

16. Shell Jugendstudie 2010. Jugend und Politik. Ein Vortrag von Sebastian Placht, S. 4, 5 und 13

---

1 Führt in der Klasse eine Umfrage zu den Fragen zum politischen Engagement wie in der Shell-Studie durch (M 1).

2 Vergleicht eure Ergebnisse mit den repräsentativen Zahlen. Findet Gründe für Übereinstimmungen und Ähnlichkeiten.

M2 Zwischen Politikverdrossenheit und Partizipation

Die Jugend gilt heute als politikverdrossen, stimmt der Eindruck?
Politikverdrossenheit ist das falsche Schlagwort. Die jungen Menschen zwischen 16 und 29 Jahren verspüren eine Politiker- und Parteienverdrossenheit. Das Vertrauen in sie schwindet, nicht dramatisch, aber spürbar. Die Ablehnung von Politik wird dabei umso stärker formuliert, je schwieriger die ökonomische Situation ist.

Was gefällt Jugendlichen nicht an den Politikern und Parteien?
Dass sich Parteien aus machtpolitischen Erwägungen gegenseitig blockieren, ist ihnen nicht vermittelbar. Auch nehmen sie keine Kritik am Gegner hin, bei der der Ankläger keine eigene nachvollziehbare Position einnimmt.

Was bedeutet das für den Willen, sich politisch zu engagieren?
Die Jugendlichen sind politisch wach und setzen sich ein, sobald sie eine Gelegenheit sehen, sich einzumischen. Die Bereitschaft zu demonstrieren etwa nimmt nicht ab. [...]

Das politische Engagement drückt sich aber nicht in der Mitarbeit in Parteien aus.
Das liegt am schlechten Image der Parteien. Um die Politisierung richtig einschätzen zu können, müssen wir einen erweiterten Politikbegriff anwenden. Durch ihr Konsumverhalten drücken viele bewusst eine politische Haltung aus. Es gibt bereits das Wort „Buykott". Bestimmte Waren aus bestimmten Ländern oder von bestimmten Firmen werden bewusst nicht gekauft. Ihren Konsum verstehen junge Menschen als politische Handlung.

Interview mit dem Jugendforscher Wolfgang Gaiser, in: Berliner Morgenpost vom 2.3.2009

M3 Partizipationsformen

1. **Wahlrecht, Aktivität in einer Partei**
2. **Punktuelle Beteiligung**: z.B. Vorformen der Beteiligung wie Aktionen und Dialoge mit Politikern, Planspiele ohne Antrags- und Entscheidungsbefugnisse, einfache Informationserhebung und Interessenermittlung durch Befragungen, symbolische Beteiligung, Unterschriften sammeln.
3. **Repräsentative Formen**: Gremien, Kinder- und Jugendinteressenvertretung, z.B. Kinder- und Jugendparlamente, Klassen- und Schulsprecher, Kinder- und Jugendbeiräte.
4. **Offene Versammlungsformen**: z.B. offene Kinder- und Jugendforen, Runde Tische, Vollversammlungen, Streiks, Teilnahme an Demonstrationen und Sitzblockaden, ziviler Ungehorsam.
5. **Projektorientierte Verfahren der Partizipation**: z.B. Beteiligung in und durch produkt- und ergebnisorientierte, auf bestimmte Themen fokussierte Aktionsformen (z.B. Zukunftswerkstatt), Happening, Menschenketten, Bürgerinitiativen.
6. **Alltägliche Formen der Partizipation**: Beteiligung bei der Bewältigung alltäglicher Themen und Probleme in der Familie und in pädagogischen Institutionen (in der Schule z.B. Klassenrat).
7. **Medienorientierte Beteiligung**: Beteiligung an der Gestaltung von Radio, Fernsehen, Internet oder Printmedien (z.B. Leserbriefe schreiben, ein Blog führen ...).

Autorentext

GLOSSAR
Bürgerinitiative
Partizipation

◀◀ Politik im Netz – Chance oder Gefahr für die Demokratie?, S. 72 ff.

▶▶ Direkte Demokratie: Soll das Volk mehr selbst entscheiden?, S. 168 f.

3 Arbeitet die Auffassung von Wolfgang Gaiser zur Politikverdrossenheit in M2 heraus.

4 Ordnet die Möglichkeiten der E-Partizipation aus dem Infotext den Partizipationsformen in M3 zu. Diskutiert Chancen und Risiken dieser neuen digitalen Formen im Vergleich zu den analogen Formen der Partizipation.

5 Wählt einen aktuellen politischen Konflikt aus und entwickelt eine persönliche Strategie (in Form eines 5-Punkte-Plans), wie ihr euch am wirksamsten politisch einbringen könnt.

2. Parteien: Brücke zwischen Bürgern und Staat?

GLOSSAR
Grundgesetz
Partei
Staat

„Die Parteien wirken bei der politischen Willensbildung des Volkes mit. Ihre Gründung ist frei." – So lauten die ersten beiden Sätze in Artikel 21 des Grundgesetzes. Und in § 1 des Parteiengesetzes werden Parteien als verfassungsrechtlich notwendiger Bestandteil unserer Grundordnung bezeichnet. In diesen Formulierungen zeigt sich die besonders große Bedeutung, die Parteien im politischen Leben der Bundesrepublik Deutschland zugestanden wird. Parteien müssen daher nicht nur bestimmte Funktionen bzw. Pflichten erfüllen, sie haben auch Anspruch auf Förderung ihrer Arbeit durch den Staat, sofern sie demokratischen Grundsätzen entsprechen. Es kann bei Wahlen durchaus auch parteilose Kandidatinnen und Kandidaten geben: Diese haben aber ohne den finanziellen und organisatorischen Rückhalt einer Partei schwierigere Ausgangsbedingungen.

M 1 Mitgliederentwicklung der Parteien

M 2 Funktionen der Parteien

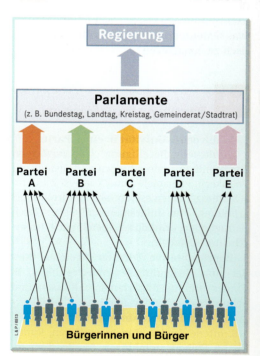

M 3 Funktionen nach § 1 Parteiengesetz

- **Personalrekrutierung:** Parteien präsentieren Kandidaten zur Besetzung öffentlicher Ämter.
- **Interessenartikulation:** Parteien formulieren Erwartungen und Forderungen gesellschaftlicher Gruppen an die Politik. [...]
- **Programmfunktion:** In Wahlprogrammen [...] fassen die Parteien ihre kurz- bis mittelfristig angestrebten politischen Ziele sowie ihre Vorstellungen zu deren Umsetzung zusammen. Grundsatzprogramme bringen hingegen tiefer gehende Überzeugungen

zum Ausdruck und sollen längerfristige Orientierungen für die Tagespolitik bieten.
- **Partizipationsfunktion:** Parteien ermöglichen die politische Beteiligung der Bürger.
- **Legitimationsfunktion:** Die Parteien verbinden Volk und staatliche Entscheidungsträger (Bundestag, Bundesregierung); sie sollen so zur Akzeptanz des politischen Systems in der Gesellschaft beitragen.

M 4 Merkmale nach § 2 Parteiengesetz

- **Vereinigung von Bürgern:** Es können nur natürliche Personen, nicht aber Verbände einer Partei angehören. Eine Partei soll kein verlängerter Arm eines Interessenverbandes sein.
- **Mitgliederzahl:** Eine Partei muss so viele Mitglieder haben, dass sie wenigstens landesweit präsent und schlagkräftig ist.
- **Eigenständige und dauerhafte Organisation:** Eine Partei darf sich organisatorisch nicht auf einen fremden Verwaltungsapparat [...] stützen und muss ständig funktionsfähig sein. Sie soll kein bloßer Wahlverein sein.
- **Teilnahme an Wahlen:** Es kommt auf regelmäßige, nicht aber zwingend erfolgreiche Teilnahme an Bundestags- bzw. Landtagswahlen an.
- **Politische Willensbildung:** Die politische Einflussnahme darf sich inhaltlich nicht nur auf kleine, eng begrenzte Bereiche beziehen. [...] „Ein-Punkt-Parteien" sind keine Parteien im Sinne des Parteiengesetzes.

M 5 Beispiele für Aufgaben der Parteien

a) Die Wahlkreisdelegiertenversammlung einer Partei wählt eine Bundestagskandidatin.
b) Die Bundestagsfraktion einer Partei wendet sich in einer Pressemitteilung gegen einen Gesetzentwurf der Regierung, um damit die Gesetzgebung zu beeinflussen.
c) Im Bürgerbüro eines Bundestagsabgeordneten können Bürgerinnen und Bürger ihre Anregungen und Beschwerden vorbringen.
d) Die Parteien werben in der Öffentlichkeit um Zustimmung für ihre Programme.
e) Eine Partei führt Seminare für Schulklassen zu politischen Themen durch.
f) Eine Partei wirbt dafür, dass die Bürger bei der Bundestagswahl ihre Stimme abgeben.
g) Der Kreisverband einer Partei bietet ein Rhetorikseminar für Gemeinderatskandidatinnen und -kandidaten an.
h) Eine Partei setzt die Aussagen ihres Programms zur Umweltpolitik in einen konkreten Vorschlag für eine Ökosteuer um.

Autorentext

1 Analysiert die Entwicklung der Mitgliederzahlen von CDU und SPD (M 1).
2 Erklärt, warum Parteien in einer Demokratie als so wichtig angesehen werden.
3 Ordnet den konkreten Beispielen aus dem politischen Alltag in M 5 passende Aufgaben aus dem Parteiengesetz in M 3 zu.
4 Überprüft, welche Aufgaben aus dem Parteiengesetz in M 4 im Schaubild von M 2 veranschaulicht werden.
5 Entwerft ein aussagekräftigeres Schaubild zu den Funktionen (M 2) von Parteien mithilfe von M 3–M 5.
6 Diskutiert, inwiefern die Parteien ihre Funktion als Brücke zwischen Staat und Bürgern wahrnehmen.

140 DIE POLITISCHE ORDNUNG DER BUNDESREPUBLIK DEUTSCHLAND

3. Parteiprogramme: unverwechselbar oder alle gleich?

GLOSSAR
Parlament

Die zahlreichen und oft sehr unterschiedlichen Vorstellungen der Bürger werden von den Parteien aufgegriffen. Als Mittler zwischen Volk und politischem Entscheidungssystem bringen sie ihre Vorstellungen in die Parlamente und Regierungen mit ein.

Die Parteien konzentrieren sich dabei vorzugsweise auf die Inhalte, die ihren Programmen entsprechen, aus ihrer Wählerschaft entstammen und durchsetzbar erscheinen.

M 1 Leitbilder der Parteien: Zitate

Wirtschaft braucht Maß und klare Regeln.

Wir stehen dafür, dass die Frauen die Hälfte der Macht und die Hälfte der Verantwortung bekommen.

Die Ehe ist Leitbild der Gemeinschaft von Mann und Frau.

Reichtum besteuern!

Der Staat hat dafür zu sorgen, dass alle den gleichen Zugang zu Bildung haben, unabhängig von ihrer Herkunft.

Parteitag fordert:
Umverteilung von oben nach unten

Wachstum durch Bildung

Freiheit im und für das Internet

Die Bewahrung der Schöpfung ist ein Grundanliegen unserer Partei.

Arbeit braucht faire Löhne.

Eltern, die ihre Kinder zu Hause betreuen und keinen Kita-Platz beanspruchen, sollen kein Betreuungsgeld erhalten.

Leistung muss sich wieder lohnen.

manche meinen
lechts und rinks
kann man nicht
velwechsern.
werch ein illtum!

Ernst Jandl

M 2 Kurzporträts der Parteien – insbesondere ihrer Positionen zur Familien- und Bildungspolitik

CDU
CSU

Die Christlich Demokratische Union (CDU) verbindet konservative Vorstellungen etwa in der Familien- und Bildungspolitik mit Forderungen nach wirtschaftlicher Freiheit und sozialer Gerechtigkeit. Ihr Familienbild hat sich in den letzten Jahren den gewandelten gesellschaftlichen Bedingungen angepasst. So wird z. B. die Leistung von Alleinerziehenden anerkannt und die Berufstätigkeit von Müttern begrüßt. Die völlige Gleichstellung von Ehe und gleichgeschlechtlichen Partnerschaften lehnt die CDU jedoch weiterhin mehrheitlich ab. Bildungspolitisch tritt die CDU u. a. für das gegliederte Schulsystem und konfessionellen Religionsunterricht ein.

Die in Bayern beheimatete Christlich Soziale Union (CSU) bildet mit der CDU im Bundestag eine Fraktionsgemeinschaft. Ihre einzigartige Doppelrolle im Bund und in Bayern hat der CSU in der Vergangenheit einen beträchtlichen Einfluss auf die Bundespolitik gesi-

▶▶ Regierungsbildung – Welche Optionen gibt es nach der Wahl?, S. 150 f.

chert. Familienpolitisch hat sich vor allem die CSU für die Einführung des Betreuungsgeldes für Eltern, die ihre Kinder nicht in die Kita schicken, stark gemacht und es zusammen mit der CDU durchgesetzt.

Im Wahlprogramm zur Bundestagswahl 2013 lehnten die Unionsparteien einen flächendeckenden Mindestlohn ab, forderten dafür sogenannte Lohnuntergrenzen: In Bereichen ohne Tarifverträge sollten Arbeitgeber und Gewerkschaften verpflichtet werden, einen tariflichen Mindestlohn festzulegen.

 Die Sozialdemokratische Partei Deutschlands (SPD) versteht sich als soziale und fortschrittliche Partei für alle Bevölkerungsschichten, die bürgerliche Freiheitsrechte garantiert, aber zugleich soziale Leistungen umfassend durch den Staat absichern will. Im Wahlprogramm 2013 setzte sich die SPD für einen verpflichtenden flächendeckenden Mindestlohn von 8,50 € ein. Die SPD forderte auch beim Elterngeld die Verlängerung von 12 auf 16 Monate bei Teilzeitbeschäftigung sowie vier statt bisher zwei „Vätermonate", zudem die Ausweitung des Rechtsanspruchs auf Ganztagsbetreuung vom ersten Geburtstag an. In der Bildungspolitik befürwortet die SPD den Ausbau der Ganztags- und Gemeinschaftsschule, auch um Einwanderer besser zu integrieren. Studiengebühren lehnt sie (inzwischen) strikt ab.

 Im Zentrum steht für Bündnis 90/Die Grünen nach wie vor nachhaltige Umweltpolitik. Andere Grundwerte sind die Wahrung der Menschenrechte, soziale Gerechtigkeit, Gewaltfreiheit und die Gleichstellung von Mann und Frau. Die Partei fordert die rechtliche und steuerliche Gleichstellung aller eingetragenen Lebensgemeinschaften. Familie ist für die Partei da, wo Kinder sind – egal ob in einer Ehe, bei Alleinerziehenden oder gleichgeschlechtlichen Paaren. Eltern sollen eine zu besteuernde Grundsicherung bekommen, die die Gering- und Mittelverdiener besser, Gutverdiener schlechter stellen würde. Auch soll es einen beitragsfreien Rechtsanspruch auf Kita-Betreuung ab dem ersten Lebensjahr geben. Studiengebühren werden abgelehnt. Gefordert wird stattdessen eine Bildungsoffensive mit vielen neuen Studienplätzen. Begrüßt wird das Nebeneinander von staatlichen und privaten Ganztagsschulen. Im Wahlprogramm 2013 forderten die Grünen die Einführung eines flächendeckenden Mindestlohns von mindestens 8,50 €.

DIE LINKE. Die Linke sieht sich vor allem in der Tradition der Arbeiterbewegung verankert und ist besonders in Ostdeutschland erfolgreich. Sie fordert einen flächendeckenden verpflichtenden Mindestlohn von 10 €. Dieser sollte jährlich ansteigen. Weiterhin setzt sich Die Linke für die Sozialversicherungspflicht für jede geleistete Arbeitsstunde ein. Kleine und mittlere Einkommen sollen steuerlich entlastet, Vermögende und Wohlhabende dagegen erheblich stärker besteuert werden. In der Familienpolitik fordert die Partei die soziale und steuerliche Gleichbehandlung von Lebensgemeinschaften jenseits der klassischen Ehe. Gebührenfreie Kindertagesstätten werden ebenso angestrebt wie Gemeinschafts- und Ganztagsschulen. Sie ist ebenfalls gegen Studiengebühren.

Nach: www.bpb.de/politik/grundfragen/parteien-in-deutschland; www.welt.de/politik/bundestagswahl/article4048892/Wahlprogramme-der-Parteien-im-Vergleich.html; www.bundestagswahl-bw.de/wahlprogramme1.html (Zugriff am 14. 7. 2014)

▶▶ **Einigung zum Mindestlohn, S. 151**

1 In M 1 findet ihr verschiedene programmatische Aussagen von bzw. zu den Parteien. Ordnet jede Aussage einer Partei zu.
2 Überprüft und verändert gegebenenfalls eure Zuordnung mithilfe der Kurzporträts (M 2). Vorsicht: Manche Statements können für mehrere Parteien zutreffen. Begründet eure Ergebnisse.
3 Recherchiert in den Programmen weiterer Parteien, wie sie zu den Themen aus M 2 stehen.
4 Stellt am Beispiel weiterer Politikfelder die unterschiedlichen Vorstellungen der Parteien einander gegenüber (Sozialpolitik, Verteidigungspolitik etc.).
5 Beurteilt, ob sich die dargestellten Positionen (grundsätzlich) unterscheiden.

METHODE

Wahlplakate analysieren

Im Wahlkampf werben die Parteien mit ihren Programmen und Kandidatinnen und Kandidaten um die Gunst der Wählerschaft. Dabei nutzen sie neben klassischen Wahlveranstaltungen, Hausbesuchen und den Auftritten im Fernsehen auch verschiedene Möglichkeiten des Internets.

Aber auch die Wahlplakate sind für Parteien im Wahlkampf unverzichtbar. Sie sorgen für ständige Präsenz der Parteien, ihrer Kandidaten und ihrer Themen in der Öffentlichkeit. Aus diesem Grunde ist es wichtig, mehr über Wahlplakate herauszufinden, und sinnvoll, diese vergleichend zu analysieren.

METHODISCHER LEITFADEN: UMGANG MIT PLAKATEN

1. Der erste Eindruck

- ? Was springt ins Auge?
- ? Was ist der Blickfang des Plakats?
- ? Welche Emotionen werden geweckt?

2. Die Analyse

äußere Merkmale

- ? Wer ist der Urheber des Plakats?
- ? Was ist das Thema des Plakats?
- ? An wen richtet sich das Plakat? (Wer ist der Adressat?)

einzelne Elemente

BILDMOTIV

- ? Welche Personen, Figuren oder Gegenstände sind dargestellt (einzelne oder mehrere; Gegner, Opfer oder Zugehörige der eigenen Gruppe; Feindbilder oder Heldenfiguren)?
- ? Wie sind Personen dargestellt (typisiert, als Karikatur: Gestik, Gesichtszüge, Größenverhältnisse usw.)?

IKONOGRAFIE

- ? Werden allgemeine, zeittypische oder für eine politische Richtung typische Symbole verwendet?

BILDGESTALTUNG

- ? Wie verhalten sich Größe und Proportionen der Bildelemente?
- ? Welche Perspektive wird gewählt?

FARBGEBUNG

- ? Welche Farben sind dominierend?
- ? Werden Farben symbolhaft gebraucht?
- ? Wie werden Farbkontraste eingesetzt?

TEXT UND SCHRIFT

- ? Welche Schriftgröße und welche Schriftart werden verwendet?
- ? Wie lang ist der Text?
- ? Wie ist das Größenverhältnis von Text und Bild?
- ? Welcher Texttyp wird verwendet (Information, Argument, Parole, Appell usw.)?
- ? Wie gestaltet sich die Text-Bild-Beziehung?

3. Die Interpretation und zusammenfassende Beurteilung

- ? Welche politischen und gesellschaftlichen Einstellungen gibt das Plakat wieder?
- ? Was sind Aussage, Botschaft und Intention des Plakats?
- ? Welche Ängste oder Hoffnungen sollen beim Adressanten angesprochen werden?
- ? Wie tragen Bildaufbau und Gestaltung dazu bei, die Absicht des Urhebers zu erreichen?
- ? Wie ist der Gesamtcharakter des Plakats zu beurteilen (aggressiv, dramatisierend, dynamisch, argumentierend, karikierend usw.)?

Quelle: Michael Sauer: Auffällig, verbreitet, meinungsmachend. Plakate als Quellen im Geschichtsunterricht, in: Geschichte Lernen 114/2006, S. 6

Wahlplakate analysieren 143

METHODE

1 Untersucht arbeitsteilig (mithilfe der Methode) die abgebildeten Wahlplakate und präsentiert eure Ergebnisse.
2 Entwickelt selbst zwei oder drei politische Forderungen und entwerft ein geeignetes Wahlplakat. Oder sucht ältere Wahlplakate und vergleicht, wie sich Gestaltung und Themen verändert haben.

INTERNET

www.bpb.de/lernen/
unterrichten/grafstat/
150415/wahlplakate-
1949-1998

4. Warum wählen?

Seit Menschen zusammenleben, stellt sich die Frage, wer die Macht haben soll, Entscheidungen zu treffen, die das Gemeinwesen angehen. In unserem Staat ist die Machtfrage in Artikel 20 des Grundgesetzes geklärt: „Alle Staatsgewalt geht vom Volke aus. Sie wird vom Volke in Wahlen und Abstimmungen ausgeübt." Durch Wahlen erteilen die Bürger also die Legitimation, Macht auszuüben und politische Entscheidungen zu treffen. In einigen Ländern wie in Belgien oder in fast ganz Lateinamerika besteht sogar eine Wahlpflicht. In Deutschland gilt Wählen zwar als Bürgerpflicht, ist aber „nur" ein Recht, das man freiwillig wahrnehmen kann. In den letzten Jahrzehnten haben immer weniger Bürger von ihrem Recht Gebrauch gemacht.

GLOSSAR
Bürgerrechte

M1 Demokratie

Zeichnung: Gerhard Mester

M3 Wahlbeteiligung immer niedriger

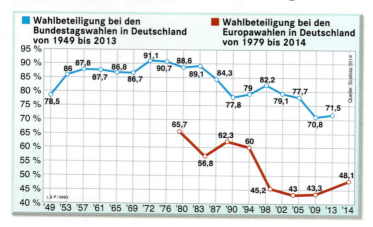

M2 Funktionen von Wahlen

A: _____

Die Gewählten müssen sich regelmäßig in einer Wahl vor den Bürger/-innen verantworten. Die Wähler/-innen können die bisherige Regierung bestätigen oder abwählen und der Opposition die Chance geben, eine andere Politik zu betreiben.

B: _____

Bürger/-innen entscheiden sich in Wahlen für Personen, Ziele und Programme. Wählen ist die einfachste Form, in der Politik mitzumischen.

C: _____

Die Abgeordneten vertreten die Bürger/-innen und ihre unterschiedlichen Meinungen. Der Bundestag soll die Interessen der Wählerschaft widerspiegeln.

D: _____

Die Wähler/-innen beauftragen mit ihrem Votum die Abgeordneten, Gesetze zu erlassen, die verbindlich sind.

E: _____

Eine hohe Wahlbeteiligung zeigt, dass die Bürger/-innen Vertrauen in die demokratischen Institutionen haben. Werden demokratische Wahlen und ihre Ergebnisse in der Bevölkerung akzeptiert, können gesellschaftliche Konflikte friedlich ausgetragen werden, ohne die Stabilität des politischen Systems zu gefährden.

Bruno Zandonella: Wahlen für Einsteiger, in: Thema im Unterricht, Bundeszentrale für politische Bildung, Bonn 2011

M4 Ich gehe nicht wählen!

Harald Welzer ist Gesellschaftswissenschaftler und möchte sich für eine bessere Welt einsetzen. Er engagiert sich politisch in vielfacher Weise. Bei der Bundestagswahl 2013 verweigerte er aber zum ersten Mal in seinem Leben die Wahl. Er nannte das im „Spiegel" einen „Akt der Aufkündigung des Einverständnisses" mit den parteipolitischen Verhältnissen. Alle Parteien, egal ob CDU, SPD, Grüne oder Linke, hätten austauschbare Positionen, stünden aber für nichts, was mit zukunftsfähiger Politik zu tun habe in puncto Finanzkrise, Klimawandel, Energie- und Ressourcenkrise sowie der Entmachtung von Staat und Demokratie durch die Finanzmärkte. Wer wählt, so argumentierte Welzer, bejahe nur den Fortgang eines unschönen Theaters, das vorgaukele, wichtige Probleme zu lösen.

Es gibt längst einen beträchtlichen Teil der Bevölkerung, der sich der bürgerlichen Pflicht des Wählens entzieht, weil er sich aus der Gesellschaft ausgeschlossen fühlt und sich von den Parteien nichts mehr erhofft. Welzer repräsentiert den Deutschen am anderen Ende dieser Spektren. Er ist gebildet, wirtschaftlich gut gestellt und bürgerlich engagiert. Sein Nichtwählen soll nicht Untätigkeit und Abwendung oder selbstgefälligen Überdruss ausdrücken. Er will intervenieren: Dies versucht er, indem er seine Nichtwahl öffentlich begründet und damit zu einer öffentlichen Diskussion über die Parteien und unser repräsentatives System anregt.

Nach: Peter Unfried: Nicht wählen?, in: taz. die tageszeitung vom 8.6.2013

M5 Nicht wählen geht gar nicht!

Wir laden jeden, der so denkt, gern ein, uns bei unserer Demokratiearbeit in einen scheindemokratischen Staat zu begleiten. Dann wird er erkennen, was für ein Schlag ins Gesicht es für jeden ist, der in Syrien, Aserbaidschan, Weißrussland oder in Mali für Demokratie kämpft. [...] Die Wahlverweigerung als politisches Druckmittel, weil man einer Partei nicht zu 100 Prozent zustimmen kann? Hier offenbart sich eine Einstellung von kindlicher Naivität. Gesellschaftliche Realitäten sind komplex. Gesellschaftliche Probleme sind komplex. So sind auch die Lösungsangebote der Parteien. 100 Prozent Übereinstimmung sind da schlicht unmöglich. [...] Es ist egal wer regiert? Mitnichten! Z. B. auf dem Feld der Renten- oder Steuerpolitik unterscheiden sich die Parteien deutlicher als früher. [...]
Und Wahlen sind dabei der Moment, auf den es in unserer repräsentativen Demokratie ankommt. Hier liegt der zentrale Denkfehler der Wahlverweigerung, denn: Der Nichtwähler ist der einzige, der unter Garantie nicht das bekommt, was er will. [...]
Wer etwas verändern will, sollte sich politisch engagieren, denn davon lebt unsere Demokratie. Vom Engagement in Vereinen, in Parteien und in Initiativen, aber nicht von altklugen Aufrufen zur Wahlenthaltung.

Katrin Albsteiger, Sasche Vogt, Lasse Becker, in: Die Zeit Online vom 31.7.2013

Zeichnung: Holger Appenzeller

---

1. Interpretiert die Karikatur (M 1).
2. In Deutschland sollen Wahlen verschiedene Funktionen erfüllen: Legitimation, Kontrolle, Integration, Partizipation, Repräsentation. Klärt diese abstrakten Funktionen, indem ihr sie den einzelnen Aussagen in M 2 zuordnet.
3. Beschreibt die Entwicklung der Wahlbeteiligung (M 3) und formuliert mögliche Folgen.
4. Stellt die Argumente der Texte aus M 4 und M 5 zusammen und ergänzt sie um eigene Aspekte. Nehmt dabei die Funktionen von Wahlen zur Hilfe.
5. Führt eine Pro- und Kontra-Debatte zu dem Thema, ob man auf jeden Fall wählen gehen sollte.

Methode: Karikaturenanalyse, S. 70

Methode: Die Pro- und Kontra-Debatte, S. 169

5. Wählen als Mittel demokratischer Beteiligung

5.1 Vergleich von Wahlsystemen

In einer Demokratie entscheidet bei Wahlen und Abstimmungen die Mehrheit. Dabei sollen demokratische Wahlen laut Artikel 38,1 GG allgemein, frei, gleich, unmittelbar und geheim sein. Bei Parlamentswahlen gibt es mehrere Möglichkeiten, anhand der abgegebenen Stimmen die Zusammensetzung der Volksvertretung zu bestimmen, die dann repräsentativ für das Volk Entscheidungen trifft. In Deutschland hat man sich für eine Sonderform der Verhältniswahl entschieden.

GLOSSAR
Demokratie

M1 Mehrheitswahlrecht und Verhältniswahlrecht

Beim **Mehrheitswahlrecht** wird das Land in Wahlkreise aufgeteilt. In jedem Wahlkreis kandidieren verschiedene Bewerber und Bewerberinnen aus unterschiedlichen Parteien. Die Wählerinnen und Wähler können jeweils einen Kandidaten wählen.
Gewählt ist in jedem Wahlkreis die Kandidatin bzw. der Kandidat, die/der die meisten Stimmen erhalten hat. Die Stimmen der übrigen Kandidaten werden nicht berücksichtigt.
Beim **Verhältniswahlrecht** ist eine Einteilung des Landes in Wahlkreise nicht nötig. Vor der Wahl muss nur feststehen, wie viele Sitze im Parlament insgesamt zu vergeben sind. Jede teilnehmende Partei stellt eine Liste mit Kandidaten auf. Die Wählerinnen und Wähler geben ihre Stimme für eine der Listen ab.
Nach der Wahl wird errechnet, wie viel Prozent der abgegebenen Stimmen auf die jeweiligen Listen entfallen. Die Parteien erhalten dann entsprechende Anteile der Sitze im Parlament. Welche Kandidaten der Parteien einen Sitz erhalten, wird über ihren Platz auf den jeweiligen Wahllisten entschieden.

Autorentext

M2 Kriterien zur Beurteilung der Wahlsysteme

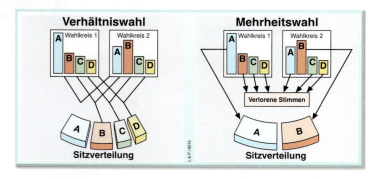

- Spiegelbildliche Abbildung des Wählerwillens (Gerechtigkeit)
- Einzug von extremen Parteien in das Parlament
- Vertretung von kleineren Parteien im Parlament
- Eindeutige Mehrheitsverhältnisse (Handlungsfähigkeit der Regierung)
- Persönliche Wahl (Personenwahl)
- Zuschnitt der Wahlkreise hat Einfluss auf das Wahlergebnis

◀◀ Demokratie erleben im „gestalteten Wahlverfahren", S. 12, M 4

1 Erläutert die Wahlrechtsgrundsätze aus Artikel 38,1 GG am Beispiel der Klassensprecherwahl.
2 Findet geeignete Vergleichskategorien für die beiden Wahlsysteme (M 1), sodass ihr deren Merkmale in einer Tabelle gegenüberstellen könnt.
3 Prüft, inwiefern die einzelnen Kriterien zur Beurteilung von Wahlsystemen (M 2) auf die Mehrheits- bzw. Verhältniswahl zutreffen.

5.2 Die Wahl des Bundestages: das personalisierte Verhältniswahlrecht

Personalisierte Verhältniswahl – das Wahlrecht bei den Bundestagswahlen

Bei der Wahl zum Deutschen Bundestag hat jede/r Wahlberechtigte zwei Stimmen: Mit der Erststimme wählt man den Wahlkreisabgeordneten. Sie entscheidet also darüber, welche/r Kandidat/in den Wahlkreis gewinnt. Gewählt ist, wer die meisten Stimmen auf sich vereinigt hat (relative Mehrheit). Mit der Zweitstimme entscheidet man sich für die Landesliste einer Partei. Sie ist für die Stärke der Partei im Bundestag maßgeblich.

GLOSSAR

Bundestag

	Erststimmen	Zweitstimmen
CDU	40,1	38,4
SPD	34,9	26,7
FDP	5	6,6
Grüne	10	13,1
Die Linke	4,3	5,5
Sonstige	5,6	9,7

Das Wahlergebnis im Wahlkreis 206 bei der Bundestagswahl 2013, in Prozent

	2009	2013
CDU/CSU	33,8	41,5
SPD	23,0	25,7
FDP	14,6	4,8
Grüne	10,7	8,4
Die Linke	11,9	8,6
Sonstige	6,0	10,9

Vergleich der Zweitstimmen von 2009 und 2013 in Prozent im Bundesgebiet

4 Analysiert das Ergebnis der Wahl von 2013. Vergleicht es mit dem von 2009 (M 3).
5 Arbeitet die Auffälligkeiten des Wahlergebnisses im Wahlkreis 206 Mainz heraus.
6 Begründet, warum Tabea Rößner (Grüne) sowohl als Direktkandidatin als auch auf der Landesliste aufgestellt wurde.

6. Ist unser Wahlrecht zu kompliziert?

M 1 Wie wird die Sitzverteilung im Bundestag berechnet?

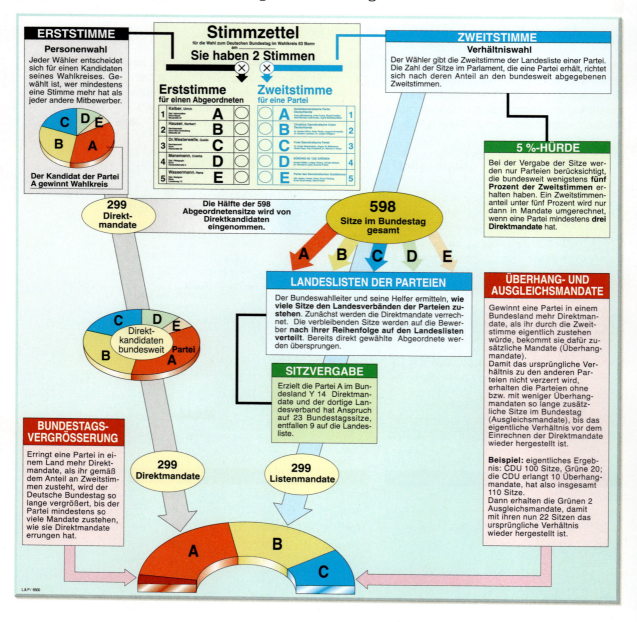

WEBCODE
SDL-11593-501

1. Zeigt Unterschiede zwischen Erst- und Zweitstimme auf und verdeutlicht dabei, welche der beiden Stimmen für die Sitzverteilung im Bundestag entscheidend ist (M 1).
2. Erklärt einem Jungwähler, welche der beiden Stimmen wichtiger ist und warum.
3. Setzt euch mit der These auseinander, dass unser Wahlsystem für den einfachen Bürger zu kompliziert sei.

M2 Zusammenarbeit im Mainzer Wahlkreis 206 – Rößner (Grüne) ruft zur Wahl des SPD-Kandidaten auf

Tabea Rößner, Direktkandidatin der Grünen im Mainzer Wahlkreis 206, ruft die Bürger dazu auf, bei der Bundestagswahl die Erststimme dem SPD-Kandidaten Michael Hartmann zu geben und mit der Zweitstimme Bündnis90 /Die Grünen zu wählen. [...] Rößner ist Spitzenkandidatin der Grünen in Rheinland-Pfalz, Hartmann steht auf Platz 4 der SPD-Landesliste – beide sind somit über die Listen abgesichert.

„Ich hoffe auf ein starkes rot-grünes Signal, das am 22. September von Mainz ausgeht, und werbe deshalb für Erststimme Hartmann, Zweitstimme Grün", sagt die Bundestagsabgeordnete Rößner. [...] 2009 hatte Hartmann den Wahlkreis mit 30,6 % der Erststimmen gegen die damalige CDU-Kandidatin Ute Granold (36,3 %) verloren, Rößner erzielte damals 12,6 %. 2009 habe sie Hartmann wegen der damaligen Haltung der SPD zum Bau eines Kohlekraftwerks nicht unterstützt. „Das ist jetzt anders", so Rößner im AZ-Gespräch. Sollte Hartmann den Wahlkreis gewinnen, wäre er innerhalb der SPD-Fraktion gestärkt. Und daran habe sie als Mainzer Grüne großes Interesse. [...]

„Das habe ich ja noch nie erlebt. Da ruft die grüne Abgeordnete öffentlich auf, sie selbst nicht zu wählen", kritisiert der Mainzer CDU-Chef Wolfgang Reichel. Rößner scheine von ihrer eigenen Politik nicht sehr überzeugt zu sein, „denn offensichtlich wählt sie sich selbst nicht", so Reichel. Ein sicherer Listenplatz führe wohl dazu, den Blick für die Wirklichkeit zu verlieren. Dieser Aufruf grenze schon fast an Wählertäuschung."

Michael Erfurth, in: AZ Online vom 19. 9. 2013

M3 Pro und Kontra: Die Fünf-Prozent-Hürde

Die FDP und die AfD scheiterten bei der letzten Bundestagswahl knapp an der Sperrklausel, fast jeder siebte Wähler votierte für eine Partei, die nicht den Einzug ins Parlament schaffte. Ist die Fünf-Prozent-Hürde zur Stabilisierung unserer parlamentarischen Demokratie immer noch sinnvoll – oder verzerrt sie den Wählerwillen zu stark? Wir haben den Politikwissenschaftler Dieter Nohlen und den Rechtswissenschaftler Ulrich Battis befragt.

Dieter Nohlen: Hände weg von der Fünf-Prozent-Klausel!
Die Fünf-Prozent-Hürde habe sich in Deutschland bewährt, sagt der Politikwissenschaftler. Sie habe nicht dazu geführt, dass die politischen Verhältnisse erstarrten. Zudem seien Sperrklauseln gerade für parteipolitisch instabile Zeiten wie im Augenblick gedacht.

Ulrich Battis: Drei Prozent wären besser als fünf Prozent
Ulrich Battis ist der Meinung, dass Deutschland die Fünf-Prozent-Hürde im Wahlsystem nicht brauche. Das Land habe sich als stabiles Gemeinwesen erwiesen. Besser wäre seiner Ansicht nach eine Drei-Prozent-Hürde – damit würde die Wahlgerechtigkeit vergrößert.

*www.bpb.de/dialog/wahlblog/170393/
pro-und-contra-die-fuenf-prozent-huerde
(Zugriff am 24. 4. 2014)*

---

4 Erklärt, warum die Kandidatin der Grünen dazu aufruft, die Erststimme dem SPD-Kandidaten zu geben (M 2).

5 Diskutiert, ob ihr die Aussagen des CDU-Politikers Wolfgang Reichel nachvollziehen könnt, und überprüft am Wahlergebnis, ob der Aufruf Tabea Rößners Erfolg hatte.

6 Erörtert ausgehend von M 3, ob die Fünf-Prozent-Hürde noch zeitgemäß ist. Ergänzt dazu weitere Argumente.

7. Regierungsbildung: Welche Optionen gibt es nach der Wahl?

INTERNET
Art. 63, GG
Gewählt ist, wer die Stimmen der Mehrheit der Mitglieder des Bundestages auf sich vereinigt. Der Gewählte ist vom Bundespräsidenten zu ernennen.

Gewinnt keine Partei bei der Bundestagswahl die absolute Mehrheit, müssen zwei oder mehrere Parteien eine Koalition bilden. Oft erklären Parteien schon im Wahlkampf, mit welchen anderen Parteien sie zu einer Koalition bereit sind oder nicht: Je nach Wahlergebnis sind aber auch Sondierungsgespräche mit Parteien vonnöten, die man vorher im Wahlkampf bekämpft hat. In den Sondierungsgesprächen versucht die Partei mit den meisten Stimmen herauszufinden, mit welchen Parteien sie konkrete Koalitionsverhandlungen führen will. In den Verhandlungen selbst versuchen dann die beteiligten Parteien, möglichst viel von ihrem Wahlprogramm durchzusetzen. Kompromisse sind unumgänglich. Nach den Sachthemen muss man sich auch noch darauf verständigen, welche Partei welches Ministerium besetzen darf: Die Minister selbst werden von den jeweiligen Parteien bestimmt. Sollten sich die Parteispitzen auf einen Koalitionsvertrag einigen, müssen noch die jeweiligen Parteitage aller zukünftigen Koalitionsparteien zustimmen, ob sie einverstanden sind, dass die Inhalte des Koalitionsvertrages das Programm der Regierung für die nächsten vier Jahre werden. Auf formellen Vorschlag des Bundespräsidenten wählt dann der Bundestag den Bundeskanzler. Nimmt dieser die Wahl an, wird er vom Bundespräsidenten ernannt und kann ihm seine Minister und Ministerinnen vorschlagen, die dann ebenfalls durch den Bundespräsidenten ernannt und vor dem Bundestag vereidigt werden. Dann kann die neue Bundesregierung mit ihrer Arbeit und dem Umsetzen ihres Regierungsprogramms beginnen.

M 1 Von der Wahl zur Regierung

Regierungsbildung: Welche Optionen gibt es nach der Wahl? **151**

M2 Einigung zum Mindestlohn

Zwei Monate verhandelten CDU/CSU und SPD, um dann einen Koalitionsvertrag zu verabschieden. Die Einigung zum Thema Mindestlohn sieht so aus:

Der Mindestlohn soll ab dem 1. Januar 2015 kommen und bundesweit 8,50 € pro Stunde betragen. Allerdings können die Tarifpartner auch Abschlüsse vereinbaren, die darunter
5 liegen, aber ab spätestens 2017 sollen 8,50 € verpflichtend als Untergrenze gelten. Die Höhe des allgemein verbindlichen Mindestlohns soll in regelmäßigen Abständen von einer siebenköpfigen Kommission der Tarifpartner festgelegt werden. Die Mitglieder der Kommission werden von den Verbänden der Arbeitgeber und Gewerkschaften benannt. Bei der Bestimmung der künftigen Höhen soll externer wissenschaftlicher Sachverstand hinzugezogen werden. Der Mindestlohn soll unter anderem nicht für Auszubildende und Praktikanten oder ehrenamtliche Tätigkeiten, die im Rahmen der Minijobregelung vergütet werden, gelten.

marw./nto./phi./FAZ.NET vom 27.11.2013

GLOSSAR
10 Arbeitgeberverbände
Gewerkschaften

▶▶ Ist das Gesetzgebungsverfahren zu langwierig?, S. 154 f.

M3 Sitzverteilung

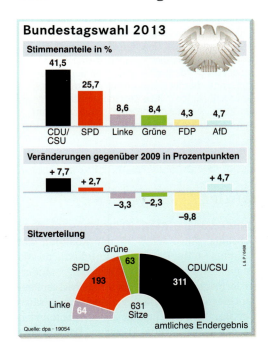

M4 Qual der Wahl

Zeichnung: Paolo Calleri

1. Bringt die Aussagen mithilfe des Infotexts in die richtige Reihenfolge und stellt sie in einem Flussdiagramm dar (M 1).
2. Beschreibt die Einigung zum Thema Mindestlohn von CDU/CSU und SPD im Koalitionsvertrag und vergleicht sie mit den Wahlprogrammen (S. 140 f.).
3. Interpretiert die Karikatur (M 4).
4. Erstellt eine Karikatur analog zu M 4 mit der CDU-Vorsitzenden Merkel unmittelbar nach der Bundestagswahl 2013 (M 3). (Beschriftet die Äpfel, füllt die Gedankenblasen neu und formuliert einen passenden Untertitel.)

◀◀ Parteiprogramme: unverwechselbar oder alle gleich, S. 140 f.

8. Die Bundesregierung – wer hat das Sagen?

! Von der Bundesregierung oder dem Kabinett spricht man, wenn sowohl der Kanzler als auch die Minister gemeint sind. Die Bundesregierung ist das wichtigste politische Organ des Staates. Dies ergibt sich schon aus dem Wort „regieren": Das bedeutet, sich politische Ziele zu setzen, Mittel zu ihrer Durchführung zu bestimmen, Kräfte zu koordinieren und Mehrheiten zu organisieren, um das durchzusetzen, was man als richtig ansieht. Die meisten Gesetzesinitiativen kommen von der Bundesregierung, weil diese sich bei der Formulierung von Gesetzesentwürfen auf die vielen Mitarbeiter und Experten in den Ministerien stützen kann. Zur Verwirklichung ihrer politischen Vorhaben benötigt die Bundesregierung die Mehrheit der Abgeordneten im Bundestag.
Oft sind der Kanzler oder die Minister gleichzeitig Vorsitzende einer Regierungspartei und werben in den Sitzungen der Fraktion um die Zustimmung zu den Beschlüssen des Kabinetts.

GLOSSAR
Bundeskanzler

M1 Regierungsstile

Zeichnung: Heiko Sakurai

Art. 65, GG: Der Bundeskanzler bestimmt die Richtlinien der Politik und trägt dafür die Verantwortung. Innerhalb dieser Richtlinien leitet jeder Bundesminister seinen Geschäftsbereich selbstständig und unter eigener Verantwortung. Über Meinungsverschiedenheiten zwischen den Bundesministern entscheidet die Bundesregierung. Die Bundeskanzlerin leitet ihre Geschäfte nach einer von der Bundesregierung beschlossenen und vom Bundespräsidenten genehmigten Geschäftsordnung.

M2 Regierungsstile der Bundeskanzler

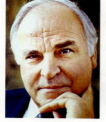

Helmut Kohl
(1982–1998)

Gerhard Schröder
(1998–2005)

Bundeskanzler Helmut Kohl: Helmut Kohl wurde am 1.10.1982 mit dem ersten erfolgreichen konstruktiven Misstrauensvotum zum Bundeskanzler gewählt. Der langjährige Par-
5 teivorsitzende der CDU konnte sich neben den Stimmen seiner Fraktion auf die Stimmen der FDP stützen. Sein Regierungsstil war auf Machtsicherung und Integration bedacht. Helmut Kohls Macht basierte auf einem en-
10 gen Netzwerk in der Partei und auf Männerfreundschaften. Die Entscheidungen wurden daher auch eher in informellen Runden denn in den dafür vorgesehenen Institutionen getroffen. Kritiker warfen ihm vor, dass er Prob-
15 leme „aussitze". Große Verdienste erwarb er sich bei dem Erringen der Deutschen Einheit, wobei er die gegensätzlichen Positionen zu integrieren wusste.

Bundeskanzler Gerhard Schröder: Gerhard Schröder (SPD) setzte in der Koalition mit 20 Bündnis 90/Die Grünen neue inhaltliche Akzente: Atomausstieg, Ökosteuer, Modernisierung des Staatsbürgerschaftsrechts, Rentenreform und militärische Auslandseinsätze der Bundeswehr. Er galt als Medienkanzler, 25 wusste sich in Szene zu setzen. Der Konflikt um die Agenda 2010 („Hartz-IV"-Gesetze) führte zu Konflikten mit einem Teil der traditionellen SPD-Wählerschaft. Sein Führungsstil war gekennzeichnet durch die Ver- 30 lagerung von Entscheidungsprozessen in Kommissionen („Hartz-Kommission"). Kritisiert wurde er von manchen als „Basta"-Kanzler. So musste er den Zusammenhalt in der Koalition mehrfach durch offene und ver- 35 deckte Rücktrittsdrohungen sichern.

Die Bundesregierung – wer hat das Sagen? 153

Bundeskanzlerin Angela Merkel: Angela Merkel wurde 2005 als Parteivorsitzende der CDU mit den Stimmen der SPD als erste Frau zur Bundeskanzlerin gewählt. Im Gegensatz zu ihrem Vorgänger legt sie keinen Wert auf medienwirksame Inszenierungen. Ihr Regierungsstil wird eher als sachlich, nüchtern und pragmatisch beschrieben. Genaue Analysen gehen einer Entscheidung voraus. Akzente wurden zunächst vor allem außenpolitisch durch ihren Einsatz für die EU und den Euro gesetzt. In der Wirtschafts- und Finanzkrise 2008 wurde ihr zusammen mit Finanzminister Peer Steinbrück effizientes Krisenmanagement bescheinigt. In ihren Entscheidungen zieht sie gelegentlich die öffentliche Meinung der traditionellen Parteiprogrammatik vor, wie der Beschluss zum Atomausstieg und die stärkere Gleichstellung homosexueller Lebenspartnerschaften zeigen. Kritisiert wird Angela Merkel zuweilen als „Präsidialkanzlerin", die sich aus inhaltlichen Kontroversen weitgehend heraushält und eher abwartend nach Kompromissen sucht.

Autorentext

Angela Merkel (seit 2005)

M 3 Welche Rechte hat eine Kanzlerin/ein Kanzler?

Die Verfassung weist der Kanzlerin eine starke Position zu: Sie hat das Recht, ein Kabinett zu bilden, kann also bestimmen, wie viele Ministerien eingerichtet werden und welche Aufgabenbereiche diese haben sollen. Außerdem hat sie das Recht, die Minister auszuwählen.

Ferner steht ihr die sogenannte Richtlinienkompetenz zu. Das meint das Recht, die grundsätzlichen Ziele der Innen- und Außenpolitik der Regierung zu bestimmen. Diese Richtlinien legen die Grundsätze für die Arbeit der Bundesministerien fest. Innerhalb dieses Rahmens können die Minister die Arbeit ihres Ressorts eigenverantwortlich gestalten. Dies wird „Ressortprinzip" genannt. Es wird jedoch eingeschränkt durch die herausgehobene Stellung des Finanzministers, weil dieser den Haushaltsplan aufstellt und die Finanzanforderungen der anderen Ministerien koordiniert.

Bei Meinungsverschiedenheiten entscheidet die Mehrheit der Minister. Sie sind bei allen Fragen gleich- und stimmberechtigt. Daraus wird das Kollegialprinzip abgeleitet.

Es liegt auf der Hand, dass diese drei Grundsätze einander widerstreiten können: Denn im Interesse eines Kanzlers liegt es, die eigene Richtlinienkompetenz zu betonen, während Minister eher auf das Respektieren ihrer Einflussbereiche pochen, also Wert auf die Einhaltung des Ressort- und Kollegialprinzips legen.

Verfassungsrechtlich sind die Weichen eher zugunsten eines starken Regierungschefs gestellt. Wie durchsetzungsfähig der allerdings tatsächlich ist, hängt von der Persönlichkeit, aber auch von der Stärke des Koalitionspartners ab.

Autorentext

Bundeskabinett am 17. 12. 2013

1 Beschreibt die Karikatur (M 1) und formuliert Hypothesen über deren Aussage.
2 Überprüft eure Hypothesen mithilfe der Informationen über die Regierungsstile (M 2). Nehmt eure Eindrücke über die aktuelle Regierungsführung mit hinzu.
3 Schlagt begründet vor, wem ihr am Kabinettstisch die Plätze neben und den Platz direkt gegenüber der Kanzlerin zuweisen würdet (M 3).
4 Beurteilt, ob die Position des Bundeskanzlers in der Regierung als „Erster unter Gleichen" bezeichnet werden kann.

9. Ist das Gesetzgebungsverfahren zu langwierig?

GLOSSAR
Gesetze
Gesetzgebung

Treten im Alltag der Gesellschaft Probleme auf oder wollen spezielle Gruppen und Verbände ihre Interessen durchsetzen, entsteht der Wunsch nach einer neuen verbindlichen Regelung. In diesem Fall werden Wünsche nach neuen Gesetzen an die Parteien und die politischen Organe herangetragen. Das Grundgesetz legt fest, dass sich die Gesetzgebung im engen Zusammenspiel von Bundestag, Bundesrat und Bundesregierung vollzieht. Am Beispiel des Gesetzes zur Einführung eines flächendeckenden gesetzlichen Mindestlohnes könnt ihr weitere Einzelheiten erarbeiten.

M 1 Auf dem Weg zum Gesetz für einen flächendeckenden Mindestlohn

◀◀ Einigung zum Mindestlohn, S. 151, M 2

- Die Zahl derjenigen, die nicht ohne staatliche Zuschüsse von ihrem Lohn leben können, steigt; die Gewerkschaften fordern die Einführung eines gesetzlichen Mindestlohns;
- März 2013: Die SPD nimmt die Forderung nach einem flächendeckenden Mindestlohn von 8,50 € in ihr Wahlprogramm auf;
- 16.12.2013: In ihrem Koalitionsvertrag einigen sich CDU/CSU und SPD auf die Einführung eines Mindestlohns unter bestimmten Einschränkungen;
- Forderungen aus der Gesellschaft – Erstellung des Gesetzentwurfs im Ministerium;
- 17.3.2014: Bundesarbeitsministerin Andrea Nahles (SPD) stellt den ersten Gesetzentwurf zum Tarifautonomieförderungsgesetz vor, der die Einführung eines Mindestlohns mit Ausnahmen vorsieht;
- 2.4.2014: Das Kabinett stimmt dem Gesetzentwurf der Arbeitsministerin zu;
- 5.6.2014: In der Ersten Lesung im Bundestag stellt die Ministerin ihr Gesetz vor und verteidigt es gegen die Kritik der Opposition;
- 25.6.2014: Nach zahlreichen Forderungen von Unternehmensverbänden und Vertretern von CDU/CSU einigen sich die Parteispitzen von SPD und CDU/CSU auf eine Aufweichung einer strikten Regelung z. B. bei Praktikanten, Erntehelfern oder Zeitungsboten;
- 30.6.2014: In einer öffentlichen Anhörung sprechen geladene Sachverständige vor dem Ausschuss für Arbeit und Soziales;
- 1./2.7.2014: Mit der Mehrheit der Koalitionsfraktionen schlägt der Ausschuss Änderungen am ursprünglichen Entwurf vor und formuliert eine Beschlussempfehlung;
- 4.7.2014: Nach Zweiter und Dritter Lesung stimmt der Bundestag dem geänderten Gesetzentwurf mit großer Mehrheit zu;
- 11.7.2014: Der Bundesrat stimmt dem Gesetz mit großer Mehrheit zu;
- Der Bundespräsident unterschreibt nach Prüfung das Gesetz;
- ab 1.1.2015: Das Gesetz tritt in Kraft. Es beinhaltet wenige Übergangsfristen bis 2017.

Die Vorsitzende des Ausschusses für Arbeit und Soziales, Kerstin Griese, und Bundesarbeitsministerin Andrea Nahles.

1 Vollzieht am Beispiel des Mindestlohnes nach, wie ein Gesetzgebungsprozess verläuft. Erstellt ein Flussdiagramm zu dem zeitlichen Ablauf des Verfahrens (M 1) und macht dabei die in M 2 herausgestellten Phasen deutlich.

Autorentext

! M 2 Wie entsteht ein Gesetz?

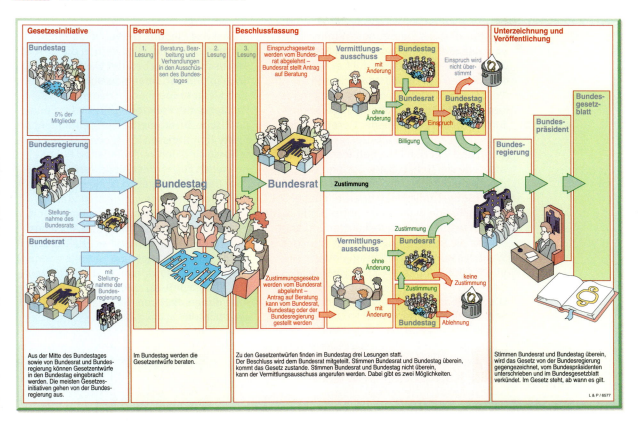

! M 3 Wobei vermittelt der Vermittlungsausschuss?

Wenn ein Gesetz vom Bundesrat abgelehnt wird, kann der Vermittlungsausschuss angerufen werden. In diesem Gremium sitzen 32 Mitglieder: 16 kommen aus dem Bundesrat (ein Mitglied pro Bundesland) und 16 aus dem Bundestag. Alle Fraktionen des Parlamentes dürfen entsprechend ihrer Stärke im Bundestag Abgeordnete entsenden.

Die Aufgabe des Ausschusses ist es, Wege zu finden, um ein Gesetz nicht endgültig scheitern zu lassen, z. B. durch einen Kompromiss. Um möglichst offene Diskussionen zu ermöglichen, tagt der Ausschuss unter Ausschluss der Öffentlichkeit.

Autorentext

WEBCODE
SDL-11593-502

2 Analysiert am Beispiel des Gesetzes zur Einführung des Mindestlohnes die Besonderheiten des deutschen Gesetzgebungsprozesses (z. B. Dauer, Anzahl der Beteiligten, Transparenz).

3 Stellt heraus, wie man durch Zusammenstellung und Arbeitsweise versucht hat, der besonderen Rolle des Vermittlungsausschusses gerecht zu werden (M 3).

4 Erörtert anhand des Gesetzes zur Einführung eines flächendeckenden gesetzlichen Mindestlohnes, ob das Gesetzgebungsverfahren zu langwierig ist.

156 DIE POLITISCHE ORDNUNG DER BUNDESREPUBLIK DEUTSCHLAND

10. Ist der Abgeordnete frei in seinen Entscheidungen?

! Der Bundestagsabgeordnete nimmt eine zentrale Stellung im politischen Betrieb ein. Als Vertreter des Volkes erfüllt er wichtige Funktionen des Bundestages. Er soll die im Volk vorhandenen Meinungen und Interessen zum Ausdruck bringen (Artikulationsfunktion). Er verabschiedet Gesetze, wenn auch nicht ganz allein (Gesetzgebungsfunktion), und legt den Haushalt fest, bestimmt also, wie viel Geld z. B. für Soziales oder für die Förderung der Wirtschaft ausgegeben wird (Budgetfunktion). Außerdem hat er weitreichende Wahl- und Kontrollfunktionen: Er wählt den Bundeskanzler und kontrolliert die Regierung. Zudem ist er an der Wahl des Bundespräsidenten und der Mitglieder des Bundesverfassungsgerichtes beteiligt.

Die Arbeit der Parlamentarier findet in verschiedenen Gremien statt: Da ist zunächst das Plenum, die Vollversammlung der Abgeordneten: Hier werden die Gesetze verabschiedet. Vorbereitet werden sie jedoch in den Parlamentsausschüssen. Dies sind kleinere Gremien, in denen auch die Fachleute der Fraktionen sitzen. Ihre parteipolitische Zusammensetzung entspricht den Kräfteverhältnissen im Bundestag. Die Ausschüsse sind den verschiedenen Politikbereichen zugeordnet, etwa Verteidigung oder Recht. Sie tagen in der Regel nicht öffentlich, um zu gewährleisten, dass unbefangen diskutiert und sachorientiert gearbeitet werden kann. In den Ausschüssen werden Kompromisse erarbeitet. Damit sie möglichst unabhängig handeln können, haben die Abgeordneten besondere Rechte. Gemäß Art. 38,1 GG sind sie in ihren Entscheidungen frei und nur ihrem Gewissen verpflichtet.

M1 Kampf des Gewissens

Zwischen Macht und Moral. Ein SPD-Abgeordneter der rot-grünen Regierung ringt um seine Entscheidung zum Bundeswehr-Einsatz, der zur Abstimmung im Bundestag ansteht.

Sitzverteilung unter der rot-grünen Regierung im 16. Deutschen Bundestag (2005-2009)
Die Linke/PDS: 53
SPD: 221
Bündnis 90/
Die Grünen: 51
CDU/CSU: 222
FDP: 61
fraktionslos: 3
(insg. 611 Sitze)

📖 *Dienstag:* Als Wehrdienstverweigerer musste der Abgeordnete B. einst zur Prüfung seines Gewissens die Frage beantworten, ob er Kindergärten vor feindlichen Panzern schützen würde. Er hat also schon viele Szenarien [5] durchdacht. Heute sitzt nun sein SPD-Kanzler vor ihm in der Fraktionssitzung der SPD und erklärt, dass er meint, dass Deutschland Verantwortung übernehmen muss und er es für [10] sinnvoll hält, 3900 deutsche Soldaten für den Krieg gegen den Terror bereitzustellen. Da weiß der Abgeordnete B., dass er nun persönlich gefragt ist, dass er seine Hand heben muss. Nicht in einem Szenario, sondern ganz [15] real. Doch wann soll er seine Hand heben: mit den Nein-Sagern oder mit den Ja-Sagern?
Bis zwei Uhr nachts diskutiert er mit dem Mitbewohner seiner Abgeordnetenwohnung. Sie suchen Alternativen zu dem Bundeswehrein-

satz: Lebensmittel? Geld? Aber führt das zum [20] Ziel?

📖 *Mittwoch:* Etwa 30 Mails von Bürgern bekommt B. pro Tag. Nur sehr wenige sind mit dem Einsatz der Bundeswehr einverstanden, die meisten fordern von ihm, mit Nein abzu-[25] stimmen. Ein Parteifreund aus seinem Bundesland ruft ihn an und kündigt seinen Austritt aus der Partei an.
Heute ist wieder Fraktionssitzung. B. geht vor Beginn der Sitzung zum Generalsekretär der [30] SPD, den er gut kennt, und schlägt ihm vor, dass doch ein paar SPD-Abgeordnete mit Nein stimmen könnten, um die SPD-Wähler an der Basis zu besänftigen. Der Generalsekretär lehnt aber ab. Er ist voll auf der Linie des [35] Kanzlers; man müsse den Terror bekämpfen und an die Solidarität mit den Bündnispartnern denken. Auch der Vorsitzende der Fraktion wirbt im Anschluss vor allem für die Geschlossenheit der SPD; die Politik des Kanz-[40]lers sei sinnvoll und man müsse nach außen einig auftreten. Es gibt aber viele Fragen von

▨ GLOSSAR

Abgeordnete
Bundestag

Ist der Abgeordnete frei in seinen Entscheidungen?

den Abgeordneten. B. ist hin- und hergerissen. In der Diskussion hält er sich zurück, weil er sich schon in einer anderen Sache mit der Regierung angelegt hat.

Donnerstag: B. ruft einen Friedensforscher an, den er von früher kennt: Er ist eher gegen einen voreiligen Einsatz. Die Kreisverbände seines Wahlkreises wollen wissen, wie er zum Einsatz der Bundeswehr steht. Sie fordern sein Statement. In Berlin gibt es eine erneute Fraktionssitzung. Der Vorsitzende der Fraktion verstärkt sein Werben um die Zustimmung. Er beruft sich dabei auf Experten aus dem SPD-geführten Außenministerium. Auch er hat von den vielen skeptischen SPD-Abgeordneten gehört. Angeblich sind einige Abgeordnete vom Koalitionspartner, Bündnis 90/Die Grünen, auch dagegen. Die CDU als Opposition ist allerdings wie der Kanzler und viele in der SPD dafür: Es gäbe also auf jeden Fall eine Mehrheit für den Einsatz. Es geht aber um die Kanzlermehrheit. Der SPD-Kanzler will auf jeden Fall, dass es eine stabile Mehrheit seiner eigenen Leute gibt.

Freitag: Zurück in seinem Wahlkreis trifft B. Leute, die ihm von der Meinung der Stammtische berichten: sie wollen Terroristen bekämpfen lassen, aber keine Bombenangriffe unter Teilnahme der Bundeswehr. In Berlin hört man Stimmen vom Ende der Koalition, wenn sie keine eigene Mehrheit in dieser wichtigen Frage zusammen bekommt: Dann wären alle anderen Reformen, etwa im sozialen Bereich, die B. auch sehr wichtig sind, erst einmal dahin.

Samstag: Parteiversammlung der SPD in seinem Wahlkreis. Die Basis spricht ihm sein Vertrauen aus. Er solle an das Grundgesetz denken. Er spricht aber auch mit jungen SPD-Mitgliedern, die strikt gegen den Einsatz sind und sehr enttäuscht von ihm wären, sollte er zustimmen.

Sonntag: Eine Erklärung einiger SPD-Funktionsträger aus seinem Wahlkreis wird bekannt. Sie sind völlig gegen den Einsatz der Bundeswehr. Ob B. sich bei der Nominierung zur nächsten Bundestagswahl noch auf sie verlassen kann, wenn er jetzt mit Ja stimmt?

Montag: Der SPD-Kanzler hat die Zweifler ins Kanzleramt gerufen; zu ihnen gehört B.. Es kommt zu einem Austausch der Argumente. Inhaltlich ist B. weiter nicht von dem Einsatz überzeugt. Der Kanzler deutet an, dass er darüber nachdenkt, die Abstimmung über den Einsatz der Bundeswehr mit einer Vertrauensfrage zu verbinden: Zunächst wolle er sie aber nicht einsetzen.

Freitag: Abstimmung: Wie soll er sich entscheiden?!

gekürzt und abgeändert, aus: Die Woche, 16.11.2001

INTERNET

www.abgeordnetenwatch.de
Hier könnt ihr das Abstimmungsverhalten der Abgeordneten aus eurem Wahlkreis überprüfen und mit dem Abstimmungsverhalten der Fraktionen abgleichen.

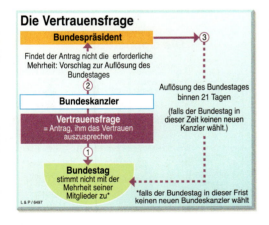

1. Nennt die unterschiedlichen Einflussfaktoren, die auf den Abgeordneten vor der Abstimmung einwirken, und stellt sie in einem Schaubild dar (M 1).
2. Begründet kurz vor der Abstimmung im Bundestag in einem Statement vor der Fraktion, wie ihr als Abgeordneter B. abstimmen würdet. Oder stellt als Fraktionsvorsitzender in einem Statement vor der Fraktion dar, was für eine einheitliche Abstimmung der SPD-Abgeordneten spricht.
3. Erläutert, welche Auswirkungen es gehabt hätte, wenn der Kanzler die Sachabstimmung mit der Vertrauensfrage (siehe Grafik) verknüpft hätte (M 1).
4. Beschreibt, welche der Funktionen des Parlaments aus dem Infotext in dem Fallbeispiel angesprochen werden.

11. Die parlamentarische Opposition: mächtig oder ohnmächtig?

Die Opposition stellt als Minderheit im Parlament die Gegenkraft zur Mehrheit und der von ihr getragenen Regierung dar. Während Kritik an der Regierung von Abgeordneten aus den Parteien der Regierungskoalition eher intern, z. B. in Sitzungen der Fraktion, geübt wird, versucht die parlamentarische Minderheit die Regierung möglichst öffentlich zu kontrollieren und zu kritisieren. Ihre Aufgabe ist es, Probleme und Widersprüche der Regierungspolitik aufzuzeigen und als mögliche Regierung von morgen inhaltliche und personelle Alternativen vorzustellen. Dies ist wichtig, damit die Bürgerinnen zwischen konkurrierenden Parteien auswählen können und die Kontrolle zwischen den Gewalten gewährleistet wird. Die Einflussmöglichkeiten der Opposition verbessern sich entscheidend, wenn sie auf eine Mehrheit im Bundesrat setzen kann und damit einen großen Einfluss auf die Gesetzgebung hat. In Zeiten einer Großen Koalition aus CDU/CSU und SPD ist die parlamentarische Opposition sehr klein. So liegt der Anteil der Abgeordneten der Opposition im 18. Bundestag seit 2013 nur bei etwa 20 Prozent, sodass nach Absprache mit der Regierungsmehrheit Veränderungen in manchen Punkten (z. B. Einberufung von Ausschüssen oder Redezeiten) getroffen wurden, damit die Opposition ihre Aufgaben überhaupt sichtbar wahrnehmen kann.

M1 Redezeitverteilung

M2 Sitzverteilung

M3 Kontrollinstrumente des Bundestages (Auswahl)

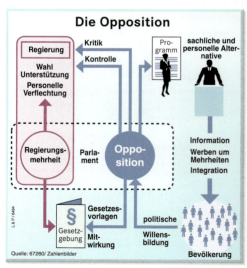

Laut Grundgesetz stehen folgende Kontrollmöglichkeiten dem gesamten Bundestag zur Verfügung. Faktisch werden sie aber vor allem von der Opposition genutzt. Diese kann:
- über das Budgetrecht die Finanzpläne und damit die Politik der Regierung kontrollieren (Art. 110 und 114 GG);

- Kleine und Große Anfragen an die Regierung richten. (Für beides müssen sich als Fragende mindestens fünf Prozent der Abgeordneten aussprechen. Die Anfrage muss schriftlich beantwortet werden. Bei der Großen Anfrage folgt im Bundestag noch eine öffentliche Debatte);
- Untersuchungsausschüsse einrichten (Art. 44 GG);
- eine Verfassungsklage gegen Maßnahmen der Regierung und Gesetze beim Bundesverfassungsgericht einreichen (Art. 93 und 100 GG) und schließlich:
- ein konstruktives Misstrauensvotum stellen (Art. 67 GG). Dabei wird durch die Mehrheit des Bundestages der Kanzlerin oder dem Kanzler das Misstrauen ausgesprochen und zugleich ein Nachfolger oder eine Nachfolgerin gewählt;
- Die Einflussmöglichkeiten der Opposition verbessern sich, wenn sie auf eine Mehrheit im Bundesrat setzen kann und damit großen Einfluss auf die Gesetzgebung hat.

Nach: www.bundestagswahl-bw.de
(Zugriff am 14.4.2012)

GLOSSAR

Gesetzgebung

Untersuchungsausschuss
Laut Geschäftsordnung des Deutschen Bundestages bedürfte es eigentlich eines Viertels der Abgeordneten, um einen Untersuchungsausschuss einsetzen zu können.

Katja Kipping (Die Linke) in der Haushaltsdebatte

Herr Präsident! Meine Damen und Herren!
Preis der schwarzen Null
Wann immer es um den Haushalt ging, hat diese Regierung stolz unterstrichen, dass sie ab 2015 einen ausgeglichenen Haushalt, also unter dem Strich eine schwarze Null, anstrebt. Aber [...]: Allein der Finanzmarktstabilisierungsfonds hat ein Defizit von 25 Milliarden Euro eingefahren; das ist im Haushalt nicht eingebucht.
Verschiedene Maßnahmen werden über die Sozialversicherung finanziert; ich finde, das ist ein Buchungstrick. Infolgedessen schmelzen die Sicherheitspolster der Sozialkassen. Halten wir also fest: Schwarz-Rot bezahlt Wahlgeschenke aus den Krisenpolstern der Sozialkassen. Durch diesen Buchungstrick watet Deutschland knietief im Dispo. Ich finde, es ist nicht hinnehmbar, dass am Ende die Rentnerinnen und Rentner und die Verbraucherinnen und Verbraucher die Rechnung für diesen Buchungstrick zahlen müssen.
Interessant ist in diesem Zusammenhang, wie sich die prozentuale Beteiligung der Unternehmen am Sozialbudget über die Jahre verändert hat. Noch Anfang der 1990er-Jahre hat die sogenannte Arbeitgeberseite immerhin ein Drittel des Sozialbudgets weggetragen; inzwischen ist es nur noch ein Viertel. Wenn also die Unternehmen und Konzerne weniger bezahlen, dann heißt das im Klartext: Die privaten Haushalte und die öffentlichen Kassen müssen mehr wegtragen.
Vor diesem Hintergrund wäre es eine sinnvolle Reaktion gewesen, die Konzerne stärker per Steuer heranzuziehen. Aber Sie haben gleich zu Beginn der Wahlperiode festgelegt: Wir wollen keine höhere Körperschaftsteuer, wir wollen keine Millionärssteuer, wir wollen keinen höheren Spitzensteuersatz.
Auf der anderen Seite fehlt Geld, und zwar vom Bund bis zur Kommune. Dem Bund fehlt Geld, um zum Beispiel die Mitte, die am Steueraufkommen bisher überproportional beteiligt ist, zu entlasten. In der Kommune fehlt Geld für Kitas und für barrierefreien Bus- und Bahnverkehr. [...]

Rede von Katja Kipping (Die Linke) in der Haushaltsdebatte des Deutschen Bundestages am 9.4.2014

Körperschaftsteuer
Steuer auf das Einkommen von inländischen juristischen Personen wie beispielsweise Kapitalgesellschaften, Genossenschaften oder Vereinen

Dispo
Kurzform für „Dispositionskredit", betraglich begrenzte Überziehungsmöglichkeit für Zwecke des unbaren Zahlungsverkehrs

---

1 Beschreibt die Verteilung der Sitze und der Redezeit im 18. Bundestag und formuliert mögliche Folgen (M 1, M 2).

2 Stellt eine begründete Rangfolge auf, welche der parlamentarischen Mittel für die Oppositionsarbeit am wirkungsvollsten sind (M 3).

3 Erläutert das Instrument der Haushaltsdebatte und die Absicht, die für die Opposition dabei im Mittelpunkt steht, am Beispiel der Rede von Katja Kipping (M 4).

4 Ergänzt das Schaubild (M 3) um die Bedeutung der Medien/der Öffentlichkeit für die Arbeit der Opposition.

12. Die Bundesländer im Bundesstaat: mehr Chancen durch Vielfalt?

GLOSSAR
Föderalismus

Der Staatsname „Bundesrepublik Deutschland" bringt die Absicht der Schöpfer des Grundgesetzes zum Ausdruck, dass das neue Deutschland ein **Bundesstaat** werden sollte. In Artikel 79, Absatz 3 des Grundgesetzes legten sie im Parlamentarischen Rat fest, dass die „Gliederung des Bundes in Länder" und die „Mitwirkung der Länder bei der Gesetzgebung" des Bundes zum unveränderlichen Kern der Verfassung gehört, also keinesfalls abgeschafft werden darf.

Föderale Strukturen und die Pflege regionaler Vielfalt waren in Deutschland stets wichtig. Erst der Nationalsozialismus schuf einen zentralistischen Einheitsstaat. Danach wurden im Interesse der Freiheitssicherung die politischen Zuständigkeiten zwischen dem Gesamtstaat (Bund) und den Einzelstaaten (Länder) aufgeteilt. Starke Länder sollten ein Gegengewicht zum Bund bilden. Das Verhältnis zwischen Bund und Ländern ist kompliziert. Es gibt Aufgaben, die reine Ländersache sind (Schulwesen, Universitäten, Polizei). Es gibt andere Aufgaben, die allein Angelegenheit des Bundes sind (Außenpolitik, Verteidigung). Es gibt drittens Aufgaben, die nur so lange von den Ländern geregelt werden, wie der Bund von seiner Zuständigkeit keinen Gebrauch macht. In vielen Angelegenheiten erfolgt die Gesetzgebung auf Bundesebene, während die Ausführung der Gesetze den Ländern obliegt.

M1 Der Föderalismus im Streit der Meinungen

„Ein Einheitsstaat ist billiger. Denn es gibt nur eine Regierung und ein Parlament."

„Im Föderalismus haben Politiker viele Möglichkeiten, ihre Führungsqualitäten zu erproben, weil es mehr Führungspositionen gibt als im Einheitsstaat."

„Im Föderalismus hat der Bürger mehr Möglichkeiten, sich politisch zu beteiligen. Denn es gibt ja mehr Wahlen."

„Im Föderalismus ist die Politik schwerfällig. Denn die verschiedenen Regierungen, Parlamente und Verwaltungen müssen ständig aufeinander Rücksicht nehmen, Entscheidungen abwarten und langwierige Verhandlungen miteinander führen."

„Irgendwo ist immer Wahlkampf. Das blockiert schnelle politische Entscheidungen."

„Vieles wird in den Ländern entschieden und ist damit näher an den Bürgern."

„Der Föderalismus ist experimentierfreudig. Wenn ein Experiment klappt, werden andere Länder schnell nachziehen. Bei Misserfolg bleibt der Schaden auf ein Land begrenzt."

„Im Verhältnis zum Einheitsstaat ist das kulturelle und gesellschaftliche Leben bunter."

„Der Föderalismus führt zu unterschiedlichen Lebensbedingungen. Das erschwert den Umzug von einem Land in das andere Land."

INTERNET

Besucht euren Landtag (Gespräch mit Landtagsabgeordneten, Debatte im Plenum, öffentliche Ausschusssitzung).
www.landtag-saar.de
www.landtag.rlp.de

1. Beschreibt die aktuellen Mehrheitsverhältnisse in eurem Landtag.
2. Erläutert, für welche politischen Probleme Abgeordnete eures Wahlkreises im Landtag zuständig sind und für welche nicht. Recherchiert dazu im Internet.
3. Recherchiert die wesentlichen Merkmale des saarländischen und rheinland-pfälzischen Bildungssystems und vergleicht sie hinsichtlich der Kategorien Schulsystem, Schulzeit, Übergang auf weiterführende Schulen, Zentralabitur.
4. Stellt auf Basis der Ergebnisse eurer Internetrecherche dar, welche Probleme entstehen können, wenn ihr von Saarbrücken nach Trier umziehen würdet.

Fishbowl-Diskussion

METHODE

„Was ist deine Meinung zu …?" – Bei Diskussionen besteht oft die Gefahr eines Abgleitens in emotionsgeladenen Streit oder in ergebnisloses Gerede. Produktiver ist es, sachlich zu argumentieren und erprobte Gesprächsregeln anzuwenden. Gut dazu geeignet ist die Fishbowl-Diskussion, auch „Aquarium" genannt. In einer Fishbowl sitzt die Klasse in zwei Kreisen. Diese Diskussionsform dient einerseits dem Austausch von Meinungen, andererseits lernen die Beobachtenden neue Argumente für ihre Meinungsbildung kennen.

Vorbereitung:
Bei einer Fishbowl-Diskussion diskutieren etwa fünf bis sechs Schülerinnen und Schüler stellvertretend für die Klasse über ein Thema, z. B.: „Förderalismus: mehr Chancen durch Vielfalt?" Sie können sich selbst für die Diskussion melden oder werden ausgewählt. Sie erhalten Zeit, sich auf das Thema vorzubereiten.

Durchführung:
Im Innenkreis sitzt die Diskussionsgruppe. Im Außenkreis verfolgen die Beobachter genau den Verlauf der Diskussion. Im Innenkreis werden ein oder zwei Stühle frei gelassen. Schülerinnen und Schüler aus dem Außenkreis, die glauben, ein gutes Argument zu haben, können sich jederzeit auf einen der freien Stühle setzen. Wer dort Platz nimmt, erhält sofort das Wort. Anschließend kehrt sie/er wieder in den Außenkreis zurück. Die Beobachter im Außenkreis haben währenddessen die Aufgabe, je eine/n Mitschüler/-in im Innenkreis zu beobachten und ihre bzw. seine Argumente zu notieren. Dabei kann der unten abgedruckte Beobachtungsbogen verwendet werden.

Auswertung:
Am Ende der Diskussion wird zusätzlich zu den inhaltlichen Argumenten der Ablauf besprochen: Wer hat besonders geschickt argumentiert? Wer ist auf die anderen eingegangen? Wer ist sachlich geblieben?

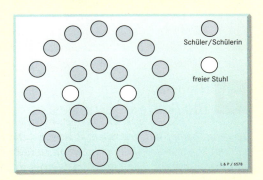

Möglicher Beobachtungsbogen für die Diskussion	+					–	
beteiligt sich gut	•	•	•	•	•	•	beteiligt sich kaum
redet überzeugend	•	•	•	•	•	•	schwafelt nur
bleibt beim Thema	•	•	•	•	•	•	geht nicht auf Vorredner ein
ist kompromissbereit	•	•	•	•	•	•	ist rechthaberisch
redet lebendig	•	•	•	•	•	•	redet langweilig
lässt andere ausreden	•	•	•	•	•	•	fällt anderen ins Wort
redet in ganzen Sätzen	•	•	•	•	•	•	redet bruchstückhaft
blickt Mitschüler an	•	•	•	•	•	•	schaut nur zum Lehrer hin

1 Führt eine Fishbowl-Diskussion zu der Frage „Förderalismus: mehr Chancen durch Vielfalt?" (M 1).
2 Recherchiert die Vor- und Nachteile der um ein Jahr verkürzten Gymnasialzeit und fügt diese in eine Tabelle ein.
3 Führt eine Fishbowl-Diskussion zum Thema: „Was ist besser: G8 oder G9?".

13. Der Bundesrat: Mitwirkungs- oder Blockadeorgan der Landesregierungen?

GLOSSAR

Bundesrat
Föderalismus

M1 Zustimmungsgesetze

M2 Blockade im Bundesrat

Der Wahlkampf hat begonnen: Schwarz-Gelb will mit eigenen Projekten glänzen. Doch SPD und Grüne nutzen ihre Macht im Bundesrat, um die Koalition auszubremsen. Knapp ein Jahr vor der nächsten Bundestagswahl geht in der Länderkammer fast nichts mehr.

Berlin – Wolfgang Schäuble will es noch einmal wissen. Rot-Grün hat an diesem Tag im Bundesrat das Steuerabkommen mit der Schweiz gekippt, doch der Bundesfinanzminister gibt sein Projekt nicht so einfach auf. Zu viel Mühe hat er darauf verwendet. Im Reichstagsgebäude verkündet der CDU-Politiker, weiter kämpfen zu wollen.
Der Finanzminister läutet eine weitere Runde in einem monatelangen Gezerre ein. Nun sollen Bundestag und Bundesrat im Vermittlungsausschuss noch einmal einen Anlauf nehmen, um das Projekt doch noch durchzubringen. Das wolle er dem Kabinett vorschlagen. Ob das gelingt, ist höchst fraglich. Denn SPD und Grüne wollen dieser Koalition offenbar keine Erfolge mehr gönnen: Schwarz-Gelb hat im Bundesrat keine Mehrheit mehr – und bekommt das nun zu spüren. Natürlich lehnen es Vertreter von Rot-Grün empört ab, von einer Totalblockade zu sprechen. Doch Fakt ist: SPD und Grüne bremsen schwarz-gelbe Projekte aus, verzögern und ärgern so die Koalition, wo es nur geht. Knapp ein Jahr vor der Bundestagswahl droht in Deutschland der Reformstillstand.
Das Spiel erinnert an die späten Neunzigerjahre, vor dem Machtwechsel in Bonn. Der damalige SPD-Vorsitzende Oskar Lafontaine betrieb über die Länderkammer eine Blockadepolitik gegen die schwarz-gelbe Koalition unter Kanzler Helmut Kohl. Die Regierung Kohl schien wie gelähmt – und bekam dafür später die Quittung von den Wählern. Kohl wurde abgewählt. [...]

Nach: Severin Weiland: Blockade im Bundesrat: Deutschland droht der Reformstillstand, in: Spiegel Online vom 23.11.2012

M 3 Der Bundesrat – der Einfluss der Bundesländer

Der Bundesrat wirkt bei der Gesetzgebung des Bundes mit. Er besteht aus Mitgliedern der Regierungen der 16 Bundesländer und verfügt über insgesamt 69 Stimmen, von denen allerdings einwohnerstarken Ländern mehr Stimmen zustehen als dünn besiedelten. So kann Rheinland-Pfalz mit 4 Mio. vier und das Saarland mit 1 Mio. drei Stimmen abgeben.

Zunächst einmal hat der Bundesrat in der Gesetzgebung selbst ein Initiativrecht, kann also selbst Gesetzesvorschläge einbringen. Außerdem muss ein Gesetz im Bundesrat mindestens 35 Stimmen bekommen, damit es angenommen werden kann. Zu beachten ist dabei, dass ein Land seine Stimmen einheitlich abgeben muss, es kann also entweder dafür bzw. dagegen votieren oder sich auch enthalten. Wenn der Bundesrat ein Gesetz zurückweist, das vom Bundestag beschlossen wurde, muss es der Bundestag noch einmal beraten. Um bei Meinungsunterschieden zwischen Bundestag und Bundesrat leichter zu einem Kompromiss zu finden, gibt es den Vermittlungsausschuss. Er besteht aus je 16 Mitgliedern von Bundestag und Bundesrat. Seine Aufgabe ist es, vom Bundesrat abgelehnte Gesetze so abzuändern, dass sie bei erneuter Beratung im Bundestag und Bundesrat angenommen werden können.

Bei den Gesetzen müssen zwei Arten unterschieden werden: Allen Gesetzen, die von den Ländern ausgeführt werden sollen oder ihre Finanzen berühren, sowie allen Grundgesetzänderungen muss der Bundesrat zustimmen. Sie werden deshalb **Zustimmungsgesetze** genannt. Gegen alle anderen Gesetze, etwa wenn es um auswärtige Angelegenheiten oder Verteidigung geht, kann er Einspruch einlegen, der jedoch vom Bundestag zurückgewiesen werden kann (**Einspruchsgesetze**,

siehe Artikel 73 GG). Hat der Bundesrat mit der Mehrheit seiner Stimmen ein Gesetz abgelehnt, genügt für die Zurückweisung die Mehrheit des Bundestages.

Der Bundesrat kann der Bundestagsmehrheit und damit der Bundesregierung also schwer zu schaffen machen. Dies ist vor allem dann der Fall, wenn die Parteien im Bundesrat die meisten Vertreter stellen, die nicht an der Bundesregierung beteiligt sind. Zuweilen schließen sich aber auch Vertreter der Länder – unabhängig von Parteizugehörigkeit – zusammen, um Länder- gegen Bundesinteressen durchzusetzen. Auf diese Weise hat der Bundesrat in der Vergangenheit immer wieder Vorhaben der Bundesregierung erschwert oder blockiert.

Autorentext

---

1 Interpretiert die Karikatur zu den Zustimmungsgesetzen (M 1) mithilfe von M 2.

2 Erklärt, wie sich der Bundesrat zusammensetzt (M 3). Recherchiert die aktuellen Mehrheitsverhältnisse im Bundesrat.

3 Erläutert die Rolle des Bundesrates bei Zustimmungs- und Einspruchsgesetzen (M 3).

4 Diskutiert mithilfe von M 2 und M 3 (oder anhand eines aktuellen Falles), ob der Bundesrat eher als Mitwirkungs- oder Blockadeorgan betrachtet werden kann.

◂◂ **Methode: Die Karikaturenanalyse, S. 70**

◂◂ **Wie entsteht ein Gesetz?, S. 155**

14. Der Bundespräsident: ein machtpolitisches Amt?

GLOSSAR
Bundespräsident

Wenn sich der Präsident der USA und der deutsche Bundespräsident treffen, dann kommen die Staatsoberhäupter beider Staaten zusammen. Das politische Gewicht der beiden ist jedoch höchst unterschiedlich, weil die Rolle des Präsidenten in den jeweiligen politischen Systemen auf verschiedene Weise ausgestaltet ist. Im parlamentarischen System Deutschlands besitzt der Bundespräsident vergleichsweise wenig politische Macht, was nicht zuletzt eine Reaktion auf die deutsche Geschichte ist. Dennoch gibt es für ihn die Möglichkeit, auch politisch Einfluss zu nehmen und Macht auszuüben. Da er aber der Präsident aller Deutschen ist, muss ein Präsident während seiner Amtszeit eine Mitgliedschaft in einer Partei ruhen lassen.

M1 Rainald Grebe: „Ich bin der Präsident"

Guten Tag, ich grüße Sie.
Ich bin der Präsident.
Schöne Grüße aus Bellevue.
Ich bin der Präsident.
5 Ich winke vom Balkon.
Da ist ja auch mein Heli.
Mit dem flieg ich gleich davon.
Tatütata, der Präsident.
Ich fahre mit Eskorte.
10 Ich werde heute Reden halten,
ich hab die Macht der warmen Worte.

Ich bin der Präsident.
In meinem Leben ist was los.
Ich werde heute eine Fähre taufen
15 und die Flasche ist so groß.
Ich wünsche euch ein frohes Weihnachtsfest
und ein gutes neues Jahr.
Der Aufschwung ist für alle da
tralalalala [...]

INTERNET
youtube

Rainald Grebe: Ich bin der Präsident; www.lyrix.at

 ## M2 Aufgaben des Bundespräsidenten

1. Der Bundespräsident ernennt und entlässt – immer auf Vorschlag des Bundeskanzlers – die Bundesminister (z. B. Bundesaußenminister Frank-Walter Steinmeier).
2. Stellt der Bundeskanzler im Bundestag die Vertrauensfrage und die Mehrheit des Bundestages verweigert ihm das Vertrauen, ohne einen Nachfolger zu wählen, so kann der Bundespräsident den Bundestag auflösen und Neuwahlen ansetzen (z. B. Auflösung des Bundestages durch Horst Köhler 2005 nach gescheiterter Vertrauensfrage von Bundeskanzler Gerhard Schröder).
3. Der Bundespräsident unterzeichnet die Gesetze. Hat er verfassungsrechtliche Bedenken, so kann er die Unterschrift verweigern.
4. Der Bundespräsident repräsentiert den Staat mit seiner Person gegenüber dem eigenen Volk. Dies geschieht bei zahlreichen Auftritten und Feierlichkeiten (z. B. Fest der deutschen Einheit, Sportfeste).
5. Der Bundespräsident vertritt die Bundesrepublik Deutschland völkerrechtlich. Internationale Verträge werden von ihm unterzeichnet; ausländische Diplomaten und Staatsgäste werden von ihm besucht und empfangen.
6. Der Bundespräsident schlägt dem Bundestag den Bundeskanzlerkandidaten vor, der in der Regel der Kandidat der Mehrheitskoalition im Bundestag ist. Nach der Wahl durch den Bundestag ernennt er diesen zur Bundeskanzlerin/zum Bundeskanzler.

7. Der Bundespräsident hat ein Begnadigungsrecht, d. h., er kann rechtskräftig verhängte Strafen mildern oder aufheben (Bundespräsident Horst Köhler lehnte z. B. 2007 das Gnadengesuch des ehemaligen RAF-Terroristen Christian Klar ab).
8. Falls der Bundeskanzler im dritten Wahlgang nur mit relativer Mehrheit gewählt wird, muss der Bundespräsident entscheiden, ob er diesen Bundeskanzler ernennt oder den Bundestag auflöst (der Fall ist bis 2015 noch nicht eingetreten).
9. Der Bundespräsident kann durch seine Reden auf Missstände hinweisen, als Ratgeber fungieren oder ausgleichend und mäßigend auf Konfliktsituationen einwirken.

M 3 Aus Reden von Bundespräsidenten

Joachim Gauck (seit 2012) am 23. 3. 2012:
„Wir stehen zu diesem Land, nicht weil es so vollkommen ist, sondern weil wir nie zuvor ein besseres gesehen haben. Speziell zu den rechtsextremen Verächtern unserer Demokratie sagen wir mit aller Deutlichkeit: Euer Hass ist unser Ansporn. [...] Die Extremisten anderer politischer Richtungen werden unserer Entschlossenheit in gleicher Weise begegnen. Und auch denjenigen, die unter dem Deckmantel der Religion Fanatismus und Terror ins Land tragen [...], werden wir Einhalt gebieten."

Das Parlament, Nr. 13, 26. 3. 2012, S. 2

Christian Wulff (2010–2012) am 3. 10. 2010:
„Zuallererst brauchen wir aber eine klare Haltung. Ein Verständnis von Deutschland, das Zugehörigkeit nicht auf einen Pass, eine Familiengeschichte oder einen Glauben verengt, sondern breiter angelegt ist. Das Christentum gehört zweifelsfrei zu Deutschland. Das Judentum gehört zweifelsfrei zu Deutschland. Das ist unsere christlich-jüdische Geschichte. Aber der Islam gehört inzwischen auch zu Deutschland."

www.bundespraesident.de
(Zugriff am 19. 3. 2012)

1. Beschreibt, wie der Bundespräsident in dem Anfang des Liedes von Rainald Grebe dargestellt wird (M 1).
2. Findet zu den einzelnen dargestellten Aufgaben des Bundespräsidenten jeweils eine Überschrift (M 2).
3. Diskutiert, bei welchen Aufgaben der Bundespräsident repräsentiert oder wirkliche Macht ausübt (M 2).
4. Erläutert an den Redebeispielen, welche Ziele die Bundespräsidenten mit ihren Reden verfolgen (M 3).
5. Erstellt mit Blick auf M 2 eine Stellenanzeige für das Amt des Bundespräsidenten, in der ihr die wichtigsten Eigenschaften anführt, die ein geeigneter Kandidat mitbringen muss.
6. Verfasst ein Fazit zu der Frage, wann der Bundespräsident Repräsentant oder politischer Macht- und Entscheidungsträger ist.

15. Das Bundesverfassungsgericht: Machen Richter Politik?

GLOSSAR
Bundesverfassungsgericht
Gesetze

! Das Bundesverfassungsgericht (BVerfG) in Karlsruhe ist das höchste deutsche Gericht. Es besteht aus sechzehn Richterinnen und Richtern. Die eine Hälfte wählt der Bundestag, die andere der Bundesrat, jeweils mit Zweidrittelmehrheit. Die Eigenständigkeit des Gerichts zeigt sich darin, dass die Richter unabhängig sind, also keinerlei Weisung folgen müssen, und dass sie nach ihrer zwölfjährigen Amtszeit nicht wiedergewählt werden können. Das BVerfG wird auch als Hüterin der Verfassung bezeichnet. Dabei wird ihm manchmal vorgeworfen, es mische sich zu sehr in die Politik ein.

M1 Schlagzeilen

Kleinere Parteien klagen: 3-%-Hürde bei Europawahl ist verfassungswidrig

Urteil des Bundesverfassungsgerichts:
Hartz-IV-Sätze sind verfassungswidrig

Bundesverfassungsgericht fordert Gleichberechtigung für Homo-Ehe

Bildungspaket:
Nordrhein-Westfalen verklagt den Bund

M2 Urteil des BVerfG zur Höhe der Hartz-IV-Leistungen

INTERNET
www.bundesverfassungsgericht.de

Sachverhalt
1. Das Vierte Gesetz für moderne Dienstleistungen am Arbeitsmarkt vom 24. Dezember 2003 (sog. „Hartz-IV-Gesetz") führte [...] die
5 bisherige Arbeitslosenhilfe und die bisherige Sozialhilfe im neu geschaffenen Sozialgesetzbuch Zweites Buch (SGB II) zusammen. Danach erhalten erwerbsfähige Hilfebedürftige Arbeitslosengeld II. Diese Leistungen [...] wer-
10 den nur gewährt, wenn ausreichende eigene Mittel, insbesondere Einkommen oder Vermögen, nicht vorhanden sind. [...]

Die Entscheidung des Bundesverfassungsgerichts
15 Der Erste Senat des Bundesverfassungsgerichts hat entschieden, dass die Vorschriften des SGB II, die die Regelleistung für Erwachsene und Kinder betreffen, nicht den verfassungsrechtlichen Anspruch auf Gewährleis-
20 tung eines menschenwürdigen Existenzminimums aus Art. 1 Abs. 1 GG in Verbindung mit Art. 20 Abs. 1 GG erfüllen.

Der Entscheidung liegen im Wesentlichen folgende Erwägungen zugrunde:
Das Grundrecht auf Gewährleistung eines 25
menschenwürdigen Existenzminimums aus Art. 1 Abs. 1 GG in Verbindung mit dem Sozialstaatsprinzip des Art. 20 Abs. 1 GG sichert jedem Hilfebedürftigen diejenigen materiellen Voraussetzungen zu, die für seine physische 30
Existenz und für ein Mindestmaß an Teilhabe am gesellschaftlichen, kulturellen und politischen Leben unerlässlich sind. [...]
Der Umfang des verfassungsrechtlichen Leistungsanspruchs kann im Hinblick auf die 35
Arten des Bedarfs und die dafür erforderlichen Mittel nicht unmittelbar aus der Verfassung abgeleitet werden. Die Konkretisierung obliegt dem Gesetzgeber, dem hierbei ein Gestaltungsspielraum zukommt. Zur Kon- 40
kretisierung des Anspruchs hat der Gesetzgeber alle existenznotwendigen Aufwendungen folgerichtig in einem transparenten und sachgerechten Verfahren nach dem tatsächlichen Bedarf, also realitätsgerecht, zu bemessen. 45

http://www.bundesverfassungsgericht.de/presse.html (Zugriff am 21.9.2014)

Der 2. Senat des Bundesverfassungsgerichts in Karlsruhe bei der Urteilsverkündung

Das Bundesverfassungsgericht: Machen Richter Politik? **167**

M 3 Die Aufgaben des Bundesverfassungsgerichts

Das Bundesverfassungsgericht wird nicht von sich aus tätig. Es kann von den Verfassungsorganen (Bundestag, Bundesrat, Bundespräsident) angerufen werden, aber auch von Bürgern, die sich in ihren Grundrechten verletzt sehen. Allerdings müssen hierzu erst die unteren Gerichtsinstanzen durchlaufen werden. Entscheidungen des Bundesverfassungsgerichts können nur vor dem Europäischen Gerichtshof angefochten werden.

Verfassungsbeschwerde: Fühlt man sich durch eine Behörde, ein Gericht oder ein Gesetz in seinen Grundrechten verletzt, kann man eine Verfassungsbeschwerde einlegen.

Normenkontrollverfahren: Das BVerfG kann, wenn es durch ein untergeordnetes Gericht angerufen wurde, feststellen, dass z. B. das Gesetz zur Festlegung der Hartz-IV-Sätze mit dem GG nicht vereinbar ist. Auch ein Drittel der Parlamentarier sowie die Landes- oder Bundesregierung können vom BVerfG überprüfen lassen, ob ein Gesetz mit dem GG vereinbar ist.

Verfassungsstreit: Bestehen zwischen zwei Verfassungsorganen – z. B. Bundespräsident und Bundesrat – Auffassungsunterschiede über die Auslegung des GG, können sie das BVerfG anrufen.

Parteiverbot: Auf Antrag von Bundestag, Bundesrat oder Bundesregierung überprüft das BVerfG, ob eine Partei mit ihrem Verhalten die freiheitlich-demokratische Grundordnung gefährdet und damit verboten wird.

Autorentext

M 4 Mehr politischer Einfluss für das BVerfG?!

Erster Richter:

Gerade zu Zeiten einer Großen Koalition ist die übergroße Mehrheit des Parlaments auf Seiten der Regierung und kontrolliert diese nur eingeschränkt. Für uns als Gericht ist es schon eine Aufgabe, im Sinne der Verfassung die Regierung zu kontrollieren und als Gegengewicht zur Mehrheitsregierung die Minderheiten zu schützen. Wir entscheiden aber nicht darüber, was inhaltlich wünschbar ist, sondern können höchstens einen Rahmen vorgeben: Die konkrete Ausgestaltung erfolgt dann durch Regierung und Parlament.

Zweite Richterin:

Jegliche Vorwürfe, wir seien zu politisch bestimmend, sind absurd. Wir können nur auf Klagen reagieren und dann darüber urteilen, ob Gesetze verfassungskonform sind. Wir können aber nicht selbstständig aktiv werden und eigene Gesetze vorschlagen. Dazu wären wir ja auch nicht vom Volk legitimiert. Klar ist aber auch, dass das Grundgesetz zum Teil nur sehr allgemein formuliert ist und viel Raum für Interpretationen bleibt.

1 Erläutert die Schlagzeilen in M 1 mithilfe der Aufgaben des Bundesverfassungsgerichts (M 3).

2 Erläutert die Argumentation des Bundesverfassungsgerichts, mit der es die Hartz-IV-Bestimmungen für verfassungswidrig erklärte (M 2).

3 Recherchiert zu einem weiteren Beispiel aus den Schlagzeilen und stellt heraus, mit welchen Grundrechten das BVerfG sein Urteil begründet hat.

4 Stellt die Argumente für bzw. gegen eine größere politische Bedeutung des Bundesverfassungsgerichts in einer Tabelle dar (M 4). Ergänzt sie um weitere Aspekte.

5 Beurteilt, ob die Richter des BVerfG nicht nur Recht sprechen, sondern auch Politik machen.

◀◀ **Methode: Richtiges Suchen im Internet, S. 19**

16. Direkte Demokratie: Soll das Volk mehr selbst entscheiden?

In einer repräsentativen Demokratie wählen die Bürger ihre Abgeordneten, die dann in den Parlamenten stellvertretend für das Volk Entscheidungen über Gesetze treffen. Ergänzend oder alternativ dazu gibt es noch die Mittel der direkten Demokratie: Bei einer Volksinitiative kann mit einer bestimmten Zahl an Unterstützern das Parlament dazu gezwungen werden, sich mit einer Frage zu beschäftigen. Ein Volksbegehren geht darüber hinaus und kann zum Ziel haben, ein Gesetz zu erlassen, zu ändern oder aufzuheben. Es ist mit einem konkreten Gesetzesentwurf verbunden. Auch hier gibt es bestimmte Mindestzahlen von Unterstützern, ab denen ein Volksbegehren durch die jeweilige Regierung dem Parlament vorgelegt werden muss. Wenn ein Parlament einem Volksbegehren nicht entspricht, kommt es zum Volksentscheid, bei dem der Landtag einen Alternativentwurf vorlegen darf und die Wahlberechtigten diese Frage mehrheitlich durch eine direkte Abstimmung entscheiden.

In Deutschland gibt es von Bundesland zu Bundesland unterschiedliche Regelungen. Auch im Grundgesetz gibt es in Art. 29 die Möglichkeit des Volksentscheids, wenn es um die Neugliederung der Bundesländer geht. Für eine stärkere direkte Demokratie müsste auf Bundesebene das Wahlgesetz geändert werden: Dies wäre laut Grundgesetz möglich.

GLOSSAR
Demokratie

◀◀ Bürgerinitiativen – Bürgerbeteiligung auf Zeit?, S. 34 f.

M 1 Vergleich Saarland – Rheinland-Pfalz

	Volksinitiative	Volksbegehren	Volksentscheid
Saarland ca. 1 Mio. Einwohner	mind. 5 000 Saarländer über 16 Jahre	gilt nicht für alle Bereiche und muss finanzierbar sein (vgl. Art. 99 LV), muss auf Antrag von mind. 5 000 Stimmberechtigten eingeleitet werden; ist zustande gekommen, wenn in drei Monaten 7 % der Stimmberechtigten in amtlich ausgelegten Listen unterschreiben	Die einfache Mehrheit der abgegebenen Stimmen entscheidet, ob ein Gesetz zustande kommt. Diese Mehrheit muss aber mindestens einem Viertel der Stimmberechtigten entsprechen.
Rheinland-Pfalz ca. 4 Mio. Einwohner	mind. 30 000 Unterschriften von Stimmberechtigten innerhalb von einem Jahr	gilt nicht für alle Bereiche (z. B. Höhe von Ausgaben); für den Antrag 20 000 Unterschriften; dann 300 000 in amtlichen Listen innerhalb von zwei Monaten	Die einfache Mehrheit der abgegebenen Stimmen entscheidet. Die Wahlbeteiligung muss bei mind. 25 % der Stimmberechtigten liegen.

1. Erstellt eine Grafik über den Weg, wie es ausgehend vom Volk zu einem Volksbegehren bzw. einer Volksabstimmung in eurem Bundesland kommen kann.
2. Vergleicht die Regelungen zu Mitteln der direkten Demokratie im Saarland mit denen in Rheinland-Pfalz (M 1).
3. Führt eine Pro- und Kontra-Debatte durch zu der Frage: „Sollen auf Bundesebene verstärkt Volksentscheide durchgeführt werden?" (M 2)

Direkte Demokratie: Soll das Volk mehr selbst entscheiden? **169**

 Mehr Demokratie wagen?

Immer öfter kommt die Forderung nach bundesweiten Volksabstimmungen auf, z. B. im Zusammenhang mit der Europapolitik. Aber es gibt auch nach wie vor viele Gegner. Hier findet ihr einige Argumente für und gegen Volksabstimmungen – welche überzeugen euch?

- Auch Politiker und Politikerinnen müssen in der Schlussabstimmung zu einem komplizierten Gesetz Ja oder Nein sagen. Warum soll das Volk es nicht auch können?
- Minderheiten wie z. B. Behinderte, die sich schwer tun, ihre Interessen zu vertreten, können von der Mehrheit noch leichter überspielt werden.
- Wer gegen Volksabstimmungen ist, misstraut den Bürgerinnen und Bürgern und unterschätzt sie.
- Wenn ich abstimmen dürfte, würde ich mich mehr für Politik interessieren.
- Informationen in Zeitungen, im Fernsehen und im Internet machen es heute allen möglich, politisch auf dem Laufenden zu sein und sich auf Volksabstimmungen vorzubereiten.
- Was ist, wenn die Mehrheit der Bevölkerung eine Entscheidung trifft, die sich im Nachhinein als Fehler erweist?
- Viele würden bei finanziellen Fragen (z. B. Einführung von Autobahngebühren oder Steuersenkungen) nur nach ihrem persönlichen Vorteil entscheiden.
- Auch Volksentscheide müssten mit dem Grundgesetz übereinstimmen.

Die Pro- und Kontra-Debatte

Die Pro- und Kontra-Debatte dient dazu, sich eine eigene Meinung zu einem strittigen Thema zu bilden. Die Teilnehmer der Debatte müssen sich positionieren und versuchen, die Zuhörer von ihrem Standpunkt zu überzeugen. Ein erfolgreiches Abschneiden setzt voraus, dass zuvor die wichtigsten Argumente für die eigene Position aus den Texten herausgearbeitet und gewichtet wurden. Die wichtigsten Argumente sollten erst am Ende der freien Aussprache und in der Schlussrunde angeführt werden. Für Pro- und Kontra-Debatten sind nur Entscheidungsfragen geeignet. Im Gegensatz zu einer Diskussion gibt es konkrete Phasen und Regeln. In der Vorbereitungsphase wird die Klasse in Pro- und Kontra-Anwälte sowie einen Moderator eingeteilt, wobei jeweils zwei Schüler die jeweilige Position in der Debatte vertreten.

1. Eröffnungsrunde: Stellung beziehen
Der Moderator führt Thema und Bedeutung der Debatte an. Dann stellt er die Teilnehmer der Debatte vor. Anschließend haben die zwei Pro- und Kontra-Anwälte jeweils die Aufgabe, ihre Position und die ersten Argumente anzuführen. Der Moderator achtet darauf, dass die Redezeit gleich verteilt ist (1–2 Minuten).

2. Freie Aussprache: Überzeugende Darstellung der eigenen Argumente und Entkräften der Gegenargumente
Der Moderator leitet die zweite Phase ein. In möglichst freiem Wechsel sollen hier die eigenen Argumente vorgebracht und auf die Argumentation der Gegner eingegangen werden (8 bis 10 Minuten).

3. Schlussrunde: Erneut Stellung beziehen und Ansprache an das Publikum
Der Moderator gibt das Startzeichen für die Schlussrunde. Hier hat jeder Redner noch einmal eine Minute Zeit, um Werbung für die eigene Position mithilfe der wichtigsten Argumente zu betreiben.

4. Abstimmung über die Problemfrage
Das Publikum stimmt über die Entscheidungsfrage ab. Enthaltungen werden nicht zugelassen.

METHODE

TIPP

Mögliche Beobachtungsaufgaben für das Publikum
- Wie können die Pro- bzw. Kontra-Argumente in verschiedene Dimensionen (z. B. Recht, Politik, Wirtschaft, Geschichte) eingeordnet werden?
- Werden die Argumente überzeugend vorgebracht?
- Gehen die Anwälte auf die Argumente des Vorredners ein?
- Respektieren die Sprecher die Meinungen der anderen Debattierer?

17. Extremismus: Wie soll man gegen die Gefährdung der Demokratie wirksam vorgehen?

In Deutschland spricht man von Extremismus, wenn bei Individuen, Parteien, Vereinen oder anderen Gruppierungen Bestrebungen erkennbar sind, die sich gegen Grundlagen der freiheitlich-demokratischen Grundordnung richten.
Unterschieden wird zwischen Rechts- und Linksextremismus sowie religiösem Fundamentalismus. Gemeinsam ist ihnen die Überzeugung, dass die Welt in einen aus ihrer Sicht wünschenswerten Zustand überführt werden müsse, zur Not auch mit Gewalt. Die Inhalte und Ziele hingegen unterscheiden sich sehr: Rechtsextreme wollen Rechte oder Lebensmöglichkeiten auf ein Volk oder eine Ethnie begrenzen und streben eine autoritär geführte Volksgemeinschaft an. Linksextreme wollen Kapitalismus und parlamentarische Demokratie überwinden, da sie ihnen wirtschaftlich und damit auch politisch zu große Ungleichheiten hervorrufen. Religiöse Fundamentalisten stellen die Glaubenssätze, die ihnen ihre Religion vorgibt, über die Prinzipien der Verfassung und wollen die Gesellschaft entsprechend umformen.

M 1 Das rechtsextreme Weltbild

Demonstration der rechtsextremistischen NPD am 1. Mai 2011 in Halle

Rechtsextremistische Ideologie ist mit der freiheitlich-demokratischen Grundordnung unvereinbar [...] Kennzeichnend für ein rechtsextremistisches Weltbild sind:

- ein aggressiver Nationalismus, für den nur deutsche Interessen als Richtschnur gelten, andere Nationen sind ‚minderwertig';
- der Wunsch nach einer Volksgemeinschaft auf ‚rassischer' Grundlage, die die Rechte des Einzelnen beliebig einschränkt (‚Du bist nichts, Dein Volk ist alles');
- Antipluralismus;
- eine aggressive, extrem gewaltbereite Fremdenfeindlichkeit und Wiederbelebung rassistischen, antisemitischen Gedankenguts;
- der Wunsch nach einem ‚Führerstaat' mit militärischen Ordnungsprinzipien;
- Relativierung oder sogar Leugnung der Verbrechen des „Dritten Reiches";
- ständige Diffamierung der demokratischen Institutionen und ihrer Repräsentanten.

Nach: Gabriele Nandlinger: Wann spricht man von Rechtsextremismus?, Bundeszentrale für politische Bildung; www.bpb.de (Zugriff am 21.9.2014)

1. Beschreibt das Foto und erläutert den Zusammenhang von Weltbild und Auftreten (M 1).
2. Definiert, was unter Extremismus zu verstehen ist und welche Formen unterschieden werden (Infotext, M 1).
3. Stellt die von Semiya Simsek formulierten Fragen zusammen und diskutiert ihre Antworten (M 2).

M 2 Rechtsextreme Gewalt

Im November 2011 wurde die Terrorzelle „Nationalsozialistischer Untergrund" (NSU) entdeckt. Dahinter verbargen sich drei Rechtsextreme, zwei Männer und eine Frau, die, von Helfern unterstützt, im Zeitraum von 13 Jahren mutmaßlich zehn Menschen ermordet haben – neun von ihnen waren Kleinunternehmer mit Migrationshintergrund.
Am 23.2.2012 fand in Berlin eine Gedenkfeier für die Opfer statt. Enver Simsek war das erste Opfer, er starb am 11.9.2000. Ein Auszug aus der Trauerrede seiner Tochter Semiya Simsek:

Soll ich gehen?

Heute stehe ich hier, trauere nicht nur um meinen Vater und quäle mich mit der Frage: Bin ich in Deutschland zu Hause? Ja klar bin ich das. Aber wie soll ich mir dessen noch gewiss sein, wenn es Menschen gibt, die mich hier nicht haben wollen. Und die zu Mördern werden, nur weil meine Eltern aus einem fremden Land stammen? Soll ich gehen? Nein, das kann keine Lösung sein. Oder soll ich mich damit trösten, dass wahrscheinlich nur Einzelne zu solchen Taten bereit sind? Auch das kann keine Lösung sein.

In unserem Land, in meinem Land, muss sich jeder frei entfalten können. Unabhängig von Nationalität, Migrationshintergrund, Hautfarbe, Religion, Behinderung, Geschlecht oder sexueller Orientierung. Lasst uns nicht die Augen verschließen und so tun, als hätten wir dieses Ziel schon erreicht. Meine Damen und Herren, die Politik, die Justiz, jeder Einzelne von uns ist gefordert.

Ich habe meinen Vater verloren, wir haben unsere Familienangehörigen verloren. Lasst uns verhindern, dass das auch anderen Familien passiert. Wir alle gemeinsam zusammen, nur das kann die Lösung sein.

APuZ, Bd. 18–19/2012, S. 3

Verfassungsschutz und NSU

Die Ermittlungsbehörden hatten die Zusammenhänge zwischen den Morden und der rechtsextremen Terrorzelle NSU lange nicht erkannt. Zudem wurden noch wenige Wochen nach Bekanntwerden des Falls vom Verfassungsschutz Akten vernichtet, die wahrscheinlich Unterstützer der Terrorzelle betrafen.

INTERNET

Das Netzwerk Demokratie und Courage bietet Projekttage an: **www.netzwerk-courage.de**

M 3 Gegenmaßnahmen

1. Extremistische Vereinigungen sollen dieselben Rechte bekommen wie andere Vereinigungen.
2. Null Toleranz gegenüber Straftaten und extremistischer Gewalt.
3. In der Gesellschaft muss eine politische Auseinandersetzung mit den Themen und Vorstellungen der Extremisten stattfinden; auf Verbote sollte weitgehend verzichtet werden.
4. Demokratische Werte müssen in der Gesellschaft vermittelt werden.
5. Die Gesellschaft ist aufgefordert, Initiativen gegen extremistische Vereinigungen zu unterstützen.

Autorentext

M 4 Politisch motivierte Kriminalität in Deutschland

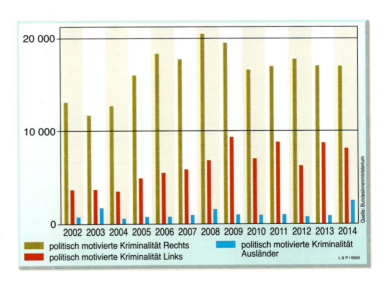

---

4 Wertet die Statistik zu politisch motivierter Kriminalität in Deutschland aus (M 4).
5 Wählt drei Vorschläge zum Umgang mit extremistischen Vereinigungen aus und erörtert ihre Wirksamkeit (M 3).

◀◀ **Methode: Analyse komplexer Statistiken, S. 120 f.**

KOMPETENT?

Die Gewaltenteilung: Trennung oder Verschränkung der Gewalten?

„Politische Freiheit [...] findet sich nur dann, wenn man die Macht nicht missbraucht, aber es ist eine ewige Erfahrung, dass jeder, der Macht hat, ihrem Missbrauch geneigt ist: Er geht so weit, bis er auf Schranken stößt." Wenn die gesetzgebende, die vollziehende und die rechtsprechende Gewalt in einer Hand gebündelt seien, stehe nach dem französischen Staatsphilosophen Charles de Montesquieu (1689–1755) zu befürchten, dass der Machthaber „tyrannische Gesetze macht, um sie tyrannisch zu vollziehen".

GLOSSAR
Gewaltenteilung

Im Grundgesetz der Bundesrepublik Deutschland wird die Gewaltenteilung in Art. 20 GG bestimmt: Die Staatsgewalt wird „durch besondere Organe der Gesetzgebung, der vollziehenden Gewalt und der Rechtsprechung ausgeübt". Diese Zuordnung von Staatsfunktionen wird **horizontale** Gewaltenteilung genannt. Sind hingegen die Kompetenzen des Bundes, der Länder und der Kommunen bei der Gesetzgebung, in der Exekutive oder der Rechtsprechung gemeint, wird von **vertikaler** Gewaltenteilung gesprochen.

Die Teilung der Staatsgewalten

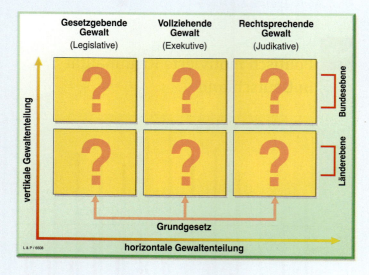

Gewaltentrennung oder Gewaltenverschränkung?

Generell ist es weder dem Parlament noch der Regierung oder den Gerichten gestattet, Aufgaben wahrzunehmen, die einer der anderen Institutionen zugewiesen sind (Gewaltentrennung). Zugleich aber sollen sie sich kontrollieren und gegebenenfalls hemmen oder mäßigen (Gewaltenbalance). Sie sind also nicht als Gegnerinnen gedacht, sondern als Partnerinnen, die einander kritisch beäugend zusammenwirken und die Staatsgewalt auf das notwendige Maß beschränken.

In der Verfassungswirklichkeit hingegen wird deutlich, dass die Rechtsprechung deutlich von den anderen beiden Staatsgewalten abgegrenzt ist (Artikel 97 GG). Die beiden anderen Gewalten sind nicht vollständig voneinander zu trennen.

1 Ordnet in dem Schaubild zur Gewaltenteilung den verschiedenen Ebenen und Bereichen die zuständigen Organe zu.

◀◀ Methode: Richtiges Suchen im Internet, S. 19

2 Ermittelt mithilfe des Kapitels konkrete Beispiele für die Verschränkung der Gewalten in unserem parlamentarischen Regierungssystem. Führt ergänzend hierzu eine Internetrecherche durch.

3 Erstellt ein Schaubild zu unserem parlamentarischen Regierungssystem, in welchem die Gewaltenverschränkung deutlich wird.

◀◀ Methode: Pro- und Kontra-Debatte, S. 169

4 Führt eine Pro-Kontra-Debatte zu der Frage durch, ob Parlament und Regierung in unserem Regierungssystem strikt getrennt werden sollten.

Podiumsdiskussion:
Wer hat eigentlich die Macht im Staat?

KOMPETENT?

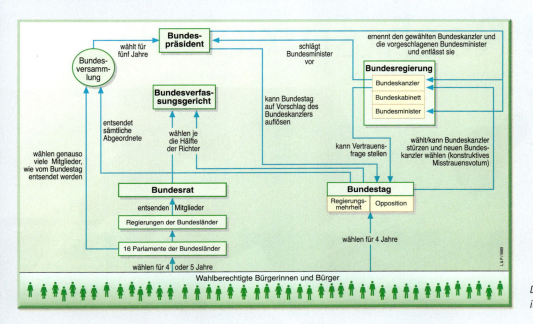

Das Regierungssystem in Deutschland

Vorbereitung:
Vervollständigt die folgenden Sätze durch möglichst viele verschiedene Aspekte. Greift dabei die Informationen aus dem Kapitel „Die politische Ordnung ..." auf.
1. Bürger/-innen haben Macht, weil ...
2. Die Bundeskanzlerin/der Bundeskanzler hat Macht, weil ...
3. Der Bundestag hat Macht, weil ...
4. Die Parteien haben Macht, weil ...
5. Der Bundesrat hat Macht, weil ...
6. Der Bundespräsident hat Macht, weil ...
7. Das Bundesverfassungsgericht hat Macht, weil ...

Teilt dann eure Klasse ein in:
- Expertinnen/Experten für jeweils eine der zehn genannten Institutionen,
- Moderatorin/Moderator,
- Presse,
- Zuhörerschaft.

Spiel:
Auf dem Podium nehmen Platz:
- die Expertinnen und Experten. Sie erläutern, warum sie meinen, die Macht zu haben. In Rede und Gegenrede werden die dargestellten Positionen diskutiert.
- der Moderator bzw. die Moderatorin. Diese Person führt in die Debatte ein, leitet sie und bringt sie, falls sie zu erlahmen droht, wieder in Schwung. Nach einer vereinbarten Zeit fasst sie/er die unterschiedlichen Meinungen zusammen und formuliert einen Ausblick.

Im Plenum sitzen:
- Schülerinnen und Schüler, die als Presse nach Abschluss der Diskussion kritisch Bericht erstatten. In diesem Bericht sollte deutlich werden, welche Expertinnen und Experten überzeugen konnten.
- Zuhörerinnen und Zuhörer, die sich durch Zwischenfragen in die Diskussion einmischen können.

Recht und Rechtsprechung

„Wenn wir versuchen, dem Begriff des Rechts auf den Leib zu rücken, entdecken wir eine überraschende und fast peinliche Tatsache: Genau zu sagen, was Recht ist, gilt als unmöglich. Die Frage nach dem Begriff des Rechts ist die schwarze Katze im Sack der Jurisprudenz."

*William Seagle,
US-amerikanischer Rechtswissenschaftler
und Publizist*

Unten: Justitia, die personifizierte Darstellung der Gerechtigkeit, soll symbolisieren, dass das Recht ohne Ansehen der Person (Augenbinde) und nach sorgfältiger Abwägung der Sachlage (Waage) gesprochen und mit der nötigen Autorität (Schwert) durchgesetzt wird.

1. Was sind die Rechte und Pflichten von Jugendlichen?

! In einer Gesellschaft gibt es immer unterschiedliche Interessen und Konflikte. Wenn hier nicht einfach das Recht des Stärkeren gelten soll, bedarf es bestimmter Regeln des Zusammenlebens. Solche Regeln ergeben sich aus Traditionen, Gewohnheiten, Sitten und Gebräuchen. Sie drücken Vorstellungen darüber aus, was in einer Gesellschaft als richtiges und erstrebenswertes Handeln erachtet wird. Diese sozialen Normen sind allerdings von unterschiedlicher Verbindlichkeit. Viele dieser Normen (z. B. Anstandsregeln) sollen, aber müssen nicht unbedingt eingehalten werden. Allerdings wird die Nicht-Beachtung in der Gesellschaft in der Regel missbilligt. Anders ist es jedoch bei Gesetzen. Sie sind vom Staat schriftlich festgelegte Setzungen von Recht. Sie sind für alle verbindlich und legen fest, wie sich jeder im Straßenverkehr zu verhalten hat oder wie ein gültiger Kaufvertrag aussieht. Der Staat und seine Institutionen (Polizei, Gerichte) erzwingen die Einhaltung der Gesetze. Bei Verstößen drohen festgelegte Strafen, notfalls kann sogar Gewalt angewendet werden (staatliches Gewaltmonopol). Gesetze garantieren den Bürgern Sicherheit und begründen den Frieden in einer Gesellschaft. Jeder Mensch wächst in die Rechtsordnung seiner Gesellschaft hinein. Er wird in verschiedenen Stufen mündig und für sein Handeln verantwortlich.

GLOSSAR
Bürgerliches Gesetzbuch
Recht
Rechtsfähigkeit

M1 Nichts als Ärger ...

Als Marie sich in ihrer Klasse auf den Stuhl fallen lässt, kracht der zusammen. Doch der Ärger mit der Englischlehrerin ist nicht das Schlimmste. Überhaupt war der ganze Morgen schon von Anfang an verkorkst. Ihre Eltern schimpften immer noch, dass sie ihr ganzes Geld in ein Fahrrad gesteckt hatte, ohne sie zu fragen. Jetzt drohten sie sogar damit, das Rad wieder zurückzugeben! Um es wiedergutzumachen, fuhr Marie freiwillig mit dem Bus. Das Fahrgeld wollte sie sparen, aber wie das Leben so spielt, fuhr ausgerechnet heute ein Kontrolleur mit. Er ließ sich viel Zeit beim Aufschreiben der Personalien. Deshalb kam sie zu spät in die Schule und wurde verwarnt.
Ach ja, die Englischlehrerin: Mit freundlichem Lächeln fragt sie Marie, als sie den kaputten Stuhl beim Hausmeister eingetauscht hat, die aufgegebenen Vokabeln ab.

Autorentext

M2 Aus dem Bürgerlichen Gesetzbuch (BGB)

Was ist das?

Wer ist das?

Was ist das?

Was ist damit gemeint?

Was ist das?

§ 106 (**Beschränkte Geschäftsfähigkeit Minderjähriger**) Ein Minderjähriger, der das siebte Lebensjahr vollendet hat, ist nach Maßgabe der §§ 107 bis 113 in der Geschäftsfähigkeit beschränkt.
§ 107 (**Einwilligung des gesetzlichen Vertreters**) Der Minderjährige bedarf zu einer Willenserklärung, durch die er nicht lediglich einen rechtlichen Vorteil erlangt, der Einwilligung seines gesetzlichen Vertreters.
§ 108 (**Vertragsschluss ohne Einwilligung**) (1) Schließt der Minderjährige einen Vertrag ohne die erforderliche Einwilligung des gesetzlichen Vertreters, so hängt die Wirksamkeit des Vertrags von der Genehmigung des Vertreters ab […]
§ 110 („**Taschengeldparagraph**") Ein von dem Minderjährigen ohne Zustimmung des gesetzlichen Vertreters geschlossener Vertrag gilt von Anfang an als wirksam, wenn der Minderjährige die vertragsgemäße Leistung mit Mitteln bewirkt, die ihm zu diesem Zwecke oder zu freier Verfügung von dem Vertreter oder mit dessen Zustimmung von einem Dritten überlassen worden sind.
§ 823 (**Schadensersatzpflicht**) (1) Wer vorsätzlich oder fahrlässig das Leben, den Körper, die Gesundheit, die Freiheit, das Eigentum oder ein sonstiges Recht eines anderen widerrechtlich verletzt, ist dem anderen zum Ersatze des daraus entstehenden Schadens verpflichtet.

Was sind die Rechte und Pflichten von Jugendlichen? 177

! M3 Stufen der Mündigkeit

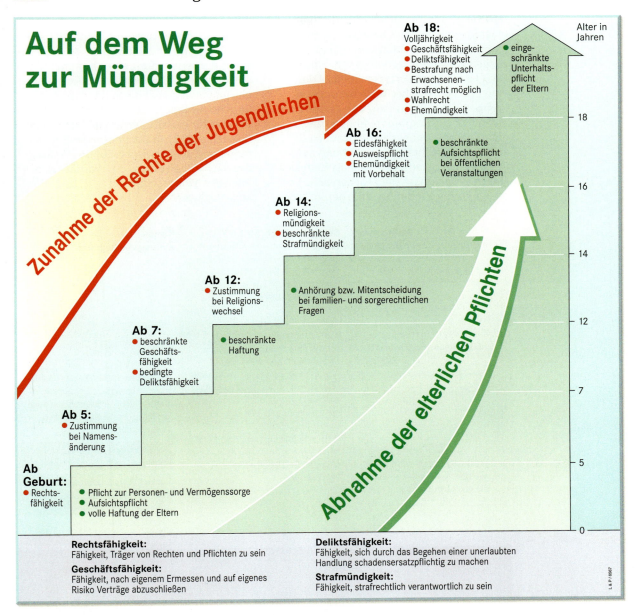

1. Benennt Maries Probleme (M 1). Inwiefern spielt das Recht eine Rolle?
2. Beantwortet die Fragen zu den hervorgehobenen Rechtsbegriffen (M 2).
3. Beschreibt und erläutert das Schaubild M 3. Recherchiert die Bedeutung der hier gebrauchten Rechtsbegriffe und erklärt diese in eigenen Worten.
4. Die Altersstufen 7, 14 und 18 Jahre sind bedeutsame Abschnitte beim Hineinwachsen in die Rechtsordnung. Begründet dies.
5. Beurteilt, ob Marie das Fahrrad behalten darf.
6. Beurteilt anhand selbst gewählter Beispiele: Warum sollten für Kinder und Jugendliche besondere rechtliche Bestimmungen gelten?

METHODE

Rechtstexte erfassen

Bevor ein Sachverhalt vor dem Hintergrund einer Rechtsvorschrift beurteilt werden kann, muss der Rechtstext verstanden bzw. ausgelegt werden. Neben der allgemeinen Fähigkeit, Texte zu erfassen, bedarf das Verstehen juristischer Texte besonderer Kompetenzen. Bei juristischen Texten sind eigentlich alle Begriffe zu deuten bzw. auszulegen. Dies liegt an der Notwendigkeit, sich in Rechtstexten exakt und möglichst eindeutig auszudrücken. Wichtigstes Merkmal der juristischen Fachsprache ist die Eindeutigkeit der Begriffe, deren Bedeutung oft von der Alltagssprache abweicht. Es ist also immer zu prüfen, was juristisch unter dem Begriff zu verstehen ist. Hilfreich ist oft die Verwendung eines Kommentars. Dieser bezieht grundlegende Überlegungen ein, gibt aber auch Entscheidungen von Gerichten wieder.

Beispiel für einen Sachverhalt: Der 13-jährige Jan stiehlt ein Comic-Heft im Supermarkt und wird erwischt. Zur Beurteilung des Sachverhalts muss der Wortlaut des § 242 des Strafgesetzbuchs („Diebstahl") ausgelegt werden.

Gesetzeswerk	Strafgesetzbuch (StGB)	Kommentar: Klärung von Begriffen
Erstellungsdatum der gültigen Fassung (mit Fundstelle im Bundesgesetzblatt, BGBl) Letzte Änderung	Strafgesetzbuch in der Fassung der Bekanntmachung vom 13. November 1998 (BGBl. I, S. 3322), zuletzt geändert durch Gesetz vom 24.9.2013 (BGBl I, S. 1386)	
Jedes Gesetz ist in Paragraphen (§) und weiter in Absätze und Sätze gegliedert. (1) steht für den ersten Absatz.	**§ 242 Diebstahl** (1) Wer eine fremde bewegliche Sache einem anderen in der Absicht wegnimmt, die Sache sich oder einem Dritten rechtswidrig zuzueignen, wird mit Freiheitsstrafe bis zu fünf Jahren oder mit Geldstrafe bestraft. (2) Der Versuch ist strafbar.	Sachen: alle körperlichen Gegenstände (auch Tiere); beweglich: Sache, die tatsächlich auch fortgeschafft werden kann; fremd: Sache, die zumindest auch im Miteigentum einer anderen Person steht
		Rechtswidrigkeit: Handlung, die der Rechtsordnung widerspricht
Die Fundstelle wird am Ende angegeben. Beim Internet gibt man die genaue Adresse und den Tag des Zugriffs an.	www.dejure.org/gesetze/StGB/80.html (Zugriff am 2.4.2014)	Versuch: Eine Straftat wurde mit einem Tat-Entschluss begonnen, aber noch nicht vollendet.

Die juristische Vorgehensweise

METHODE

Was tut ein Richter, wenn er einen Fall überprüft und zu einem Urteil gelangt? Die Vorgehensweise des Juristen (Richter, Rechtsanwalt, Rechtswissenschaftler) ist hier stets dieselbe. An unserem Beispiel des Ladendiebstahls kann dies wie folgt gezeigt werden: Zu einem gegebenen Sachverhalt (hier: Jan nimmt ein Comic-Heft mit, ohne zu bezahlen) sucht der Jurist eine (oder mehrere) Rechtsvorschriften, die sich auf den Sachverhalt anwenden lassen. Zugrunde zu legen ist in unserem Beispiel § 242 des Strafgesetzbuchs. Eine rechtliche Bestimmung geht zunächst aus von einem Tatbestand (hier: Wegnehmen einer fremden Sache in der Absicht, sich diese rechtswidrig anzueignen) und setzt eine Rechtsfolge, für den Fall, dass die Tatbestandsmerkmale erfüllt sind (hier: Freiheitsstrafe bis zu fünf Jahren oder Geldstrafe). Bei der Setzung der Rechtsfolge (4. Schritt) kann der Richter oft ein Ermessen ausüben, indem er die besonderen Umstände des Einzelfalls berücksichtigt (in unserem Beispiel: Freiheits- oder Geldstrafe? In welcher Höhe?)
Die juristische Vorgehensweise bei der Überprüfung eines Einzelfalls hat also einen typischen Ablauf:

1. **Schritt:** Darstellung des **Sachverhalts:** Was ist passiert?
2. **Schritt:** Ermittlung der einschlägigen **Rechtsvorschriften** und Interpretation des Gesetzestextes
3. **Schritt:** Überprüfung des **Sachverhalts:** Erfüllt der Sachverhalt den **Tatbestand** der Rechtsvorschrift?
4. **Schritt:** Setzung der **Rechtsfolge** (mit Ausübung des Ermessens)

1 Begründet für unser Diebstahl-Beispiel, warum der Gesetzgeber dem Richter bei der Setzung der Rechtsfolge einen Ermessensspielraum eingeräumt hat.
2 Wendet die Schritte der juristischen Vorgehensweise auf die Frage an, ob Marie das Fahrrad behalten darf (S. 176, M 1).

2. Was sind die Ursachen von Jugendkriminalität?

! Unter Jugendkriminalität versteht man alle Straftaten, die von 14- bis 21-Jährigen begangen werden. Dabei unterscheidet man zwischen Jugendlichen im engeren Sinne (14 bis unter 18 Jahre) und Heranwachsenden (18 bis unter 21 Jahre). Kinder (bis unter 14 Jahre) sind nicht strafmündig. Wann ist ein Verhalten kriminell? Wann ist jemand schuldig oder nicht? Als Verbrechen werden von Juristen Straftaten bezeichnet, für die eine Freiheitsstrafe von mehr als einem Jahr zu erwarten ist, sonst spricht man von Vergehen.

Kinder und Jugendliche fallen durch eher sichtbare und leichter nachweisbare Delikte besonders im Bagatellbereich wie Schwarzfahren, Ladendiebstahl, Fahren ohne Fahrerlaubnis auf. Dabei hat die Anzeigebereitschaft in den letzten Jahren zugenommen. In den Statistiken sind Jugendliche entsprechend überrepräsentiert. Die oft behauptete Zunahme von Gewaltdelikten lässt sich bei Jugendlichen nicht hinreichend belegen. Fest steht, dass es sich überwiegend um Gewalt innerhalb der Gruppe von Gleichaltrigen handelt.

Gesichert scheint auch, dass Jugendkriminalität in vielen Fällen ein vorübergehendes Phänomen ist, da mit zunehmender Reife die Grenzen und Folgen des eigenen Handelns besser überdacht werden können. Studien belegen, dass die meisten Kinder, die strafrechtlich auffällig geworden sind, in ihrem späteren Leben keine Straftäter mehr waren. Daher gilt für das Jugendstrafrecht: Statt der traditionellen Bestrafung wie Geldbuße, Jugendarrest oder Jugendstrafe wird verstärkt von den Möglichkeiten erzieherischer Maßnahmen oder eines Täter-Opfer-Ausgleichs Gebrauch gemacht.

Bei etwa zehn Prozent der durch Straftaten auffälligen Jungtäter ist aber eine Verfestigung hin zu einer kriminellen Entwicklung zu befürchten oder sogar schon eingetreten. Die Hälfte dieser Gruppe, also fünf Prozent der bekannten jungen Täter, verüben 40 Prozent der registrierten Straftaten. Sie gelten als Intensivtäter.

▶▶ Jugendstrafe und Jugendstrafvollzug – gibt es Alternativen?, S. 186 f.

M 1 Entwicklung der Kriminalität in Rheinland-Pfalz

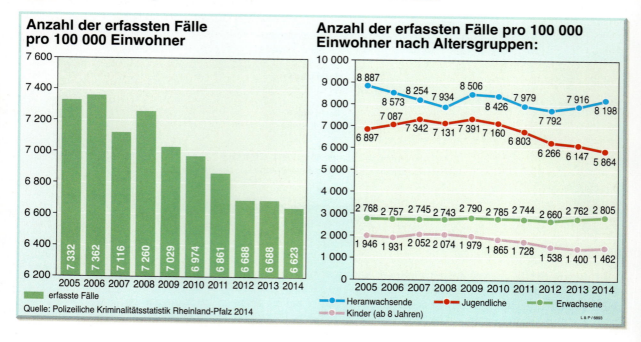

Quelle: Polizeiliche Kriminalitätsstatistik Rheinland-Pfalz 2014

Was sind die Ursachen von Jugendkriminalität? **181**

 Jugendliche und erwachsene Tatverdächtige in Rheinland-Pfalz 2014 nach Deliktgruppen

Deliktgruppe	2014	2014	2013
Jugendliche (14 bis unter 18 Jahren)	gesamt	%-Anteil	
Diebstahl	2 803	28,4 %	31,4 %
Körperverletzung	2 331	23,6 %	25,5 %
Sachbeschädigung	1 155	11,7 %	13,4 %
Vermögens- und Fälschungsdelikte	1 532	15,5 %	15,8 %
Beleidigung	1 080	11,0 %	10,7 %
Rauschgiftdelikte	1 671	16,9 %	12,0 %
Erwachsene (ab 21 Jahren)	gesamt	%-Anteil	
Vermögens- und Fälschungsdelikte	23 078	25,6 %	26,1 %
Körperverletzung	18 585	20,6 %	21,6 %
Diebstahl	14 541	16,1 %	16,6 %
Rauschgiftdelikte	9 624	10,7 %	9,6 %
Beleidigung	9 803	10,9 %	11,0 %
Straftaten gegen die persönliche Freiheit	7 618	8,4 %	8,5 %
Sachbeschädigung	4 678	5,2 %	5,3 %

Nach: Polizeiliche Kriminalitätsstatistik 2014

 „Folge misslungener Sozialisation"

Sich wiederholende Kriminalität ist häufig eine Folge misslungener Sozialisation von den ersten Kindheitsjahren an. In dieser Zeit wird die Entwicklung des Menschen maßgeblich bestimmt. Fehlentwicklungen, die auch in Kriminalität einmünden können, sind häufig hier bereits angelegt. Kriminalität ist nach der Sozialisationstheorie die Folge von Sozialisationsdefiziten, die insbesondere dann auftreten, wenn in der Kindheit eine dauerhafte Bezugsperson fehlte [...]. Die Gewissensbildung, also die Verinnerlichung von Recht und Unrecht, kann aber auch bei Inkonsequenz, bei falschen Erziehungsmethoden, bei Hartherzigkeit der Erziehungspersonen oder auch bei überzogener Verwöhnung ver- beziehungsweise behindert werden. Eine Sozialisation wird insbesondere auch durch äußeren sozialen Druck gefährdet, durch beengte Wohnverhältnisse und/oder Dauerarbeitslosigkeit der Eltern, durch Armut. Positive emotionale Beziehungen, die für die Entwicklung eines Kindes notwendig sind, können in solchen Notsituationen häufig nur erschwert aufgebaut werden. Es ist in schwierigen sozialen Verhältnissen nur schwer möglich, notwendige Verhaltensbeschränkungen so zu vermitteln, dass sie auch verstanden werden.

Informationen zur politischen Bildung, Heft 306 (2010), S. 13

1 Analysiert, wie sich die allgemeine Kriminalität in Bezug auf die Kriminalität von Kindern, Jugendlichen und Heranwachsenden in Rheinland-Pfalz entwickelt hat (M 1).

2 Benennt anhand von M 2 die Deliktgruppen, die bei Jugendlichen häufiger vorkommen als bei Erwachsenen. Formuliert Vermutungen, warum dies so ist.

3 Verfasst ein Gutachten aus der Sicht eines Sachverständigen über die Faktoren, die die „kriminelle Karriere" eines Jugendlichen begünstigt haben könnten. Berücksichtigt M 3 und denkt darüber hinaus auch an weitere mögliche Faktoren.

◂◂ **Methode: Analyse komplexer Statistiken, S. 120 f.**

3. Jugendstrafrecht

Strafe muss sein! – So jedenfalls will es das Gesetz für Erwachsene. Wenn ein Gericht von der Schuld eines Angeklagten überzeugt ist, muss es in jedem Fall eine Strafe verhängen.

Muss Strafe sein? – Diese Frage stellt sich in erster Linie bei jugendlichen Straftätern. Für sie sieht das Gesetz statt einer Jugendstrafe gelegentlich auch andere Maßnahmen vor.

Der Fall Marcel Steinmann

Marcel Steinmann, zum Zeitpunkt der Tat 19 Jahre alt, hat, so haben die Ermittlungen ergeben, den 18-jährigen Björn Müller mit dem Motorradhelm so hart geschlagen, dass dieser mit einem Schädelbruch ein halbes Jahr im Krankenhaus verbringen musste. Als Folge ist Björn Müller schwer behindert und kann seiner Arbeit nicht mehr nachgehen. Die Staatsanwaltschaft hat Anklage wegen schwerer Körperverletzung erhoben. Marcel Steinmann ist auf ihren Antrag in einem geschlossenen Erziehungsheim untergebracht. Das Verfahren findet vor der Jugendstrafkammer statt, da Marcel Heranwachsender ist und entschieden werden muss, ob er nach Jugend- oder Erwachsenenstrafrecht bestraft werden soll.

Autorentext

Der Gang des Verfahrens

Auszug aus dem Strafgesetzbuch

§ 223 (Körperverletzung)
(1) Wer einen anderen körperlich misshandelt oder an der Gesundheit beschädigt, wird mit Freiheitsstrafe bis zu drei Jahren oder mit Geldstrafe bestraft.

§ 223 a (Gefährliche Körperverletzung)
(1) Ist die Körperverletzung mittels einer Waffe, insbesondere eines Messers oder eines anderen gefährlichen Werkzeugs, oder mittels eines hinterlistigen Überfalls oder von mehreren gemeinschaftlich [...] begangen, so ist die Strafe Freiheitsstrafe bis zu fünf Jahren oder Geldstrafe.

§ 224 (Schwere Körperverletzung)
(1) Hat die Körperverletzung zur Folge, dass der Verletzte ein wichtiges Glied des Körpers, das Sehvermögen auf einem oder beiden Augen, das Gehör, die Sprache oder die Zeugungsfähigkeit verliert oder in erheblicher Weise dauernd entstellt wird oder in Siechtum, Lähmung oder Geisteskrankheit verfällt, so ist auf Freiheitsstrafe von einem Jahr bis zu fünf Jahren zu erkennen.
(2) In minder schweren Fällen ist die Strafe Freiheitsstrafe bis zu fünf Jahren oder Geldstrafe.

M 4 Maßnahmen des Jugendgerichtsgesetzes

Quelle: Statistisches Bundesamt Wiesbaden (Hg.)

M 5 Ablauf einer Hauptverhandlung in Jugendsachen

Der Jugendrichter eröffnet die Hauptverhandlung. Er stellt die Personalien des Angeklagten fest. Anschließend wird festgestellt, wer als Vertreter der Staatsanwaltschaft, als Verteidiger und als Vertreter der Jugendgerichtshilfe erschienen ist. Sind die gesetzlichen Vertreter des Angeklagten anwesend, wird deren Anwesenheit ebenfalls festgestellt, d. h. zu Protokoll gegeben.
Es folgt die Verlesung der Anklage durch den Vertreter der Staatsanwaltschaft. Der Angeklagte wird darüber belehrt, dass er nicht verpflichtet ist, Angaben zur Sache zu machen. Sofern er aussagebereit ist, erfolgt seine Vernehmung zur Person (Lebenslauf) und zur Sache. Sollte er geständig sein, erübrigt sich eine weitere Beweisaufnahme.
Bestreitet er den Tatvorwurf, müssen die Beweismittel herangezogen werden (z. B. Zeugen, Urkunden, Fotos, Einbruchswerkzeug, Ortsbesichtigung, Sachverständige).

Die Zeugen werden darüber belehrt, dass sie verpflichtet sind, die Wahrheit zu sagen. Sie müssen während der Verlesung der Anklage und der Vernehmung des Angeklagten vor dem Gerichtssaal warten.
Nach der Einführung der oben angegebenen Beweismittel nimmt der Vertreter der Jugendgerichtshilfe Stellung zur Persönlichkeit des Angeklagten und macht Vorschläge zum Strafmaß. Sein Bericht gründet sich in der Regel auf ein persönliches Gespräch mit dem Angeklagten und dessen Eltern, Verwandten, Freunden und Bekannten. Anschließend wird die Beweisaufnahme geschlossen. Der Vertreter der Staatsanwaltschaft und der Verteidiger halten ihre Plädoyers. Danach erhält der Angeklagte das letzte Wort. Das Gericht zieht sich zur Beratung zurück. Es folgt die Urteilsverkündung.

Nach: Tanja Becher, in: PZ-Information 18/2000, Recht im Unterricht, Heft 8, Seite 15 ff.

1 Benennt mögliche Rechtsfolgen einer Körperverletzung für Jugendliche, Heranwachsende und Erwachsene im Vergleich (M 1, M 3, M 4).
2 Begründet, warum im Strafrecht für Jugendliche besondere Regelungen gelten (M 4).
3 Informiert euch über den Ablauf einer Gerichtsverhandlung (M 5).

184 RECHT UND RECHTSPRECHUNG

METHODE   Rollenspiel: Gerichtsverhandlung

Mit dem Jugendstrafverfahren kann entweder das Jugendgericht (bestehend aus einem Richter), das Jugendschöffengericht (wie in diesem Fall) oder in besonders schweren Fällen die Jugendkammer (bestehend aus drei Richtern und zwei Schöffen) befasst werden. Am Jugendstrafverfahren sind in der Hauptverhandlung außerdem beteiligt: die Verteidigung und die Staatsanwaltschaft sowie außerdem die Erziehungsberechtigten bzw. der gesetzliche Vertreter und die Jugendgerichtshilfe. Außerdem können Zeugen und Sachverständige gehört werden.

Aus der Anklageschrift:
Am Abend des 23.8. hat Marcel Steinmann vorsätzlich mit seinem schweren Motorradhelm mehrfach auf Björn Müller eingeschlagen. Selbst als das Opfer zu Boden ging, ließ der Täter nicht ab. [...] Deshalb wird Marcel Steinmann nach § 224 StGB der schweren Körperverletzung angeklagt.

Aus dem Ermittlungsprotokoll der Polizei:
Am Tatort lag Björn Müller blutüberströmt am Boden. Er wurde sofort in ein Krankenhaus eingeliefert. Als Tatwerkzeug wurde ein Motorradhelm sichergestellt.
Als Zeuge der Tat wurde Herr Alfons Schulz, Besitzer der Trinkhalle am Stadtpark, vernommen. Er sagte aus, nach einem Streit habe er einen in Motorradkluft gekleideten Mann mit dem Helm auf das Opfer einschlagen sehen. Der Täter sei ihm bekannt; er wohne in der Nachbarschaft. Nach der Aussage des Herrn Alfons Schulz wurde Marcel Steinmann in seiner Wohnung festgenommen. Es wurde eine Blutprobe entnommen. Bei der Vernehmung gestand er die Tat.

Aus dem Bericht der Jugendgerichtshilfe:
Marcel Steinmann stammt aus Verhältnissen, die seine Entwicklung nur bedingt gefördert haben. Seine Mutter, bei der er lebt, ist von ihrem Mann geschieden. Marcel besuchte die Schule in den letzten Jahren nur sehr unregelmäßig. Einen Abschluss hat er nicht erreicht. Auf der Berufsschule fällt er durch häufiges Fehlen auf. Er ist unregelmäßig als Hilfsarbeiter auf dem Großmarkt beschäftigt. Gegenüber seiner ehemaligen Freundin Julia Griefe entwickelte Marcel eine feste Bindung. Es bestand wohl die Absicht zusammenzuziehen.

Rollenkarte

Staatsanwalt

Aufgrund der Ermittlungen der Polizei und der Festsetzung des Täters musstet ihr Anklage gegen Marcel Steinmann wegen Körperverletzung erheben. Ihr habt die Ermittlungen gegen ihn geleitet. Das Gericht muss überprüfen, ob ein Neunzehnjähriger für eine solche Tat voll verantwortlich zu machen ist und damit als Erwachsener bestraft werden sollte. Als Ankläger vertretet ihr die Interessen der Allgemeinheit, die daran interessiert sein muss, strafbare Handlungen zu verhüten und die Rechtsordnung zu verteidigen. Wegen der Schwere der Tat und ihrer Folgen für das Opfer habt ihr keine Möglichkeit gesehen, das Verfahren vorzeitig einzustellen. Im Verfahren versucht ihr, die Schuld des Angeklagten zu beweisen. Dabei seid ihr an die Rechtsordnung gebunden. Am Schluss der Verhandlung haltet ihr ein Plädoyer, in dem ihr zusammenfasst, was eurer Ansicht nach Ergebnis des Verfahrens ist, und stellt einen Antrag, wie die Strafe bzw. Erziehungsmaßnahmen, Zuchtmittel oder Jugendstrafe lauten sollen.

Rollenkarte

Verteidigung

Ihr seid als Rechtsanwälte von der Mutter des Angeklagten und von ihm selbst mit seiner Verteidigung beauftragt worden. Von der Anklage seid ihr durch die Staatsanwaltschaft informiert worden. Ihr habt die Möglichkeit, Fragen an Zeugen und den Angeklagten zu stellen, wenn die Verhandlungsführung des Gerichts es zulässt. Die Möglichkeit des „Einspruchs", die ihr vielleicht aus Filmen kennt, steht euch nicht offen, denn sie ist nicht Teil des deutschen Strafverfahrens. Ihr vertretet die Interessen des Angeklagten und seid daher bestrebt, ein niedriges Strafmaß bzw. möglichst wenig an Erziehungsmaßnahmen, Zuchtmitteln oder Jugendstrafe zu erzielen. Dabei solltet ihr euch aber nicht unglaubwürdig machen, indem ihr unrealistische Vorschläge macht. Am Ende der Verhandlung haltet ihr ein Plädoyer, in dem ihr zusammenfasst, was eurer Ansicht nach Ergebnis des Verfahrens ist, und stellt einen Antrag, wie die Strafe bzw. Erziehungsmaßnahmen, Zuchtmittel oder Jugendstrafe lauten sollen.

Rollenspiel: Gerichtsverhandlung **185**

METHODE

Rollenkarte

Sachverständige/Sachverständiger

Das Gericht muss sich im Jugendstrafverfahren ein Bild von der Persönlichkeit des Angeklagten machen. Daher wird oftmals ein Jugendpsychologe oder ein Jugendpsychiater hinzugezogen, die oder der auch mit dem Mittel der Beobachtung (in einer Anstalt) zuverlässige Aussagen über die Persönlichkeit des Angeklagten geben soll. Als Sachverständige habt ihr den Status von Zeugen und werdet wie diese vom Gericht befragt. Ihr könntet also keine eigenen Vorschläge oder Einwürfe machen und habt nur bei eurer Einbeziehung durch das Gericht Rederecht. Ihr habt durch psychologische Tests herausgefunden, dass Marcel in seiner Kindheit zu wenig Liebe bekommen hat und jetzt sehr stark von Zuwendung abhängig ist. Wegen dieser Defizite ist Marcel in wichtigen Teilen seiner Persönlichkeit noch nicht erwachsen. Ihr sollt ein Persönlichkeitsbild erstellen und als Sachverständigenbericht vortragen.

Rollenkarte

Zeugin

Als Mutter des Angeklagten verstehst du nicht, dass dein Sohn eine solche Tat begehen konnte. Er und Björn sind doch immer dicke Freunde gewesen. Andererseits hat Marcel schon seit längerer Zeit nur noch das getan, was er wollte, und du hast dich aus beruflichen Gründen nie viel um ihn kümmern können.

Rollenkarte

Angeklagter

Du bestreitest die Tat nicht. Björn hat dich so verletzt, dass er für dich gestorben ist. Deine Rechtsanwälte haben dir gesagt, dass sie erreichen wollen, dass du auf jeden Fall nach Jugendstrafrecht bestraft wirst. Ferner haben sie erkennen lassen, dass es günstig wäre, wenn du Reue zeigen würdest.

Rollenkarte

Gericht (drei Richter, davon zwei Schöffen)

Ihr seid für ein ordnungsgemäßes Verfahren verantwortlich (Verfahrensablauf s. S. 183 M 5). Dabei dürft ihr euch die Verhandlungsführung auf keinen Fall aus der Hand nehmen lassen. „Einsprüche" der Verteidigung z. B. sind unzulässig. Der Richter führt als Vorsitzender die Verhandlung. Die beiden Schöffen dürfen selbstverständlich auch Fragen stellen.

Das Jugendstrafverfahren beinhaltet in diesem Fall zuerst die Frage, ob der Angeklagte nach Erwachsenen- oder Jugendstrafrecht zu behandeln ist. Diese Frage muss von euch entschieden werden.

Nach den Plädoyers und dem Schlusswort des Angeklagten fällt ihr nach einer Beratung euer Urteil. Dies beinhaltet das Strafmaß bzw. Erziehungsmaßnahmen, Zuchtmittel oder Jugendstrafe und eine Begründung, die eure Sichtweise der Straftat und des Täters zusammenfasst. Bei der Urteilsfindung seid ihr an die Vorgaben der Gesetze gebunden. In allen Teilen des Verfahrens muss das Jugendgericht die Persönlichkeit des Täters besonders berücksichtigen und nicht nur auf die Straftat selbst achten.

1 Teilt nun die Rollen in der Klasse auf und führt die Gerichtsverhandlung vor dem Jugendschöffengericht als Rollenspiel durch! Diejenigen unter euch, die keine Rolle bekommen, spielen das Publikum und protokollieren ihre Beobachtungen.

4. Jugendstrafe und Jugendstrafvollzug – gibt es Alternativen?

M 1 Ein kühnes Vorhaben

Irgendwer in der Clique hatte das Gerücht aufgebracht, der Schuppen der Familie Heuer diene als Vorratslager für polnische Zigarettenschmuggler. Die beiden Potsdamer Schüler Malte (15) und Philipp (16) witterten die Chance, ihre chronisch klammen Geldbeutel endlich prall zu füllen: Nichts wie hin, die Tür aufbrechen und nikotinschwere Beute machen!
Doch die ganze Aktion ging schief: Statt Zigarettenstapeln fanden die Schüler nur Gartengeräte vor. Ihrer Wut über den Reinfall ließen Malte und Philipp freien Lauf: Wände wurden mit Farbe besprüht, Regale wahllos durch die Gegend geworfen. Der Schuppen sah aus wie ein Schlachtfeld. Birgit Heuer ertappte die Eindringlinge auf frischer Tat und rief die Polizei. Der Fall landete schließlich beim Jugendstaatsanwalt. Dieser regte einen „Täter-Opfer-Ausgleich" an.

Autorentext

M 2 Der Verein Konfliktschlichtung e. V.

Konflikte, Streitigkeiten oder eine Straftat können viele unangenehme Folgen haben. Ein Gerichtsverfahren allein kann diese Probleme nicht lösen. Es liegt daher auf der Hand, die aufgetretene Konfliktsituation sowie den entstandenen Schaden schnell und direkt zu regeln.
Der Verein Konfliktschlichtung versteht sich als unparteiischer Vermittler zwischen Opfern und Tätern. VermittlerInnen unterstützen die beteiligten Parteien bei der gemeinsamen Suche nach einer annehmbaren Lösung, wenn es z. B. zu Streitigkeiten mit unangenehmen Folgen gekommen ist oder wenn alle Beteiligten eine Lösung finden wollen, sodass das Opfer unbürokratisch und schnell eine Wiedergutmachung erhält.
Gegenseitige Vorurteile sowie Ängste einerseits und Schuldgefühle andererseits können abgebaut und so die Verarbeitung der Tat erleichtert werden. Darüber hinaus gewinnen die Beteiligten an Erfahrung, zukünftig auftretende Konfliktsituationen besser zu lösen. Die Teilnahme am Täter-Opfer-Ausgleich ist freiwillig und für die Betroffenen kostenlos.

Konfliktschlichtung e. V.;
www.konfliktschlichtung.de/wb/pages/
taeter-opfer-ausgleich.php
(Zugriff am 11. 4. 2014)

M 3 Zweite Chance für jugendliche Übeltäter

Im Jugendheim Mühlkopf in Rodalben bekommen jugendliche Straftäter die Chance, ihr Leben wieder in den Griff zu kriegen. Und künftig „warten" sie hier auch auf ihren Prozess. Motto des Konzepts: Erziehung statt Strafe.

Rheinland-Pfalz. Auf den ersten Blick wirkt das Jugendheim Mühlkopf in Rodalben in der Nähe von Pirmasens wie eine ganz normale Jugendherberge. Das Haus mit Grill- und Sportplatz liegt auf einer kleinen Anhöhe am Rande des südpfälzischen Waldes. Doch die Idylle trügt: Einige Fenster sind mit Gittern gesichert. Die Jugendlichen, die in diesen Zimmern leben, sind von Richtern eingewiesen worden. [...]
Erstmals werden Jugendliche ihre Untersuchungshaft nicht wie bisher im Gefängnis

verbringen, sondern bis zum Prozess im Heim leben.

Pädagogisches Konzept

Mit der Einrichtung von sechs Plätzen für Jugendliche im Alter von 14 bis 18 Jahren erfüllt Rheinland-Pfalz eine entsprechende Vorgabe im Jugendgerichtsgesetz. [...]
Jugendheimleiter Ulrich Teufel beschreibt die neue Aufgabe für sein Haus mit dem englischen Begriff „Clearing". Bis zum Prozessbeginn soll eine Einschätzung über die Zukunftsperspektiven des Jugendlichen vorliegen. [...]
Auch soll ein „Notfallzimmer" für randalierende Jugendliche eingerichtet werden. Teufel glaubt aber nicht, dass das Zimmer häufig benötigt wird. „Die Jungs wissen, dass sie schnell in U-Haft kommen, wenn sie es hier krachen lassen. Für viele ist die Zeit hier vielleicht der letzte Warnschuss."
Im Gegensatz zu der vom Richter verordneten geschlossenen Heimunterbringung muss für das U-Haft-Projekt die Zustimmung des Betroffenen vorliegen. Jugendliche, die die Zeit vor dem Prozess im Gefängnis verbringen wollen und sich gegen eine Zusammenarbeit mit Pädagogen sperren, kommen nicht nach Rodalben. „Wir erwarten deshalb, dass viele von sich aus die Bereitschaft zur Mitarbeit haben", sagt Teufel.
Die Fortschritte, die die bisher schon in Rodalben betreuten Jugendlichen machen, seien zum Teil beachtlich. Und das, obwohl in das Jugendheim Mühlkopf nur besonders problematische Fälle kommen. Teufel: „Wir kriegen die Jugendlichen, die in allen anderen Einrichtungen gescheitert sind." [...]
Bei rund einem Drittel der Bewohner verläuft der oft mehrjährige Aufenthalt erfolgreich. Ein weiteres Drittel stehe nach der Zeit im Jugendheim auf der Kippe. „Einige kommen als Gewalttäter und verlassen unser Haus mit Ausbildung", sagt Teufel.

Rhein-Zeitung vom 9. 9. 2003

In Mühlkopf sind die Fenster wie in einer Jugendvollzugsanstalt vergittert, die Trakttür ist verriegelt. Doch in der begrenzten Welt von acht Zimmern und einer Küche soll jungen Tätern ein Stück Normalität bleiben.

1. Benennt die Vorteile, die man sich vom Täter-Opfer-Ausgleich gegenüber dem herkömmlichen Strafverfahren verspricht (M 1, M 2).
2. Diskutiert, wo die Grenzen des Täter-Opfer-Ausgleichs liegen (M 2).
3. Vergleicht den Täter-Opfer-Ausgleich mit der Streitschlichtung. Wo sind Parallelen, wo Unterschiede?
4. Haltet ihr die Unterbringung in einem Heim wie Mühlkopf (M 3) für sinnvoll? Nennt Argumente für und gegen diese Alternative zum üblichen Jugendstrafvollzug.
5. Diskutiert, inwieweit ein Jugendheim wie Mühlkopf geeignet ist, straffällig gewordene Jugendliche wieder in die Gesellschaft einzugliedern.

◂◂ Methode: Streitschlichtung, S. 17

5. Strafe und Strafvollzug

Zeichnung: unbekannt

Dass Strafe sein muss, ist in den meisten Fällen nicht umstritten. Und wohl jeder von uns ertappt sich dabei, dass er/sie sich gelegentlich denkt: Dem zahle ich es genauso heim, wie es mir ergangen ist. Diese Überlegung entspricht einem der Grundgedanken, aus denen der Sinn der Strafe entwickelt werden kann. Wird die in der Vergangenheit verübte Tat in den Mittelpunkt einer Bewertung gestellt, so sind Vergeltung, Rache und Sühne der Zweck der Strafe. Schwere, oft grausame Strafen, wie sie auch in Deutschland noch im 18. Jahrhundert üblich waren, sollten auch als Abschreckung dienen. Allerdings weiß man heute, dass Straftaten nicht durch Abschreckung allein verhindert oder in größerem Maße verringert werden. Soll durch die Verurteilung erreicht werden, dass der Täter/die Täterin keine weiteren Straftaten verübt und sich in die Gesellschaft eingliedern kann, so muss das Gericht das bei der Art der Strafe und dem Strafmaß berücksichtigen. Unser Rechtswesen ist gekennzeichnet durch die Verbindung von Vergeltung und Vorbeugung. Besserung und Erziehung sind bei einer Bestrafung wesentliche Merkmale staatlicher Strafmaßnahmen. Die Wirkung von Strafe ist allerdings umstritten. Die Statistiken über ehemalige Strafgefangene zeigen auch, dass deren Eingliederung in die Gesellschaft oft misslingt. Polizisten, Sozialarbeiter und Staatsanwaltschaft versuchen immer häufiger, zwischen Tätern und Opfern auszugleichen, ohne vor Gericht zu landen. Dabei suchen alle Beteiligten nach einer Lösung und einer Form der Wiedergutmachung, mit der alle einverstanden sind. In § 2 des Strafvollzugsgesetzes heißt es: „Im Vollzug der Freiheitsstrafe soll der Gefangene fähig werden, künftig in sozialer Verantwortung ein Leben ohne Straftat zu führen. Der Vollzug der Freiheitsstrafe dient auch dem Schutz der Allgemeinheit vor weiteren Straftaten."
Wiedergutmachung des Schadens, Sühne, Wiedereingliederung (Resozialisierung) in die Gesellschaft – all das kann nur mit dem Willen des Verurteilten verwirklicht werden. Eine Strafe soll helfen, dass der Täter nicht noch einmal straffällig wird. Im Strafvollzug sollen die Verurteilten lernen, sich an die Regeln der Gesellschaft zu halten.

 M 1 Strafen aus vier Jahrtausenden

Wenn ein Sohn seinen Vater schlägt, so schneide man ihm die Hand ab.
Wenn ein Bürger das Auge eines Bürgersohnes zerstört, so zerstöre man sein Auge. Wenn ein Bürger den Zahn eines ihm ebenbürtigen Bürgers ausschlägt, so schlage man seinen Zahn aus. Wenn er den Zahn eines Untergebenen ausschlägt, so zahle er 1/3 Mine Silber.

aus dem Gesetz Hammurabis von Babylon, 1700 v. Chr.

Wenn einer einen freien Franken oder Germanen tötet, werde er, dem es nachgewiesen wird – gerichtlich Manngeld genannt – 8 000 Pfennige, die machen 200 Schillinge, zu schulden verurteilt. Wenn er aber einen, der zur königlichen Gefolgschaft gehört, tötet, werde er – gerichtlich Manngeld genannt – 24 000 Pfennige, die machen 600 Schillinge, zu zahlen verurteilt.

aus der Lex Salica, 8. Jahrhundert

Stihlt einer ein- oder zweymal 20 Gulden oder mehr in Geld oder Werth, so heisst es ein grosser Diebstahl und wird mit dem Strang bestrafft.

aus dem Codex Juris Bavarici Criminalis, 1751

Artikel 102 Grundgesetz:
Die Todesstrafe ist abgeschafft.

aus dem Grundgesetz für die Bundesrepublik Deutschland vom 23. Mai 1949

Prangerstrafe in Baden 1571

M 2 Rechtsgrundsätze

Nur der Staat, der sich den folgenden Prinzipien verpflichtet weiß, ist ein Rechtsstaat:

- Keine Strafe ohne Gesetz. Rückwirkende Bestrafung ist verboten.
- Keiner darf mehrmals wegen derselben Tat bestraft werden.
- Vor Gericht hat jedermann Anspruch auf Gehör. Die am Verfahren Beteiligten müssen die Möglichkeit haben, sich vor Gericht zu äußern.
- Die Richter sind unabhängig und nur dem Gesetz unterworfen.
- Über eine Beschränkung der Freiheit einer Person kann nur ein Richter entscheiden. Die Polizei kann niemanden länger als bis zum Ende des Tages nach der Ergreifung festhalten.
- Die Grundrechte sind geschützt. Beschränkungen sind nur in Ausnahmefällen auf gesetzlicher Grundlage und richterliche Anordnung möglich.
- Neben Berufsrichtern gibt es in den Amts- und Landgerichten auch ehrenamtliche Laienrichter. Die Berufung in dieses Amt kann nur aus besonderen Gründen abgelehnt werden.
- Wer von seiner Unschuld überzeugt ist, kann vor dem nächsthöheren Gericht Berufung einlegen. Der Fall wird neu verhandelt, ein neues Urteil gefällt und das alte damit aufgehoben. Es kann auch Revision beantragt werden, mit der ein höheres Gericht beauftragt wird, die Rechtmäßigkeit des Urteils und der Prozessführung zu überprüfen. In der gleichen Instanz wird dann mit anderen Richtern noch einmal verhandelt.

GLOSSAR

Rechtsstaat

M 3 Eine Richterin über Sinn und Zweck einer Strafe

Man muss berücksichtigen, unter welchen Umständen die Tat zustande kam. Und man muss sich überlegen, wie sich eine Strafe auf diesen Täter auswirken wird. Durch das Urteil sollte eine Sühne des begangenen Unrechts erfolgen, damit die Gesellschaft insgesamt das Gefühl haben kann, dass eine Straftat nicht ohne Folgen für den Täter bleibt. Ferner sollte eine Abschreckung möglicher künftiger Täter durch Bestrafung erreicht werden. Schließlich – und besonders wichtig – sollte der Täter die Möglichkeit haben, sich irgendwann wieder in die Gesellschaft einzuordnen, sodass von ihm künftig keine Taten mehr verübt werden. Die Strafe sollte also einer Resozialisierung dienlich sein.

Autorentext nach einem Interview mit einer Richterin

---

1. Interpretiert die Karikatur auf S. 188.
2. Fasst zusammen, wie sich das Strafrecht in der Geschichte entwickelt hat (M 1).
3. Erläutert, worauf der Sinn der Strafe im modernen Rechtsstaat beruht (Infotext, M 2, M 3).

◂◂ **Methode: Karikaturenanalyse, S. 70**

METHODE — Unterrichtsgang zu einer Gerichtsverhandlung

Sich selbst ein Bild machen

Der Besuch einer Gerichtsverhandlung ist für die meisten Menschen eine ungewöhnliche Sache. Viele haben eine feste Vorstellung davon, was „vor Gericht" abläuft, doch die meisten haben sich selbst noch kein Bild von einer Gerichtsverhandlung gemacht. Bei vielen Verhandlungen sind kaum Zuschauer anwesend, obwohl die Gerichtsverfahren im Allgemeinen öffentlich sind. Ausnahmen sind Jugendstrafverfahren, Entmündigungssachen oder Ehescheidungen. Überlegt einmal, warum Verhandlungen öffentlich sind.

Informationen zur Vorbereitung

Die Öffentlichkeit wird häufig durch Berichte und Reportagen über Gerichtsverhandlungen informiert. Ihr könnt zur Vorbereitung eines Gerichtsbesuches eine gewisse Zeit lang (zwei Wochen oder einen Monat z. B.) die Berichterstattung auswerten, die in den Tageszeitungen und im Fernsehen erfolgt:

- Über welche Verfahren wird in welcher Form und in welchem Umfang berichtet?
- Ist die Berichterstattung knapp, klar, informierend, reißerisch ...?
- Wird der Bericht kommentiert? Sind Bericht und Kommentar getrennt?
- Welche Quellen werden genannt?
- Entspricht dieses Bild den Erkenntnissen aus der Kriminalstatistik? Vergleiche S. 180, M 1. Ihr könnt die jährlich neu erstellte Kriminalstatistik beim Innenministerium oder dem Justizministerium erhalten.

Eine andere Möglichkeit, sich über den Ablauf von Gerichtsverfahren zu informieren, bieten Gerichtsshows oder Kriminalfilme. Aber Vorsicht:
In englischen und amerikanischen Filmen laufen Gerichtsverfahren völlig anders ab!

Tipps zur Planung

Bei einem Gerichtsbesuch ist es lohnend, sich zwei Wochen vorher mit dem Gericht in Verbindung zu setzen, um zu sehen, welche Verhandlungen an einem bestimmten Tag angesetzt sind. Am Tag vor dem Besuch sollte man nochmals nachfragen, ob die Verhandlungstermine geblieben sind. Günstig ist es, wenn der Richter und/oder der Staatsanwalt vorher wissen, dass sich eine Schulklasse oder Gruppe im Saal befindet. Oft werden dann im Laufe der Verhandlung weitere Erklärungen für die Zuschauer gegeben. Wenn man einen günstigen Termin gewählt hat, z. B. die letzte Verhandlung vor einer Pause, stehen der Richter oder der Staatsanwalt für Erklärungen zur Verfügung, wenn dies vorher mit ihnen abgesprochen wurde.

Die Teilnahme an der Verhandlung

Bei der Verhandlung könnt ihr auf verschiedene Dinge achten, die ihr euch notieren sollt. Die folgenden Fragen könnt ihr als Checkliste benutzen:

- Wie wirkt das Gerichtsgebäude, der Gerichtssaal auf euch?
- Wie ist das von euch besuchte Verfahren im Gerichtsgebäude angekündigt?
- Was fällt euch beim Betreten des Gerichtssaales auf?
- Wo haben die am Verfahren Beteiligten ihren Platz?
- Wer ergreift zuerst das Wort? Wie geht das Verfahren weiter? Welche Teile des Verfahrens kann man unterscheiden?
- Welche Rollen spielen Richter, Schöffen, Staatsanwalt, Verteidiger, Angeklagter, Zeugen, Sachverständige?
- Wie wirken die Beteiligten auf euch (Sitzordnung, Kleidung, Redeweise ...)?
- Sind das Verfahren und die Sprache vor Gericht für die Beteiligten und die Zuschauer klar und verständlich?
- Wird ein Urteil gesprochen? Notiert die Begründung!

Nachbereitung

In der folgenden Sozialkundestunde könnt ihr ein Auswertungsgespräch führen, bei dem ihr von den in der Checkliste festgehaltenen Beobachtungen ausgehen sollt. Wenn die Beobachtungen in Kleingruppen diskutiert und zusammengefasst werden, können die wichtigsten Fragen leichter herausgearbeitet werden.

6. Resozialisierung – Eine Herausforderung für den Einzelnen und die Gesellschaft?

M 1 Der Weg zurück beginnt im Knast

Die Zahl ist hoch: Jeder Dritte wird in den ersten drei Jahren nach seiner Entlassung wieder straffällig. Das belegt eine Rückfallstatistik des Bundesministeriums der Justiz. Für die Studie trugen Forscher der Universität Göttingen und des Max-Planck-Instituts in Freiburg Daten von mehr als einer Million Straftätern zusammen. Sie prüften, ob Gefängnisinsassen, die 2004 aus der Haft entlassen wurden, bis 2007 erneut straffällig wurden. Grundlage waren Einträge in das Bundeszentralregister.

Dabei bemüht man sich schon im Gefängnis, die Gefangenen auf ihr Leben in Freiheit vorzubereiten. Therapien, Anti-Gewalt-Trainings, Schauspielunterricht – das Angebot in den Justizvollzugsanstalten (JVA) ist groß. Eine Sonderform der Resozialisierung ist der offene Vollzug. Hierbei können die Häftlinge tagsüber die Anstalt verlassen. Erst am Abend kehren sind in die JVA zurück. [...]

Im geschlossenen Vollzug haben Häftlinge die Chance, sich weiterzubilden. In der JVA können sie ihren Schulabschluss nachholen oder eine Lehre beginnen. Denn ohne Qualifikation kein Job, ohne Job kein Geld – und ohne Geld rutschen viele Straftäter nach ihrer Entlassung wieder in die Kriminalität ab. Sie stehlen, erpressen oder handeln mit Drogen. Als letzte Konsequenz landen sie wieder im Knast.

Ein gutes Bildungsniveau und eine Arbeitsstelle sind natürlich kein Garant dafür, dass ein Ex-Häftling straffrei bleibt. Umgekehrt wird auch nicht jeder Entlassene ohne Abschluss oder Job wieder kriminell. Bildung und Arbeit können aber dazu beitragen, den eigenen Platz in der Gemeinschaft wiederzufinden. [...]

Die großen Probleme beginnen aber meistens erst mit der Entlassung – vor allem, wenn den Ex-Häftlingen kein Bewährungshelfer zusteht. Das betrifft etwa diejenigen, die ihre Strafe vollständig abgesessen haben. Gerade diese Personen fallen oft in ein „Entlassungsloch", wie Fachleute es nennen.

„Der Zeitpunkt der Entlassung ist am gefährlichsten. Viele Entlassene haben Schulden oder waren drogenabhängig, haben keinen Arbeitsplatz und Probleme auf dem Wohnungsmarkt – das sind sich ständig wiederholende Problemstellungen", sagt der Kriminologe Bernd Maelicke vom Deutschen Institut für Sozialwirtschaft. [...]

Andrea Böhnke: Resozialisierung – Vom Straftäter zum Nachbarn, Beitrag vom 8.1.2014; www.planet-wissen.de; © WDR

1 Benennt die Probleme, die sich einer Person nach der Haftentlassung stellen (M 1).
2 Erläutert, worin das „Entlassungsloch" (Zeile 45 f.) besteht.
3 Beurteilt: Wie kann Resozialisierung gelingen? Berücksichtigt dabei die im Text genannten Resozialisierungsmaßnahmen und recherchiert im Internet verschiedene Hilfsangebote für Haftentlassene.

7. Der Zivilprozess – wenn zwei sich streiten

M 1 Ninas Ausflug ins Internet

Die 17-jährige Nina hatte bei einem Ausflug ins Internet letzte Woche großes Pech. Mit ihrer Freundin gemeinsam ist sie auf der Seite www.topjeans.de auf ein tolles Angebot gestoßen. Jeans ihrer Lieblingsmarke wurden für 24,95 € zuzüglich Porto angeboten. In der Anzeige stand noch „Gewährleistung ausgeschlossen", darunter konnte sich Nina nichts vorstellen. Da sie von ihrem Taschengeld noch genug übrig hatte, entschloss sie sich, sofort zuzugreifen. Sie bestellte per E-Mail, die Bestätigung kam sofort. Zwei Tage später kam die Lieferung, doch das Entsetzen war groß: Die rechte Seitennaht der Jeans war aufgerissen. Ihre Eltern merkten sofort, dass etwas nicht stimmte. Nachdem Nina ihnen alles erzählt hatte, sagten sie übereinstimmend, sie hätte als Minderjährige gar keine wirksame Bestellung aufgeben können und außerdem müsse der Händler die Jeans sowieso wegen der aufgerissenen Naht zurücknehmen. Der Jeanshändler stellt sich aber stur und erklärt, dass er nach den allgemeinen Geschäftsbedingungen nicht für Fehler der Jeans hafte. Nina lässt sich daher von einer Rechtsanwältin beraten.

Nach: Marion Harsdorf-Gebhardt: PZ-Information 18/2000, 3. Auflage, Heft 3, S. 5–11

◀◀ Click and Buy – einfach kaufen?, S. 92 f.

M 2 Nina beim Rechtsanwalt

Ninas Fragen ...
- Wie lange kann ich Ansprüche wegen Sachmängeln geltend machen?
- Wie kommt ein Kaufvertrag zustande? Muss man eine bestimmte Form einhalten?
- Kann eine Minderjährige einen Kaufvertrag ohne Zustimmung der Eltern abschließen?
- Was ist ein Kaufvertrag?
- Was sind allgemeine Geschäftsbedingungen?
- Kann der Verkäufer seine Haftung für Sachmängel ausschließen?
- Welche Rechte habe ich als Käuferin, wenn die gekaufte Sache mangelhaft ist?

Die Antworten der Rechtsanwältin ...
- Ein Kaufvertrag bedarf grundsätzlich keiner bestimmten Form. Er kann mündlich (auch telefonisch) oder schriftlich (auch per E-Mail) abgeschlossen werden.
- Der Jeanshändler möchte durch die allgemeine Geschäftsbedingung „Gewährleistung ausgeschlossen" die Haftung für Sachmängel ausschließen. Allgemeine Geschäftsbedingungen werden aber nur Vertragsbestandteil, wenn ausdrücklich auf sie hingewiesen wird, der Vertragspartner die Möglichkeit hat, Kenntnis zu nehmen und dann ausdrücklich sein Einverständnis erklärt.
- Beschränkt geschäftsfähig sind Minderjährige, wenn sie sieben Jahre alt geworden sind. Ein Kaufvertrag ohne Einwilligung der Eltern muss von diesen nachträglich genehmigt werden. Eine Ausnahme bilden hier Kaufverträge, die ein beschränkt Geschäftsfähiger mit seinem Taschengeld bewirkt, die Einwilligung der Eltern ist dann nicht erforderlich.
- Der Verkäufer haftet dem Käufer dafür, dass die Sache zur Zeit der Übergabe frei von Sachmängeln ist. Wenn dies nicht der

Fall ist, kann man eine sogenannte Nacherfüllung verlangen, d. h. entweder die Beseitigung des Mangels (Nachbesserung) oder aber die Lieferung einer Ware ohne Sachmangel (Nachlieferung).
- Für eine Nacherfüllung muss eine angemessene Frist gesetzt werden. Wenn diese erfolglos abläuft, kann man eine Herabsetzung des Kaufpreises verlangen oder vom Kaufpreis zurücktreten. Die Verjährungsfrist für den Anspruch auf Nacherfüllung beträgt hier zwei Jahre.
- Allgemeine Geschäftsbedingungen sind vorformulierte Vertragsbedingungen, die eine Vertragspartei der anderen stellt.
- Durch den Kaufvertrag wird der Verkäufer verpflichtet, dem Käufer die Kaufsache zu übergeben. Im Gegenzug ist der Käufer verpflichtet, den vereinbarten Kaufpreis zu zahlen und die Ware abzunehmen.

Autorentext

M 3 Der Gang des Zivilprozesses

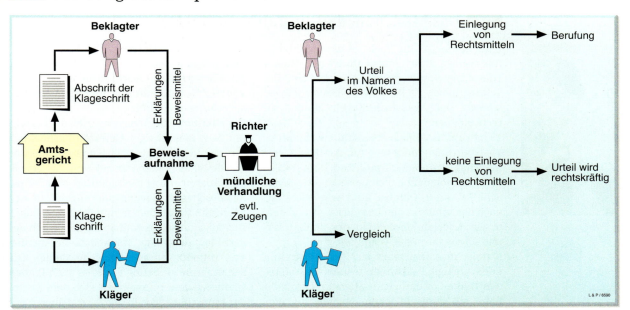

1. Führt in Partnerarbeit einen Dialog zwischen Nina und ihrer Rechtsanwältin. Ordnet dabei die Antworten der Rechtsanwältin Ninas Fragen in einer sinnvollen Reihenfolge zu (M 2).
2. Wo würdet ihr in Schaubild M 3 Ninas Fall einordnen, falls es zu einem Zivilprozess kommen würde, wo eine mögliche Berufung?
3. Wie würdet ihr in Ninas Fall entscheiden? Arbeitet aus M 2 Formulierungen für eine Urteilsbegründung heraus.
4. Recherchiert: Welche Lebenssituationen werden im Bürgerlichen Gesetzbuch geregelt? Wie ist es aufgebaut?

8. Menschenrechte – Grundrechte – Bürgerrechte

GLOSSAR
Bürgerrechte
Menschenrechte
Vereinte Nationen
Bürgerrechte

WEBCODE
SDL-08160-013

Die Gesetze eines Staates bestimmen die Rechte und Pflichten seiner Bürgerinnen und Bürger. In ihrer Gesamtheit bilden sie die Rechtsordnung eines Staates. Gesetze und Rechtsvorschriften, beispielsweise im Straf- und Zivilrecht, unterscheiden sich von Staat zu Staat. Darüber hinaus kennen wir auch Rechte, die jedem Menschen gleichermaßen zukommen, unabhängig davon, wo er lebt. Unter den sogenannten Menschenrechten werden die Rechte verstanden, die jedem Menschen von Geburt an zukommen. Sie sind am 10. 12. 1948 von den Mitgliedstaaten der Vereinten Nationen als „Allgemeine Erklärung der Menschenrechte" definiert und verkündet worden.

Mit der Idee der Menschenrechte eng verbunden ist die Idee der angeborenen Menschenwürde. In den Verfassungen einzelner Staaten formulierte Menschenrechte werden in der Regel als Grundrechte bezeichnet. Sie gelten für jeden Menschen, der sich im Geltungsbereich der Verfassung aufhält. Es gibt aber auch Grundrechte, die nur den einzelnen Staatsangehörigen vorbehalten sind (Grundrechte als Bürgerrechte). Beobachter der Vereinten Nationen und Menschenrechtsorganisationen wie Amnesty International stellen weltweit immer wieder unzählige Menschenrechtsverletzungen fest (Folter, Mord in staatlichem Auftrag etc.).

M1 Das Mädchen, das die Taliban fürchten

Eine 14-Jährige aus Pakistan traut sich, was nur wenige ihrer Landsleute wagen: Malala Yousafzai kämpft gegen die Islamisten. Die Taliban haben sie bei einem Überfall schwer
5 verletzt. Doch selbst die Kugeln können sie nicht stoppen.
15 Jahre alt ist Malala Yousafzai, sie kämpft in Pakistan unter anderem für das Recht von Mädchen, in die Schule zu gehen. Dafür muss-
10 te sie fast mit dem Leben bezahlen. Als sie im Swat-Tal am 9. Oktober 2012 wie jeden Tag nach der Schule in den Bus einstieg, attackierte ein Überfall-Kommando der Taliban sie und schoss ihr in den Kopf. [...]
15 Malala Yousafzai traut sich, was sich nur noch wenige Pakistaner trauen: Sie bietet den Taliban öffentlich die Stirn. Im Jahr 2009 hatte sie unter falschem Namen für den Urdu-sprachigen Service der BBC ein Blog-
20 Tagebuch geführt. Darin berichtete sie über ihr Leben unter den Islamisten. Denn diese hatten 2007 die Herrschaft in ihrer Heimat, dem pakistanischen Swat-Tal, übernommen, Mädchenschulen geschlossen, das Hören von Musik verboten und ihre eigene Rechtsprechung eingeführt.
Die pakistanische Armee vertrieb die Islamisten nach zweijähriger Herrschaft schließlich aus der Region [...]. Nach Ende der Kämpfe wurde Malalas Identität bekannt. Sie erhielt eine Auszeichnung für Tapferkeit von der pakistanischen Regierung und engagierte sich weiterhin für Mädchen- und Frauenrechte.
Die pakistanischen Taliban rühmten sich des verübten Anschlags auf Malala in Anrufen und Mitteilungen an zahlreiche Medien. Die Scharia sehe eindeutig vor, dass auch Frauen getötet werden müssten, die sich dem Kampf der Mudschaheddin in den Weg stellten.

Nach: Süddeutsche Zeitung vom 11. Oktober 2012, mit Aktualisierungen

1 Recherchiert den Text der „Allgemeinen Erklärung der Menschenrechte" im Internet. Erläutert, welche Menschenrechte im Fall M 1 verletzt worden sind.
2 Erkundigt euch über den weiteren Lebensweg von Malala Yousafzai und erarbeitet ein Kurzreferat. Wofür setzt sie sich ein?
3 Recherchiert, welche Möglichkeiten Menschenrechtsorganisationen (wie zum Beispiel Amnesty International) Jugendlichen bieten, sich aktiv zu engagieren.

◂◂ Methode: Richtiges Suchen im Internet, S. 19

Menschenrechte – Grundrechte – Bürgerrechte 195

In der Bundesrepublik Deutschland sind die Grundrechte gleich am Anfang des Grundgesetzes, der Verfassung der Bundesrepublik Deutschland, niedergelegt. Sie bilden die Grundlage unserer staatlichen Ordnung, weil der Staat sie immer zu beachten hat. In Artikel 1, Absatz 3 GG heißt es daher: „Die nachfolgenden Grundrechte binden Gesetzgebung, vollziehende Gewalt und Rechtsprechung als unmittelbar geltendes Recht." Bezugspunkt und Grundlage für alle weiteren Grundrechte ist die Menschenwürde im Artikel 1 des Grundgesetzes, Satz 1 und 2: „Die Würde des Menschen ist unantastbar. Sie zu achten und zu schützen ist Verpflichtung aller staatlichen Gewalt." Die Grundrechte lassen sich auf verschiedene Weise unterteilen. Häufig ist die Unterscheidung von Freiheits- und Gleichheitsrechten. Die Freiheitsrechte dienen als persönliche Freiheitsrechte oder Abwehrrechte dem Schutz des Einzelnen vor staatlichen Eingriffen in die Privatsphäre, als politische Mitwirkungsrechte der Gewährleistung von Mitwirkungs- und Beteiligungsrechten und als wirtschaftliche Freiheitsrechte der Gewährleistung einer freien wirtschaftlichen Betätigung ohne staatliche Bevormundung. Darüber hinaus gewährleisten die sogenannte Prozessgrundrechte einen fairen, voraussehbaren und rechtsstaatlichen Ablauf von Gerichtsprozessen. Da sich die Grundrechte in Deutschland im Wesentlichen auf die Sicherung der Freiheit durch Begrenzung der Staatsgewalt beschränken, wird häufig gefordert, das Grundgesetz durch soziale Grundrechte, wie zum Beispiel das Recht auf Arbeit, zu ergänzen. Hiergegen wird allerdings eingewandt, dass soziale Leistungsrechte für den Staat praktisch nicht bzw. nur schwer umsetzbar seien.

GLOSSAR
Grundgesetz
Grundrechte

Die Grundrechte

Nach ZAHLENBILDER 60110

4 Sucht den Gesetzestext zu ausgewählten Grundrechten im Grundgesetz und erarbeitet in Partnerarbeit „Botschaften" nach Vorbild von M 2. Vergleicht eure Ergebnisse und einigt euch auf Formulierungen.

5 Unterscheidet zwischen Grundrechten, die jedem zukommen (Menschenrechte), und Grundrechten, die nur deutsche Staatsbürgerinnen und Staatsbürger haben.

6 Informiert euch über das vom Bundesverfassungsgericht definierte „Grundrecht auf Gewährleistung der Vertraulichkeit und Integrität informationstechnischer Systeme". Mit welchen Interessen, Ansprüchen bzw. Prinzipien können sich Konflikte ergeben?

INTERNET
www.bpb.de/izpb/155922/die-einzelnen-grundrechte

196 RECHT UND RECHTSPRECHUNG

KOMPETENT? Jugendgewalt

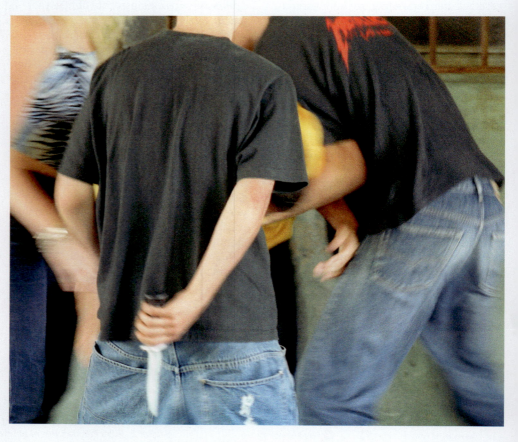

Bürgerwehren und Drogenkartelle in Mexiko

Sie liefern sich Schießereien um die Vorherrschaft im eigenen Ort: Bürgermilizen gegen das Drogenkartell der sogenannten Tempelritter, die hier im mexikanischen Bundesstaat
5 Michoacan einige Regionen bisher praktisch kontrollierten. Denn der Staat ist kaum noch präsent gewesen. [...]
Aber vielerorts haben sich Einwohner zu Bürgerwehren zusammengeschlossen, um die
10 Tempelritter zu vertreiben: „Wir haben diese Leute einfach nicht mehr ausgehalten, deshalb kämpfe ich jetzt mit", sagt einer der Bürger. „Die Tempelritter haben unsere Rinder gestohlen, Leute aus dem Dorf entführt und
15 umgebracht. Nachts konnten wir nicht mehr rausgehen. Da rasten sie mit ihren Vans durchs Dorf und überfuhren jeden, der nicht aufgepasst hat", schildert er die Situation. [...]

Michoacan im Westen von Mexiko ist einer der Brennpunkte des Drogenhandels und des 20 organisierten Verbrechens. Die Tempelritter verdienen ihr Geld mit Kokainschmuggel, Entführungen und Erpressung. Ganze Lokalpolizeien sollen von ihnen bezahlt werden. Ein Grund, warum sich viele Bürger schutzlos 25 fühlen.
Vor einem Jahr bildeten sich die ersten der neuen hochgerüsteten Bürgermilizen. Maschinengewehre, schusssichere Westen, oft auch Tarnkleidung. Zuletzt starteten sie 30 eine Offensive, brachten einen Ort nach dem anderen unter Kontrolle. [...]
Doch jetzt reagiert Mexikos Staat. Die Regierung verstärkte in den letzten Tagen ihre Militärpräsenz in Michoacan und besetzte 35 Apatzingan. Bei Schießereien mit einer Bür-

germiliz sollen vier Menschen getötet worden sein, darunter ein elfjähriges Mädchen.

Mexikos Innenminister Miguel Angel Osorio forderte die Bürgerwehren auf, ihre Waffen niederzulegen: „Die Angehörigen der Milizen sollen in ihre Dörfer zurückkehren, um wieder ihrer normalen Arbeit nachzugehen", sagte er. Die Sicherheit der Gemeinden unterliege allein den staatlichen Institutionen, auch wenn die Milizen mit Informationen liefern könnten, um Kriminelle zu verhaften. [...]

Die Lage ist angespannt, eine unübersichtliche Mischung aus Soldaten, korrupten Lokalpolizisten, Drogengangstern und einfachen Dorfbewohnern – mit Waffen auf allen Seiten.

Einige Bürgermilizen haben inzwischen angekündigt, dass sie ihre Gewehre erst einmal nicht niederlegen wollen: „Wir werden das erst machen, sobald die Regierung in der Lage ist, ihrer Verantwortung hundertprozentig nachzukommen", sagt Jose Manuel Mireles, einer der Anführer. [...]

Angeblich sollen einige Bürgermilizen selber ins Drogengeschäft verwickelt sein. Gerüchte brodeln – möglicherweise gezielt gestreut von der Drogenmafia oder der Regierung.

Martin Polansky: Angst, Schüsse und Milizen in Michoacan, Beitrag vom 19.1.2014; www.tagesschau.de/ausland/ buergerwehren100.html

KOMPETENT?

1 Beschreibt die Situation im Bild und stellt anschließend Vermutungen an: Welcher konkrete Anlass könnte zu dem Verhalten der Personen geführt haben? Welche Lebensumstände könnten diesen Verhaltensweisen zugrunde liegen?

2 Verfasst – ausgehend vom Bild – die Beschreibung eines Sachverhalts bzw. eine Anklageschrift (vgl. S. 183 ff.) als Grundlage für eine Gerichtsverhandlung. Inwiefern ist hier das Alter der beteiligten Personen von Bedeutung?

3 Benennt die rechtlichen Bestimmungen, die für die Überprüfung des Sachverhalts von Bedeutung sind. Klärt wichtige Begriffe des Rechtstextes.

4 Begründet, inwiefern der Sachverhalt den Tatbestand der rechtlichen Bestimmung erfüllt.

5 Wenn es zu einem Strafprozess kommt: Benennt die Rechtsgrundsätze, die dabei beachtet werden müssen. Nehmt Bezug auf wichtige Bestimmungen des Grundgesetzes.

6 Verfasst ein Urteil zu dem in Aufgabe 3 beschriebenen Sachverhalt.

7 Erläutert und beurteilt an einigen Beispielen die Unterschiede zwischen der im Text beschriebenen Situation und der Situation in der Bundesrepublik.

Politik in der EU: Welches Europa wollen wir?

> „Die Einheit Europas war ein Traum weniger. Sie wurde eine Hoffnung für viele. Sie ist heute eine Notwendigkeit für alle."
>
> Konrad Adenauer (1876–1967), 1949–1963 erster deutscher Bundeskanzler, am 15.12.1954 im Deutschen Bundestag

> „Noch immer ist die Europäische Union ein Projekt der Eliten. […] Einen europäischen Bürgersinn sucht man bisher vergebens. Das wird überdeutlich in Krisenzeiten, die eine über die nationalen Grenzen hinausreichende Solidarität herausfordern."
>
> Jutta Limbach, ehemalige Präsidentin des Bundesverfassungsgerichts, am 26.8.2012

links: Jubel in Kroatien nach dem EU-Beitritt im Juni 2013
unten: Proteste gegen das EU-Sparprogramm in Griechenland

POLITIK IN DER EU: WELCHES EUROPA WOLLEN WIR?

1. Die EU im Alltag: Mehr Schutz und Freiheit oder Einengung und Gleichmacherei?

GLOSSAR

Europäische Union

Dass die EU deinen Alltag bestimmt, scheint zunächst ein abwegiger Gedanke zu sein: Warum sollten dir unbekannte Politiker oder Verwaltungsbeamte in Brüssel oder Straßburg darüber entscheiden, wie du zu leben hast? Immerhin wählen wir dazu doch Abgeordnete der Stadträte, Landtage oder eben des Bundestages. Durch die Mitgliedschaft in der EU gibt aber jeder Staat Entscheidungshoheit (Souveränität) an die Institutionen der EU ab. Diese nennt man auch supranational.

Im Rahmen des gemeinsamen Marktes gibt es nun Regelungen, die zu einer größeren Vergleichbarkeit führen sollen. Außerdem wurden und werden einheitliche Vorgaben im Bereich von Umwelt- oder Verbraucherschutz eingeführt. Kritiker sehen dabei die Gefahr einer Überregulierung und mahnen an, dass durch EU-weite Gesetze die Vielfalt der unterschiedlichen Traditionen verloren gehen könnte.

supranational
von lat. supra, über, und natio, Volk bzw. Staat (=überstaatlich)

 Die EU im Alltag

Julia ist heute extra früh aufgestanden, obwohl Sonntag ist und die Uhr auf Sommerzeit umgestellt wurde. Sie will ihrer Austauschschülerin Marie noch Frühstück machen.
5 Marie ist schon im Bad und macht gerade lustige Gurgelgeräusche, als sich Julia in die Küche schleicht. Das war eine Bedingung ihrer Eltern, als sie von der Möglichkeit dieses europäischen Schüleraustausches gehört hat-
10 ten: Julia müsse sich um Programmpunkte an freien Tagen kümmern. Heute wollen die beiden mit Julias Freundinnen schwimmen gehen. Das Freibad im Ort wird gerade renoviert, also ab an den Badesee, ist eh viel
15 schöner da.
Es gibt Cornflakes: eine Art Kompromiss, denn am Anfang hat Marie ganz schön gelitten, als sie das dunkle und aus ihrer Sicht harte und saure Bio-Bauernbrot essen musste,
20 das bei Julias Mama immer auf den Tisch kommt. An den ersten Abenden hat Marie dann immer gefühlte Stunden per Handy mit zu Hause telefoniert. Es war wohl eine Art Kulturschock für sie, in Deutschland zu sein.
25 Als Julia dann einmal Baguette holte, um Marie etwas Gutes zu tun, wollte Julias Vater das Brot wenigstens auftoasten und schon ging der Toaster halb in Flammen auf, obwohl sie ihn doch erst letzten Sommer für ein paar
30 Euro aus dem Spanienurlaub mitgebracht hatten. Schuld war natürlich das Baguette.

- Bereits in den 1970er-Jahren beschlossen die Länder der EG eine Regelung der Sommerzeit. Sie war zunächst befristet, dies änderte die aktuell gültige Richtlinie 2000/84/EG.
- Die Verringerung der Schadstoffe im Trinkwasser sieht die Richtlinie 98/83/EG vor.
- Aufträge von Kommunen müssen EU-weit ausgeschrieben werden (bei Bauaufträgen wie dem Freibad ab ca. 5 Mio. €; bei Lieferaufträgen ab ca. 200 000 €).
- Genveränderte Lebensmittel (z. B. Mais) sind zwar nicht verboten, müssen aber laut Richtlinie 2003/1830/EG gekennzeichnet werden.
- Ein EU-weit vorgeschriebenes Siegel soll garantieren, dass die gültigen Ökostandards eingehalten werden.
- Die Roaming-Gebühren in der EU wurden durch EU-Verordnungen massiv gesenkt und werden bis Dezember 2015 komplett abgeschafft.
- Durch die Richtlinie 1999/44/EG wurde die Garantiezeit für Konsumgüter auf zwei Jahre festgesetzt.
- Laut der Richtlinie zur Angleichung der Rechtsvorschriften der Mitgliedstaaten über Konfitüren, Gelees, Marmeladen

Die EU im Alltag: Mehr Schutz und Freiheit oder Einengung und Gleichmacherei? 201

Marie freut sich sichtlich, als sie in die Küche kommt. Seit sie in Deutschland ist, hat sie sich in die tolle Kirschmarmelade vom Hofladen aus Julias Ort verliebt, daher nimmt sie heute auch einen Löffel in die Cornflakes-Schale. Das findet Julia ja eher ekelhaft, aber gut: Dafür „rächt" sie sich mit dunklem Brot, das sie mit zum See nehmen will. Dazu noch Käse, eine Gurke und ein paar Tomaten; das Wetter wird sonnig: Es verheißt, ein super Tag zu werden.

und Maronenkrem (79/693/EWG) darf der Begriff „Marmelade" nur für Produkte aus Zitrusfrüchten verwendet werden, um Missverständnisse im englischsprachigen Raum zu vermeiden. Eine Ausnahme gilt nur für Produkte, die auf lokalen Märkten oder direkt vom Bauern an den Endkunden verkauft werden.
- Von 1988 bis 2009 gab es die Verordnung 1677/88 über die Krümmung von Gurken.

Autorentext

Merkmale des europäischen Binnenmarkts

Die vier Freiheiten im Binnenmarkt

freier Personenverkehr	freier Dienstleistungsverkehr	freier Warenverkehr	freier Kapitalverkehr
Wegfall der Kontrollen an den Binnengrenzen	Niederlassungsrecht; Offenheit für grenzüberschreitende Dienstleistungen	Wegfall der Grenzkontrollen	Freizügigkeit für den Zahlungsverkehr und den Kapitalverkehr (Investitionen und Anlagen) in der EU und nach außen
Harmonisierung der Asyl- und Zuwanderungspolitik	Liberalisierung der Bank- und Versicherungsdienstleistungen	keine Zölle oder mengenmäßigen Beschränkungen	Integration der Finanzmärkte
Freizügigkeit für Arbeitnehmer, Niederlassungs- und Aufenthaltsrecht für EU-Bürger	Öffnung der Transport-, Post-, Telekommunikations-, Energiemärkte	Harmonisierung oder gegenseitige Anerkennung von Normen und Vorschriften	Liberalisierung des Wertpapierverkehrs
		Steuerharmonisierung	

Sinnvolle EU-Regelungen!?

- Auf Zigarettenpackungen sollen Schockbilder zur Abschreckung zu sehen sein;
- die maximale Arbeitszeit von Arbeitern soll EU-weit festgelegt werden;
- die Führerscheine und deren Größe sollen in allen EU-Staaten gleich sein;
- Glühbirnen sind in der EU verboten.

---

1 Beschreibt, wie die EU den Alltag von Julia und Marie bestimmt (M 1).
2 Recherchiert zu den Gründen der Einführung und Abschaffung der Gurkenverordnung.
3 Überprüft, mit welchen Grundsätzen aus M 2 und dem Infotext ihr erklären könnt, dass die Regelungen aus Julias Alltag (M 1) eingeführt wurden.
4 Bewertet, ob ihr es sinnvoll findet, dass die Beispiele in M 3 durch Regulierungen für die ganze EU geregelt werden, und begründet euer Urteil.
5 Diskutiert, ob für euch die EU im Alltag mehr Schutz und Freiheit oder eher Einengung und Gleichmacherei bedeutet.

2. Ist der Gesetzgebungsprozess in der EU zu kompliziert?

! Eine EU-weite Regelung sollte nur dann gesucht werden, wenn ein Ziel auf europäischer Ebene besser erreicht werden kann als auf der Ebene der Mitgliedstaaten wie Deutschland oder der Bundesländer bzw. der einzelnen Städte und Gemeinden (Prinzip der Subsidiarität). Dennoch bestimmen Entscheidungen auf der EU-Ebene in vielen Fällen die Gesetzgebung in Deutschland. Verordnungen sind dabei für alle Mitgliedstaaten direkt und genau so, wie sie beschlossen wurden, verbindlich, wohingegen Richtlinien verbindliche Vorgaben enthalten, die die einzelnen Staaten jeweils in ihr Recht umsetzen müssen. Dabei kann es zu unterschiedlichen Umsetzungen kommen.

M1 Einführung einheitlicher Handy-Ladegeräte

▶▶ Institutionen in der EU, S. 204f.

3.2.2013 EU-Kommission drängt auf einheitliche Ladegeräte

EU-Industriekommissar Antonio Tajani drängt die Handyhersteller, weiterhin einheitliche Ladegeräte anzubieten. „Ende 2012 lief eine freiwillige Vereinbarung der Handy-Hersteller aus, die sich darauf geeinigt hatten, nur noch ein universelles Ladegerät für alle Modelle zu verwenden", sagte Tajani dem Magazin Focus. „Sollten die Hersteller diese Vereinbarung bis Ende Februar nicht erneuern, wird die EU sie dazu verpflichten." Die Kommission werde dazu eine Vorlage zu einer Verordnung ausarbeiten.

13.3.2014 Einheitliche Elektronik: EU-Parlament will Standard für Handy-Ladegeräte durchsetzen

Ab 2017 sollen sich Handys und Tablets mit einheitlichen Ladegeräten aufladen lassen. Eine entsprechende Gesetzesvorlage hat das EU-Parlament am Donnerstag mit überwältigender Mehrheit beschlossen. Nun sollen alle Hersteller in drei Jahren einen einheitlichen Stecker für Handys, Tablets und Smartphones auf den Markt bringen.

Bis zur heutigen Entscheidung war es ein langer Weg. Schon 2009 hatten die Hersteller einen einheitlichen Standard für Ladekabel einführen wollen, allerdings war dieser Vorstoß der Industrie nicht wirklich freiwillig. Die Branche wollte mit ihrer Initiative einer gesetzlichen Regelung zuvorkommen.

Aus der für 2010 geplanten Einführung des Micro-USB-Standards, auf den sich die meisten Firmen geeinigt hatten, wurde letztlich nichts. Denn auch wenn einige Firmen längst den kleinen USB-Stecker verwenden, gibt es nach wie vor Ausnahmen. Apple beispielsweise setzt auf ein ganz eigenes System. Eine klare Vorgabe, wie der neue Stecker aussehen soll, was er können oder wie er technisch beschaffen sein soll, liefert die Entscheidung vom Donnerstag nicht. Die EU-Kommission soll zusammen mit den Herstellern in den kommenden Monaten über ein technisch optimales Format beraten.

Für Verbraucher könnte die Einführung des geplanten Standards eine erhebliche Erleichterung bedeuten. Sie können Geld sparen, wenn sie für ein neues Handy kein weiteres Ladegerät anschaffen müssen. Der Umwelt erspart die Vereinheitlichung einer Pressemitteilung des EU-Parlaments zufolge Tausende Tonnen Elektromüll.

Der Gesetzentwurf muss noch formal vom Rat verabschiedet werden. Die Mitgliedstaaten müssen die Vorschriften innerhalb von zwei Jahren in nationales Recht umsetzen. Den Herstellern bleibt dann noch ein Jahr Zeit, sich auf die verbindliche Anwendung der neuen Vorschriften vorzubereiten.

14.4.2014 Smartphones: EU-Rat beschließt Richtlinie für einheitliches Ladegerät

Nachdem das EU-Parlament dem neuen Vorschlag für ein einheitliches Ladegerät nach erster Lesung zugestimmt hatte, hat die Richtlinie nun auch den EU-Rat passiert. Schließlich hat die Vertretung der Mitgliedstaaten ebenfalls das Papier abgesegnet, sodass einer Umsetzung nichts mehr im Weg steht.

Großbritannien lehnt die Richtlinie allerdings weiter ab. Das Vereinigte Königreich will damit aber nicht den Standard-Anschluss ver-
75 hindern, sondern eine Überregulierung des Marktes vermeiden. Die Richtlinie schreibt nämlich nicht nur ein einheitliches Ladegerät vor, sondern beschreibt ganz allgemein Vorschriften für das reibungslose Funktionieren
80 von verschiedenen Geräten mit drahtloser Übertragung. Dadurch, so die Befürchtung Großbritanniens, könnten Geräte, die schon bisherigen Standards entsprechen, in Zukunft erneut geprüft werden müssen.

Autorentext

Der Europäische Gerichtshof

Zusammensetzung: Jeder Mitgliedstaat der EU entsendet einen Richter für eine Amtszeit von sechs Jahren. Die Richter können aber nach Ablauf dieser Zeit erneut berufen wer-
5 den. Den insgesamt 27 Richtern stehen zwölf Generalanwälte zur Seite.

Aufgaben: Hat ein nationales Gericht Zweifel bezüglich Auslegung oder Gültigkeit einer Rechtsvorschrift der EU oder der Vereinbar-
10 keit von nationalem Recht mit EU-Recht, wendet es sich an den Europäischen Gerichtshof (EuGH). EU-Organe, Mitgliedstaaten, Unternehmen und Privatpersonen können vor dem Gerichtshof klagen, wenn in einem Land ge-
15 gen EU-Recht verstoßen wird. Die Urteile des Europäischen Gerichtshofes gelten in allen Ländern der EU und können von keinem nationalen Gericht angetastet werden.

Das Mitentscheidungsverfahren

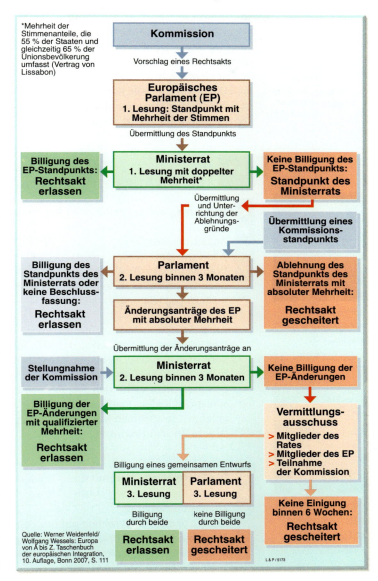

Quelle: Werner Weidenfeld/Wolfgang Wessels: Europa von A bis Z. Taschenbuch der europäischen Integration, 10. Auflage, Bonn 2007, S. 111

1. Arbeitet heraus, wer an dem Konflikt um die Vereinheitlichung der Ladegeräte beteiligt ist und wer welche Interessen vertritt (M1).
2. Ordnet den in M1 beschriebenen Ablauf in den Gesetzgebungsprozess von M3 ein und erläutert, warum man von einem Mitentscheidungsverfahren spricht.
3. Erklärt, wie dieser Prozess weiterverlaufen wäre, wenn neben Großbritannien eine Mehrheit im Rat gegen die Richtlinie gewesen wäre.
4. Simuliert ein Gespräch zwischen dem Industrie-Kommissar und dem britischen Wirtschaftsminister darüber, ob es sinnvoll ist, eine Richtlinie für die gesamte EU zu erlassen (M1).
5. Ergänzt die (mögliche) Rolle des EuGH im Gesetzgebungsprozess (M2, M3).
6. Diskutiert, ob das Gesetzgebungsverfahren auf EU-Ebene zu kompliziert ist.

WEBCODE
SDL-11593-701

3. Institutionen in der EU: Wer trifft die Entscheidungen?

➤➤ Kann die UNO Frieden schaffen?, S. 226 f.

„Die in Brüssel", heißt es oft, wenn in der EU gefällte Entscheidungen abwertend kommentiert werden. Aber wer sind „die" von der EU?
Das ist nicht leicht zu beantworten, denn die EU ist eine spezielle Konstruktion: Sie ist weder eine internationale Organisation wie die UNO oder ein Staatenbund, in dem die Staaten ihre Souveränität behalten, noch ist sie ein Bundesstaat.
Angesichts der Fülle von Kompetenzen der EU spricht man von einem Staatenverbund. In diesem müssen überstaatliche Institutionen mit jenen zusammenarbeiten, in denen die einzelnen Nationalstaaten mit ihren Interessen vertreten sind.

M 1 Die wichtigsten Institutionen der EU

Martin Schulz, seit Sommer 2014 Präsident des Europaparlaments

Das Europäische Parlament – Europas „Bürgerkammer" und Gesetzgeber

Zusammensetzung:
Alle fünf Jahre finden seit 1979 Direktwahlen in den Mitgliedsländern statt. Mit den Wahlen im Jahr 2014 sollen genau 750 Parlamentarier aus 28 Ländern die über 500 Millionen EU-Bürger repräsentieren. Je größer ein Staat ist, desto mehr Abgeordnete darf er ins Europaparlament entsenden.

Aufgaben:
Das Europäische Parlament teilt sich mit dem Ministerrat in den allermeisten Politikbereichen die gesetzgebende Gewalt. Ohne seine Zustimmung kann der EU-Haushalt nicht verabschiedet werden.
Das Parlament wählt den von den nationalen Regierungen vorgeschlagenen Kommissionspräsidenten, kann zudem die von den Regierungen vorgeschlagene Kommission ablehnen sowie einen Misstrauensantrag gegen die gesamte Kommission stellen und sie so zum Rücktritt zwingen.

Jean-Claude Juncker, seit 2014 Präsident der Europäischen Kommission

Die Europäische Kommission – Europas „Regierung"

Zusammensetzung:
Der Europäische Rat schlägt mit Blick auf das Ergebnis der Europawahlen einen Kandidaten für den neuen Präsidenten der Kommission vor, der von dem Europäischen Parlament gewählt werden muss. Der Kommissionspräsident leitet die Kommission. Darüber hinaus stellt jedes Land je ein Kommissionsmitglied („Kommissar" genannt). Jeder Kommissar ist jeweils für einen bestimmten Politikbereich zuständig, z. B. Umweltschutz. Das Parlament muss allen Mitgliedern der Kommission zustimmen. Erst dann kann diese ihr Amt aufnehmen.

Günther Oettinger, EU-Kommissar für Digitale Wirtschaft und Gesellschaft

Aufgaben:
Der Präsident der Kommission fungiert als Bindeglied zwischen Parlament und Ministerrat. Er nimmt an deren wichtigen Sitzungen ebenso teil wie an allen Tagungen des Europäischen Rates. Die Kommission darf als einzige Institution „EU-Gesetze" vorschlagen, nämlich Richtlinien und Verordnungen. Sie setzt zudem die politischen Beschlüsse der Europäischen Union um und überwacht die Einhaltung des europäischen Rechts. Sie vertritt die EU auf internationaler Ebene und verwaltet den Haushalt der EU.

Institutionen in der EU: Wer trifft die Entscheidungen? 205

Der Europäische Rat – „Weichensteller" Europas

Zusammensetzung:
Die Staats- und Regierungschefs der Mitgliedstaaten bilden zusammen den Europäischen Rat. Dieser tritt mindestens zweimal im Jahr zusammen. Außerdem sind der Präsident der EU-Kommission und der Präsident des Europäischen Rats Mitglieder dieses Gremiums, beide aber ohne Stimmrecht. Der Präsident des Europäischen Rats wird von diesem für zweieinhalb Jahre gewählt.

Aufgaben:
Der Europäische Rat verfügt über die „Richtlinienkompetenz" in der EU, trifft also die grundlegenden Entscheidungen für Europa. Dazu gehören z.B. Beschlüsse über die Aufnahme neuer Staaten. Die Beschlüsse werden ohne Gegenstimme gefasst.

Donald Tusk, seit 2014 Präsident des Europäischen Rates

Der Rat der Europäischen Union/Ministerrat – Europas Länderkammer und Gesetzgeber

Zusammensetzung:
Im jeweiligen Ministerrat, offiziell „Rat der Europäischen Union", sind die nationalen Regierungen mit einem Fachminister vertreten. Je nach anstehendem Thema tagt der Ministerrat u.a. als Rat der Umweltminister. Hier sind alle gleichberechtigt.
Die meisten Entscheidungen werden mit „qualifizierter Mehrheit" getroffen. Danach hat jeder Staat eine Stimme. Für eine qualifizierte Mehrheit ist die doppelte Mehrheit erforderlich: mindestens 55 % der Staaten mit mindestens 65 % der Gesamtbevölkerung der EU.

Aufgaben:
Der Ministerrat ist zusammen mit dem Europäischen Parlament der „Gesetzgeber" der EU. Ohne seine Zustimmung können keine „Gesetze", d.h. Richtlinien und Verordnungen verabschiedet werden. Gemeinsam mit dem Parlament genehmigt er den Haushalt, d.h. die Ausgaben der EU.

Barbara Hendricks, Umweltministerin und Vertreterin Deutschlands im Rat

Zeichnung: Kommission der Europäischen Gemeinschaften

1 Teilt die Klasse in Gruppen ein. Bearbeitet arbeitsteilig je eine EU-Institution (M 1). Ihr solltet anschließend folgende Fragen erläutern können:
– In welcher Beziehung steht eure Institution zu den anderen Institutionen?
– Welche Interessen vertritt diese vor allem – nationale oder europäische?
– Wie werden Unterschiede der Bevölkerungszahl und Integrationsbereitschaft berücksichtigt?

2 Bildet neue Gruppen, in denen jeweils ein Experte für eine Institution vertreten ist. Stellt kurz eure Institution vor und entwerft dann gemeinsam ein Schaubild, aus dem das Zusammenspiel der Institutionen deutlich wird.

3 Interpretiert die Karikatur und ergänzt sie durch die Rolle des Präsidenten des Europäischen Rates. Überprüft, ob sie noch aktuell ist.

WEBCODE
SDL-11593-702

◀◀ Methode: Karikaturenanalyse, S. 70

4. Wahlen zum Europäischen Parlament: Wie kann die Wahlbeteiligung erhöht werden?

M1 Europawahl

„… würd' ich sagen, probier's mit 'nem Striptease!"

Zeichnung: Horst Haitzinger

◀◀ Wählen als Mittel …, S. 146 f.

! Das Europäische Parlament (EP) ist das einzige direkt von den Bürgerinnen und Bürgern Europas gewählte Organ. Die Europaabgeordneten werden für fünf Jahre direkt in allgemeinen, freien und geheimen Wahlen gewählt. Sie vertreten die Interessen der 500 Mio. Bürger Europas. Dem aktuellen Parlament gehören 750 Abgeordnete aus den 28 Mitgliedstaaten sowie ein Präsident an. Die Zahl der Parlamentarier, die jedes Land entsenden darf, richtet sich vor allem nach der Einwohnerzahl des jeweiligen Landes. Damit auch die Interessen der kleineren Staaten berücksichtigt werden, erhalten sie überproportional viele Abgeordnete.
Bei den Europawahlen 2014 ernannten die Fraktionen auf europäischer Ebene zum ersten Mal Spitzenkandidaten, welche gleichzeitig die Kandidaten für das Amt des Kommissionspräsidenten sind. Die Bürger der EU haben somit unmittelbaren Einfluss auf die Wahl des Präsidenten der Europäischen Kommission.

M2 Wahlbeteiligung bei den Europawahlen 2014

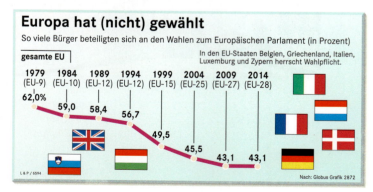

Sitze im EU-Parlament

Belgien:	21	Litauen:	11
Bulgarien:	17	Luxemburg:	6
Tschechische Republik:	21	Ungarn:	21
		Malta:	6
Dänemark:	13	Niederlande:	26
Deutschland:	96	Österreich:	18
Estland:	6	Polen:	51
Irland:	11	Portugal:	21
Griechenland:	21	Rumänien:	32
Spanien:	53	Slowenien:	8
Frankreich:	74	Slowakei:	13
Kroatien:	11	Finnland:	13
Italien:	73	Schweden:	20
Zypern:	6	Vereinigtes	
Lettland:	8	Königreich:	73

Wahlbeteiligungen zum Vergleich:
Bundestagswahl 2013: 71,5 %,
Landtagswahl Rheinland-Pfalz 2011: 61,8 %
Landtagswahl Saarland 2012: 61,6 %
gesamte EU 2014 (EU-28): 43,1 %

1 Interpretiert die Karikatur von Horst Haitzinger zu den Europawahlen (M 1).
2 Überprüft die Aussage der Karikatur anhand der Statistiken zu der Wahlbeteiligung in der Europäischen Union und Deutschland (M 2).

M 3 Funktionen des Europäischen Parlaments

1. Funktion des Europäischen Parlaments:
Das EP beschließt zusammen mit dem Rat der EU Gesetze, die dann in allen Mitgliedstaaten der EU gültig sind. Diese können beispielsweise den Umweltschutz, den Haushalt oder die Bildung betreffen. Daneben gibt es Entscheidungen, die nur getroffen werden können, wenn das EP zustimmt, wie die Aufnahme neuer Mitglieder oder die Ernennung des Präsidenten. Das EP hat kein unmittelbares Initiativrecht für eigene Gesetzesideen, kann aber seit dem Jahr 2010 die EU-Kommission zu dessen Ausübungen auffordern.

2. Funktion des Europäischen Parlaments:
Zusammen mit dem Rat der Europäischen Union bildet das EP die Haushaltsbehörde der EU. Diese entscheidet jedes Jahr über die Verwendung der Finanzmittel der EU (etwa 142,5 Mrd. Euro im Jahr 2014).

3. Funktion des Europäischen Parlaments:
Das EP übt eine demokratische Kontrolle über die Organe der EU aus, besonders über die Kommission und den Rat der EU. So kann das EP beispielsweise Untersuchungsausschüsse einsetzen und die Finanzen kontrollieren. Außerdem können Bürgerinnen und Bürger im Parlament eine Petition einreichen, um Schadenersatz zu beantragen.

4. Funktion des Europäischen Parlaments:
Dadurch, dass die Ausschüsse des EP öffentlich tagen, die Plenarsitzungen für jedermann zugänglich sind und im Internet Dokumente, Berichte und andere Schriften veröffentlicht werden, informiert das EP die Bürgerinnen und Bürger über die Tätigkeit der EU.

5. Funktion des Europäischen Parlaments:
Das EP wählt den Präsidenten der Europäischen Kommission. Das Vorschlagsrecht liegt allerdings bei dem Europäischen Rat, welcher die Ergebnisse der vorangegangenen Europawahl berücksichtigen muss. Neben dem Präsident der Kommission bestätigt das EP die gesamte Kommission.

Nach: Das Europäische Parlament, M 03.12 vom 14.4.2014; www.bpb.de

GLOSSAR
Gesetze

M 4 Ursachen der niedrigen Wahlbeteiligung in Deutschland

[...] Neben wenig Bekanntheit der Kandidaten sind es dann aber vor allem schwaches Interesse, die geringe individuelle Relevanz der transnationalen Ebene und reservierter Pragmatismus, die für die erneut relativ niedrige Wahlbeteiligung verantwortlich sind: Hatten sich im letzten September 67% stark für die Bundestagswahl interessiert, sind dies nun bei der Europawahl nur 40%. Allerdings hatten sich, unmittelbar vor der letzten Wahl zum EP im Juni 2009, sogar nur 33% stark für die Abstimmung über damals 27 Ländergrenzen hinweg interessiert, wogegen die Bedeutung der Kammer in Brüssel und Straßburg für die Wahlberechtigten unverändert schwach ist: Während 86% der Befragten Bundestagsentscheidungen persönlich für wichtig halten, sowie 80% die Beschlüsse von Landtagen und 77% Entscheidungen, die auf kommunaler Ebene getroffen werden, sind es beim EP lediglich 56% – eine Einschätzung, die seit der ersten Europawahl im Jahr 1979 trotz erheblich gewachsener Kompetenzen in der Bevölkerung tendenziell unverändert ist.

*Forschungsgruppe Wahlen e. V.:
Europawahl 25.5.2014*

WEBCODE
SDL-08160-011

3 Fasst die Funktionen des Europäischen Parlaments nochmals zusammen und gebt ihnen jeweils eine passende Überschrift (M 3).

4 Arbeitet die Ursachen für die niedrige Wahlbeteiligung bei den Europawahlen in Deutschland heraus (M 4).

5 Entwickelt ausgehend von den Ursachen der niedrigen Wahlbeteiligung Vorschläge zur Erhöhung der Wahlbeteiligung an Europawahlen.

5. Politische Partizipation: Können sich die Bürger effektiv an der Politik der EU beteiligen?

Im 2009 in Kraft getretenen Vertrag von Lissabon wird allen Bürgerinnen und Bürgern ausdrücklich das Recht zugestanden, am politischen Leben der Europäischen Union teilzunehmen. Dies geschieht in erster Linie über Teilnahme an den Wahlen zum Europäischen Parlament. Es gibt allerdings eine Reihe weiterer Einflussmöglichkeiten für die Bürger der Europäischen Union. Seit dem 1. 4. 2012 gibt es für die Bürger erstmals die Möglichkeit, der Europäischen Kommission mittels eines Bürgerbegehrens eigene Vorschläge vorzubringen. Das Bürgerbegehren setzt eine Europäische Bürgerinitiative voraus, was im Folgenden noch erläutert wird.

TTIP
„Transatlantic Trade and Investment Partnership" ist ein in der Verhandlungsphase befindliches Freihandelsabkommen zwischen der EU, USA und weiteren Staaten.

CETA
„Comprehensive Economic and Trade Agreement" ist ein geplantes europäisch-kanadisches Freihandelsabkommen. Es wurde im Oktober 2013 von den Verhandlungspartnern der EU-Kommission und der kanadischen Regierung beschlossen, bedarf jedoch noch der Legitimation durch das EP und den Rat der EU. Der Inhalt des Abkommens ist geheim. Offiziell sind nur einige Eckdaten wie der Abbau von Zöllen und der Schutz des geistigen Eigentums bestätigt.

◀◀ Bürgerinitiativen, S. 34f.

Partizipation

M 1 Europäische Bürgerinitiative fordert Verhandlungsstopp bei TTIP und CETA

Am 15. 7. 2014 hat die 47. Europäische Bürgerinitiative (EBI) ihren Antrag auf Registrierung bei der Europäischen Kommission gestellt. Die Initiative „Stop TTIP" fordert die EU-Kommission auf, dem EU-Ministerrat zu empfehlen, das Verhandlungsmandat über die Transatlantische Handels- und Investitionspartnerschaft (TTIP) aufzuheben und auch das umfassende Wirtschafts- und Handelsabkommen (CETA) nicht abzuschließen. Hinter der Initiative stehen knapp 150 Organisationen aus 18 EU-Mitgliedsländern.

Befürchtet wird die Aushöhlung von Standards in dem Verbraucherschutz, der Lebensmittelsicherheit und dem Arbeits- und Sozialrecht. So beklagt die Umweltorganisation BUND, dass die europäischen Türen für Genfood und Hormonfleisch geöffnet würden. Der politische Verband „Mehr Demokratie e. V." kritisiert, dass hinter verschlossenen Türen in den Abkommen Regeln beschlossen würden, die weitreichende Folgen für alle EU-Bürger hätten, und fordert mehr Transparenz. Zudem werden von der Organisation die geplanten Regelungen zum Investitionsschutz sehr kritisch gesehen. So soll ausländischen Investoren das Recht eingeräumt werden, ihre Forderungen vor einem vertraulich tagenden Schiedsgericht einzufordern, wenn ein nationales Parlament ein Gesetz verabschiedet, das ihre Investitionen und Gewinne beeinträchtigt. Somit würden demokratisch legitimierte Entscheidungen (Gesetze) und rechtsstaatliche Verfahren in öffentlichen Gerichten ausgehebelt.

Das Bündnis streitet vor dem EuGH darum, als Bürgerinitiative anerkannt zu werden. Die EU-Kommission lehnt dies ab, weil interne Vorbereitungsakte zwischen den EU-Organen nicht von einer EBI anfechtbar seien.

Autorentext

1 Beschreibt das Foto zu der Europäischen Bürgerinitiative.
2 Stellt die Forderungen und Interessen der Europäischen Bürgerinitiative zum Freihandelsabkommen der EU mit den USA heraus und erläutert diese (M 1).

Politische Partizipation: Können sich die Bürger effektiv an der Politik der EU beteiligen? 209

Mehr Demokratie e. V.: Stärken und Schwächen der Europäischen Bürgerinitiative (EBI)

Mehr Demokratie e. V. ist eine bundesweit aktive Organisation, die sich für mehr direkte Demokratie und Bürgerbeteiligung auf allen politischen Ebenen einsetzt.

Stärken

- Unterschriften-Sammlungen sind auch online möglich.
- Hierfür stellt die EU-Kommission Open-Source-Software für Initiativen bereit.
- Initiativen erhalten bei erfolgreicher EBI die Möglichkeit der öffentlichen Anhörung; diese wird vom Europäischen Parlament organisiert; die EU-Kommission muss vertreten sein.
- Für eine Unterschriften-Sammlung gilt das Prinzip der degressiven Proportionalität (in kleinen Staaten müssen relativ mehr, in großen Staaten relativ weniger Unterschriften gesammelt werden).
- Die Initiative muss ihre Finanzierung offenlegen.

Schwächen

- Eine EBI wird nicht registriert, wenn sie offensichtlich gegen die Werte der EU verstößt, offensichtlich nicht im Rahmen der Zuständigkeit der EU-Kommission liegt oder offensichtlich missbräuchlich oder unseriös ist. Diese Regeln sind zu vage und geben der Kommission die Möglichkeit, ohne eine frühzeitige intensive Prüfung eine EBI zu blockieren.
- Eine endgültige rechtliche Prüfung des Gegenstandes der EBI erfolgt erst nach Einreichung der für eine erfolgreiche EBI notwendigen Unterschriften (1 Mio.). Damit bleibt das Risiko, dass ihre EBI auch tatsächlich behandelt wird, bis zum Ende der Unterschriften-Sammlung bei der Initiative.
- 18 der 27 Mitgliedstaaten verlangen die Angabe der Personalausweis- bzw. Passnummer bei der Unterzeichnung einer EBI; Deutschland verlangt dies nicht.
- Die Unterschriften müssen aus einem Viertel (7 von derzeit 28) der Mitgliedstaaten kommen (Vorschlag von Mehr Demokratie und Europäischem Parlament: ein Fünftel).
- Es gibt – im Unterschied zum Europäischen Parlament – keine Frist für die Umsetzung einer EBI, wenn die Kommission sich zum Handeln entschlossen hat.

Mehr Demokratie e. V. (Michael Efler und Ralf-Uwe Beck): Europäische Bürgerinitiative: Stärken und Schwächen der verabschiedeten Verordnung, Berlin 15.12.2010

M 3 Direkte und indirekte Bürgerbeteiligung

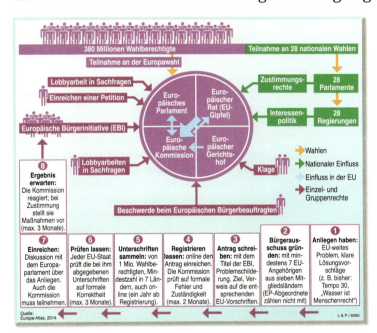

---

3 Fasst die im Infotext und M 3 angeführten Möglichkeiten der Partizipation für EU-Bürger zusammen und ordnet sie nach ihrer Wirksamkeit.

4 Erläutert die im Schaubild dargestellten Einflussmöglichkeiten für die EU-Bürger (M 3).

5 Beurteilt, ob die Europäische Bürgerinitiative ein effektives Instrument ist, um die Bürger an der Politik der EU zu beteiligen (M 1, M 2).

6 Entwickelt einen Plan, wie ihr eine europaweite Bürgerinitiative organisieren würdet. Auf den Internetseiten der EU findet ihr hierzu weitere wichtige Hinweise.

INTERNET
Übersicht über alle Bürgerinitiativen:

ec.europa.eu/ citizens-initiative

6. Wie soll die Finanzkrise in der Währungsunion bekämpft werden?

Innerhalb der 28 Mitgliedstaaten der EU haben sich 19 (Stand: 2015) zur Währungsunion zusammengeschlossen. Um den Erfolg der Gemeinschaftswährung sicherzustellen, wurden in den 1990er-Jahren zahlreiche Kriterien festgelegt, welche die Beitrittsländer erfüllen sollten. So darf das Haushaltsdefizit drei Prozent des Bruttoinlandsproduktes (BIP) im Jahr nicht überschreiten. Die Höhe der Staatsverschuldung darf nicht mehr als 60 Prozent des BIP betragen. Zudem sollte relative Preisstabilität herrschen, die Zinsen und die Wechselkurse gegenüber anderen EU-Währungen sollten stabil sein. Wenn die Euroländer gegen die geforderte Haushaltsdisziplin verstoßen, sollte dies sanktioniert werden. Andernfalls sollten die Haushaltssünder sanktioniert werden. Dies ist aber in der Wirklichkeit nicht geschehen, obwohl viele Euroländer wie auch Deutschland mehrere Male gegen den Stabilitätspakt verstoßen haben. Im Zuge der Weltwirtschafts- und Finanzkrise ab 2008 gerieten einige europäische Staaten wie z. B. Griechenland in eine Verschuldungskrise.

WEBCODE
SDL-08160-005

Inflationsraten
Niedrige und stabile Inflationsraten ermöglichen es den Bürgern und Unternehmen, sich leichter Geld (für Kredite und Investitionen) zu leihen. Gesteuert wird dies durch die EZB und ihre Zinspolitik.

Europäische Zentralbank (EZB)
Zentralnotenbank in „Euroland" mit Sitz in Frankfurt/Main, die das alleinige Recht zur Ausgabe von Banknoten und Geldmünzen hat und die Geld- und Währungspolitik der EU bestimmt. Das oberste Ziel der Geldpolitik besteht in dem Gewährleisten von Preisstabilität in der Eurozone. Zudem soll die EZB die allgemeine Wirtschaftspolitik der EU unterstützen.

Devisen
ausländische Währung

GLOSSAR
Bruttoinlandsprodukt
Devisenmarkt
Inflation
Konjunktur

M1 Was bestimmt den Euro-Kurs?

Verlässt man [...] „Euroland", kommt [...] der Wechselkurs ins Spiel. Für Reisende ist dann ein starker Euro von Vorteil: Je höher der Wechselkurs ihrer Währung, desto mehr Ge-
5 genwert bekommen sie dafür. Das Gleiche gilt für die Importeure: Bei einem hohen Außenwert des Euro können diese die Waren im Ausland vergleichsweise günstig einkaufen und so ihre Gewinnspanne erhöhen.
10 Wer dagegen Waren aus der Eurozone exportiert, wünscht sich einen schwächeren Euro. [...] Daraus könnte man schließen, dass ein schwacher Euro eher im Interesse Europas und seiner exportorientierten Wirtschaft
15 liegt. Doch [...] ein wirklich schwacher Euro birgt [...] große Gefahren: Zum einen würden davon internationale Investoren abgeschreckt. Vor allem aber würde dadurch die Wettbewerbsfähigkeit insbesondere der welt-
20 größten Volkswirtschaft USA, aber auch Japans und Chinas bedroht, was die gesamte Weltwirtschaft destabilisieren könnte. Als der Euro im Herbst 2000 unter 0,85 Dollar fiel, intervenierte die Europäische Zentralbank
25 (EZB) [...] mit Euro-Käufen am Devisenmarkt, um diese Gefahr abzuwenden.
Doch was bestimmt den Wechselkurs des Euro, abgesehen von solchen seltenen Markteingriffen? Ganz wesentlich ist die Konjunktur in
30 der Eurozone, vor allem in Deutschland. [...] Je produktiver wiederum die Unternehmen sind, desto mehr können sie exportieren. Entsprechend mehr nehmen die Exporteure in fremden Währungen ein.
35 Da sie die Produktion in „Euroland" bezahlen müssen, tauschen sie diese Devisen wieder in Euro. Am Devisenmarkt werden also verstärkt Euro nachgefragt. [...] Ob der Euro stark oder schwach ist, hängt also auch von
40 der Höhe des Exportüberschusses ab. [...]
Dazu kommt noch ein wichtiger Effekt [...]: Eine gesunde europäische Wirtschaft signalisiert, dass dort investiertes Kapital gute und nachhaltige Gewinne abwirft. Das macht eine
45 Kapitalanlage in Euro attraktiver.
Mit der Konjunktur hängt auch der zweite wesentliche Bestimmungsfaktor des Euro-Kurses zusammen. Der Wechselkurs orientiert sich auch daran, welche Währung real,
50 also nach Abzug der Inflation, mehr Zinsen abwirft [...]. Deshalb reagieren die Wechselkurse stets auf die Zinsentscheidungen der Zentralbanken [...]. Die Zinspolitik der Notenbanken orientiert sich wiederum stark an der
55 Konjunktur. „Brummt" die Wirtschaft, droht eine höhere Inflation, der die Zentralbank mit höheren Zinsen zu begegnen versucht.

Detlev Landmesser: Der Euro – stark oder schwach ein Gewinn; www.bpb.de (Zugriff am 29.9.2014)

Wie soll die Finanzkrise in der Währungsunion bekämpft werden? **211**

M 2 Die griechische Krise

M 3 Die Situation Griechenlands

Schuldenstand 2014: 317 Milliarden Euro = 177,1 % des BIP	
Entwicklung des Bruttoinlandsprodukts	**2009:** - 3,1 %; **2010:** - 4,9 %; **2011:** - 7,1 %; **2012:** - 7 %; **2013:** - 3,8 %; **2014:** + 0,6 %
Haushaltsdefizit in % des BIP	**2009:** - 5,7 %; **2010:** -10,7 %; **2011:** - 9,5 %; **2012:** - 9 %; **2013:** 12,7 %; **2014:** - 3,6 %
Arbeitslosigkeit	**2013:** 27,3 %; **2014:** 26,3 %
Handelsbilanz 2014	**Export** = 59 Mrd. Euro; **Import** = 63,3 Mrd. Euro

Nach: Eurostat und Statistisches Bundesamt

„Griechenland muss den Euro aufgeben, die Drachme wieder einführen und abwerten."

„Griechenland sollten alle Schulden erlassen und Aufbauhilfe gegeben werden, damit ein neuer Anfang gemacht werden kann."

M 4 Instrumente zu mehr Stabilität in der Währungsunion

Schuldenbremse: Alle Mitgliedstaaten sind verpflichtet, ihre Staatshaushalte auszugleichen und dies in ihrer Verfassung zu verankern. Das Ziel gilt als erreicht, wenn das
5 Haushaltsdefizit (also das, was ein Staat pro Jahr mehr ausgibt, als er einnimmt) höchstens 0,5 Prozent beträgt. Wird diese Grenze überschritten, setzt automatisch ein Korrekturmechanismus ein. Die EU-Kommission prüft
10 dann den Etat und kann Veränderungen einfordern. Außerdem muss der betreffende Staat ein Reformprogramm vorlegen. Damit wird Stabilität zur Pflicht. Genau das hatten Finanzmärkte und Ratingagenturen immer
15 gefordert. Wer sich höher verschuldet, als es die Grenzen in den EU-Verträgen erlauben (z. B. höchstens drei Prozent Haushaltsdefizit), wird automatisch bestraft, z. B. mit Geldbußen.
Haushaltskontrolle: Die Kommission überwacht die nationalen Etats, die bereits im 20 Entwurfsstadium eingereicht werden müssen. Ein entsprechender Vorschlag der Kommission soll mit höchster Priorität in Kraft gesetzt werden. Ein hervorragendes Instrument zur Disziplinierung – falls es denn kommt. In 25 vielen Ländern (auch in Deutschland) drohen verfassungsrechtliche Probleme.

Nach: Neue Osnabrücker Zeitung vom 10.12.2011, S. 2

Die Verschuldungsspirale
Staaten geben sogenannte Staatsanleihen aus, um sich zu den „regulären" Einnahmen wie 20 Steuern zusätzliches Geld zu beschaffen. Der Staat verschuldet sich damit aber. Die Käufer der Staatsanleihen geben dem Staat Geld, um von den Zinsen zu profitieren. Je größer das Vertrauen in die Rückzahlungsfähigkeit des Staates, desto niedriger die Zinsen. Nun haben sich Länder wie Griechenland in den vergangenen Jahren auf den privaten Finanzmärkten so stark verschuldet, dass ihnen fast niemand mehr Geld leihen wollte, da die Sorge aufkam, ob Griechenland das Geld je zurückzahlen kann. Griechenland musste sehr hohe Zinsen auf den Finanzmärkten zahlen, um überhaupt noch Geld zu bekommen. Die Verschuldung nahm so immer stärker zu, bis Griechenland zuletzt auf die Unterstützung durch die Europäische Union angewiesen war.

1. Stellt mithilfe des Infotextes dar, warum nicht alle Mitgliedstaaten der EU auch gleichzeitig Mitglieder der Währungsunion sind.
2. Arbeitet heraus, wie sich ein starker bzw. schwacher Euro auswirkt und was den Eurokurs bestimmt.
3. Zeichnet die Verschuldungsspirale und erklärt, warum es schwer ist, aus dieser Spirale wieder herauszukommen.
4. Erläutert den Zusammenhang zwischen hoher Staatsverschuldung in Euro-Ländern und der Stärke des Euro.
5. Beschreibt, welche Stimmungen bei euch mit den Schlagzeilen erzeugt werden (M 2).
6. Bewertet die Situation Griechenlands in Bezug auf wirtschaftliche und soziale Auswirkungen der dargestellten Entwicklungen (M 3).
7. Diskutiert Vor- und Nachteile der vorgeschlagenen Wege aus der Krise (M 4 und Randspalte).

7. Wo liegen die Grenzen und Möglichkeiten einer gemeinsamen Außenpolitik?

GLOSSAR

Gemeinsame Außen- und Sicherheitspolitik (GASP)

Gemeinsame Sicherheits- und Verteidigungspolitik (GSVP)

Bei der Gründung der Europäischen Gemeinschaften war eine gemeinsame Außen- und Sicherheitspolitik nicht vorgesehen. Die Außenpolitik gehörte in den Bereich der Politik der Nationalstaaten. Im Laufe der Zeit entstand jedoch das Bewusstsein, dass man durch gemeinsames Handeln mehr erreichen kann. Aus der Koordination der Außenpolitik entwickelte sich die Gemeinsame Außen- und Sicherheitspolitik (GASP), die 1993 mit dem Vertrag von Maastricht in Kraft trat. Durch den 2009 in Kraft getretenen Vertrag von Lissabon wurde das auswärtige Handeln der Europäischen Union gestärkt. Die Bedeutung der EU als außenpolitischer Akteur hat in den letzten Jahren stark zugenommen. In dem Verhältnis zu Russland ist es im Konflikt um die Ukraine und die Krim im Frühjahr 2014 zu starken Spannungen gekommen.

M1 Die Ukraine im Spannungsfeld zwischen Interessen der EU und Russlands

Assoziierungsabkommen
Das Assoziierungsabkommen zwischen der EU und der Ukraine wurde am 16.9.2014 gleichzeitig vom Europäischen Parlament und vom ukrainischen Parlament ratifiziert. Auf Druck Russlands wird der Teil, der das Freihandelsabkommen umfasst, jedoch erst ab dem 31.12.2015 in Kraft treten.

Die Ukraine, die 1991 als ehemaliger Bestandteil der Sowjetunion die Unabhängigkeit erlangte, schwankte als Bindeglied zwischen Russland und der EU lange Zeit zwischen en-
5 geren Beziehungen zum Osten oder Westen. Die politische und wirtschaftliche Kooperation mit der EU sollte im November 2013 mit einem Assoziierungsabkommen festgelegt werden. Auf Druck Moskaus verweigerte der
10 ukrainische Präsident Viktor Janukowitsch jedoch die Unterschrift; nach dem Willen Russlands sollte die Ukraine mit Weißrussland und Kasachstan der im Mai 2014 gegründeten Eurasischen Wirtschaftsunion
15 (EAWU) beitreten). Auf diese Weigerung reagierte die Bevölerung mit massiven Protesten. Janukowitsch wurde abgesetzt und floh.

Europas „Ground Zero" – an der Absturzstelle vom Flug MH 17 herrscht eine bizarre Ruhe.

Die Ukraine hat seither mit einer Spaltung innerhalb der eigenen Bevölkerung zu kämpfen. Während viele Ukrainer im Westen des 20 Landes die engeren Beziehungen zur EU begrüßten, misstrauten vor allem die russischsprachigen Ukrainer im Osten des Landes der Übergangsregierung in Kiew. Die Halbinsel Krim wurde im März 2014 nach einem um- 25 strittenen Referendum von Russland aufgenommen. Die EU kritisierte das Vorgehen Russlands scharf und reagierte mit ersten Sanktionen. Im April 2014 besetzten russlandtreue Aktivisten die Gebietsverwaltun- 30 gen der Millionenstädte Charkow und Donezk. Sie forderten Referenden über eine Abspaltung von Kiew. Die ukrainische Regierung versuchte fortan vor allem mit ihrer Luftwaffe, die verlorenen Regionen zurück- 35 zuerobern. Die Separatisten wehrten sich mit russischen Luftabwehrraketen. Am 17. Juli 2014 wurde dann eine malaysische Boeing mutmaßlich von den prorussischen Separatisten mit Raketen aus russischen Beständen 40 abgeschossen, wobei 298 Menschen starben. Dies führte zu massiven Protesten und Reaktionen seitens der EU. Um eine weitere Eskalation des Konflikts zu vermeiden, war die EU maßgeblich am Zustandekommen der Waf- 45 fenstillstandsabkommen Minsk I (September 2014) und Minsk II (Februar 2015) beteiligt.

Autorentext

M2 Erste Sanktionen der EU gegen Russland

- Einreiseverbote und Kontosperrungen von 72 Ukrainern und Russen
- Ähnliche Einschränkungen für 15 weitere Personen
- Handelsverbot für 18 Organisationen und Unternehmen
- Lieferstopp für Hochtechnologiegüter zur Erdölförderung
- Verbot von Waffenlieferungen (mit Ausnahmen)

Autorentext

M3 Petersberg-Aufgaben

Artikel 43 (1): Die in Artikel 42 Absatz 1 vorgesehenen Missionen umfassen gemeinsame Abrüstungsmaßnahmen, humanitäre Aufgaben und Rettungseinsätze, Aufgaben der militärischen Beratung und Unterstützung, Aufgaben der Konfliktverhütung und der Erhaltung des Friedens sowie Kampfeinsätze im Rahmen der Krisenbewältigung einschließlich Frieden schaffender Maßnahmen und Operationen zur Stabilisierung der Lage nach Konflikten. Mit allen diesen Missionen kann zur Bekämpfung des Terrorismus beigetragen werden, u. a. auch durch die Unterstützung für Drittländer bei der Bekämpfung des Terrorismus in ihrem Hoheitsgebiet. [...]

Petersberg-Aufgaben
1992 auf dem Petersberg bei Bonn verabschiedetes Grundsatzpapier zu militärischen Einsätzen der EU; Grundlage für Artikel 43 des Lissaboner Vertrages

M4 Möglichkeiten und Grenzen gemeinsamer Außenpolitik

Die EU hat sich in der multipolaren Welt in der Tat zu einem Pol der Zusammenarbeit entwickelt – nur schwach im militärischen Bereich, am stärksten und voll ausgeprägt im Weltwirtschafts- und Handelssystem. Sie fungiert dort als Mitgestaltungsmacht. Der Befund ist eindeutig, seine wichtigsten Aspekte seien abschließend zusammengefasst: Eine gemeinsame europäische Außenpolitik kam und kommt nur dann zustande, wenn Deutschland und Frankreich sich verständigen (was häufig Kompromisse erfordert). Wenn das Vereinigte Königreich sich verweigert, wird entweder eine gemeinsame Außen- und Sicherheitspolitik blockiert oder Deutschland und Frankreich gehen voran, und das Vereinigte Königreich lenkt eventuell später ein. Nicht auszuschließen ist eine Rückbildung der Integration, wie sie insbesondere von konservativen Gruppen im Vereinigten Königreich gefordert wird, die vor dem außen- und sicherheitspolitischen Bereich gewiss nicht Halt machen würde. Doch selbst dann, wenn die EU nur als Organisation des einheitlichen gemeinsamen Marktes überleben würde, hätte sie wohl im globalen Kontext weiterhin Gewicht und bliebe sie ein geoökonomischer Akteur in der Spitzengruppe mit einer gewissen Verhandlungsmacht. Indes, noch überwiegt die politische Auffassung, dass die EU mehr ist und auch künftig mehr sein soll als eine bloße große Freihandelszone; dass die EU-Staaten nur durch eine gemeinsame Politik in der globalisierten Welt bestehen und sie mitgestalten können.

Nach: Werner Link: Europa in der Welt, 1.2.2013; www.bpb.de

„EU-Außenministerin" Federica Mogherini
Durch den Lissaboner Vertrag wurde das Amt der Hohen Vertreterin für Außen- und Sicherheitspolitik geschaffen, welche die EU gegenüber Drittstaaten und internationalen Organisationen vertritt. Diese „EU-Außenministerin" ist sowohl Vorsitzende des Außenminister-Rates als auch Vizepräsidentin der Europäischen Kommission. Zur Umsetzung der GASP ist ihr der Europäische Auswärtige Dienst unterstellt.

---

1 Beschreibt das Bild und kommentiert die Bildunterschrift (M 1).

2 Erklärt, wie es zur Verschlechterung der Beziehungen zwischen der EU und Russland kommen konnte (M 1).

3 Überprüft, inwiefern die von der EU gegen Russland verhängten Sanktionen (M 2) den Möglichkeiten der Petersberg-Aufgaben (M 3) entsprechen.

4 Fügt die Rolle des Hohen Vertreters für Außen- und Sicherheitspolitik in das selbst entwickelte Schaubild zu den Institutionen der EU ein.

5 Legt ausgehend von den Überlegungen Werner Linkes begründet dar, wie eure Zukunftsvision für die GASP aussieht (M 4).

◀◀ Schaubild zu S. 205, Aufg. 2

8. Soll die Türkei in die EU aufgenommen werden?

Bosporus-Brücke – Bindeglied zwischen Europa und Asien?

Die Europäische Integration ist ein Projekt mit Anziehungskraft. Aus einer anfangs losen Verbindung von sechs Gründerstaaten entwickelte sich eine eng kooperierende Gemeinschaft von inzwischen 28 Mitgliedstaaten. Aber ist das schon das Ende dieser Entwicklung? Die Europäische Union führt Beitrittsverhandlungen mit Island und Montenegro, auch Mazedonien und Serbien haben den Status von Beitrittskandidaten. Weitere Staaten, insbesondere in Osteuropa, haben ebenso Interesse angemeldet. Der Türkei wird bereits seit 1963 ein Beitritt in Aussicht gestellt.

Staaten, die der EU beitreten wollen, müssen gewisse Kriterien erfüllen (die „Kopenhagener Kriterien"). Die Frage nach der Möglichkeit weiterer Beitritte ist, vor allem im Kontext der Bewerbung der Türkei um eine Mitgliedschaft, auch eine Frage nach der Aufnahmefähigkeit der EU und nach den Grenzen Europas geworden.

Die Beitrittsdebatte wurde vor dem Hintergrund der Demonstrationen 2013 auf dem Taksim-Platz in Istanbul und der Reaktion des Staates neu entfacht. Die Proteste hatten sich an den Plänen der Regierung entzündet, den Gezi-Park am Rande des Taksim-Platzes zu bebauen. Sie schlugen um in landesweite Proteste gegen den autoritären Regierungsstil von Ministerpräsident Recep Tayyip Erdoğan und gegen die eskalierende Polizeigewalt.

M1 Auslaufmodell

Zeichnung: Jürgen Janson

M2 Kopenhagener Kriterien

- Das **politische Kriterium** (stabiler demokratischer Rechtsstaat, der die Menschen- und Minderheitenrechte achtet);
- das **wirtschaftliche Kriterium** (funktionsfähige Marktwirtschaft und die Fähigkeit, dem Wettbewerbsdruck des Binnenmarktes standzuhalten);
- das **Integrationskriterium** (Übernahme des Gemeinschaftsrechts sowie die Bereitschaft, die Ziele der politischen und der Wirtschafts- und Währungsunion mitzutragen).

Hinzu kommt eine Voraussetzung, die lange Zeit als das „vergessene Kriterium" bezeichnet wurde, weil sie erst in der Diskussion der letzten Jahre Bedeutung erlangt hat. Hierbei handelt es sich um die **Aufnahmefähigkeit der Europäischen Union**. Auf diese Bedingung haben die Kandidatenländer wenig Einfluss, sie bezieht sich auf die innere Reform der Europäischen Union.

Europäische Akademie Berlin; www.eab-berlin.de

M3 EU muss den Beitrittsprozess mit der Türkei jetzt neu beleben

Deutschland war immer der Anwalt der Türkei in Europa. Die Entwicklung der Türkei zu einem modernen Staat und die Ausbildung der türkischen Zivilgesellschaft ist zu einem
5 großen Teil auch das Ergebnis des EU-Beitrittsprozesses. Es geht bei der Wiederaufnahme des Prozesses [...] darum, die Demonstranten als Vertreter der von uns geförderten Zivilgesellschaft zu unterstützen. Die Ver-
10 handlungen mit der Türkei wieder aufzunehmen, ist in erster Linie unsere Anerkennung für die Aktivisten vom Taksim-Platz, für ihre Courage. Alles das, wofür sie einstehen, sind Forderungen, die wir hier in Europa in unse-
15 ren Gesellschaften auch vertreten. Sie sind der Beweis dafür, dass die Türkei auf dem Weg in die EU ist. Niemand in Europa kann ein Interesse daran haben, dass sich die Türkei gesellschaftlich und politisch von uns ent-
20 fernt. Wie diese Alternative aussähe, lässt sich bei den Nachbarländern beobachten. Am deutlichsten wohl derzeit in Syrien.
Die eindeutige Fixierung auf Fragen der wirtschaftlichen Zusammenarbeit und die Konzentration darauf, was „nützlich" ist, vor
25 allem aufseiten der türkischen Führung, hat zu einer Schräglage in den Verhandlungen um den Beitritt geführt. Diese gilt es nun zu korrigieren. Die EU ist eine Wertegemeinschaft. Ein Beitritt zu dieser Gemeinschaft
30 kann nur durch das uneingeschränkte Teilen der gemeinsamen Werte erfolgen. Wir sind jedoch kein „christlicher Exklusiv-Klub", wie das einige in der Gemeinschaft sicher gerne hätten.
35

Johannes Kahrs (SPD-Bundestagsabgeordneter)

Nach: Johannes Kahrs: Darf Erdoğan in die EU?, in: Die Zeit Online vom 26.6.2013

M4 Keine Vollmitgliedschaft für die Türkei

Die letzten Wochen haben gezeigt, dass die Türkei noch lange nicht reif für die EU ist. Die Gewalt gegen friedliche Demonstranten ist nicht akzeptabel. Ebenso kann es nicht ange-
5 hen, dass die Regierung die Protestierenden generell alle als „Terroristen" abstempelt. Das zeigt: In entscheidenden Fragen wie Minderheitenrechte, Meinungs- und Religionsfreiheit gibt es keine Fortschritte. Im Gegenteil:
10 Zur Zeit sitzen mehr Journalisten in türkischen Gefängnissen als zu Beginn der Regierungsübernahme von Erdoğan.
Es ist auch nicht die EU allein, die die Beitrittsverhandlungen bremst. Trotz aller Zusagen
15 seit 2005 hat die Türkei bis heute nicht das Ankara-Protokoll in Kraft gesetzt, das für den freien Warenverkehr zwischen den neuen Mitgliedsländern der Union und der Türkei wichtig wäre. Außerdem blockiert die Türkei
20 das Berlinplus-Abkommen, das die Beziehungen zwischen der EU und der NATO regelt. In den vergangenen Jahren haben wir leider gelernt: Sobald die Türkei die Chance zu einem Veto hat, nutzt sie es. So wie die Türkei nicht
25 bereit für die EU ist, ist auch die EU nicht bereit für die Türkei. Ein so großes neues Mitgliedsland mit gefährlichen Grenzen zu Irak und Iran würde die Union überfordern – insbesondere nach der kräftezehrenden Erwei-
30 terung um 13 Länder in den vergangenen neun Jahren. Die Aufnahmekapazität der EU reicht dafür schlicht nicht aus.

Elmar Brok (CDU, Mitglied des Europäischen Parlaments)

Nach: Elmar Brok: Darf Erdoğan in die EU?, in: Die Zeit Online vom 26.6.2013

---

1 Beschreibt eure Assoziationen zu dem Foto auf S. 214.
2 Interpretiert die Karikatur (M1).
3 Arbeitet die Argumente aus M3 und M4 heraus und ergänzt sie mit Blick auf M2 um eigene Aspekte.
4 Führt darauf aufbauend eine Pro- und Kontra-Debatte zu der Frage: „Soll die Türkei in die EU aufgenommen werden?"

◂◂ **Methode: Karikaturenanalyse, S. 70**

◂◂ **Methode: Die Pro- und Kontra-Debatte, S. 169**

9. Migration: Wie soll die EU mit Flüchtlingen umgehen?

9.1 Was bewegt Menschen zur Flucht?

Laut dem Flüchtlingshilfswerk der Vereinten Nationen (UNHCR) waren Ende 2015 weltweit fast 60 Mio. Menschen auf der Flucht. Etwa 38 Mio. sind dabei Vertriebene im eigenen Land, sogenannte Binnenvertriebene. Laut UNHCR suchen nur etwa vier Prozent aller Flüchtlinge Schutz in Europa; der Großteil – über 80 Prozent – bleibt in den Ländern des globalen Südens und wird daher sehr oft von wenig entwickelten Ländern aufgenommen. So war 2015 zum Beispiel jeder fünfte Mensch im Libanon ein Flüchtling. Die meisten Flüchtlinge kommen aus Afghanistan und Syrien, Hauptgründe für die Flucht sind allgemein Krieg, Gewalt und Verfolgung. Etwa die Hälfte aller Flüchtlinge weltweit sind Kinder – mit steigender Tendenz.

M 1 Flüchtlingsrouten in die EU

M 2 Senegal: Die Geschichte von Souleyman

Souleyman *(im Jahre 2010 in Niodor im Senegal):* „Ich kann nicht länger auf dem Boot arbeiten. Ich habe mich entschieden, hier Schluss zu machen und aufzubrechen." Sou-
5 leymans Großvater war Fischer, sein Vater auch. Souleyman wird Flüchtling. Fisch gibt es hier kaum noch, den haben sich andere geholt. Große Fischtrawler aus aller Welt – vor allem auch aus der EU. Jahrelang hatten
10 sie sich für wenige Millionen die Fangrechte erkauft und Fisch für Milliarden erbeutet.

Er war die Lebensgrundlage für Hunderttausende in Westafrika. In Niodor sind viele schon weg. Souleymans älterer Bruder hat sich schon vor Jahren aufgemacht. Und er hat 15 es geschafft. Er lebt in Europa.
Souleyman: „Ich werde es wie die anderen machen und gehen, um Geld zu verdienen. […] Ich werde meine Chance suchen, genau wie sie!" Wie schwer der Weg wird, ahnt Sou- 20 leyman noch nicht. […]
2013 in Marokko, Tanger. Drei Jahre ist [Sou-

leyman] nun weg von zu Hause – und ernüchtert. Zehn Mal ist er schon raus aufs Mittelmeer, meist mit Schlauchbooten. Immer wurde er abgefangen. Immerhin lebt er noch. Fast jeder hat auf der Flucht schon Freunde verloren. Souleyman und ein paar andere wollen es jetzt auf einem anderen Weg versuchen. Sie wollen es nach Ceuta schaffen. Ceuta – ein kleiner Zipfel in Nordafrika, der zu Spanien gehört. Wer es hierher schafft, wird vielleicht zur Registrierung auf die andere Seite gebracht. Rüber nach Europa. Davor sind meterhohe Zäune. Daneben ist das Meer. Souleyman und ein Freund wollten nachts am Zaun vorbeischwimmen. Der Freund hat es nicht überlebt.

2013, Südspanien: Souleyman [...] hat es geschafft, er ist in Europa, untergetaucht als illegaler Erntehelfer in Südspanien. Nach über zehn Jahren hat er auch seinen Bruder wieder getroffen. Sie haben Arbeit und können ein bisschen Geld nach Hause schicken. So bekämpfen sie die Ursachen ihrer Flucht.

Quelle (gekürzt): A. Pollmeier u. a.: Flüchtlingsdrama im Mittelmeer, in: Monitor, Nr. 675, 30.04.2015.

Im Jahr 2014 schloss die EU ein Abkommen mit dem Senegal ab, das 38 europäischen Industrieschiffen für die kommenden 5 Jahre den Fischfang vor der senegalesischen Küste gewährt. Als Gegenleistung erhält der senegalesische Staat 8,7 Mio. Euro.

Filmbeitrag unter: http://www1.wdr.de/ daserste/monitor/ sendungen/ fluechtlingsdrama-im-mittelmeer-100.html (7:52 min.)

M 3 Syrien: Die Geschichte von Othman Khaled

Ich bin nach Berlin über Libyen gekommen, wo ich Bauingenieurwesen studiert und dann ein Jahr in einer Baufirma gearbeitet habe. Als die Revolution ausbrach, änderte sich alles. Einige Male wurde ich von Bewaffneten angehalten, die mir mein Geld und mein Handy weggenommen haben, auf dem all meine Erinnerungen als Fotos gespeichert waren. Meine Familie war schon 2007 aus Libyen nach Syrien zurückgekehrt. Nach der Revolution wurde ich gefragt, warum ich nicht nach Syrien zurückginge, um dort zu kämpfen. Ich kann nicht einmal einen Vogel töten, wie kann ich dann meine Mitmenschen töten? Ich konnte nicht zurück nach Syrien. Nach Europa kam ich über das Mittelmeer in einem Boot mit 314 anderen Flüchtlingen. Nach 15 Stunden wurden wir von der italienischen Küstenwache aufgenommen und nach Taranto gebracht. Die italienischen Behörden sagten mir, ich könne hingehen, wohin ich wolle. In Berlin würde ich gern meine Ausbildung mit einem Masterstudium abschließen. Ich bin zufrieden mit meiner Situation in Deutschland, will aber auch für meine Familie sorgen und ihnen helfen, Visa für die Einreise nach Deutschland zu bekommen.

Aus: böllThema, Das Magazin der Heinrich-Böll-Stiftung: Niemand flieht ohne Grund, Ausgabe 3/2014, S. 32

M 4 Push- und Pullfaktoren

PUSHFAKTOREN	PULLFAKTOREN
Politische: Krieg, bewaffnete Konflikte & Unruhen, Verfolgung, Unterdrückung, Menschenrechtsverletzung, Einschränkungen der Grundfreiheiten, Isolation, Rechtsunsicherheit, staatliche Willkür, Diskriminierung, Gewalt	**Politische:** Frieden, Schutz, Freiheit, Rechtssicherheit, Achtung der Menschenrechte, Rechtsstaatlichkeit
Ökonomische: Internationale ökonomische Unsicherheit, Armut, Arbeitslosigkeit, Perspektivlosigkeit	**Gesellschaftliche:** Sicherheit, Toleranz, gutes Bildungsangebot, gute Gesundheitsversorgung
Demografische: Landknappheit, Überbevölkerung	**Ökonomische:** Anhebung des Lebensstandards, Arbeit, Einkommenszuwachs, Hochkonjunktur, wirtschaftliche Förderprogramme, Anwerbung, Perspektive
Naturkatastrophen: Erdbeben, Wirbelstürme (Hurrikan), Überflutungen, Vulkanausbrüche	**Demografische:** Flächenangebot, Bedarf an jungen Arbeitskräften durch demografischen Wandel
Ressourcenverknappung: Rohstoffknappheit, Abnahme der Bodenfruchtbarkeit, Überweidung, Knappheit von tierischen Ressourcen	**Andere:** Kulturelles Interesse, persönliche Gründe mediale Berichterstattung

L&P / 5828

Informiert euch über Flüchtlingsunterkünfte und Initiativen in eurer Kommune und ladet Flüchtlinge zum Gespräch ein.

---

1 Arbeite – auch mithilfe von M 4 – die Ursachen der Flucht von Souleyman (M 2) und Othman Khaled (M 3) heraus und zeichne auf einer Karte ihre Fluchtwege nach.

2 Analysiert, welche der in M 4 genannten Pull- und Push-Faktoren gegenwärtig besonders stark für die weltweiten Fluchtbewegungen verantwortlich sind.

3 Diskutiert, welche Möglichkeiten die EU haben könnte, um zu verhindern, dass so viele Menschen aus ihren Ländern fliehen müssen.

9.2 Sicherung der EU-Außengrenzen: Grenzschutz oder Menschenschutz?

Im Jahr 2014 kamen beim Versuch, über das Mittelmeer nach Europa zu fliehen, so viele Menschen ums Leben wie in keinem Jahr zuvor. Die gefährlichen Versuche, per Boot in ein EU-Land zu kommen, haben stark zugenommen, nachdem die Überwachung der Ländergrenzen, etwa am Grenzfluss Evros zwischen Griechenland und der Türkei, bedeutend verstärkt wurden. Im Jahr 2014 haben etwa 200 000 Menschen versucht, illegal über den Seeweg in die EU zu kommen. Dabei sind etwa 4 000 Flüchtlinge ertrunken. Die Flüchtenden müssen jeweils Tausende Euro für ihre Überfahrt bezahlen. Für die Organisatoren der Flucht, die sogenannten Schleuser, ist dies ein Millionengeschäft.

Die Europäische Union bewegt sich in dem Dilemma zwischen dem Recht auf Schutz ihrer Außengrenzen einerseits und dem Einlösen „europäischer Werte" wie Schutz der Menschen- und Grundrechte – etwa dem Schutz vor politischer Verfolgung –, Rechtsstaatlichkeit und Demokratie andererseits.

M 1 Festung Europa?

„Die EU will sicherstellen, dass die Menschenrechte [...] überall beachtet werden, so wie es in der Allgemeinen Erklärung der Menschenrechte festgelegt [...] wurde. Darüber hinaus fördert die EU die Rechte von Frauen und Kindern sowie von Minderheiten und Vertriebenen. [...] Besondere Aufmerksamkeit widmet die EU der Wahrung der Menschenrechte in den Bereichen Asyl und Migration."

Quelle: © Europäische Union, 1995 - 2015. Für Wiedergabe und Anpassung ist allein der Verlag verantwortlich (10.06.2015)

„Es klingt zwar wie ein Tabu, aber Europa braucht dringend definierte und gesicherte Grenzen. [...] Denn kämen tatsächlich all die Millionen von Afrikanern und Arabern, die sich in Europa ein besseres Leben erhoffen als in ihren gescheiterten Staaten, dann wäre es auch bei uns schnell mit dem inneren Frieden vorbei."

Dirk Schümer: Europa ist eine Festung – und muss das auch bleiben, in: Die Welt vom 18.05.2015

M 2 Die Außengrenzen der EU in Bildern

Rettungsaktion von Flüchtlingen vor der italienischen Insel Lampedusa (2014).

Soldaten patrouillieren am Grenzzaun, der die spanische Exklave Melilla von Marokko trennt.

Migration: Wie soll die EU mit Flüchtlingen umgehen? 219

 M 3 Die europäische Grenzschutzagentur Frontex

Frontex wurde 2005 eingerichtet, um die Zusammenarbeit der Mitgliedstaaten bei der Kontrolle und Überwachung der Außengrenzen zu verbessern und ein einheitliches Kontroll- und Überwachungsniveau zu schaffen. Aufgaben laut Frontex-Verordnung sind u.a.:
- Koordinierung der operativen Zusammenarbeit beim Schutz der Außengrenzen;
- Unterstützung der Mitglieder bei der Ausbildung von Grenzschutzbeamten, Festlegung gemeinsamer Ausbildungsnormen;
- Durchführung von Risikoanalysen;
- Unterstützung der Mitgliedstaaten in Situationen, die verstärkt Unterstützung an den Außengrenzen erfordern;
- Unterstützung für die Mitgliedstaaten bei der Organisation gemeinsamer Rückführungsaktionen.

2014 wurde die italienische Seenotrettungs-Operation „Mare Nostrum" abgelöst von der EU-Operation „Triton" unter der Führung von Frontex. „Triton" hat einen deutlich kleineren, ausschließlich küstennahen Einsatzbereich und legt den Schwerpunkt im Unterschied zu „Mare Nostrum" nicht auf Seenotrettung, sondern auf Grenzüberwachung und Abwehr illegaler Einwanderung. Zudem hat die EU beschlossen, zukünftig mit militärischen Mitteln gegen Schleuserboote vorzugehen.

Autorentext

Der Schengen-Raum umfasst alle 28 EU-Staaten bis auf Irland und Großbritannien, plus Norwegen, Island und die Schweiz. In diesen Ländern dürfen sich Schengen-Bürger sowie Ausländer mit Aufenthaltstiteln frei bewegen, auf Kontrollen an den gemeinsamen Grenzen wird verzichtet.

M 4 Missionen der europäischen Seenotrettung

Zeichnung: Oliver Schopf

1 Beschreibe, welcher Umgang mit den Flüchtlingen in den Bildern M 2 deutlich wird.
2 Analysiere die Karikatur M 4 vor dem Hintergrund von Anspruch und Wirklichkeit der europäischen Flüchtlingspolitik (M 1, M 3).
3 Führt eine Talk-Show durch zum Thema „Grenzschutz oder Menschenschutz?", zum Beispiel mit folgenden Rollen: Moderator, Chef von Frontex, Innenminister Italien, Innenminister Deutschland, Vertreter von Pro Asyl.

9.3 Wie könnte eine gerechte Verteilung der Flüchtlinge in der EU aussehen?

Die Dublin-Verordnung gilt in allen EU-Staaten, Norwegen, Island und der Schweiz und wurde auf Druck der starken Staaten wie Deutschland und Frankreich durchgesetzt. Kern der Regelung: Ein Flüchtling muss in dem Staat um Asyl bitten, in dem er den EU-Raum erstmals betreten hat. Dies geschieht natürlich häufig an den EU-Außengrenzen, etwa in Italien, Griechenland oder Ungarn. Tut der Flüchtling dies nicht und stellt den Antrag z. B. in Deutschland, kann er in den Staat der ersten Einreise zurückgeschickt werden – auch zwangsweise. Die Flüchtlingsfrage wurde europaweit erstmals 1990 im Dubliner Übereinkommen geregelt. Seit 2013 gilt die Dublin-III-Verordnung.

Asyl wird Menschen gewährt, die vor Verfolgung oder ernster Gefahr fliehen. Asyl ist ein Grundrecht, dessen Gewährung eine völkerrechtliche Verpflichtung gemäß der Genfer Flüchtlingskonvention aus dem Jahr 1951 darstellt.

M 1 Flüchtlingsweg in der EU von Mustafa Abdi Ali

▶ **Ende 2012:** Nach Odyssee durch halb Afrika und Überfahrt auf einem Plastikboot Ankunft auf Lampedusa (Italien)

▶ **Mitte 2013:** Obdachlosigkeit nach Verlust des Platzes im Flüchtlingslager

▶ **Winter 2013/14:** Unzumutbare Zustände in Italien führen zu weiterer Flucht nach Deutschland

▶ Doch sein Asylantrag wird abgelehnt. Italien sei für ihn zuständig, schreiben die Behörden. Die Dublin-Verordnung sehe vor, dass er nach Italien zurückkehren muss. Er soll abgeschoben werden. „In dieser Zeit wurde ich verrückt, weil ich so große Angst hatte, zurück zu müssen."

▶ Eine Gemeinde gewährt ihm schließlich Kirchenasyl.

Nach: Pro Asyl (Hrsg.): Refugees Welcome. Tag des Flüchtlings 2015, S. 15

M 2 Das Gemeinsame Europäische Asylsystem

Ab Mitte 2015 soll die EU über ein leistungsfähiges gemeinsames Asylsystem (GEAS) verfügen. Die im Folgenden beschriebenen Regelungen müssen von jedem EU-Staat noch in nationales Recht übersetzt werden.

Im Bereich der europäischen Asylpolitik haben das Europäische Parlament [EP] und der Rat 2013 eine Reihe neuer Vorschriften verabschiedet, um die bestehende Gesetzgebung

Es gibt mehrere Urteile des Europäischen Gerichtshofes für Menschenrechte, die wegen des menschenunwürdigen Umgangs mit den Flüchtlingen die Rückführung in Länder wie Italien, Griechenland, Bulgarien oder Ungarn nur unter strengen Auflagen zulassen.

⁵ zu reformieren und ein neues **Gemeinsames Europäisches Asylsystem** aufzubauen. Die neuen Vorschriften schaffen EU-weit einheitliche Verfahren und Fristen zur Bearbeitung von Asylanträgen (Standardfrist von sechs ¹⁰ Monaten) sowie gleiche Rechte für [...] Einwanderer. Gründe für eine Ingewahrsamnahme von Asylbewerberinnen und Asylbewerbern wurden eingeschränkt und das Recht auf ordentliche Lebensbedingungen [und]

schnelleren Zugang zum Arbeitsmarkt (neun ¹⁵ Monate nach der Antragstellung) [...] gewährt. In der sog. **Dublin-Verordnung** ist geregelt, welcher Mitgliedsstaat für die Bearbeitung eines Asylantrags zuständig ist [...]. Das EP setzte in der im Juni 2013 verabschiedeten ²⁰ Neufassung der Verordnung durch, dass Asylbewerberinnen und Asylbewerber nur in Mitgliedsstaaten überstellt werden können, in denen angemessene Lebensbedingungen gewährleistet werden können. ²⁵ Um Terrorismus und schwere Kriminalität besser bekämpfen zu können, erhalten die Polizeibehörden in den Mitgliedsstaaten und Europol Zugang zur EURODAC-Datenbank, in der die Fingerabdrücke von Asylsuchenden ³⁰ gespeichert sind.

Aus: Europäisches Parlament: Europa 2015, Berlin 2015, S. 50

M3 Flüchtlingsverteilung in der Karikatur

Zeichnung: Harm Bengen

M4 Flüchtlingszentren in Nordafrika?

Als Reaktion auf die steigende Zahl an Flüchtlingen hat der deutsche Bundesinnenminister Thomas de Maizière 2014 vorgeschlagen, in den Transitländern (z.B. Ägypten oder Marokko) „Willkommens- und Ausreisezentren" einzurichten. In diesen sollte in Zusammenarbeit mit dem UNHCR entschieden werden, ob ein Grund für Asyl in der EU vorliegt oder nicht. Dies solle die Flüchtlinge vor der gefährlichen Fahrt über das Mittelmeer abhalten und das Geschäftsmodell der Schlepper zerstören. Schon vorher gab es im Rahmen des „EU-Gesamtansatzes Migration und Mobilität" das Instrument der sogenannten Mobilitätspartnerschaften. Durch vertraglich gesicherte, verstärkte Zusammenarbeit, wie sie nun etwa mit Tunesien und Marokko besteht, soll illegaler Migration in den Transitländern vorgebeugt werden. Außerdem soll mit den Herkunftsländern der afrikanischen Flüchtlinge stärker kooperiert werden, um Fluchtursachen zu vermindern. Als Pilotprojekt soll bis Ende 2015 im afrikanischen Niger ein Zentrum für ausreisewillige Menschen entstehen, wo diese über ihre Chancen auf Asyl in Europa informiert werden.

Autorentext

M5 Legale Fluchtwege nach Europa schaffen

Die verstärkte Zusammenarbeit mit den brutalen Diktatoren, wie [z.B.] aus Eritrea, die mit ihrer Politik Menschen zur Flucht zwingen, finden wir zynisch und nicht verantwortbar. Auch die Einrichtung von Ausreisezentren in nordafrikanischen Staaten lehnen wir ab, da schon jetzt die Bedingungen etwa in libyschen Lagern trotz Unterstützung durch die EU menschenunwürdig sind. Außerdem können auch in relativ stabilen Staaten wie Marokko die Asylanträge nicht nach europäischen Standards und europäischem Recht durchgeführt werden. Daher werden sich die Flüchtlinge weiter auf den lebensgefährlichen Seeweg in die EU machen. Nötig ist [...] die Öffnung legaler und gebührenfreier Wege nach Europa. Ein großzügiges EU-Flüchtlingsprogramm sollte gerade für Kriegsflüchtlinge eine erweiterte Familienzusammenführung und eine unbürokratische Visavergabe enthalten. [Auch] sollte es eine dauerhafte EU-Seenotrettung geben. Nach ihrer Evakuierung sollten die Flüchtlinge dann legal zu ihren Familien [...] in den EU-Ländern ihrer Wahl weiterreisen dürfen.

Aus: Pro Asyl (Hrsg.): Refugees Welcome. Tag des Flüchtlings 2015, S. 9 und 24f.

M 6 Eine Flüchtlingsquote für die EU – pro und kontra

a) Vorschlag zur gerechten Verteilung der Flüchtlinge in der EU

Die Asylanträge (ca. 562.000) waren im Jahr 2014 sehr ungleich auf die EU-Mitgliedsländer verteilt. Während Deutschland (ca. 173.000, 31 %), Schweden (ca. 75.000, 13,5 %) und Italien (ca. 64.000, 11 %) Zehntausende Flüchtlinge aufnehmen musste, stellten nur wenige Tausend in Polen (ca. 5.600, 1 %), Spanien (ca. 5.500, 1 %) oder Finnland (ca. 3.500, 0,6 %) einen Asylantrag. In Bezug auf die Einwohnerzahl allerdings hatte Schweden mehr als dreimal so viele Asylbewerber wie Deutschland. Die Europäische Kommission will daher Ende 2015 ein neues, gerechteres System zur Verteilung der Flüchtlinge in der gesamten EU vorlegen. Dabei soll pro Land eine Flüchtlingsquote festgelegt werden, die vier Faktoren berücksichtigt:

- das Bruttoinlandsprodukt (BIP),
- die Bevölkerungszahl,
- die Arbeitslosenquote sowie
- die Zahl der Asylbewerber, die schon im jeweiligen Land leben.

Autorentext, Zahlen aus: Paul Blickle u. a.: Die Schlüsselfrage, auf: http://www.zeit.de/politik/ausland/2015-05/fluechtlinge-eu-quote-verteilung-schluessel (13.05.2015)

b) Was taugt die Quote für Flüchtlinge?

Ein Quotensystem ist nach Ansicht von Experten nur die zweitbeste Lösung für Flüchtlinge. Sie schlagen vor, Asylbewerber frei entscheiden zu lassen, in welchem Land sie für sich eine Zukunft sehen. Staaten, die besonders viele Migranten aufnehmen, könnten finanziell entschädigt werden. [...] Das Europaparlament forderte schon Mitte der 90er Jahre einen Verteilschlüssel. Doch genauso alt wie das Konzept sind die Zweifel, ob so etwas überhaupt funktionieren kann.

„Flüchtlinge tun ihr Möglichstes, in das Land zu gelangen, in dem sie für sich eine Perspektive sehen", gibt die Organisation Pro Asyl zu bedenken. In vielen Fällen möchten die Menschen dorthin, wo sie schon Verwandte haben, sich sprachlich zurechtfinden und sich Chancen auf Arbeit erhoffen. Würden Flüchtlinge in Länder wie Rumänien, Bulgarien, die Slowakei oder die baltischen Staaten gebracht, wäre es nicht unwahrscheinlich, dass sie irregulär weiterziehen, meinen viele Experten.

Sie sehen daher die Gefahr, dass das Verteilsystem einerseits mit viel Bürokratie, andererseits mit einer chaotischen Situation in der Praxis verbunden wäre.

Ob am Ende überhaupt eine große Verbesserung gegenüber dem bestehenden „Dublin"-System herauskäme, [ist unklar]. Denn beide Systeme könnten am selben Grundproblem kranken: Die persönliche Situation der Flüchtlinge werde zu wenig berücksichtigt.

Aus: http://www.heute.de/experten-quote-nicht-beste-loesung-fuer-fluechtlinge-38448412.html (13.05.2015)

Migration: Wie soll die EU mit Flüchtlingen umgehen? 223

 Stimmen aus Europa zur Flüchtlingsquote

Lettland muss endlich Migranten aufnehmen

Wen kümmert es, dass Lettland ein armes Land ist? Auch Länder wie Libanon und Jordanien, die zurzeit Flüchtlinge aus der Region des Nahen Ostens aufnehmen, sind nicht die wohlhabendsten und stabilsten Länder. Wie ärgerlich wären wir, wenn Libanon plötzlich erklärte, dass es sich keine Flüchtlinge leisten kann, auf die Unterbringung verzichtet und die Menschen weiter nach Europa schickt?

(Diena - Lettland, 7. Mai 2015)

1000 Flüchtlinge sind zu viel für Estland

Die Zahl an Neuankömmlingen in der Größe einer Kleinstadt würde sowohl unser Sozialsystem als auch die Empathie des Volkes herausfordern.

(Ohtuleht – Estland, 28. Mai 2015)

Tschechiens Ablehnung von Flüchtlingen Heuchelei

Tschechien führt für seine resolute Haltung etliche Argumente an: Wir haben schon genügend Flüchtlinge, die Wähler lehnen Flüchtlinge ab. Es ist aber Aufgabe der Politiker, couragiert gegen diesen Strom zu schwimmen. Sie muss erklären, dass Europa auf Solidarität aufgebaut ist. Wenn wir jetzt nicht mit dem Süden solidarisch sind, weshalb sollte der uns einmal helfen?

Hospodárské noviny – Tschechien, 13. Mai 2015)

Polen muss hirnrissige Flüchtlingsquote ablehnen

Mehr als 10 000 Ukrainer klopfen an unsere Tür. Doch interessiert man sich in Brüssel dafür? Wohl nicht. Die polnische Regierung muss ihre staatlichen Interessen im Blick haben und darf sich nicht dieser Brüsseler Politik unterordnen.

(Rzeczpospolita – Polen, 13. Mai 2015)

Niederlande: Quotenregelung ist faire Lösung

Wenn die EU verhindern will, dass das Mittelmeer zum Massengrab wird, müssen die 28 Mitgliedsstaaten Maßnahmen ergreifen, denen sie lieber aus dem Weg gehen wollen. Der Vorschlag der Kommission ist ein gerechter Ansatz.

(Trouw – Niederlande, 12. Mai 2015)

Zusammenstellung nach: www.eurotopics.net (täglich aktualisierte europäische Presseschau; Suchworte: Flüchtlinge, Quote)

---

1 Interpretiere die Karikatur (M 3).
2 Erläutere, warum die Verteilung der Flüchtlinge in der EU als ungerecht angesehen wird (M 6, M 7).
3 Arbeitet die Positionen und die jeweiligen Argumente zur angedachten Quotenregelung heraus (M 6, M 7).
4 Führt eine Diskussion zu der Frage „Wie könnte eine gerechte Verteilung der Flüchtlinge in der EU aussehen?" durch, und bezieht dabei mögliche Perspektiven verschiedener EU-Staaten sowie von Asylbewerbern ein. Berücksichtigt in einer Abschlussdiskussion auch andere Vorschläge in der Asylpolitik (M 4, M 5).

224 POLITIK IN DER EU – WELCHES EUROPA WOLLEN WIR?

PROJEKT

Fächerübergreifendes Schulprojekt: Wie soll das Europa der Zukunft (2030) aussehen?

M 1 Die EU – Turmbau zu Babel?

Zeichnung: Wieslaw Smetek

M 2 Die Zukunft der EU

Zeichnung: Burkhard Mohr

1. Beschreibt eure Eindrücke bei der Betrachtung von M 1.
2. Diskutiert den Standpunkt von Hans-Dietrich Schultz zu Europa (M 3).
3. Interpretiert die Karikatur von Burkhard Mohr über die Zukunft Europas (M 2).

Themenaufriss – Problemstellung

Solange es die europäische Einigung gibt, gibt es auch unterschiedliche Vorstellungen über den richtigen Weg, das richtige Tempo und das richtige Ziel. Die Diskussion darüber, was Europa ist oder sein soll, ist historisch, politisch und geografisch gesehen offen.

M 3 Geografie ist Macht

Mayotte, eine Insel im Indischen Ozean, ist Mitglied der EU. Die Türkei nicht. Für den Geografie-Professor Hans-Dietrich Schultz nur eines von vielen Beispielen dafür, dass Europa kaum definierbar ist. Zu Europa gehört, wer nach politischem Zeitgeist dazugehören darf.

Herr Schultz, ist Europa geografisch gesehen ein Kontinent?
Hans-Dietrich Schultz: Schon die Frage ist falsch gestellt.
Aha. Warum?
Weil Sie davon ausgehen, dass es auf die Frage eine einzige richtige Antwort gibt. Das erwartet man zwar vom Geografen, aber ich muss Sie enttäuschen. Fragen Sie lieber: Wer hat Europa wann aus welchem Interesse heraus wie abgegrenzt? [...]
Also ist Europa eine Fiktion?
Ja, aber eine wirkmächtige. [...]
Von Spanien bis Polen, von Italien bis Norwegen, das ist doch unstrittig Europa?
Mit unstrittig ist das so eine Sache. Anfang des 19. Jahrhunderts wurde beispielsweise noch diskutiert, ob Spanien nicht eher afrikanisch sei, jedenfalls Europa ziemlich fremd gegenüberstehe. Denken Sie auch an die Konstruktion des Mittelmeerraums als ein selbstständiger geografischer Raum, der auch Nordafrika und die Levante [*im weiteren Sinne: die Länder am östlichen Mittelmeer*] einschloss. Die Schulbücher von heute akzeptieren zwar, dass die Grenzen Europas im Osten eine Konvention sind. Für den Norden, Wes-

ten und Süden sehen sie dagegen keine Probleme. Da werde Europa von Meeren begrenzt.
30 Das ist Quatsch.
Wieso?
Weil es eine Entscheidung ist, dass wir Großbritannien oder Island zu Europa zählen, oder auch Lampedusa und neuerdings Zypern, das lange Zeit meist Asien zugerechnet wurde. Das sind keine geografischen Fakten, sondern Setzungen. [...] Seit Langem wird versucht, Europa geografisch zu definieren. Vergeblich! Auch Mischungen aus Geografie,
40 Kultur und Wirtschaft brachten völlig verschiedene Ergebnisse. [...]
Die Geografie gibt also keine Antwort auf die Frage, ob die Türkei zu Europa gehört oder nicht?
45 So ist es. 2011 ist Mayotte der EU beigetreten, eine Insel, die mit der Komorengruppe im Indischen Ozean zwischen Afrika und Madagaskar liegt. [...] Mayotte gehört also nun zur EU – aber die Türkei soll aus geografischen Gründen nicht EU-Mitglied werden können? Wie abstrus! Wer sich an den Bosporus stellt und ergriffen meint, nach Asien zu blicken, hat nichts verstanden. [...]
Bei der Fußball-Europameisterschaft nehmen auch Georgien, Armenien, Aserbaidschan und Kasachstan teil, sogar Israel. Was ist das für ein Europa-Konzept?
Das ist eine politische Entscheidung. Die ersten drei Staaten wären immerhin früher, als noch der Kaukasus als Grenze akzeptiert war, geografisches Europa gewesen. Außerdem sind sie im Europarat. Und Israel: Wer wollte mit ihm in Nahost um eine Meisterschaft spielen?

Nach: Stefan Reinecke: Geografie ist Macht, in: taz vom 8.5.2014, S. 2f.

PROJEKT

Projekt – Bezüge zu EK/G/SK

Im Mai jedes Jahres wird in ganz Deutschland die Europawoche begangen. In diesem Rahmen oder auch zu anderen Gelegenheiten ist es möglich, Europathemen in Form des Projektunterrichts zu behandeln. Dies kann entweder als „Projekttag Europa" oder als fächerübergreifendes Projekt umgesetzt werden.

Wie tief soll die europäische Einigung gehen (z. B. Bundesstaat-Modell, Staatenbund-Modell, Regionalismus-Modell, Modell der zwei Geschwindigkeiten)?

Wann wurde Europa wie definiert?
Inwiefern bilden Demokratie, Menschenrechte und Christentum die Säulen Europas?

Welche Entwicklung wird der europäische Lebens- und Wirtschaftsraum nehmen? Gibt es geografische Grenzen?

Für den Blick in die Zukunft bietet sich als Methode die Szenario-Technik an. Diese kann an einem der angesprochenen Projekttage durchgeführt werden. Am Ende des Projektes soll ein Ergebnis stehen.

Mögliche Ergebnisse für den Projekttag „Wie soll das Europa der Zukunft (2030) aussehen?" könnten sein:

- Tageszeitung oder Tagesschau aus dem Jahr 2030
- Ausstellung der Szenarien
- Wahlkampfreden zur Europawahl 2029
- Erzählungen über den Lebensalltag im Europa 2030, gesammelt in einem Erzählband
- Ausstellung von weiteren Turmbauten zur EU aus dem Jahr 2030 (vgl. M1)
- Präsentationen der Szenarien
- Ausstellung möglicher Motive für Euro-Geldscheine im Jahr 2030

METHODE: Szenarien entwickeln

Bei der **Szenario-Methode** geht es um die Beschreibung von zukünftigen Situationen und Wegen, die aus der Gegenwart in die Zukunft führen. In der Regel sollten zwei sich deutlich unterscheidende und in sich stimmige Szenarien entwickelt werden. Aus der Fragestellung „Was könnte mit Blick auf die Entwicklung der EU bestenfalls passieren?" resultiert das „Best-Case-Szenario" und aus der Fragestellung „Was könnte mit Blick auf die Entwicklung der EU schlimmstenfalls passieren?" das „Worst-Case-Szenario". Spekulative Elemente sollen einbezogen werden, jedoch sollten die Szenarien nicht völlig unrealistisch sein.

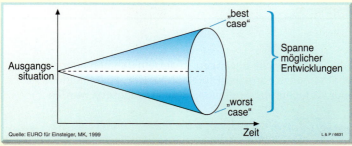

Der Szenario-Trichter

Der **Szenario-Trichter** symbolisiert die Ungewissheit als Merkmal der Zukunft. Je weiter man von der heutigen Situation in die Zukunft geht, desto größer wird die Unsicherheit und desto vielfältiger werden die Möglichkeiten. Auf der Schnittfläche des Trichters an einem beliebigen Zeitpunkt liegen alle denkbaren, theoretisch möglichen Zukunftssituationen.

Auf dem Weg von der gegenwärtigen Situation zu den Zukunftsszenarien muss Spielraum für die Fantasie gelassen werden. Zugleich muss man Möglichkeiten zur Zusammenfassung und zum Austausch der erzielten Ergebnisse schaffen. Ein Mittelweg zwischen diesen Polen wird mit der **„Sechs-Schritte-Struktur"** beschritten.

Schritt 1: In der ersten, gemeinsamen Phase – der *Problemanalyse* – muss die Ausgangssituation abgeklärt werden: Der Gegenstand in seiner gegenwärtigen Situation wird analysiert, und das Problem wird bestimmt und erläutert.

Schritt 2: In der *Einflussanalyse* werden die Einflussbereiche, die auf das Problem entscheidend einwirken, festgelegt und die Einflussfaktoren innerhalb dieser Bereiche ermittelt und zugeordnet. Ratsam ist es, die Lerngruppe anschließend in „Expertenteams" einzuteilen, die sich jeweils einem Einflussbereich widmen. Dabei ist Zeit für ausführliche Informationen (z. B. mithilfe des Internets) einzuplanen.

Schritt 3: In der dritten Phase – der *Entwicklungsprojektion* – werden die Einflussfaktoren nach der Beschreibung des Ist-Zustandes in ihren möglichen zukünftigen Zuständen skizziert. Festzuhalten ist, was im Rahmen der einzelnen Faktoren besten- bzw. schlimmstenfalls passieren könnte.

Schritt 4: Die sich aus dem vorangegangenen Schritt ergebenden Möglichkeiten werden in der vierten Phase – der *Alternativenbündelung* – der Klasse vorgestellt und erläutert, bevor sie anschließend (in der Lerngruppe gemeinsam) zu zwei stimmigen, aber kontrastierenden Szenario-Grundstrukturen I und II gebündelt werden. Reflektiert werden sollte dabei auch, welche Entwicklungen zueinander passen, sich eventuell sogar gegenseitig verstärken oder füreinander Voraussetzung sind.

Schritt 5: In der fünften Phase – der *Szenarienausgestaltung* – werden die Grundstrukturen I und II in den beiden Arbeitsgruppen zu ausführlichen Szenarien ausgestaltet, indem neben der Beschreibung der Zielqualität und des Zieljahres auch die Wege in die Zukunftssituation auf der Basis der Einflussfaktoren aufgezeigt werden.

Schritt 6: Im Rahmen der sechsten Phase – der *Strategieentwicklung* – werden nach der Vorstellung der Szenarien I und II unter der Fragestellung, wie die Entwicklung der Einflussfaktoren in die gewünschte Richtung beeinflusst werden kann, Strategien zur Problemlösung gesucht und diskutiert.

Die Organe der EU

KOMPETENT?

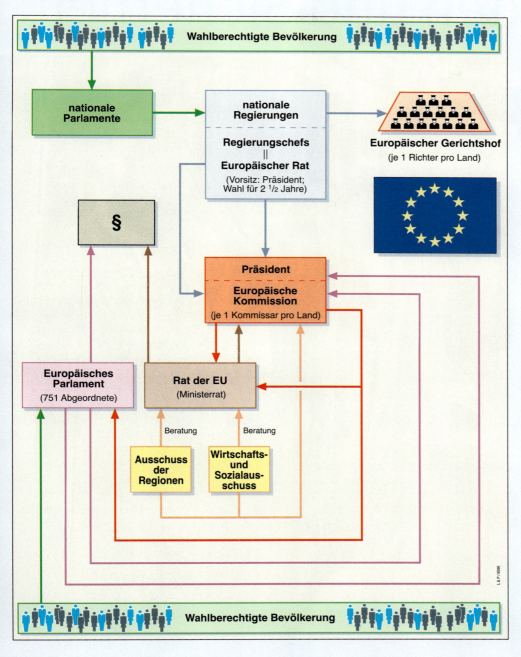

1. Zeichnet das Schaubild ab und beschriftet die einzelnen Pfeile, sodass ersichtlich wird, in welchem Verhältnis die einzelnen Organe zueinander stehen.
2. Vergleicht die Stellung und die Aufgaben des EU-Parlaments mit denen des Deutschen Bundestages. Arbeitet Parallelen und Unterschiede heraus.
3. Erörtert, ob der Vorwurf, dass das politische System der Europäischen Union ein Demokratiedefizit aufweise, berechtigt ist.

Grafik zum Ausdrucken:
WEBCODE
SDL-11593-702

Frieden und Sicherheit

„Wir, die Völker der Vereinten Nationen – fest entschlossen, künftige Geschlechter vor der Geißel des Krieges zu bewahren, die zweimal zu unseren Lebzeiten unsagbares Leid über die Menschheit gebracht hat, unseren Glauben an die Grundrechte des Menschen, an Würde und Wert der menschlichen Persönlichkeit, an die Gleichberechtigung von Mann und Frau sowie von allen Nationen, ob groß oder klein, erneut zu bekräftigen, Bedingungen zu schaffen, unter denen Gerechtigkeit und die Achtung vor den Verpflichtungen aus Verträgen und anderen Quellen des Völkerrechts gewahrt werden können, den sozialen Fortschritt und einen besseren Lebensstandard in größerer Freiheit zu fördern, [...]"

aus der Präambel der Charta der Vereinten Nationen

„Es gibt keinen Weg zum Frieden, denn Frieden ist der Weg."

Mahatma Gandhi

links: Soldaten in Afghanistan
rechts: UN-Sicherheitsrat berät über Auslandseinsätze

1. Was gefährdet den Frieden im 21. Jahrhundert?

GLOSSAR
Ost-West-Konflikt
Vereinte Nationen

Die Hoffnung, dass nach dem Zusammenbruch der Sowjetunion und dem Ende des Ost-West-Gegensatzes die Welt eine friedliche Entwicklung nimmt, hat sich bisher nicht erfüllt. Weltweite Bedrohungen sind allgegenwärtig. Der Konflikt im Nahen Osten bleibt ungelöst. Islamistische Terroristen verüben weltweit Anschläge. Die Terrororganisation Islamischer Staat führt einen brutalen Krieg im Irak und Syrien. In der Ukraine kämpfen prorussische Separatisten gegen die Regierung. Nach Ansicht mancher Beobachter besteht die Gefahr eines neuen Kalten Krieges.

M 1 Bedrohungen im 21. Jahrhundert

IS-Kämpfer in der nordsyrischen Stadt Rakka

Islamischer Staat (IS)
Der IS ist eine islamistische Terrororganisation, deren Ziel die gewaltsame Errichtung eines islamischen Staates ist, der sich zunächst über Syrien und den Irak, anschließend über weitere Staaten wie den Libanon, Israel, Palästina
5 und Jordanien erstrecken soll. Einst im Irak entstanden, dann auf Syrien ausgeweitet, hat der IS in den letzten Jahren Kämpfer von allen Kontinenten angezogen. Die Miliz gewinnt ihre Attraktivität dadurch, dass sie einerseits erfolgreich mit örtlichen sunnitischen Stämmen kooperiert, dass sie aber andererseits durch Gesetze, Symbole, grausame Bestrafungsrituale, eine Art virtu-
10 elles Modell-Kalifat errichtet, das sie über das Internet weltweit medialisiert.

Nach: Daniel-Dylan Böhmer, in: Die Welt Online vom 20.8.2014

Bombenanschlag beim Boston-Marathon 2013

Internationaler Terrorismus
Die Anschläge in New York, Washington, Madrid und London haben gezeigt, dass international agierende Terroristen eine Gefahr auch für die westliche
15 Welt darstellen. Auch in Deutschland wurden bereits Anschläge vorbereitet. Terroristen verfolgen ihre politisch motivierten Ziele mithilfe von andauernder und geplanter Gewaltanwendung. Gerade die islamistischen Terroristen richten ihre Aktionen meist nicht gegen die Streitkräfte ihrer Gegner, sondern gegen Einrichtungen des öffentlichen Lebens. Das Ziel hierbei ist, Angst in der
20 Bevölkerung zu schüren und damit das Verhalten des Gegners zu beeinflussen. Die international agierenden Terroristen vertreten in der Regel keine konkreten Forderungen, es geht ihnen vielmehr um Ideologie. Als Angriffsziele gelten Orte, die die Werte und das Leben des Gegners symbolisieren. Je höher die Opferzahlen, desto mehr Beachtung finden sie in den Medien. Diese sind heute
25 ein wichtiges Instrument für Terroristen geworden.

Kindersoldaten

Zerfall der staatlichen Ordnung
Die Versorgung mit Gas und Elektrizität bricht zusammen. Beamte plündern ihre Büros, Lehrer erheben privat Schulgeld. Banden nisten sich ein und terrorisieren die Zivilbevölkerung oder vertreiben von ihnen zu Feinden erklärte
30 Volksgruppen. In solch einem Umfeld wächst eine Generation von Straßenkindern heran, die sich in einem Teufelskreis von Arbeitslosigkeit, Hoffnungslosigkeit, Drogenabhängigkeit und Kriminalität wiederfindet und sich von Rebellengruppen zum Kriegsdienst rekrutieren lässt. Dies ist keine Science-Fiction, sondern Realität – im afrikanischen Staat Liberia. Militärputsch, diktato-
35 rische Herrschaft, Bürgerkriege mit mehreren zehntausend Toten – mehr

als 25 Jahre Niedergang haben das Land ruiniert. Es gibt keine öffentliche Infrastruktur mehr, die landwirtschaftliche Produktion ist fast völlig eingestellt, die Analphabetenrate liegt bei etwa 70 Prozent. Auch in der Demokratischen Republik Kongo sind Sicherheit und staatliche Ordnung zusammengebrochen, in Somalia herrscht bereits seit Jahrzehnten Chaos.

Regionale Konflikte

Im Jahr 2004 verfolgten arabische Reitermilizen die „schwarzafrikanische" bzw. nicht-muslimische Bevölkerung in der Region Darfur im Sudan. Zehntausende wurden getötet, eine Million Menschen floh und suchte Schutz im Nachbarstaat Tschad. Der Konflikt führte 2011 unter Mitwirkung der UNO und anderer afrikanischer Staaten zur Teilung in einen arabischen Norden und den neuen Staat Südsudan. Dort flammte jedoch 2013 erneut ein Bürgerkrieg auf. Ein anderes Beispiel ist die islamistische Terrorgruppe Boko Haram, die verantwortlich ist für Terror in Nigeria, für die Entführung von Mädchen und für Tausende Tote.

Es gibt viele Ursachen für regionale Konflikte, z. B. Gebiets- und Machtansprüche, ethnische und religiöse Spannungen, Auseinandersetzungen um Wasser und Bodenschätze. Die Folgen sind häufig Flucht und Vertreibung. Regionale Konflikte sind bedrohlich, weil sie eine ganze Region destabilisieren können.

Autorentext

Flüchtlinge in Bama suchen Schutz vor Boko Haram

GLOSSAR

Frieden
Konflikt

 Konfliktbarometer 2014

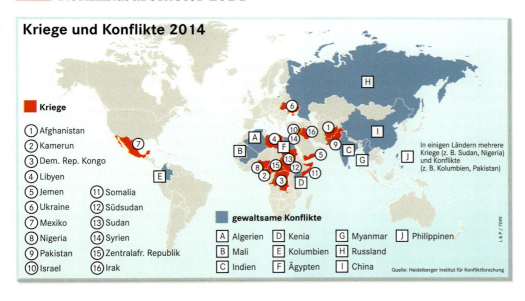

Das Konfliktbarometer wird vom Heidelberger Institut für Internationale Konfliktforschung e. V. ermittelt. Es zeigt in rot Kriege, in blau gewaltsame Konflikte.

INTERNET

www.hiik.de/de/
konfliktbarometer/

1. Diskutiert, welche Bedrohungsszenarien heute die größte Gefahr darstellen, und begründet eure Einschätzungen (M 1).
2. Recherchiert, welche weiteren Gefahren für den Frieden es gibt (z. B. Ressourcenknappheit, Cyberterrorismus …), und skizziert in Stichworten das jeweilige Problem.
3. Wertet das Konfliktbarometer M 2 aus: Schlagt im Atlas die Länder nach, in denen es Kriege bzw. ernsthafte Krisen gab. Bestimmt die Krisen- und Konfliktregionen. Auf welche Bedrohungsszenarien verweisen diese?

◀◀ **Methode: Richtiges Suchen im Internet, S. 19**

2. Warum gibt es in Afghanistan Krieg?

Seit 30 Jahren herrschen in Afghanistan Krieg und Bürgerkrieg. Für die Menschen in diesem Land zwischen den mächtigen Nachbarstaaten Iran, Pakistan und den ehemaligen Sowjetrepubliken Turkmenistan, Usbekistan und Tadschikistan hat dies materielle Not und unvorstellbares menschliches Leid zur Folge.

M1 Ein armes Land mit wechselvoller Geschichte

Hamaid Karzai, ehemaliger Präsident (2004–2014)

Ashraf Ghani Ahmadzai, seit September 2014 Präsident

▶▶ **Verheerende Bilanz: Der Westen hinterlässt in Afghanistan verbrannte Erde, S. 235, M2**

Afghanistan ist etwa doppelt so groß wie Deutschland und hat schätzungsweise 28,5 Mio. Einwohner. In den weiten, teilweise unwirtlichen und schwer zugänglichen Regionen leben über 200 unterschiedliche ethnische und sprachliche Gruppen. 42 Prozent der Bevölkerung sind Paschtunen, die sich gerne als „Staatsvolk" bezeichnen, andere wichtige Gruppen sind die Tadschiken, die Hazara und die Usbeken. Etwa 2,5 Millionen Nomaden wandern seit Jahrhunderten über die Grenze zwischen Afghanistan und Pakistan hin und her. Flüchtlinge innerhalb und außerhalb der Landesgrenzen sowie Millionen von Rückkehrern machen ein genaues Bild über Bevölkerungszahlen und -zusammensetzung unmöglich.

Das Überleben war in Afghanistan nie einfach: Das Land besteht größtenteils aus hohen Gebirgen mit unfruchtbaren Steppen und trockenen Wüsten. Der Hindukusch mit Gipfeln über 7000 m beherrscht das Land. Nur zehn Prozent des Landes sind regelmäßig landwirtschaftlich nutzbar. Es herrscht extremes Kontinentalklima mit trockenen heißen Sommern und harten kalten Wintern. Extreme Tag- und Nacht-Temperaturschwankungen von bis zu 40 °C sind keine Seltenheit.

Aufgrund seiner strategischen Bedeutung geriet Afghanistan immer wieder ins Zentrum weltpolitischer Interessen. Ende des 19. Jahrhunderts wurde das Land zu einer britischen Halbkolonie und errang erst nach drei Kriegen gegen Großbritannien 1919 seine Unabhängigkeit. Nach dem Zweiten Weltkrieg setzte sich der Kampf zwischen den Briten und Russland um die Vorherrschaft in Zentralasien als Rivalität zwischen den USA und der Sowjetunion fort. 1979 besetzten sowjetische Truppen das Land. Zehn Jahre lang kämpften afghanische Widerstandskämpfer (Mujaheddin) mit Unterstützung der USA gegen die Besatzer.

Als die sowjetische Armee 1989 abzog, begannen innerhalb der Mujaheddin blutige Auseinandersetzungen um die Macht. 1994 griffen die radikal-islamischen Taliban in den Bürgerkrieg ein. Mit pakistanischer und US-amerikanischer Unterstützung übernahmen sie die Kontrolle im Land und proklamierten einen islamischen „Gottesstaat". Der Aufenthalt des islamischen Terroristen Osama bin Laden im Herrschaftsbereich der Taliban führte dann zum Konflikt mit den USA. Dieser eskalierte nach den Anschlägen vom 11.9.2001, da die USA bin Laden und dessen Terrornetzwerk al-Qaida für die Anschläge verantwortlich machten. Nachdem das Taliban-Regime die Auslieferung bin Ladens abgelehnt hatte, starteten die USA mit britischer Unterstützung Luftangriffe auf Afghanistan. Die Taliban wurden gestürzt. 2004 ging aus freien Präsidentschaftswahlen Hamid Karzai als Sieger hervor, die ersten freien Parlamentswahlen fanden unter internationaler Wahlbeobachtung 2005 statt. Die Präsidentenwahlen 2014 hat der ehemalige Weltbank-Experte Ashraf Ghani gewonnen, der das Sicherheitsabkommen mit den USA unterschreiben will, das auch nach dem NATO-Abzug Ende 2014 die Stationierung von US-Soldaten vorsieht.

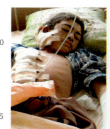

Opfer des Krieges in Afghanistan

Nach: www.kinderkulturkarawane.de/2005/mmcc/ unterricht/unterricht.htm und Aktualisierungen (Zugriff am 12.9.2014)

M2 Die Bevölkerung Afghanistans

Afghanistan
Fläche: 647 500 qkm (fast doppelt so groß wie Deutschland)
Einwohner: 29,9 Mio.
davon
unter 15 Jahren: 44,7 %
15 – 64 Jahre: 52,9 %
65 Jahre und älter: 2,4 %
Völker: Paschtunen 42 %, Tadschiken 27 %, Hazara 9 %, Usbeken 9 %, andere 13 %
Religion: Sunnitische Muslime 80 %, Schiitische Muslime 19 %, andere 1 %
Analphabeten: 49 % der Männer und 79 % der Frauen ab 15 Jahren

Quelle: dpa 1387

Taliban
(Paschtu und Dari für „Studenten"): Islamistische Gruppierung beiderseits der afghanisch-pakistanischen Grenze. Die Bewegung ist einem radikalen sunnitischen Islam verpflichtet, den sie mit aller Gewalt durchzusetzen bereit ist. Taliban-Milizen beteiligten sich seit 1994 mit Unterstützung Pakistans und Saudi-Arabiens (z. T. auch der USA) am afghanischen Bürgerkrieg und beherrschten bald den größten Teil des Landes. 1996 wurde Kabul eingenommen. Die Taliban setzten eine fundamentalistische islamische Ordnung durch, in der besonders Frauen unter strenger Kontrolle standen.

M3 Die Folgen von Krieg und Bürgerkrieg in Afghanistan

Die Wirtschaft Afghanistans ist durch die Kriege weitgehend zerstört, ebenso ein Großteil des Bestandes an Viehherden. Afghanistan ist heute das ärmste Land Asiens und eines der ärmsten der Erde. Millionen Menschen sind noch über Jahrzehnte auf Lebensmittel und humanitäre Hilfen angewiesen.
Gleichzeitig ist Afghanistan das Land mit dem weitaus größten Opiumanbau der Erde. Laut Internationalem Währungsfonds basieren zwei Drittel des Bruttoinlandsproduktes auf Opiumproduktion und Heroinhandel. Afghanistan bedient ungefähr 93 Prozent des weltweiten Opiummarktes. Das jährliche Einkommen aus dem Drogenhandel übersteigt drei Milliarden US-Dollar.
Die Taliban wurden zwar durch das militärische Eingreifen der USA stark geschwächt, aber es gibt sie immer noch. Die bewaffneten Truppen einheimischer Warlords (lokale Kriegsherren) machen weiterhin weite Landesteile unsicher. Zahllose Anschläge behindern die Auslieferung von Hilfsgütern und die Versorgung der Bevölkerung, töten Helfer und Einheimische.
Jedes Jahr sterben noch rund 280 000 Kinder an den Folgen des Krieges: Mangelernährung, fehlende medizinische Versorgung und vermutlich zehn Millionen Landminen sind die Hauptursachen.
Die gesundheitliche Versorgung im Land ist teilweise katastrophal: Für 6000 Menschen steht nur ein Arzt zur Verfügung. Die durchschnittliche Lebenserwartung beträgt lediglich 42 Jahre. Die Mütter- und die Kindersterblichkeit gehören zu den höchsten der Welt. Mangelnde Hygiene und verschmutztes Trinkwasser führen immer wieder zu Cholera und Typhusinfektionen.
Kinder und Jugendliche, die ihre Eltern und andere Familienangehörige durch den Krieg oder durch Minen verloren haben, sind häufig zu einem Leben auf der Straße gezwungen. Schulbesuch ist Luxus, nach wie vor hat jedes zweite afghanische Mädchen im Grundschulalter keine Chance, den Unterricht zu besuchen. Lediglich fünf Prozent der afghanischen Frauen können lesen und schreiben; unter den Taliban war ihnen der Schulbesuch verboten. Die Analphabetenrate beträgt 65 Prozent, Ausbildungs- und Arbeitsplätze fehlen.

Autorentext

Afghanische Behördenvertreter zerstören ein Schlafmohnfeld.

---

1 Nennt die Akteure und erläutert wesentliche Ursachen des Konflikts (M 1).
2 Wertet die Grafik M 2 aus und prüft, inwiefern die Zusammensetzung der afghanischen Bevölkerung Konflikte fördert.
3 Diskutiert unter Einbeziehung der Informationen aus M 3, wie die Situation in Afghanistan eine friedensfördernde Entwicklung nehmen könnte.

▸▸ Hat das internationale Engagement Afghanistan Frieden gebracht?, S. 230 f.

3. Kann die UNO Frieden schaffen?

M1 Skulptur vor dem UNO-Sitz in New York

GLOSSAR

Vereinte Nationen

UNO
Abkürzung für United Nations Organization, deutsch: Organisation der Vereinten Nationen; internationale überstaatliche Organisation mit ständigem Sitz in New York zur Wahrung des Weltfriedens sowie zur Förderung der internationalen Zusammenarbeit auf allen Gebieten, der Kultur und der Menschenrechte

INTERNET
www.un.org/en/documents/charter
UN-Charta

M2 Sicherheitsrat erteilt Mandat

Der Sicherheitsrat hat am Donnerstagnachmittag den sechsmonatigen Einsatz der sogenannten Internationalen Sicherheits-Unterstützungstruppe (ISAF) beschlossen, um die afghanische Übergangsregierung beim Erhalt der Sicherheit in Kabul und den benachbarten Regionen zu unterstützen. Er begrüßte das Angebot Großbritanniens, die Führung und Organisation einer solchen Truppe zuerst zu übernehmen.
Der Sicherheitsrat hat die Resolution 1386 (2001) einstimmig angenommen. Er hat die Mitgliedstaaten gebeten, Personal, Ausstattung und anderes Material für die Truppe bereitzustellen und die aktiv beteiligten Staaten ermächtigt, alle nötigen Schritte zu unternehmen, das Mandat zu erfüllen. Die Resolution enthält zudem die Aufforderung an die Truppe, bei der Umsetzung des Mandats eng mit der Übergangsregierung zusammenzuarbeiten sowie mit dem Sonderbeauftragten des UNO-Generalsekretärs, Lakhdar Brahimi.

Pressemitteilung der UNO zu der UN-Resolution

„Responsibility to Protect" (R2P)
Das Prinzip der Schutzverantwortung ist ein 2005 von der UNO beschlossenes völkerrechtliches Konzept mit zwei Stufen. Das Fundament bildet die Überlegung, dass Mitgliedstaaten die Verantwortung dafür tragen, ihre Bevölkerung gegen Völkermord, Kriegsverbrechen und Verbrechen gegen die Menschlichkeit und ethnische Säuberungen zu schützen. Kann oder will eine Staatsführung dem nicht nachkommen, fällt die Schutzverantwortung den Vereinten Nationen zu.

M3 „... die Menschheit von der Geißel des Krieges zu befreien" – Die Vereinten Nationen

Die **Vereinten Nationen** wurden am 24. Oktober 1945 von 51 Staaten gegründet. Diese verpflichteten sich, den Frieden durch internationale Zusammenarbeit und ein System kollektiver Sicherheit zu erhalten. Heute gehören – bis auf den Vatikan – alle 192 Staaten der Welt den Vereinten Nationen an.
Wenn ein Staat Mitglied der Vereinten Nationen wird, verpflichtet er sich, die Charta der Vereinten Nationen – einen internationalen Vertrag, der grundlegende Prinzipien der internationalen Beziehungen festlegt – einzuhalten. Diese Prinzipien sind:

- Bewahrung des Weltfriedens und der internationalen Sicherheit,
- Entwicklung freundschaftlicher Beziehungen zwischen den Nationen,
- Förderung der internationalen Zusammenarbeit, um internationale Probleme zu lösen,
- Sicherung der Menschenrechte und Gewährleistung von Grundfreiheiten für alle.

Die UN-Charta verbietet Gewalt. Es gelten nur zwei Ausnahmen: 1. das Recht zur Selbstverteidigung im Fall eines bewaffneten Angriffs, 2. der Einsatz von Waffengewalt, der vom Sicherheitsrat per Resolution legitimiert wird.

Autorentext

M4 Der Sicherheitsrat der Vereinten Nationen

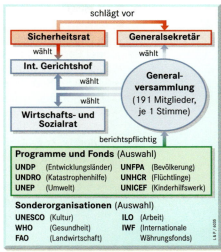

M5 UN-Einsätze weltweit

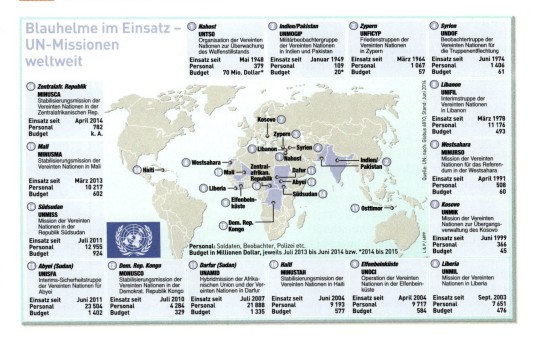

1. Beschreibt die vor dem Hauptsitz der UNO in New York stehende Skulptur (M 1) und erläutert im Zusammenhang mit M 3 deren symbolische Bedeutung.
2. Stellt die Rolle des Sicherheitsrates bei der Bewahrung des Weltfriedens und das ihm zur Verfügung stehende Instrumentarium dar (M 2 und M 4).
3. Informiert euch im Internet zu je einem Blauhelmeinsatz der UN (M 5).

◀◀ Methode: Richtiges Suchen im Internet, S. 19

4. Kann die NATO für Sicherheit sorgen?

NATO
North Atlantic Treaty Organization (28 Mitgliedstaaten)

Unter dem Eindruck der Anschläge in New York wurde der 11. September 2001 vielfach als historische Zäsur, als Paradigmen- oder Epochenwechsel gewertet. Zugleich rückte das Bedrohungsszenario durch den islamistischen Terror an die Spitze der internationalen Sicherheitsagenda. Bereits einen Tag nach den Anschlägen verabschiedete der UN-Sicherheitsrat eine Resolution, in der die Angriffe als eine „Bedrohung des Weltfriedens" verurteilt wurden. Die NATO beschloss am 4. Oktober zum ersten Mal in ihrer Geschichte den Bündnisfall: „Ein bewaffneter Angriff gegen einen Bündnispartner wird als Angriff gegen alle angesehen."

out of area
außerhalb des im NATO-Vertrag definierten Verteidigungsgebietes

Der Wandel der NATO hat seine tiefere Ursache im Zusammenbruch der Sowjetunion 1991, durch den die Nordatlantische Allianz ihre ursprüngliche Rechtfertigung verloren hatte.
Das 1999 vom NATO-Rat beschlossene „Strategische Konzept" weist der NATO als neue Aufgabe die „Krisen- und Konfliktbewältigung" mit dem Ziel zu, „die Sicherheit und Stabilität des euro-atlantischen Raums zu stärken". Das Konzept geht davon aus, dass die „neue NATO" sich beim Krisenmanagement auch „out of area" engagiert. Es schließt ferner nicht aus, ggf. auch ohne UN-Mandat in Konflikte einzugreifen.

M1 NATO im Kalten Krieg

GLOSSAR
NATO
Ost-West-Konflikt

Die Gründung der NATO ist nur vor dem Hintergrund der Entwicklung des Ost-West-Konflikts zu verstehen. [...] Als wichtigste Aufgabe setzte sich die Allianz den Schutz sämtlicher
5 NATO-Partner gegen eine mögliche Aggression. Ein bewaffneter Angriff gegen einen oder mehrere von ihnen in Europa oder Nordamerika wird als Angriff auf alle Mitglieder gewertet. Neben der militärischen sieht der Ver-
10 trag aber auch die politische, soziale, ökonomische und kulturelle Zusammenarbeit vor. Die Allianz setzt sich somit nicht zuletzt die Verteidigung einer „Lebensform" zum Ziel. [...] Als Reaktion auf den Beitritt der Bundes-
15 republik wurde unter Führung der Sowjetunion am 14. Mai 1955 der Warschauer Pakt gegründet. Damit waren die Interessensphären abgesteckt. [...] Militärische Aufgabe der NATO war die Verteidigung des Bündnisterri-
20 toriums gegen eine Invasion – eine Aufgabe, die unter den spezifischen Bedingungen des Ost-West-Konflikts ausschließlich durch Abschreckung, die bloße Androhung von Gewalt, wahrgenommen werden konnte. Das
25 Ziel war, die NATO zu haben, um sie nicht einsetzen zu müssen.

Paradigmenwechsel
bezeichnet eine (oft radikale) Änderung des Blickwinkels, der herrschenden Meinung

Der Warschauer Pakt
war ein von 1955 bis 1991 bestehender militärischer Beistandspakt des sog. Ostblocks unter sowjetischer Führung. Im Kalten Krieg bildete er das Gegenstück zum US-geführten NATO-Bündnis.

Nach: Johannes Varwick: Eine Erfolgsgeschichte, in: Das Parlament Nr. 01/02 vom 5.1.2009

M2 Zur „neuen" NATO

Als 1991 die östliche Führungsmacht UdSSR und der Warschauer Pakt in einem Akt der Selbstauflösung von der historischen Bühne verschwanden, wäre die NATO konsequenterweise ebenfalls am Zug gewesen, sich aufzu-5 lösen. [...]
Mit der Gipfelerklärung von Rom im November 1991 leitete die NATO den entscheidenden Paradigmenwechsel ein:
An die Stelle des Verteidigungsauftrags rückte 10 seither der Kampf gegen alle möglichen neuen „Risiken": vom internationalen Terrorismus über die Verbreitung von Massenvernichtungswaffen über die zunehmende Armut und den Hunger in der Welt, die Um-15 welt- und Ressourcenkrise bis hin zu den schwachen und gescheiterten Staaten („failed states") sowie der möglichen Unterbrechung des freien Welthandels und des Zugangs zu lebenswichtigen Rohstoffen. 20
Der Friedensratschlag wirft der NATO vor, mit der Erweiterung des Sicherheitsbegriffs über das militärisch Notwendige hinaus potenziell alle möglichen zivilen Bereiche zu „versicherheitlichen", das heißt zu einer An-25 gelegenheit des Militärs zu machen. [...]

www.ag-friedensforschung.de
(Zugriff am 7.10.2014)

Kann die NATO für Sicherheit sorgen? **237**

M 3 60 Jahre NATO (2009)

M 4 NATO verabschiedet neues Strategie-Konzept

Die NATO hat im November 2010 ein neues strategisches Konzept beschlossen, in dem sie sich zum Ziel der atomaren Abrüstung bekennt. Das Bündnis wolle Bedingungen für
5 eine atomwaffenfreie Welt schaffen, sagte Bundeskanzlerin Merkel. Allerdings dürfe die NATO nukleare Abschreckung nicht aufgeben. Außerdem einigten sich die 28 Bündnispartner auf ein bündniseigenes Raketenab-
10 wehrsystem. Ziel ist es, weite Teile Europas vor Mittelstreckenraketen etwa aus dem Iran zu schützen. In einem ersten Schritt sollen bis 2020 die bestehenden Abwehrfähigkeiten der Mitgliedstaaten zu einem gemeinsamen Ge-
15 fechtsstand verknüpft werden. Die Bundeskanzlerin sagte, das neue Konzept schreibe die „vernetzte Sicherheit" fest und schaffe die Grundlage für eine kooperative Sicherheitspolitik des Bündnisses. Das neue Konzept löst
20 die Richtlinie aus dem Jahr 1999 ab.

Nach: tagesschau.de (Zugriff am 8.4.2013)

M 5 Witwe an ihrem 60. Geburtstag

Zeichnung: Horst Haitzinger

„**Vernetzte Sicherheit**" beschreibt das Anliegen, verschiedene Instrumente, insbesondere militärische, polizeiliche, diplomatische, entwicklungspolitische und humanitäre, so zu bündeln und aufeinander abzustimmen, dass in Krisenregionen, in denen bewaffnete Konflikte ausgetragen werden, ein koordiniertes Handeln der Akteure möglich wird.

1 Erläutert die Funktion der NATO im Kalten Krieg (M 1).
2 Legt dar, wie die NATO sich von 1949 an vergrößert hat (M 3).
3 Beschreibt und interpretiert die Karikatur (M 5) vor dem Hintergrund von M 2.
4 Erläutert, wieso der 11. September 2001 ein Bündnisfall für die NATO wurde.
5 Diskutiert das neue strategische Konzept der NATO (M 4).

◀◀ **Methode: Karikaturenanalyse, S. 70**

5. Hat das internationale Engagement Afghanistan Frieden gebracht?

M1 „Operation Enduring Freedom"

Operation Enduring Freedom
„Operation dauerhafte Freiheit"

Zeichnung:
Wolfgang Horsch

Als Reaktion auf die Anschläge des 11.9.2001 verkündete der amerikanische Präsident George W. Bush den sogenannten Krieg gegen den internationalen Terrorismus.
Am 7. Oktober 2001 begannen amerikanische und britische Streitkräfte mit der „Operation Enduring Freedom". Ziel der langfristig angelegten Operation ist es, Führungs- und Ausbildungseinrichtungen von Terroristen auszuschalten, Terroristen zu bekämpfen und potenzielle Anhänger davon abzuhalten, terroristisch aktiv zu werden.
Im Oktober/November 2001 wurden Ziele in ganz Afghanistan bombardiert. Mit dem Fall der Hauptstadt Kabul und der Einnahme von Kunduz und Kandahar, den Taliban-Hochburgen, im November bzw. Dezember 2001 endete die Hauptphase des Krieges. Die Taliban und versprengte al-Qaida-Kämpfer zogen sich in das pakistanisch-afghanische Grenzgebiet zurück. Die angestrebten Ziele wurden jedoch nur zum Teil erreicht: Zwar konnte das Taliban-Regime gestürzt werden, es gelang aber zunächst nicht, Osama bin Laden zu verhaften und die Infrastrukturen von al-Qaida zu zerstören. Bin Laden wurde erst 10 Jahre später aufgespürt und am 2. Mai 2011 von einem Sonderkommando der US Navy im pakistanischen Abbottabat erschossen.

WETTLAUF NACH AFGHANISTAN

Autorentext

M2 Schutztruppen zum Wiederaufbau Afghanistans (ISAF)

ISAF
International Security Assistance Force; von den Vereinten Nationen 2001 mandatierte und seit 2003 von der NATO geführte internationale Friedenstruppe für Afghanistan

Auch die Bundeswehr beteiligt sich an der ISAF.

Im November/Dezember 2001 fanden auf dem Petersberg bei Bonn unter Leitung der UN Gespräche über die politische Zukunft Afghanistans statt. Die Konferenz einigte sich u. a. auf die Einsetzung einer Übergangsregierung. Der Sicherheitsrat der UNO beschloss daraufhin am 20.12.2001 die Aufstellung einer Friedenstruppe, der Sicherungstruppe ISAF. Sie sollte die afghanische Regierung bei der Aufrechterhaltung der Sicherheit und der Wahrung der Menschenrechte unterstützen: Sie patrouillierte im Land, leitete Aufbauprojekte und bildete Armee sowie Polizei aus. Der Weltsicherheitsrat hatte der Friedenstruppe ein sogenanntes robustes Mandat erteilt. Danach dürfen die Soldaten nicht nur zur eigenen Sicherheit, sondern auch zur Durchsetzung ihres Auftrages Waffengewalt anwenden. 2003 übernahm die NATO durch UN-Mandat die Verantwortung für Führung, Planung und Unterstützung der ISAF-Mission. Mit der Ausweitung des Operationsgebietes und zunehmenden Angriffen durch die Taliban wandelte sich die ISAF immer mehr von einer Schutztruppe zu einer Kampftruppe, die aktiv Aufständische insbesondere im instabilen Süden Afghanistans verfolgte. Mit den Parlamentswahlen in Afghanistan 2005 endete der Petersberg-Prozess. An seine Stelle trat der „Afghanistan

Compact" (2006), in dem die Stärkung der „afghanischen Eigenverantwortung" im Mittelpunkt stand: die militärische und finanzielle Unterstützung der afghanischen Regierung beim Aufbau funktionstüchtiger Sicherheits- und Justizorgane. Auf der Afghanistan-Konferenz 2010 in London wurde schließlich die Strategie der „Afghanisierung" beschlossen: Bis 2014 soll schrittweise die Verantwortung vollständig an die afghanische Regierung übergeben werden.
Der ISAF-Einsatz endete am 31.12.2014.

Autorentext

„Nicht Frieden ist das Ziel"

Die Frage drängt sich auf, ob es in Afghanistan überhaupt um Frieden und Demokratie geht. Gerade die Missachtung entwicklungspolitischer Expertise (Gutachten) verweist auf andere Ziele. Nicht Wiederaufbau steht auf der Agenda des NATO-Engagements – es geht vielmehr um die Vormacht in Zentralasien. Nicht Frieden ist das Ziel, sondern die Sicherung eines von Russland unabhängigen Zugriffs auf Öl- und Gastransporte, die Einkreisung des Iran, der Aufbau strategischer Militärbasen. Wie so oft in seiner leidvollen Geschichte ist Afghanistan auch heute nur ein Pufferstaat. Er dient in erster Linie den Interessen ausländischer Mächte. Mit fatalen Folgen für die Bevölkerung.

Thomas Gebauer (Medico International),
Für einen echten Strategiewechsel,
in: Frankfurter Rundschau vom 16.10.2008

Das Ende der Illusionen

Dies bedeutet den Abschied von der Vorstellung, Afghanistan sei nach westlichem Vorbild zu modernisieren. Stattdessen sollte sich die internationale Gemeinschaft damit zufrieden geben, eine erneute Machtübernahme der Taliban durch dosierte Unterstützung entsprechender lokaler und regionaler Kräfte zu verhindern. Zugleich müsste sie den politischen Prozess für eine Verhandlungslösung unter Einschluss der Taliban vorantreiben. Die mittlerweile geknüpften Gesprächskontakte zwischen den USA und der politischen Führung der Taliban lassen das Best-case-Szenario möglich erscheinen. Ebenso möglich ist allerdings, dass Afghanistan wieder in einen Bürgerkrieg zurückfällt.
Mehr als zehn Jahre nach dem Beginn des Engagements muss konstatiert werden, dass die internationale Gemeinschaft mit ihrem Konzept des militärisch gestützten Staatsaufbaus gescheitert ist. [...] Internationales Engagement in Krisenländern wie Afghanistan ist auch künftig nötig. Es sollte aber einer nachhaltigen friedenspolitischen Logik folgen und nicht einer machtpolitischen. Mit anderen Worten: Die Entwicklung des Ziellandes sollte Vorrang haben vor militärischen (war on terror), geostrategischen (Kontrolle des Mittleren Ostens und Südasiens), ideologischen (Regimewechsel) oder bündnispolitischen Interessen (Rolle und Zukunft der NATO).

Nach: Dr. Hans-Georg Ehrhart: Das Ende der
Illusionen; www.bpb.de (Zugriff am 14.7.2014)

1 Interpretiert die Karikatur.
2 Beschreibt die unterschiedlichen Ziele und Mittel der Operation „Enduring Freedom" (M 1) und der ISAF-Mission (M 2) und ordnet beide in das friedenspolitische Instrumentarium der UNO ein.
3 Nehmt Stellung zur Aussage, dass „die internationale Gemeinschaft mit ihrem Konzept des militärisch gestützten Staatsaufbaus gescheitert ist" (M 4). Beachtet bei eurer Stellungnahme auch die Position von Medico International (M 3).

◂◂ **Der Sicherheitsrat der Vereinten Nationen, S. 227 M 4**

6. Soll die Bundeswehr verstärkt international eingesetzt werden?

M1 Deutsche Sicherheitspolitik

Oberstes Ziel deutscher Sicherheitspolitik ist es, die Sicherheit und den Schutz seiner Bürgerinnen und Bürger zu gewährleisten. Dieses Ziel wird gemeinsam mit unseren Partnern verfolgt. Deutsche Sicherheitspolitik ist umfassend angelegt und berücksichtigt politische, ökonomische, ökologische, gesellschaftliche und kulturelle Bedingungen und Entwicklungen. Zwar kann Sicherheit nicht vorrangig militärisch gewährleistet werden, allerdings sind sowohl politische Bereitschaft und die Fähigkeit, Freiheit und Menschenrechte, Stabilität und Sicherheit notfalls auch mit militärischen Mitteln durchzusetzen oder wiederherzustellen, unverzichtbare Voraussetzungen für die Glaubwürdigkeit eines umfassenden Ansatzes von Sicherheitspolitik.

Bundesverteidigungsministerium, www.bmvg.de; Zugriff am 14.7.2014

M2 Die Bundeswehr – eine Parlamentsarmee

Die Bundeswehr hat den Auftrag, die Bundesrepublik Deutschland zu verteidigen (Grundgesetzt, Artikel 87 a, Abs. 1, Satz 1).
Seit 1990 hat sich das Aufgabenspektrum der Bundeswehr in Richtung Auslandseinsätze verschoben. Die Kriterien dafür hat das Bundesverfassungsgericht in seinem Urteil vom 12. Juli 1994 („Out-of-area-Urteil") wie folgt festgelegt:

- Einsatz im Rahmen der NATO-Mitgliedschaft der Bundesrepublik Deutschland
- Mandatierung durch den UN-Sicherheitsrat
- mehrheitliche Zustimmung des Deutschen Bundestages („Parlamentsarmee")

Autorentext

M 3 Verlängerung des Afghanistan-Einsatzes

Aus der Sitzung des Deutschen Bundestages der CDU-Außenexperte Andreas Schockenhoff: „Die von Deutschland mit Nachdruck betriebene Ausbildung afghanischer Sicherheits-
5 kräfte hat die schrittweise Übernahme der Sicherheitsverantwortung durch afghanische Kräfte entscheidend mit ermöglicht. Die afghanischen Kräfte werden aber auch über 2014 hinaus Ausbildung, Beratung und Unter-
10 stützung brauchen. Zu diesem Zweck plant die NATO eine Folgemission auf Grundlage eines neuen UN-Mandates.

Die Reduzierung unseres Bundeswehrkontingents birgt aber auch Herausforderungen.
15 Auch nach dem Ende des ISAF-Einsatzes bleiben wir den Menschen in Afghanistan verpflichtet. Die Transformation eines der ärmsten und am wenigsten entwickelten Länder der Welt ist eine Generationenaufgabe. Ohne
20 weitere Entwicklung wird es keine dauerhafte selbsttragende Sicherheit geben.“

Christian Ströbele (Bündnis 90/Die Grünen): „Es ist Krieg in Afghanistan; Deutschland führt Krieg in Afghanistan. Gegen den Willen der deutschen Bevölkerung [...].
25 Wie viele Tote gab es seit der letzten Befassung des Deutschen Bundestages im deutschen Bereich in Afghanistan? Wie häufig wurden die Kampfdrohnen eingesetzt, die im deutschen Gebiet stationiert worden sind?
30 Welche Drohnen werden in Zukunft eingesetzt? Sie, Herr Minister, können es kaum erwarten, dass Deutschland über Kampfdrohnen verfügt, um sie in Afghanistan einsetzen zu können. Ich erwarte, dass Sie dazu
35 Stellung nehmen und dazu, warum Sie noch vor einem Jahr erklärt haben, dass in Afghanistan auf Verhandlungen gesetzt wird, aber jetzt niemand mehr von Verhandlungen redet.“
40

Nach: Plenarprotokoll 17/219 vom 31.1.2013 ▮

Afghanistan-Einsatz
Der Bundestag hat den Afghanistan-Einsatz der Bundeswehr in der 219. Sitzung des Deutschen Bundestags verlängert und die Absenkung der Mandatsgrenze auf 3300 Soldaten bis Ende Februar 2014 beschlossen. In der Abstimmung votierten 435 Abgeordnete für die Fortsetzung des Einsatzes, 111 waren dagegen, 39 enthielten sich.

M 4 Gauck fordert entschiedenere Außenpolitik Deutschlands

Gestützt auf seine Erfahrungen bei der Sicherung von Menschenrechten und Rechtsstaatlichkeit könnte Deutschland entschlossener weitergehen [...]. „Die Bundesrepublik muss
5 dabei auch bereit sein, mehr zu tun für jene Sicherheit, die ihr über Jahrzehnte von anderen gewährt wurde“, sagte Gauck.
Es sollte „heute für Deutschland und seine Verbündeten selbstverständlich sein, Hilfe
10 anderen nicht einfach zu versagen, wenn Menschenrechtsverletzungen in Völkermord, Kriegsverbrechen, ethnischen Säuberungen oder Verbrechen gegen die Menschlichkeit münden“. Das Prinzip der staatlichen Souve-
15 ränität und der Grundsatz der Nichteinmischung dürften gewalttätige Regime nicht unantastbar machen.

In sein Plädoyer für eine stärkere Rolle Deutschlands im Rahmen von EU und NATO schloss Gauck ausdrücklich militärisches 20 Engagement ein. „Deutschland wird nie rein militärische Lösungen unterstützen, wird politisch besonnen vorgehen und alle diplomatischen Möglichkeiten ausschöpfen“, sagte er. „Aber wenn schließlich der äußerste Fall 25 diskutiert wird, dann gilt: Deutschland darf weder aus Prinzip ‚nein‘ noch reflexhaft ‚ja‘ sagen.“ Vorausgehen müsse jedoch immer eine „sorgfältige Prüfung und Folgenabwägung“ sowie die „Ermächtigung durch den 30 Sicherheitsrat der Vereinten Nationen“.

Joachim Gauck, Eröffnung der 50. Münchner Sicherheitskonferenz, in: Die Zeit Online vom 31.1.2014 ▮

---

1 Erläutert die Aufgaben der Bundeswehr für die deutsche Sicherheitspolitik (M 1).

2 Beschreibt vor dem Hintergrund von M 1 die Bilder.

3 Erklärt den Begriff der „Parlamentsarmee“ (M 2).

4 Vergleicht die Aussagen von Schockenhoff mit denen von Ströbele (M 3).

5 Diskutiert: Soll die Bundeswehr verstärkt international eingesetzt werden (M 4)?

7. Können NGOs Frieden schaffen?

Nichtregierungsorganisationen (NGOs) sind Organisationen, die auf der Basis privater Initiative transnationale politische und gesellschaftliche sowie soziale und ökonomische Ziele vertreten. NGOs engagieren sich vor allem in den Politikfeldern Entwicklungszusammenarbeit, Menschenrechte, humanitäre Hilfe und Ökologie.

M1 Deutsche NGOs in Afghanistan

Schülerinnen in Afghanistan

Die von **MISEREOR** unterstützte Initiative OFARIN baut Schulen in Wohnvierteln und Dörfern auf. Dort unterrichten die Lehrer Inhalte, die gerade für den Alltag von Kindern aus armen Familien wichtig sind.
Die MISEREOR-Partnerorganisation nutzt Räume in Moscheen oder Privatwohnungen. So kann der Unterricht nah am Zuhause der Kinder stattfinden. Und das ist besonders wichtig für die Mädchen, denn gemäß dem traditionellen Wertesystem in Afghanistan erlauben ihnen Anstand und Sitte nicht, unbeaufsichtigt aus dem Haus zu gehen. Nach Vertreibung der Taliban sind viele Menschen nach Kabul zurückgekehrt. Viele dieser zurückgekehrten Flüchtlinge leben noch immer in schlecht erschlossenen Siedlungen, abgeschottet vom Rest der Bevölkerung. Gerade ihren Kindern kommt der wohnortnahe Unterricht zugute – vor allem den Mädchen.

zusammengestellt nach: www.misereor.de

Übergabe einer Auszeichnung an den besten Schüler

Seit 1980 ist **KUFA e. V.** ein gemeinnütziger und humanitär orientierter Verein zur Unterstützung der Menschen in Afghanistan. Neben der Bereitstellung von Hilfsmitteln in Form von Nahrung, medizinischer Versorgung und Kleidung werden der Wiederaufbau und die Entwicklung der zerstörten afghanischen Infrastruktur gefördert.
Beispielsweise unterstützt der Verein in Kabul die Familien von Straßenkindern, um den Kindern den Besuch der Schule zu ermöglichen. Die Geldauszahlung ist an die Bedingung geknüpft, dass der Schulbesuch auf einer regelmäßigen Basis stattfindet. Kinder und Familien der verschiedenen Religionen werden zusammengebracht, was in Afghanistan keine Selbstverständlichkeit ist.

zusammengestellt nach: www.kufaev.de

Winterhilfe im Norden Afghanistans

Die Welthungerhilfe setzt sich ein für in Armut und Not geratene Menschen. Gegründet wurde sie 1962 und sie hat seither an ca. 5000 Unternehmungen in über 70 Ländern der Erde mitgearbeitet. Die Organisation engagiert sich seit 1980 in Afghanistan insbesondere bei Projekten wie dem „Aufbau der ländlichen und kommunalen Infrastruktur", der „Ernährungssicherung", der „Stärkung der Zivilgesellschaft" und dem „Umwelt- und Erosionsschutz". Im September 2003 hat sich die Welthungerhilfe dem Nationalen Solidaritätsprogramm (NSP) der afghanischen Regierung angeschlossen. Ziel ist der Aufbau von demokratischen Strukturen sowie die „Stärkung der lokalen Selbstverwaltungsstrukturen". Man fördert einheimische Gemeinden, die als Projektträger bezeichnet werden.

zusammengestellt nach: www.welthungerhilfe.de

Tinte gegen Taliban – ein Projekt der „Kinderhilfe Afghanistan": „Die Tinte der Schüler ist heiliger als das Blut der Märtyrer" steht über den Eingängen der Schulen, die Reinhard Erös mit seiner Organisation „Kinderhilfe Afghanistan" baut. Der Satz stammt von Mohammed, der gesagt haben soll, die Zeit der Kämpfe sei nun vorbei. Jetzt käme die Zeit der Schüler. Deren Tinte sei heiliger als das Blut der Märtyrer.
Etwa 50 000 Kinder im Osten Afghanistans besuchen heute die 24 Schulen, unter ihnen viele Mädchen. Die Schulen mit ihrer Erziehung zum Frieden sind eine Alternative zu den Koranschulen, aus denen die Taliban häufig ihren Nachwuchs rekrutieren. Einbezogen in die Planung der Schulen werden die Honoratioren der Dörfer und Städte, beim Bau und Unterhalt werden ausschließlich einheimische Handwerker beschäftigt. So stehen fast 2 000 Afghanen auf der Lohnliste der Kinderhilfe. Solche Gebäude werden nicht angegriffen, sie stehen unter dem Schutz der ganzen Gemeinschaft. Deshalb nimmt die Kinderhilfe auch keine staatlichen Gelder in Anspruch.

Schüler der Kinderhilfe

zusammengestellt nach: www.kinderhilfe-afghanistan.de

M 2 Der Westen hinterlässt in Afghanistan verbrannte Erde

Die Bilanz [des NATO-Einsatzes in Afghanistan] ist verheerend, die Lage explosiv. Der Tribut, den der Westen dafür gezahlt hat: 3 500 NATO-Soldaten – darunter 54 Bundeswehrsoldaten – sind gefallen, Zehntausende erlitten körperlich und seelisch Verwundungen. Mit einem Kostenaufwand von rund 900 Milliarden US-Dollar war es der wohl kostspieligste asymmetrische Krieg der Neuzeit. [...]
Ab 2015 – so die Überlegung – würde es dann ausreichen, einige tausend Ausbilder für höchstens zwei, drei Jahre noch im Land zu belassen. [...] Die von der NATO über viele Jahre „gut ausgebildeten, zuverlässigen und hochmotivierten afghanischen Sicherheitskräfte" seien nämlich dann in der Lage, die Sicherheit im Vielvölkerstaat zu übernehmen. Die Realität sieht im Sommer 2014, ein halbes Jahr vor dem geplanten Abzug, leider anders aus: Nach einem [...] Bericht der UNAMA (United Nations Assistant Mission in Afghanistan) kamen allein im ersten Halbjahr 2014 mehr Zivilisten zu Schaden als in all den Jahren zuvor: 1 200 unbeteiligte Afghanen wurden bei Kampfhandlungen getötet, darunter 320 Kinder, und mehr als 4 000 Zivilisten wurden schwer verletzt und verstümmelt. [...] Das Ansehen der afghanischen Sicherheitskräfte bei der eigenen Bevölkerung ist katastrophal [...]. Das Durchschnittseinkommen der afghanischen Familie liegt heute bei zwei US-Dollar pro Tag.
Zur Erinnerung: Der Krieg kostete den Westen 900 Milliarden US-Dollar, pro Kopf der 30 Millionen Afghanen also 30 000 Dollar. Das ist mehr als das Lebenseinkommen einer typischen, zehnköpfigen afghanischen Familie. Für den zivilen Wiederaufbau hat der Westen weniger als 50 Milliarden Dollar investiert, und davon floss auch noch ein Großteil in die Taschen korrupter Politiker.

Der Oberstarzt der Bundeswehr a. D. Reinhard Erös, in: Focus Online vom 19. 7. 2014

Asymmetrischer Krieg
Die „alten" Kriege waren meist symmetrische Kriege, d. h. Kriege zwischen Staaten. Bei den sog. asymmetrischen Kriegen handelt es sich i. d. R. um innerstaatliche Kriege/Konflikte, die oft als Guerillakrieg und mit terroristischen Mitteln zwischen Aufständischen einerseits und regulären Streitkräften andererseits geführt werden. Es sind also vermehrt nicht-staatliche Akteure am Konfliktgeschehen beteiligt (z. B. Milizen, Warlords, Söldner).

Humanitäre Hilfe
umfasst Maßnahmen, die Betroffene von Notlagen wie Naturkatastrophen, Epidemien oder bewaffneten Konflikten schützen und versorgen (z. B. durch Rettungsmaßnahmen, medizinische Versorgung).

1 Wählt arbeitsteilig eine NGO aus (M 1). Informiert euch genauer über deren Ziele, Arbeitsweise und Finanzierung. Präsentiert die Ergebnisse in der Klasse.
2 Diskutiert Gründe, die dafür sprechen, dass sich im Bereich Humanitäre Hilfe nicht nur Staaten, sondern auch nichtstaatliche Akteure beteiligen (M 2).
3 Diskutiert das Verhältnis von militärischen Ausgaben und den Aufwendungen für einen zivilen Aufbau in Afghanistan (M 1, M 2).

8. Der Internationale Strafgerichtshof – effektives Instrument zur Verfolgung von Kriegsverbrechen?

M 1 Der Internationale Strafgerichtshof

1998 hat die UNO beschlossen, einen Internationalen Strafgerichtshof, abgekürzt IStGH, einzurichten. Seit dem 1. Juli 2002 hat der IStGH seinen Sitz – wie auch der Internationale Gerichtshof – im holländischen Den Haag. Der Strafgerichtshof arbeitet zwar mit der UNO zusammen, er ist aber eine unabhängige internationale Organisation. Seine Hauptaufgabe ist die Verfolgung und Bestrafung schwerster Verbrechen von internationaler Bedeutung. Dazu gehören Völkermord, Verbrechen gegen die Menschlichkeit und Kriegsverbrechen.

Wenn ein Land ein anderes Land grundlos angreift, also einen Angriffskrieg führt, dann wird der Gerichtshof tätig. Im Unterschied zum Internationalen Gerichtshof, vor dem Konflikte zwischen verschiedenen Staaten verhandelt werden, wird vor dem Internationalen Strafgerichtshof gegen einzelne Verantwortliche dieser schweren Verbrechen verhandelt und geurteilt.

Die USA haben erklärt, dass sie mit dem IStGH nicht zusammenarbeiten wollen. Auch China, Indien, Israel, Kuba, Russland, Pakistan und andere Staaten haben ihn noch nicht anerkannt. Die EU-Länder aber unterstützen die Arbeit des IStGH. Im Juli 2008 stellte der Internationale Gerichtshof einen Haftbefehl gegen ein amtierendes Staatsoberhaupt aus. Der Staatschef des Sudan, Omar al-Baschir soll wegen Verbrechen gegen die Menschlichkeit und Kriegsverbrechen angeklagt werden. Die erste Verhandlung vor dem IStGH fand im Januar 2009 gegen den kongolesischen Milizenführer Thomas Lubanga statt. Er soll unter anderem Kindersoldaten zum Kriegseinsatz gezwungen haben. Weitere Verfahren laufen.

Gerd Schneider/Christiane Toyka-Seid:
Das junge Politik-Lexikon; www.hanisauland.de,
bpb, Bonn 2013

M 2 Prozess gegen den kongolesischen Milizenführer Lubanga: Scheitern mit Ansage

Nicht wegen der Morde und Vergewaltigungen steht Thomas Lubanga seit 2009 vor dem Internationalen Strafgerichtshof (IStGH) in Den Haag. Verantworten muss er sich für das Rekrutieren von Kindersoldaten. Nach längerem Hin und Her entschied sich die Anklage, sich nur auf die Kindersoldaten zu konzentrieren. Für das Morden und Vergewaltigen war ihr die juristische Beweislage zu heikel.

An diesem Mittwoch soll nun über Schuld und Unschuld Lubangas entschieden werden. Es ist ein besonderer Tag, nicht nur für den Angeklagten selbst. Zum ersten Mal seit seiner Einrichtung im Jahr 2002 fällt der Internationale Strafgerichtshof nun ein Urteil. Lubanga war der Erste, gegen den der IStGH ein Verfahren eröffnete, er ist nun der Erste, über den nach 220 Verhandlungstagen und der Anhörung von 62 Zeugen auch Recht gesprochen wird. [...]

Laut Anklage hat er 2002 und 2003 in 20 Lagern in der gesamten Ituri-Region Hunderte von Kindersoldaten rekrutiert und trainiert, sich einzelne auch als Bodyguards gehalten. Bei einem Angriff soll seine Truppe eine Schule überfallen und die gesamte siebte Klasse entführt haben. [*Der ehemalige*] Chef-Ankläger Luis Moreno-Ocampo peilt ein Strafmaß an, das „sehr nahe an das Höchstmaß von 30 Jahren heranreicht", wie er einst sagte. „Der Angeklagte hat seinen Opfern die Kindheit gestohlen. Sie wurden gezwungen, zu morden und zu vergewaltigen." Ein Junge etwa sei von Lubangas Leuten erschossen worden, weil er sein Gewehr verloren hatte. Ein anderer musste ein Mädchen erschießen, das sich gegen einen Kommandanten wehrte, der es vergewaltigen wollte.

Lubanga beteuerte seinerseits, er sei nur Politiker gewesen und habe innerhalb des militärischen Flügels der UPC nichts zu sagen gehabt. Vielmehr habe er sich unermüdlich für die Demobilisierung von Kindersoldaten innerhalb der UPC starkgemacht. Die lange Liste der Vorwürfe beruhe auf Falschaussagen.

Menschenrechtsgruppen sehen das anders. Sie haben zahlreiche Beweise zusammengetragen, die Lubanga die Verantwortung für Massenerschießungen und -vergewaltigungen, für Morde und Entführungen zuweisen. Und sie sind enttäuscht darüber, dass sich Anklage und Gericht damit nicht befasst haben.

Zudem stellen sich folgende Probleme für den IStGH. Wie garantiert man ein faires und transparentes Verfahren, wie legt man alle Beweise offen, ohne Zeugen zu gefährden? Kaum ein afrikanischer Staat hat ein Zeugenschutzprogramm, Drohungen gegen belastende Zeugen und nicht selten auch Mordanschläge sind in allen laufenden IStGH-Verfahren der Regelfall.

Horand Knaup, in: Spiegel Online vom 13.3.2012

Union des Patriotes Congolais (UPC)
Die UPC ist eine im Nordosten der Demokratischen Republik Kongo aktive bewaffnete Miliz, die von Thomas Lubanga gegründet und geführt wurde.

Der kongolesische Milizenführer Lubanga

M 3 Rebellenführer Lubanga muss 14 Jahre in Haft

Der Internationale Strafgerichtshof (IStGH) in Den Haag hat am Dienstag Thomas Lubanga Dyilo zu 14 Jahren Gefängnis verurteilt. Das Gericht blieb damit hinter der Forderung der Anklage zurück, die 30 Jahre Haft gefordert hatte.

Lubanga war bereits im März für schuldig befunden worden, in der Demokratischen Republik Kongo Hunderte Kinder als Soldaten missbraucht zu haben. Er soll einer der schlimmsten Kriegsverbrecher im Osten des zentralafrikanischen Landes gewesen sein. Der frühere Milizenchef sei verantwortlich für Massaker an der Zivilbevölkerung, Vergewaltigungen, Folter und Plünderungen, sagt zum Beispiel Param-Preet Singh von der Menschenrechtsorganisation Human Rights Watch.

Die Richter billigten Lubanga mildernde Umstände wegen der Kooperation mit dem Gericht zu. Er kann gegen das Urteil Berufung einlegen. Auf die Strafe werden die sechs Jahre Untersuchungshaft angerechnet. Wo Lubanga die Gefängnisstrafe verbüßen muss, wird noch entschieden. In Frage kommen acht Länder, die ein entsprechendes Abkommen mit dem Gericht unterzeichnet haben.

Süddeutsche Zeitung Online vom 10.7.2012

1 Stellt die Position der Anklage dar und vergleicht sie mit der Position Lubangas (M 2).
2 Erläutert die Kritik von Menschenrechtsgruppen an der Vorgehensweise des IStGH (M 2).
3 Diskutiert, ob das Urteil angemessen ist (M 3).
4 Erörtert mögliche Schwierigkeiten, die für die Arbeit des IStGH entstehen, wenn große Mächte wie etwa die USA den Gerichtshof nicht anerkennen (M 1).

9. Wie können Kinder in Kriegszeiten geschützt werden?

Kinder sind im Krieg besonders gefährdet

◀◀ Menschenrechte
– Grundrechte –
Bürgerrechte,
S. 194 f.

GLOSSAR
Menschenrechte

Die meisten Opfer der Kriege sind Zivilisten. Kinder sind an Kriegen völlig unschuldig und dennoch besonders gefährdet. 30 Millionen Kinder leben [2014] in Kriegsregionen. Zwei
5 Millionen von ihnen starben in den Kriegen der letzten zehn Jahre. Sechs Millionen erlitten schwerste Verletzungen. Ungezählt sind die Kinder, die ihr Leben lang unter ihren schlimmen Erlebnissen und der Angst leiden, die sie im Krieg erfahren mussten. Kinder 10 sind während des Krieges durch Kampfhandlungen und Bomben bedroht. Viele werden getötet oder verletzt. Viele verlieren ihre Eltern und andere Familienangehörige.
Es gibt auch Länder, in denen Kinder als Soldaten 15 eingesetzt werden. Obwohl die UN-Kinderrechtskonvention Kindern besonderen Schutz im Krieg gewährt, ist erst jetzt eine Ergänzung verabschiedet worden. Sie verbietet, dass Kinder unter 18 Jahren zwangsweise als 20 Soldaten ausgebildet und im Krieg eingesetzt werden. Freiwillige, die älter als 16 Jahre alt sind, dürfen aber nach wie vor als Soldaten angeworben werden.
Über 40 Millionen Menschen weltweit sind 25 auf der Flucht. Auch Kinder, die in ein sicheres Land fliehen konnten, sind dort nicht immer ausreichend geschützt. In Deutschland z. B. gilt die Kinderrechtskonvention für Flüchtlingskinder nur mit Einschränkungen. 30 Ihnen kann der Schulbesuch verweigert werden. Wenn Flüchtlinge 16 Jahre alt sind, müssen sie sich ohne erwachsene Begleitung um Asyl bemühen. Wird ihr Asylantrag abgelehnt, können sie in Abschiebehaft genommen 35 werden.
Für viele Kinder ist die Gefahr auch nach dem Krieg nicht vorbei. Ihre Gesundheit und ihr Leben sind durch liegen gebliebene Munition und besonders die überall vergrabenen Landminen 40 bedroht. Sie müssen immer Angst haben – bei der Nahrungssuche, beim Wasserholen, beim Spielen und auf dem Schulweg.

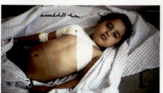

www.younicef.de/kinder-und-krieg.html
(Zugriff am 15. 7. 2014)

Erhöhung des Aufnahmekontigents
Der Bundesinnenminister hat mit seinen Länderkollegen am 12. Juni 2014 die Erhöhung des Bundeskontingents zur Aufnahme syrischer Flüchtlinge auf nun insgesamt 20 000 Personen beschlossen. Derzeit werden die Details des Verfahrens, insbesondere die Aufnahmeanordnung, innerhalb der Bundesregierung und mit den Bundesländern abgestimmt.
www.bamf.de (Zugriff am 1. 7. 2015)

1 Beschreibt die Bilder vor dem Hintergrund von M 1.
2 Viele Menschen müssen aus ihrer Heimat fliehen und suchen Schutz in Nachbarstaaten oder auch in der EU, z. B. in Deutschland. Diskutiert, wie Deutschland dieser Herausforderung gerecht werden kann. (Vgl. hierzu auch S. 216–223.)

Frieden und Sicherheit **247**

Ein Land im Dauerkrieg

Syrien kommt nicht zur Ruhe. Wieder und wieder kommt es zu Gefechten zwischen Armee und Islamisten.

Berichte über Kämpfe aus dem Land gibt es jeden Tag, nur finden sie wegen der Berichte aus dem Gazastreifen und dem Irak selten ihren Weg in die Medien. Das syrische Militär versuchte, die Stadt Mleha wieder unter seine Kontrolle zu bringen. Seit Mai ist Mleha mehr oder weniger in Rebellenhand. Die staatliche Nachrichtenagentur SANA teilte mit, dass bei diesem Versuch etliche Terroristen getötet oder verletzt wurden und etliche Rebelleneinheiten entwaffnet werden konnten.

Insgesamt starben bei Gefechten in Syrien an einem Wochenende rund 76 Menschen: 36 von ihnen in der Region Aleppo, 19 in den Vororten von Damaskus und 21 in Mleha.

Im Nahen Osten droht nun ein länderübergreifender Flächenbrand. Zum ersten Mal ist Israel von Syrien aus beschossen worden, das Geschoss schlug auf den besetzten Golan-Höhen ein. Die Rakete traf nur unbewohntes Gelände. Israels Armee nahm im Gegenzug Stellungen der syrischen Armee unter Artilleriebeschuss. Die israelische Regierung vermutet hinter dem Raketenangriff das syrische Regime von Präsident Baschar al-Assad.

Nach: deutschlandfunk.de vom 14.7.2014

KOMPETENT?

Frieden und/oder Sicherheit

Zeichnung: Kostas Koufogiorgos

Zeichnung: Heiko Sakurai

1 In Syrien tobt ein blutiger Bürgerkrieg. Informiert euch über die Konfliktursachen und erläutert, wieso dieser Konflikt sich zu einem Flächenbrand in der Region ausbreiten könnte.

2 Prüft, welche Möglichkeiten die UN und die NATO haben, in Syrien einzugreifen.

3 Beschreibt und interpretiert die Karikaturen.

4 Vorschlag für eine Gruppenarbeit: Recherchiert im Internet die folgenden Fragen zu je einem ausgewählten Auslandseinsatz der Bundeswehr (siehe Karikaturen):
– Wer ist der Träger des Einsatzes?
– Welche Begründung gibt es für den Einsatz?
– Für welchen Zeitraum ist die internationale Friedenstruppe vorgesehen?
– Wie hoch ist die Zahl der beteiligten deutschen Soldaten?
– Welche besonderen Risiken sind bei dem Einsatz zu beachten?

Bundeswehr im internationalen Einsatz
WEBCODE
SDL-11593-801

Glossar

Abgeordnete
Von den Bürgern (Volk) gewählte Repräsentanten, die in den deutschen → **Parlamenten** an keinerlei Weisungen (z. B. aus der → **Partei**) gebunden sind (Art. 38 Abs. 1 GG). Dieser Freiheit der Abgeordneten steht allerdings faktisch die Fraktionsdisziplin gegenüber. Die Abgeordneten einer Partei oder gleicher politischer Überzeugung schließen sich in den Parlamenten zu Fraktionen oder Gruppen zusammen. Im Deutschen → **Bundestag** können Abgeordnete dann eine Fraktion bilden, wenn dieser mindestens fünf Prozent der Abgeordneten angehören. Der wichtigste Teil der Abgeordnetenarbeit findet nicht in den Plenarsitzungen, sondern in den Parlamentsausschüssen und Fraktionen statt.

Arbeitgeberverbände
Es gibt in Deutschland gut 1 000 Verbände von Unternehmenseigentümern bzw. -leitungen, die in der Bundesvereinigung der Deutschen Arbeitgeberverbände (BDA) zusammengeschlossen sind. Die BDA vertritt den Standpunkt ihrer Mitglieder in der Sozial- und Gesellschaftspolitik, sie dient als Plattform für die Koordinierung der Interessenvertretung gegenüber den Ländern, dem Bund und der → **Europäischen Union**. Die Arbeitgeberverbände der jeweiligen Branchen sind Verhandlungspartner der → **Gewerkschaften** bei Tarifverhandlungen. Im weiteren Sinne werden auch die im Bundesverband der Deutschen Industrie (BDI) zusammengeschlossenen Wirtschaftsfachverbände, in denen laut BDI rund 100 000 Unternehmen organisiert sind, dazu gezählt. Aufgabe des BDI ist die Wahrnehmung der wirtschaftspolitischen Interessen seiner Mitglieder. Er ist Mitglied der Union der Industrie- und Arbeitgebervereinigungen Europas (UNICE), die die Interessen ihrer Mitglieder gegenüber den Organen der → **EU** vertritt.

Armut
Was genau Armut ist, hängt von vielen unterschiedlichen Faktoren ab. Zu unterscheiden sind „absolute" Armut – unterhalb einer bestimmten Armutsgrenze – und „relative" Armut – arm zu sein im Vergleich zu den anderen Menschen im direkten Lebensumfeld. In Deutschland gilt als relativ arm, wer weniger als 60 Prozent des Durchschnitteinkommens zur Verfügung hat.

Äquivalenzprinzip
Grundsatz der Gleichwertigkeit von Leistung und Gegenleistung: Strukturprinzip der privaten Krankenversicherung (PKV), in der die Höhe der Versicherungsbeiträge von individuellen Risikofaktoren wie Eintrittsalter, Geschlecht und Vorerkrankungen beeinflusst wird.

Betriebsrat
Vertretungsorgan einer (Firmen-) Belegschaft; er hat die Interessen der Arbeitnehmer gegenüber dem Arbeitgeber wahrzunehmen. Der Betriebsrat übt die der Arbeitnehmerschaft des einzelnen Betriebs laut Gesetz zustehenden Rechte aus, vor allem das Recht der → **Mitbestimmung**. Der Betriebsrat schließt mit dem Arbeitgeber eine Betriebsvereinbarung, in der u. a. Arbeitsbedingungen verabredet werden können. Er wird in geheimer Wahl von den Belegschaftsmitgliedern für vier Jahre gewählt. Das Amt des Betriebsrats ist ein Ehrenamt, für das keine Vergütung gewährt werden darf. Mitglieder des Betriebsrats genießen einen besonderen Kündigungsschutz. Betriebsräte sind von den → **Gewerkschaften** unabhängig und an den Betriebsfrieden gebunden, dürfen also nicht zum Streik aufrufen (Betriebsverfassungsgesetz).

BIP (Bruttoinlandsprodukt):
→ **Sozialprodukt**

Bürgerinitiative
Eine aus der Bevölkerung heraus gebildete Interessenvereinigung, die sich aufgrund eines konkreten politischen, sozialen oder ökologischen Problems aus dem meist unmittelbaren Umfeld organisiert, um Einfluss auf die öffentliche Meinung (→ **Massenmedien**), auf → **Parteien** oder andere gesellschaftliche Gruppierungen und damit letztendlich auf die Entscheidungen des → **Staates** zu nehmen.

Bürgerliches Gesetzbuch (BGB)
In Deutschland wichtigster Bestandteil des Privatrechts, das die Rechtsbeziehungen der Bürger untereinander regelt, z. B. die → **Rechte** und Pflichten von Käufern und Verkäufern. Die erste Fassung des Bürgerlichen Gesetzbuches stammt aus dem Jahr 1896. Heute enthält das BGB fast 2 400 Paragrafen.

Bürgerrechte
Die einem als Bürger eines → **Staates** zustehenden Rechte, insbesondere das Wahlrecht, durch das der Bürger als Souverän u. a. über die Vergabe politischer Ämter entscheidet.

Bundeskanzler
Deutscher Regierungschef; von einer Mehrheit des Deutschen → **Bundestages** auf Vorschlag des → **Bundespräsidenten** gewählter, die Richtlinien der Politik bestimmender Chef der Exekutive (→ **Gewaltenteilung**).

Bundespräsident
Deutsches Staatsoberhaupt; von der Mehrheit der Bundesversammlung für fünf Jahre gewählt; eine einmalige Wiederwahl ist zulässig (Art. 54 GG). Seine Aufgaben sind die völkerrechtliche Vertretung Deutschlands und die Unterzeichnung von Verträgen des Bundes mit dem Ausland sowie die Verkündung und Ausfertigung der → **Gesetze**. Er hat das Recht, Begnadigungen auszusprechen. Außerdem besitzt er das Vorschlagsrecht für die Wahl des → **Bundeskanzlers** (Art. 63 GG). Er ernennt diesen und entlässt ihn auf Ersuchen des → **Bundestages**.

Bundesrat
Durch den Bundesrat wirken die 16 Bundesländer bei der → **Gesetzgebung** und Verwaltung des Bundes und in Angelegenheiten der → **Europäischen Union** mit (Art. 50 GG). Die Anzahl der den einzelnen Bundesländern zustehenden Stimmen variiert entsprechend ihrem Bevölkerungsanteil zwischen drei und sechs Stim-

men pro Land. Die Stimmen jedes Landes können nur einheitlich abgegeben werden (→ **Föderalismus**, → **Gewaltenteilung**). Die einfache Mehrheit im Bundesrat beträgt 35 Stimmen, bei Verfassungsänderungen ist eine Zweidrittelmehrheit der insgesamt 69 Stimmen nötig.

Bundestag

Oberstes Parlament in Deutschland; seine Mitglieder (→ **Abgeordnete**) werden in allgemeiner, unmittelbarer, freier, gleicher und geheimer Wahl (Art. 38 GG) gewählt. Zu seinen wichtigsten Aufgaben zählen:
a) Wahl (und ggf. Abwahl) des → **Bundeskanzlers**,
b) Kontrolle der Bundesregierung und der ihr unterstellten Verwaltung (Ministerien),
c) Gesetzgebung des Bundes und Genehmigung des Bundeshaushalts,
d) Mitwirkung bei der Wahl des → **Bundespräsidenten** sowie
e) der Richter am → **Bundesverfassungsgericht** und
f) Feststellung des Spannungs- oder Verteidigungsfalles.

Bundesverfassungsgericht

Das Bundesverfassungsgericht ist oberster Hüter der Verfassung in Deutschland (Art. 93 GG). Es ist allen anderen Verfassungsorganen (→ **Bundestag**, Bundesregierung, → **Bundesrat**, → **Bundespräsident**) gegenüber selbstständig und unabhängig. Seine Kompetenzen erstrecken sich u. a. auf
a) Verfassungsstreitigkeiten zwischen obersten Bundesorganen,
b) Streitigkeiten zwischen Bund und Ländern und zwischen den Ländern,
c) Verfassungsbeschwerden von Bürgern und den Gemeinden,
d) die Überprüfung von Rechtsvorschriften,
e) die Feststellung der Verfassungswidrigkeit politischer → **Parteien,**
f) die Wahlprüfverfahren.

Demokratie

Der Begriff kommt aus dem Altgriechischen und bedeutet wörtlich „Herrschaft des Volkes" (Gegensatz: Aristo-kratie = Herrschaft der Adeligen; Monarchie = Königsherrschaft; Diktatur): Der Demokratie liegt die Erkenntnis zugrunde, dass jeder mündige Mensch in der Lage ist, über die Bedingungen seines Lebens mitzubestimmen. Während in anderen Herrschaftsformen wenige oder sogar nur einzelne Menschen über alle anderen bestimmen, werden in der Demokratie alle an den wichtigen politischen Entscheidungen beteiligt. In der Bundesrepublik Deutschland und den meisten anderen demokratischen Gesellschaften bzw. → **Staaten** geschieht dies über die Wahl von politischen Vertretern (Repräsentanten).

Devisenmarkt

Markt, auf dem der Handel mit ausländischen Währungen stattfindet. Je nach Angebot und Nachfrage nach einer Währung wird der Preis/Gegenwert einer ausländischen Währung im Verhältnis zur inländischen Währung gebildet (Devisenkurs, Wechselkurs).

Direkte Demokratie

(Gegenmodell: repräsentative Demokratie)
Direkte Demokratie (auch: plebiszitäre Demokratie) bezeichnet eine Herrschaftsform, bei der die politischen Entscheidungen unmittelbar vom Volk, durch eine Volksabstimmung getroffen werden. Rein auf direkter Demokratie basierende Gesellschaftsmodelle gibt es bisher nur in der Theorie. Das Modell der Schweiz ist dadurch gekennzeichnet, dass die Entscheidungen der Repräsentativorgane (z. B. des → **Parlaments**) durch Volksentscheide rückgängig gemacht werden können. Zusätzlich kann durch eine Volksinitiative ein → **Gesetz** auch vom Volk auf den Weg gebracht und durch eine Volksabstimmung entschieden werden. Auch in Ländern mit repräsentativer Demokratie (z. B. deutsche Bundesländer und Gemeinden) gibt es direktdemokratische Volksentscheidungen.

Europäische Union

1993 von den 12 EG-Mitgliedern gegründete überstaatliche Organisation. Sie baut auf der Europäischen Gemeinschaft (EG) auf, deren Anfänge bis in das Jahr 1951 zurückreichen. Zurzeit zählt die EU 28 Mitgliedsstaaten; in 19 Ländern gilt der Euro. Die EU bildet den Rahmen für:
– eine gemeinsame Außen- und Sicherheitspolitik (GASP)
– die Zusammenarbeit in der Justiz- und Innenpolitik
– die Europäischen Gemeinschaften (Europäische Wirtschaftsgemeinschaft, Europäische Gemeinschaft für Kohle und Stahl, Europäische Atomgemeinschaft).
Die fünf zentralen Organe der EU sind:
1. der Europäische Ministerrat (Rat der Europäischen Union),
2. das Europäische Parlament,
3. die Kommission der EU,
4. der Europäische Gerichtshof,
5. der Europäische Rechnungshof.
Das faktisch wichtigste politische Gremium, das den europäischen Einigungsprozess steuert (ohne selbst ein Organ der EU zu sein), ist der Europäische Rat, d. h. das halbjährliche Treffen der Regierungschefs der EU-Länder.

Föderalismus

(lat.: Bündnis, Vertrag) Föderalismus ist eine politische Ordnung, bei der die staatlichen Aufgaben zwischen der bundesstaatlichen Zentralinstanz und den einzelnen Bundesländern aufgeteilt werden, und zwar so, dass beide politische Ebenen für bestimmte (verfassungsgemäß festgelegte) Aufgaben alleinverantwortlich zuständig sind.

Frieden

Frieden ist der an der Wahrung und Durchsetzung der → **Menschenrechte** orientierte Prozess, durch den Gewalt, Not, Unfreiheit und Angst abnehmen und demokratische Mitwirkung und Verteilungsgerechtigkeit zunehmen.

Gemeinsame Außen- und Sicherheitspolitik (GASP)

Eine gemeinsame Außen- und Sicherheitspolitik wird seit mehr als 50 Jahren in der → **Europäischen Union** und ihren Vorläufern angestrebt. Bisher ist es aber wegen der nötigen Einstimmigkeit bei außenpolitischen Entscheidungen nicht zu einem wirksamen gemeinsamen Handeln der Mitgliedstaaten gekommen. Innerhalb der GASP wurde seit 1999 auch eine Krisenreaktionskomponente (die Europäische Sicherheits- und Verteidigungspolitik, heute: GSVP) aufgebaut, die es der Union erlauben soll, zivil und militärisch eigenständig (also v. a. unabhängig von den USA) in Krisen einzugreifen.

Gemeinsame Sicherheits- und Verteidigungspolitik (GSVP)

Die GSVP ist der militärische Arm der Gemeinsamen Außen- und Sicherheitspolitik → (**GASP**) der → **Europäischen Union**. Die EU soll mit der GSVP in die Lage versetzt werden, für die Bereiche der zivil-militärischen Konfliktprävention und Krisenbewältigung autonom Beschlüsse fassen und in den Fällen, in denen die → **NATO** als Ganzes nicht involviert ist, eigene Militäreinsätze unter Rückgriff auf NATO-Mittel und -Fähigkeiten einleiten und durchführen zu können. Die Missionen der EU erfolgen dabei im Einklang mit den Grundsätzen der → **Vereinten Nationen**.

Gesetze

Gesetze sind schriftliche, allgemeingültige Regeln in einem → **Staat**. An Gesetze müssen sich alle Menschen halten, die sich in dem betreffenden Staat aufhalten. In → **Demokratien** werden Gesetze von → **Parlamenten** beschlossen („verabschiedet"). In einem demokratischen → **Rechtsstaat** hat sich auch der Staat selbst verpflichtet, sich den Gesetzen unterzuordnen. Gesetze sind nicht bloße Aufforderungen, wer sie nicht beachtet, wird bestraft. Ob ein Gesetzesverstoß vorliegt, ist Sache der Gerichtsbarkeit.

Gesetzgebung

Aufgabe des → **Parlaments** in der → **Demokratie**. Die vom Parlament beschlossenen → **Gesetze** werden von der Regierung und den zuständigen Verwaltungen ausgeführt und durch die Rechtsprechung kontrolliert.

Gewaltenteilung

Grundprinzip in der Organisation (demokratischer) staatlicher Gewalt; Ziel ist es, die Konzentration und den

Missbrauch politischer Macht zu verhindern, die Ausübung politischer Herrschaft zu begrenzen und damit die bürgerlichen Freiheiten zu sichern. Es wird zwischen der gesetzgebenden Gewalt (Legislative), der ausführenden Gewalt (Exekutive) und der rechtsprechenden Gewalt (Judikative) unterschieden. Diese Funktionen werden unabhängigen Staatsorganen (→ **Bundestag**, Bundesregierung, → **Bundespräsident**, → **Bundesrat**, → **Bundesverfassungsgericht**) zugewiesen.

In der Praxis ergeben sich allerdings Abweichungen vom strikten Prinzip der Gewaltenteilung oder es sind sogar Abweichungen vorgesehen (z. B. Verordnungen der Exekutive, Gesetzesinitiativen der Regierung). Auch die Prinzipien des → **Föderalismus** gelten als Teil der Gewaltenteilung.

Gewerkschaften

Vereinigungen, in denen sich Arbeitnehmerinnen und Arbeitnehmer zusammenschließen, um gemeinsam ihre Interessen gegenüber den Arbeitgebern zu vertreten; die relative Schwäche der einzelnen Arbeitnehmer gegenüber ihren Arbeitgebern soll so ausgeglichen werden. Die Hauptziele der Gewerkschaften in Deutschland sind die Durchsetzung von Lohnforderungen, die soziale Absicherung der Arbeitenden sowie die Verbesserung der Arbeitsbedingungen. Auch der Ausbau der → **Mitbestimmung** der Arbeitnehmer in den Betrieben gehört zu den Zielen gewerkschaftlicher Arbeit. Um diese Ziele zu erreichen, verhandeln die Gewerkschaften mit den → **Arbeitgeberverbänden.** Der Streik ist das letzte Druckmittel der Gewerkschaften. Die meisten und größten deutschen Gewerkschaften sind im Deutschen Gewerkschaftsbund (DGB) zusammengeschlossen.

Globalisierung

Der Begriff bezeichnet eine Zunahme der Staatsgrenzen überschreitenden Beziehungen v. a. ab den 1990er-Jahren. Insbesondere werden zu den Merkmalen der Globalisierung eine starke Zunahme internationaler Wirtschafts- und Finanzaktivitäten,

die Ausdehnung der Kommunikationstechnologien (→ **Internet** usw.) sowie eine weltweite Ausdehnung vor allem westlicher Kultur gezählt. Ursachen sind neben der technischen Entwicklung vor allem der Abbau von wirtschaftlichen Schranken durch die wichtigsten Industriestaaten.

Grundgesetz

In seinen 146 Artikeln ist die politische und rechtliche Ordnung der Bundesrepublik Deutschland festgelegt (Verfassung). In den ersten Artikeln sind die an den allgemeinen → **Menschenrechten** orientierten → **Grundrechte** genannt, die innerhalb unserer Rechtsordnung im Grundgehalt nicht verändert werden dürfen. Das Grundgesetz legt die deutsche Gesellschaftsordnung auf die Prinzipien der → **Demokratie**, der Rechtsstaatlichkeit, des Privateigentums, der Gliederung in Bundesländer (→ **Föderalismus**) und des sozialen Ausgleichs fest. Es darf (mit Ausnahme der Grundrechte) durch den → **Bundestag** mit Zweidrittelmehrheit geändert werden.

Grundrechte

Grundlegende Rechte, die der Einzelne in und gegenüber dem → **Staat** hat. Die meisten Grundrechte sind → **Menschenrechte**, die jedem Menschen unabhängig von der Staatsbürgerschaft zustehen. Die Grundrechte sind in den Artikeln 1–19 des → **Grundgesetzes** enthalten, besondere Bedeutung kommt dem Art. 1 GG (Würde des Menschen) zu. Eine Änderung der Grundrechte (mit Ausnahme des unantastbaren Art. 1) ist nur mit Zweidrittelmehrheit der Mitglieder von → **Bundestag** und → **Bundesrat** möglich.

Inflation

Dauerhafter Anstieg des gesamtwirtschaftlichen Preisniveaus. Mit einer Geldeinheit kann man weniger einkaufen; sie verliert also an Kaufkraft.

Internet

Weltweit größtes Computernetzwerk, das aus direkt angeschlossenen Rechnern (Knotenrechnern) in dreistelliger

Millionenhöhe besteht. Derzeit nutzen 2,41 Milliarden Anwender weltweit das Internet. Der Zugang zum Internet wird von verschiedenen Providern (Dienste-Anbieter) gegen eine monatliche Grundgebühr (plus Gebühren je nach Datenvolumen) angeboten. Das Dienste-Angebot im Internet umfasst u. a. elektronische Post (E-Mail), Dateitransfer, Diskussionsforen zu vielen Themenbereichen und elektronische Zeitschriften.

Kapitalismus
Ein Wirtschaftssystem auf der Grundlage von Privateigentum an Produktionsmitteln, in dem Warenanbieter zueinander im Wettbewerb stehen. Wichtigster Antrieb zum Wirtschaften ist privates Gewinnstreben, das durch das Wirtschaftssystem selbst hervorgerufen wird (Konkurrenz).

Konflikt
Konflikt bedeutet „Zusammenstoß", genauer der Zusammenstoß von zwei Interessen oder Positionen. Konflikte entstehen z. B., wenn Menschen sich um ein Gut streiten, das sie nicht teilen können oder wollen. Manchmal kommt es auch zu Konflikten, weil sich jemand benachteiligt fühlt, evtl. auch ohne dass dies tatsächlich zutrifft. Konflikte sind nicht unbedingt schlecht, sondern häufig notwendig. Sie haben jedoch eine Eigendynamik, d. h., sie entwickeln sich weiter, unabhängig von ihrem Ausgangspunkt: Durch den Konflikt ergeben sich oft neue Verletzungen, die den Konflikt von selbst weiter anheizen. Deswegen ist es sehr wichtig, Konflikte möglichst schnell zu klären, damit sie sich nicht selbst verstärken.

Konjunktur
Bezeichnung für die Existenz von zyklischen Schwankungen der wirtschaftlichen Aktivität. Der Konjunkturverlauf (Konjunkturzyklus) kann unterteilt werden in Tief (Depression, Stagnation), Aufschwung (Wiederbelebung, Expansion), Hoch (Boom) und Abschwung (Krise, Rezession).

Konjunkturpolitik
Maßnahmen der Wirtschaftspolitik, die konjunkturelle Schwankungen der gesamtwirtschaftlichen Nachfrage vermindern sollen. Konjunkturpolitik hat zum Ziel, eine möglichst stetige Produktionsentwicklung mit geringen Schwankungen im Auslastungsgrad des Produktionspotenzials herbeizuführen. Im weiteren Sinne werden alle Maßnahmen des Staates als Konjunkturpolitik bezeichnet, die zur Erreichung des Stabilitätsziels getroffen werden.

Marktwirtschaft
→ **Wirtschaftsordnung**

Massenmedien
Technische Mittel, durch die Aussagen schnell und über große Entfernungen zu einer großen Zahl von Menschen gebracht werden können; Empfänger und Sender von Nachrichten sind sich dabei nicht persönlich bekannt. Massenmedien sind sehr einflussreich und werden als eine Kontrollinstanz z. B. gegenüber dem → **Staat** angesehen („Vierte Gewalt"). Zugleich aber sind die durch sie verbreiteten Nachrichten für die Empfänger kaum noch zu überprüfen. Zu den Massenmedien zählt neben Zeitungen, Hörfunk und Fernsehen auch das → **Internet**.

Menschenrechte
Rechte, die jedem Menschen zustehen, unabhängig von Herkunft, Geschlecht, Religion und Vermögen; ihr Inhalt liegt darin, jedem ein menschenwürdiges Leben und individuelle Entfaltung zu ermöglichen. Im Gegensatz zu anderen Rechten kommen die Menschenrechte jedem Menschen von Natur aus zu, also nicht erst durch die Garantie eines → **Staates**.

Mitbestimmung
Mitwirkungsrechte der Arbeitnehmer(-vertreter) bei unternehmerischen Entscheidungen; zu unterscheiden sind die betriebliche Mitbestimmung und die Mitbestimmung im Aufsichtsrat von Aktiengesellschaften. Die betriebliche Mitbestimmung in der privaten Wirtschaft ist im Betriebsverfassungsgesetz festgelegt. Wichtigstes Organ der betrieblichen Mitbestimmung ist der → **Betriebsrat**. Die Mitbestimmung im Aufsichtsrat (auch: Unternehmensmitbestimmung) wird durch mehrere Gesetze geregelt. Wesentliches Element ist die Vertretung der Arbeitnehmer im Aufsichtsrat von Aktiengesellschaften. Der Anteil der ihnen zustehenden Aufsichtsratsmandate hängt von der Zahl der Mitarbeiter ab.

Nachhaltigkeit
Bezeichnung für das Prinzip, nach dem die wirtschaftliche Entwicklung so zu beeinflussen ist, dass zukünftige Generationen dieselben Chancen auf ein erfülltes Leben haben wie wir, die Welt in einem gewissen Gleichgewicht zwischen Generationen/Regionen bleibt.

Nordatlantikpakt (NATO)
(engl.: North Atlantic Treaty Organization). Die NATO (mit Sitz in Brüssel) wurde am 4. 4. 1949 als internationale Organisation zur politischen und militärischen Verteidigung von den USA und Kanada sowie den europäischen → **Staaten** Belgien, Dänemark, Frankreich, Großbritannien, Island, Italien, Luxemburg, den Niederlanden, Norwegen und Portugal gegründet. Weitere Beitrittsländer waren: Griechenland (1952), Türkei (1952), Bundesrepublik Deutschland (1955) und Spanien (1982). Wichtigstes Ziel war die Abwehr und die Verteidigung gegenüber der Sowjetunion und dem Warschauer Vertrag (bis zu deren Auflösung 1991). Wichtigstes Ziel heute ist der Einsatz für Friedenserhaltung, z. B. im Auftrag der → **Vereinten Nationen**. Die Mitglieder der NATO verpflichten sich untereinander zum friedlichen Interessenausgleich, zur Konsultation bei außenpolitischen und militärischen Bedrohungen und dazu, sich gegenseitig Beistand zu gewähren, worüber allerdings jedes Mitglied unabhängig und in jedem Einzelfall (also ohne Automatismus) entscheidet. 1999 wurden Polen, Ungarn und die Tschechische Republik sowie 2004 Estland, Litauen, Bulgarien, Rumänien, die Slowakei und Slowenien in die NATO aufgenommen, 2009 folgten Albanien und Kroatien.

Ost-West-Konflikt
Bezeichnung für die Gegensätze, die nach dem Zweiten Weltkrieg unter

den Siegermächten aufbrachen und zu einer globalen, weltpolitischen Polarisierung in ein westliches Lager unter Führung der USA und ein östliches Lager unter Führung der UdSSR führten („Kalter Krieg").

Parlament

Das Parlament ist die Volksvertretung (→ **Demokratie**); das oberste Parlament in Deutschland ist der Deutsche Bundestag. Er setzt sich zusammen aus den von den Wahlberechtigten gewählten → **Abgeordneten**. Das oberste Parlament ist zuständig für die → **Gesetzgebung**, es übt aber auch noch andere Funktionen aus (z. B. Wahl der Regierung; in einigen → **Staaten** – so auch in Deutschland – Mitwirkung bei der Wahl des Staatsoberhaupts). Die Parlamente bestehen aus einer oder zwei Kammern. Parlamente gibt es in Deutschland nicht nur auf Bundesebene (Bundestag), sondern auch auf Länderebene (Landtag), Kreisebene (Kreistag) und der kommunalen Ebene (Gemeinderat, Stadtrat).

Partei

Parteien sind auf Dauer angelegte Organisationen politisch gleichgesinnter Menschen. Sie verfolgen bestimmte wirtschaftliche und gesellschaftliche Vorstellungen, die meist in Parteiprogrammen festgeschrieben sind, sowie das Ziel, Regierungsverantwortung zu übernehmen. In den → **Parlamenten** bilden die → **Abgeordneten** einer Partei sogenannte Fraktionen.

Partizipation

Beteiligung des Bürgers am Willensbildungs- und Entscheidungsprozess im politischen Prozess, u. a. durch Wahlen, Mitgliedschaft in → **Parteien**, Verbänden, → **Bürgerinitiativen** und Vereinen bzw. Wahrnehmung der in der Verfassung verankerten Artikulations- und Mitwirkungsrechte.

Produktionsmittel

Grund und Boden, Fabriken, Maschinen und Werkzeuge, die zur Herstellung von Gütern benötigt werden.

Recht

Im objektiven Sinn die Gesamtheit aller Rechtsnormen, die in einem bestimmten Bereich gelten und deren Durchsetzung staatlicherseits garantiert wird. Bei Nichteinhaltung droht Strafe (Sanktion). Recht wird durch dazu befugte staatliche Organe festgeschrieben als → **Gesetz**, Satzung, Verordnung oder Erlass. Daneben gibt es das (ungeschriebene) Gewohnheitsrecht.

Rechtsfähigkeit

Menschen können ab ihrer Geburt Träger von Rechten sein. Viele Rechte, insbesondere solche, die ihre aktive Wahrnehmung erfordern, sind jedoch an ein gewisses Maß an Mündigkeit gebunden. Sie gelten deshalb in Deutschland nicht für Kinder und entmündigte Menschen. In unserer Gesellschaft ist diese Beschränkung zugleich ein Schutz: Kinder dürfen vieles nicht, werden aber auch für ihre Handlungen nur begrenzt verantwortlich gemacht. Die Rechtsfähigkeit wird mit dem Heranwachsen stufenweise erreicht.

Rechtsstaat

Ein → **Staat**, in dem jegliche staatliche Gewalt (Gesetzgebung, Regierung, Verwaltung , Rechtsprechung) umfassend und unmittelbar an → **Recht** und → **Gesetz** gebunden ist. Die Bindung an das Recht bedeutet insbesondere die Respektierung der Menschenwürde und der aus ihr abgeleiteten → **Grundrechte**. Sie setzen dem staatlichen Handeln Grenzen. Das Rechtsstaatsprinzip gehört zu den elementaren Prinzipien des Grundgesetzes. Es ist in zahlreichen Vorschriften des Grundgesetzes näher konkretisiert.

Solidaritätsprinzip

Ist in der gesetzlichen Sozialversicherung (Kranken- und Pflegeversicherung) der Grundsatz, dass alle zu versichernden Risiken solidarisch von allen Versicherten (durch nach Einkommen gestaffelte Beiträge) zu tragen sind, die Leistungen jedoch unabhängig von der Beitragshöhe gewährt werden.

Sozialleistungen

Soziale Leistungen des → **Staates**, z. B. Kranken-, Pflege-, Unfall-, Renten- und Arbeitslosenversicherung, Kriegsopferversorgung, Jugendhilfe, Kindergeld, Elterngeld.

Sozialprodukt

Verkürzende Bezeichnung für die wirtschaftliche Leistung einer Volkswirtschaft. Im Bruttosozialprodukt ist die gesamte Wertschöpfung einer Volkswirtschaft in einer Periode zusammengefasst, einschließlich der Investitionen. Wird diese Größe um die Abschreibungen für Abnutzung vermindert, so spricht man vom Nettosozialprodukt. Wird der gesamte von Inländern erwirtschaftete Produktionswert berechnet, so spricht man vom Inlandsprodukt. Das Nettoinlandsprodukt entspricht dabei dem Volkseinkommen.

Sozialstaat

Der Sozialstaat ist eines der vier Grundprinzipien des politischen Systems der Bundesrepublik Deutschland – neben → **Demokratie**, → **Rechtsstaat** und Bundesstaat. Das Prinzip bedeutet, dass der Staat seine Bürger gegen soziale Risiken abzusichern und soziale Ungleichheit abzumildern hilft.

Staat

Politische Organisation, unter der die Menschen einer Gesellschaft leben. Nach gängiger Definition sind drei Aspekte für einen Staat notwendig: Er muss ein eindeutiges Territorium haben (Staatsgebiet), in dem Menschen wohnen, die zu diesem Staat gehören (Staatsvolk; Bürger), und eine Regierung, die vom Staatsvolk anerkannt ist (Staatsgewalt).
Ein Staat hat Außenbeziehungen zu anderen Staaten, die im Allgemeinen Völkerrecht und durch zwischenstaatliche Vereinbarungen geregelt werden.

Strukturpolitik

Politische Maßnahmen verschiedener staatlicher Ebenen (→ **Europäische Union**, Bund, Länder, Kommunen), die das Ziel verfolgen, die vorhandene Wirtschaftsstruktur so zu beeinflussen bzw. zu verändern, dass sie die rapiden wirtschaftlichen und technischen Veränderungen bewältigen, heute also insbesondere dem globalen Wettbewerb standhalten kann. Die erforderliche Veränderung, Modernisierung oder Anpassung kann sich auf einzelne Industrien oder Branchen (sektorale Strukturpolitik) oder bestimmte Regionen (regionale Strukturpolitik) beziehen; sie kann auf die Verbesserung der Infrastruktur (Verkehr, Telekommunikation) zielen oder zukunftsorientiert auf eine Verbesserung der Bildung, der Aus- und Weiterbildung angelegt sein. Die wichtigsten Instrumente der Strukturpolitik sind Steuererleichterungen und Subventionen, Ge- und Verbote sowie die finanzielle Förderung von Forschung, Bildung und Ausbildung.

Strukturwandel
Änderungen im Gefüge der Wirtschaft, die sich auf bestimmte Regionen, Branchen oder ganze Sektoren (z. B. Landwirtschaft, gewerblicher Sektor/Industrie) beziehen können. So brachte etwa der Niedergang des Bergbaus und der Stahlindustrie im Ruhrgebiet vielfältige wirtschaftliche und soziale Veränderungen mit sich. Die Politik versucht, den Strukturwandel zu beeinflussen, indem sie u. a. die Ansiedlung neuer Branchen für wegfallende Arbeitsplätze fördert.

Subsidiaritätsprinzip
Aus der katholischen Soziallehre stammendes gesellschaftliches Gestaltungsprinzip, das die Selbstbestimmung und Selbstverantwortung des Individuums bzw. der jeweils kleineren sozialen Gruppen im Verhältnis zum Staat sowie den Vorrang von Regelungen auf jeweils unterer Ebene gegenüber Regelungen „von oben" betont. Nach Art. 36 des Maastrichter Vertrags darf die → **EU** in den Bereichen, die nicht in ihre ausschließliche Zuständigkeit fallen, nur tätig werden, wenn die Ziele der entsprechenden Maßnahmen in den einzelnen Mitgliedstaaten nicht ausreichend erreicht bzw. wegen ihres Umfangs oder ihrer Wirkung besser auf Gemeinschaftsebene erreicht werden können.

Tarifautonomie
das aus Art. 9 Abs. 3 GG (Koalitionsfreiheit) folgende Recht der Tarifvertragsparteien (→ **Gewerkschaften**, → **Arbeitgeberverbände**, Einzelunternehmen), für ihre Mitglieder in → **Tarifverträgen** Arbeits- und Wirtschaftsbedingungen unabhängig von staatlichen Eingriffen verbindlich auszuhandeln und wieder aufzukündigen. Die Tarifautonomie umschließt besonders auch das Recht zu Arbeitskämpfen.

Tarifvertrag
Vertrag zwischen Parteien mit Tariffähigkeit zur Regelung ihrer Rechte und Pflichten und zur Festsetzung von arbeitsrechtlichen Normen.

UN/UNO
→ **Vereinte Nationen**

Vereinte Nationen (UN/UNO)
(engl.: United Nations, UN oder United Nations Organization, UNO). Die UN wurde 1945 in San Francisco gegründet, ihr Hauptsitz ist New York (daneben: Genf und Wien), zurzeit gehören ihr 193 → **Staaten** an. Laut der UN-Charta bestehen ihre Hauptaufgaben in der Sicherung des Friedens und in der Beseitigung von Friedensbedrohungen, der Verständigung der Völker untereinander, der internationalen Zusammenarbeit zur Lösung wirtschaftlicher, kultureller, sozialer und humanitärer Probleme u. a. – dies alles auf der Grundlage der der Staaten und der Selbstbestimmung der Völker (Art. 1). Die wichtigsten Organe der UN sind:
1. die jährliche Vollversammlung (jeder Mitgliedstaat hat eine Stimme) und deren Ausschüsse;
2. der Sicherheitsrat der UN mit zzt. fünf ständigen Mitgliedern (China, F, GB, Russland, USA, die über ein Vetorecht verfügen, Deutschland bemüht sich um Aufnahme) und zehn jeweils für zwei Jahre gewählten Mitgliedern;
3. das Generalsekretariat mit einem Generalsekretär an der Spitze (auf fünf Jahre von der Vollversammlung gewählt);
4. der Wirtschafts- und Sozialrat mit 54 Mitgliedern (jährlich werden 18 Mitglieder für drei Jahre gewählt) und fünf regionalen Kommissionen;
5. der Internationale Gerichtshof (15 Richter, die von der Vollversammlung und dem Sicherheitsrat für neun Jahre gewählt werden)
In jüngster Zeit wurden verstärkt Forderungen laut, durch eine Reform der UNO den ärmeren Staaten größere Einflussmöglichkeiten zu geben.

Wirtschaftsordnung
Die politische und rechtliche Ordnung, in der die wirtschaftlichen Tätigkeiten innerhalb einer Volkswirtschaft ablaufen. Folgende Ordnungssysteme sind praktisch von Bedeutung:
– liberale oder **freie Marktwirtschaft**: Eigeninitiative und Eigenverantwortung des Einzelnen sollen sich auf der Grundlage von Privateigentum an Produktionsmitteln, Gewerbefreiheit und der freien Wahl von Beruf und Arbeitsplatz ungehindert entfalten können. Das Wirtschaftsgeschehen wird dezentral über die Preisbildung auf den Märkten gelenkt. Voraussetzung für einen funktionierenden Marktmechanismus ist der freie Wettbewerb. Der → **Staat** soll durch seine Ordnungspolitik (Verbot von marktbeherrschenden Unternehmen wie z. B. Monopolen und von Preisabsprachen, d. h. Kartellen) für einen funktionierenden Wettbewerb sorgen, sonst möglichst wenig in das wirtschaftliche und soziale Gefüge eingreifen.
– **Soziale Marktwirtschaft**: Bezeichnung für die Wirtschaftsordnung der Bundesrepublik Deutschland, in der der Staat über die Ordnungspolitik hinaus auch wirtschafts-, gesellschafts- und sozialpolitisch aktiv wird mit dem Ziel, für menschenwürdige Arbeitsbedingungen und Lebensverhältnisse zu sorgen.
– **Sozialistische Planwirtschaft**: Zentrale Steuerung der Wirtschaftsabläufe durch den Staat, daher auch Zentralverwaltungswirtschaft genannt. Voraussetzung: Überführung des Privateigentums an Produktionsmitteln in Gemeineigentum in Form von Volks- oder genossenschaftlichem Eigentum. Spielt nach dem Scheitern des „real existierenden Sozialismus" praktisch keine Rolle mehr.

Stichwortverzeichnis

A

Abgeordnete 32 f., 61, 139, 144, 147, 149, 152, 155-160, 168, 200, 204, 206, 215, 241
Abrüstung 237, -smaßnahmen 213
Abschreckung 188 f., 201, 236 f.
Adoptionsrecht 45
Afghanistan 63, 232 f., -einsatz 238 f., -konferenz 239
Agenda, 73, - 2010 131, 152
al-Qaida 232 f., -kämpfer 238
amnesty international 194
Angebot 115-117
Antiterrorkrieg s. Terror
Arbeit, -geber 112 f., 117, 122, 131, 141, 151, 159, 208, -sgesellschaft 122-124, -slos 124, 181, 211, 222, -slosengeld 117, 119 f., 166, -slosenhilfe 166, -slosenversi-cherung 117, -slosenzahl 124, -slosigkeit 124, 181, 211, 222, -smarkt 110, 120 f., 166, -splätze 22 f., 105, 126, 129, 191, 225 f., -steilung 102 f., 106, 128, -sun-fähigkeit 123, -szeit 120, 201, -geberverbände 131, 151
Armut 48, 50 f., 96 f., 99, 181, 236, 242, -srisiko 51
Asylantrag 246, -politik 216 ff.
Atom 237, -ausstieg 152 f.
Aufschwung 104, 126, 164
Ausbildung 47 f., 116, 122-124, 187, 215, 225, 230, 233
Ausschuss 156 f., Untersuchungs-159, 207
Auslandseinsatz 152, 240 f., 247

B

Banken 94, 106 f., 210
Bankenkrise s. Krise
Bedürfnis 16, 31, 35, 86, 90, 96-99, -arten 96-99, -pyramide 96-99, -se 16, 31, 35, 86, 90, 96-99
Bertelsmann 64 f. -Stiftung 14, 50 f.
Betreuungsgeld 48 f., 140 f.
Bevölkerungsentwicklung 119
BGB, Bürgerliches Gesetzbuch 176, 178 f.
Bildung 15, 30, 42, 48, 64, 74, 97, 136, 144, 170, 181, 207, -sarbeit 32-34, -sauftrag 68, -sexperte 122, -sfernsehen 57, -sleistungen 114, -sniveau 191, -soffensive 140 f., -spaket 166, -spolitik 32-34, 140 f., -ssystem
Binnenmarkt 201, 214
BIP, Bruttoinlandsprodukt 102-104, 116, 210 f., 221
Börse, Frankfurter Börse 110
Bundeskanzler, -in 150-153, 164 f., 173, 199, 237
Bundesminister, -ium 152 f., 164, 191, 240 f., 246
Bundespräsident 18, 61, 150, 152, 154, 156, 164 f., 167, 173
Bundesrat 154 f., 158 f., 162 f., 166 f., 173
Bundesregierung 101, 139, 150, 152, 154, 163, 167, 173, 246
Bundestag 61, 135, 144 f., 154-159,

162-167, 173, 200, 227, 240 f., -sabgeordnete 33, 139, 156, 215
-sfraktion 71-73, 139, -spräsi-dent 61, 71, -swahl 61, 139-141, 147-152, 206 f., -swahlkampf 73
Bundesverfassungsgericht 156, 159, 166 f., 173, 199, 232
Bundeswehr 156 f., 238, -einsatz 152, 240 f., -kontingent 240 f., -soldaten 243
Bündnis, -fall 236 ff., -partner 236 ff., -territorium 236
Bürgergesellschaft s. Gesellschaft
Bürgerinitiative 34 f., 136 f., 168, 208 f.
Bürgerkrieg 230 ff., 239, 247
bürgerliches Freiheitsrecht s. Bürgerrecht
Bürgerrecht 144, 194, -ler 61
BVerfG, Bundesverfassungsgericht 39, 156, 159, 166 f., 173, 195

C

Chancengleichheit s. Gleichheit
China 129, 210
Crowdfunding, Crowdsourcing 136

D

DDR, Deutsche Demokratische Republik 61
Demokratie 6-37, 58 f., 61, 71-74, 83, 135-171, 208 f., 225, -defizit 227
Dienstleistungsgesellschaft 67
Drittstaaten 213
Drogen 191, -abhängig 230, -geschäft 197, -handel 196 f., 233, -kartell 196 f., -mafia 197

E

Entwicklungszusammenarbeit 242 f.
Erwachsenenstrafrecht 182
Erwerbsarbeit 124
Erziehung 40-48, 99, 109, 181 f., 184-186, 188, 243, -sauftrag 9, -sberechtigte 184, -sfunktion 109, -sheim 182, -smaßnahmen 184 f., -smetho-den 181, -spersonen 181, -spflicht 9, -srecht 9, -sverant-wortung 9, -sziele 9, 41-43
EU, Europäische Union 199 f., 211, 214
Euro 22 f., 25, 36, 48 f., 61, 68, 86, 88 f., 92, 99, 103, 120, 151, 153, 159, 200, 207, 210 f.
Europäische Kommission 204 f.
Europäischer Gerichtshof 167, 203
Europäischer Rat 204 f.
Europaparlament, Europäisches Parlament 202, 204-209, 212, 227
Europapolitik 169, -wahl 31, 166, 204, 206 f., 225
Eurostat 211
EWG, Europäische Wirtschafts-gemeinschaft 201
Exekutive 171
Export 128 f., 132, 210 f., -palette

128 f., -überschuss 210 f.
Existenz, -bedürfnisse 97, -minimum 166, -notwendig 166
Extremismus 165, 170 f.
EZB, Europäische Zentralbank 105, 107, 210

F

Familie 35, 38-53, 61, 86, 89, 99, 118, 128, 130, 171, 186, -nbild 140 f., -ngeschichte 165, -nleben 46, 57, -npolitik 136 f., 140 f.
Finanzkrise s. Krise
Flucht, Flüchtlinge 216 ff., 231 f., 242, 246, -lingskinder 216, 246
Föderalismus 160-162
Fraktion 26, 72 f., 149, 152, 206, -schef 61, -sgemeinschaft 140 -ssitzung 155-158, -svorsitzende/r 30, 61, 157
Frauen 44, 46 f., 52, 99, 140, 233, -rechte 194
Frieden 85, 176, 213, -sforscher 157, -spolitik 228-247, -struppe 238, Sozialer -130 f., Welt- 234 ff.
Frontex 219, 221
Fundamentalismus, relig. 170, 241

G

Geburt 44, 49, 194, -enrate 47, 53
Gegenmacht s. Macht
Gemeinde 6-37, 49-52, 114, 116, 197, 202, -ratskandidatinnen 139
Generation 40, 94, 230, -enaufgabe 233
Gentechnik 126 f.
Gerechtigkeit 51, 140 f., 146, 149, 175, 229
Gerichtsverhandlung 183-185, 190, 197
Gesellschaft 9, 32, 34 f., 37-40, 42-53, 55 f., 58, 98, 119, 124, 131, 138-140, 144 f., 154, 159 f., 166, 170 f., 176, 186 f., 191, 204, 215, -liche Produktion 103, -liche Stellung 86, 96, -liche Veränderungen 133, -liche Wertvorstellungen 136, -smitglied 114 f., -spolitik 114 f., -sschicht 47, -ssystem 74
Gesetz 15 f., 18, 25, 33, 35, 93, 107, 109, 114-117, 135, 162-164, 166-169, 176, 178 f., 182-185, 187-190, 193-195, 197, 200, 202-205, 207 f., 211, 240, 246, -esini-tiative 152, -gebungsverfahren 152, 154-160, Grund- 9-12, 21, 48 f., 58 f., 112, 144, 195, Partei-en- 138 f.
Gesundheit 99, 176, 182, 233, 246, -svorsorge 126
Gewalt 204, 214 f., 231, 236, 240 f., Waffen- 238
Gewaltenteilung 172
Gewerbesteuer, -umlage 22-24
Gewaltmonopol s. Monopol
Gewerkschaft 112 f., 141, 151, 154
Gleichberechtigung 40, 46, 166

Gleichheit 166, -srechte 195, Un- 170
Gleichstellung 48, 140 f., 153
Globalisierung 128-133
„Gottesstaat" 224
Griechenland 199, 206, 210 f.
Grundbedürfnisse s. Bedürfnisse
Grundgesetz (GG) 9, 12, 16, 21, 48, 58 f., 112, 138, 144, 154, 157 f., 160, 167-169, 172, 189, 195, 197, -esänderungen 163
Grundsicherung 116, 119, 141
Grundrechte 166 f., 189, 194 f., 229
Güter 86, 92, 96 f., 102-104, 106 f., 110 f., 114, 127 f., 200, 213, Hilfs- 233

H

Haft, Abschiebe-, Unters. 245 f.
Hartz IV 25, 99, 152, -Sätze 166 f., -Leistungen 166
Haushalt 22-25, 41 f., 44, 46 f., 61, 97, 100, 103, 106, 114, 127, 156, 204 f., -sbehörde 207, -sdebatte 159, -sdiziplin 210 f., -seinkom-men 49, -sgenehmigungs-verfahren 25, -skontrolle 211, -sperspektive 23, -splan 22, 153, -styp 51
Humanitäre Hilfe 233, 242 f.
Hunger 50, 61, 236, 242

I

Industriegesellschaft 106
Inflation, -sraten 210
Informationsrecht 59
Infrastruktur 231, 238, 242
i-Politics, i-Voting 72
Integration, -sbereitschaft, -skri-terium 52, 145, 152, 205, 213 f.
Internationaler Strafgerichtshof 238 f.
Internet 15, 32, 35 f., 45, 47, 50, 53, 56, 58 f., 61, 65, 71-74, 88, 92-94, 110 f., 122, 128, 136, 140, 142, 150, 157, 160, 164, 166, 169, 178, 191 f., 194 f., 207, 209, -an-schluss 41, 73, 94, -gebühren 35 f., -handel 92, -kurse 73, -quellen 72, -recherche 19, 160, 172, -seite 19, 67, 71 f, -wahlkampf 72, -zensur 74
Investition 22-25, -santeil 23, -sgüter 102-104, -sgüternachfrage 104, -smöglichkeiten 23, -ssicherheit 130 f., -sschutz 208
Islam, -ismus, -isten, -ischer Staat, -istischer Terror 195, 194, 230 ff., 236

J

Jugend 137, -gewalt 196, -kriminalität 180, -strafrecht 180-183, 185

K

Kalter Krieg 128, 236 f.
Kapital 102, 106, 112, 128, 131, 210, -anlage 59, -gesellschaft 159

Stichwortverzeichnis **255**

Kapitalismus 112, 170
Kartell 115, 194
Kaufkraft 86, 88, 105
Kaufvertrag s. Vertrag
Kinderarmut, -squoten s. Armut
Kinderrecht/e 52, -skonvention
246
Kindersoldaten 230, 244 f.
Koalitionsvertrag 150 f., 154
Kommunalwahlrecht 29
Kondratieff, Dimitri 126
Konjunktur 104 f., 113, 115, 210,
-wellen 126
Konstruktives Misstrauensvotum
152, 159
Konsum 35, 37, 57, 95, 100-103,
105, 108-111, -ent 64, 97, 109 f.,
-gesellschaft 86, -güter 86,
102, 200, -verhalten 86-89, 111,
137
Krieg 229-234, 236-239, 243-247
Antiterror- 156, Bürger- 229-
234, -sdienst 230, -sregionen
246, -sverbrechen 234, 241, 244
Kriminalität 170, 180 f., 191, 196 f.,
230
Krise 115, 199, 210 f., 231, 236 f.,
243 f., -nbewältigung 213,
-nländer 239, -nmanagement
153, 236, -nregionen 237

L
Länderverfassungen s. Verfassung

M
Macht 60, 64, 112, 135, 140, 156,
164 f., 216, -frage 144, -haber
172 f., -sicherung 152, -wechsel
162, Mitgestaltungs- 213 f.,
Verhandlungs- 110, 208, 213
Mandat 236, 238, -sgrenze 241,
Verhandlungs- 208
Markt 60 f., 64, 66-69, 74, 84, 88,
92, 94, 96, 108-111, 114-116,
128 f., 131, 166, 184, 191,
200-203, 210 f., 213 f., 243,
-anteil 57, 60, 69, -eingriff 210,
-forscher 87, 109, Binnen- 201,
214, Devisen- 210, Finanz- 145,
159, 211
Marktwirtschaft 90, 115 f., 119,
131, 214
Maslow, -Pyramide 90, 98 f.
Massenmedien 55, 58, 64
Medien 35, 125, 137, 152 f., 159,
194, -gesellschaft 54-83, -kon-
zentration 64, 67, -konzern 64,
-pädagogik 89
Medienmacht s. Macht
Mehrheitswahlrecht 146
Meinungsfreiheit 64- 67
Menschenrechte 72 f., 141, 218 ff.,
225, 242, 246 ff., -sgruppen 242,
245 -sorganisationen 194 f., 245,
-sverletzungen 194, 244 f., -wür-
de 194
Migration, -shintergrund 61, 171,
216 ff.
Mindestlohn 141, 151, 154 f.
Ministerrat, EU- 204 f., 208
Mitbestimmungsrecht 112
Mittelschicht 99
Mobilität 114, 128

Monopol 60, 67, 110, 176
Mudschaheddin 194, 232

N
Nachfrage 96 f., 104, 107, 109-111,
114
Nachhaltigkeit 100 f., 126, 210,
-sinitiative 101, -slabel 101
Nachrichtenwertfaktoren 62 f.
National, -ismus 170, -staat 131,
204, 212, -staatliche Grenzen 131
NATO, North Atlantic Treaty
Organization, 215, 232, 236 ff.,
241, 243, 247, -partner 236, -rat
236, -vertrag 236
NGO, Non-Governmental
Organization 242 f.
Nichtwähler 144 f.

O
Oppositionsfraktion s. Fraktion

P
Parlamentsarmee 240 f.
Parteien 138-141
Partizipation 145, 208 f., politi-
sche - 33, 208, -sformen 136 f.
Preisbildung 116
Presseagentur 62, 67, -freiheit 58 f.,
-mitteilung 139, 202, -recht 58 f.
Produktionsmittel 103
Prozessgrundrechte 195
Push- und Pullfaktoren 217

R
Recht 9-13, 15, 24, 31, 34, 58 f., 61,
72 f., 86, 93, 110, 132, 138, 144,
153, 156, 165-167, 169-171, 174-
197, 200, 202-205, 207-211,
214 f., 244, 246, -sanspruch 48,
141, -sanwalt 179, 184 f., 192 f.,
-sfolge 179, 183, -sgrundsatz
146, 189, 197, -skräftig 165,
-sordnung 176-178, 184, 194,
-stext 178, 197, -sverhältnisse
48, -svorschrift 178 f., 194, 200,
203, -swidrig 112, 178 f., Anhö-
rungs- 31,
Aufenthaltsbestimmungs- 48 f.,
Begnadigungs- 165, Budget-
158, Freiheits- 141, 195, Initia-
tiv- 163, 207, Rede- 13, 185,
Völker- 164, 229, 234
rechtsextrem, Rechtsextremismus
s. Extremismus
Rechtsprechung 114, 130, 172,
174-197, -sstaat 130, 189, 195,
208, 214, -swesen 188
Religionsfreiheit 215
Rendite, -recht 59
Rente 145, -nreform 152,
-nversicherung 117-119
Resolution 226, 228
Resozialisierung 186 f., 189, 191

S
Scharia 194
Schulden 87, 107, 188, 191,
„-bremse", 23-25, 211, -faktor
94 f., -falle 94 f., -schnitt 114,
-sorgen 95
Schule, Schüler/-innen 6-24, 26,
28, 30, 32-34, 48, 50 f., 55, 57, 61,

88 f., 94 f., 99, 114, 116, 121,
123 f., 136 f., 141, 160, 169, 173,
176, 184, 186, 194, -austausch
36, 200, , -formen 8
Smith, Adam 109
Sicherheitsrat, -der Vereinten
Nationen 234 ff., Welt- 238
Souveränität 200, 204
Sowjetunion 212, 230, 232, 236
Soziale Gerechtigkeit s. Gerech-
tigkeit
Sozialstaat 116-119, -lich 131,
-sprinzip 166
Sozialstandards 131
Soziale Gerechtigkeit 51, 140 f.
Soziale Marktwirtschaft 115 f.
Sozialversicherung 116-118, 159,
-spflicht 141
Sozialisation 181
Staatsbürger 103, 195, 212,
-schaft/-schaftsrecht 152
Steuer 22-25, 28, 65, 107, 139,
141, 152, 211, -abgaben 22,
-abkommen 162, -anteil 22-25,
-befreiung 34, -belastung 130,
-bereinigt 92, -arten 22-25,
-einnahmen 23, 114, -klasse 49,
-politik 145, -senkungen 169,
Körperschafts- 159, Millionärs-
159, Spitzensatz 159
StGB, Strafgesetzbuch 178 f., 182,
184
Strafrecht 33, 183, 189, -lich 180
Straßenkinder 230, 242
Strukturpolitik, -wandel 115, 126
Subsidiarität 21, 202, -sprinzip 116
Subvention 24
Syrien 61, 145, 216 f., 230, 247

T
Taliban 194, 232 f., 238 f., 242 f.,
-regime 232, 238
Tarif 67, -auseinandersetzungen
113, -autonomie 112-114, 154,
-partner 131, 151, -verhandlungen
112, 131, -vertrag 112-114, 141
Teilhabe 136, 166
Terror, -anschlag 61, 194, 230,
232, 236, 238, -ismus 213, 230,
232, 236, 238 f.,
-isten 61, 156 f., 165, 230, 232,
236, 238 f., 247, -zelle 171
Transferzahlungen 49
TTIP, Transatlantische Handels-
und Investitionspartnerschaft
128, 208
Türkei 74, 214 f.

U
Umwelt 100 f., 126 f., 131, 202,
-aktionen 32, -belastung 101,
-engel 101, -freundlich 19, 127,
-politik 136, 139, 141,
-schonend 19, -schutz 204 f.,
207 f., -standards 200,
-techniken 126, -vereine 35,
-verträglich 100 f., 126 f.
UN/UNO, United Nations
Organization 204, 229 ff., 234 f.,
238 f., 244
Unterricht 14-16, 20, 27, 55, 105,
140, 144, 183, 217, -sarten 8-11,
-sfahrten 36, -sformen 8-11,

-sgang 190 f., -sinhalte 11,
-smittel 36, -sstunden 11,
-stag 11, -sthemen 14
USA 50, 128 f., 164, 208, 210,
232 f., 239, 244
Untersuchungsausschuss 158, 207

V
Verbraucher/innen 61, 85 f. 88, 90,
100 f., 109, 114, 116, 128, 159,
195, 202, -rechte 93, -schutz 93,
200, 208,
-zentrale 19, 100 f.
Vereinte Nationen s. UN
Verfassung 9, 25, 48, 123, 159 f.,
170-172, 194 f., 232,
-sbeschwerde 167, -sklage 159,
-skonform 167, -sorgane 167,
-srecht 138, 153, 164, 166 f., 211,
-sschutz 171, -sstreit 167,
-swidrig 166 f.
Verhältniswahlrecht 28, 146 f.
Vermittlungsausschuss 155, 162 f.
Vermögen 22, 116, 166, 181,
-de 141, -sbildung 107
Vertrag 16 f., 33, 61, 68, 164, 192 f.,
-sbedingungen 193,
-sbestandteil 192, -spartei 193,
-spartner 192, -sschluss 176,
-von Lissabon 208, 211 ff.,
- von Maastricht 212
Vertragsstaat des Römischen
Statuts 236
Vertrauensfrage 157, 164
Volksabstimmung 168 f., 212
Völkerrecht, -lich 164, 229,
-sverbrechen 234, 244 f.
Volkswirtschaft 104-106, 114 f.,
128, 210, -lich 103, -slehre 106

W
Wachstum 92, 104 f., 131, 140,
-srate 92, 104, -strend 104
Wahl 31-33, 153, 204-208, 217,
-berechtigt 29, 147, 168, 207,
-berechtigung 31, -plakate
142 f., -recht/sgrundsätze 146-
149, -system 146-149
Währungsunion 210 f., 214
Warlords 233, 243
Warschauer Pakt 236
Weltbank 232
Werbung 58, 68, 70, 86-91, 96, 98,
111, 114 f., 169
Wettbewerb 66, 88, 114-116,
128 f., freier - 111, -sbedingun-
gen 71, -sbeschränkungen 115,
-sdruck 214, -sfähigkeit 131,
210, -sgesetze 115, -sordnung
115, -spolitik 114-116
Wirtschaft 104, 203 f., 208, 210,
212-215, 225, -skreislauf 106 f.,
-ssektoren 102 f
Wirtschaftswachstum s. Wachstum

Z
Zeitungen, 41, 52, 58, 60-67, 71,
110, 122, 190, 211
Zins 65, 210 f., -entscheidung
210, -politik 210, -zuschuss 23
Zivilgesellschaft s. Gesellschaft
Zivilprozess, -recht 192 ff.

Bildquellenverzeichnis

akg-images, Berlin: 124 o.re. + u.li.

Appenzeller, H., Stuttgart: 145

Axel Springer AG, Berlin: 61 u.

Baaske Cartoons, Müllheim: 8 (nach G. Mester), 36 (J. Tomaschoff), 62 (U. Kieser), 68 (G. Mester), 76 (T. Plaßmann), 82 o. (P. Kaczmarek), 82 u. (T. Plaßmann), 104 o. (E. Liebermann), 112 (T. Plaßmann), 127 re. (G. Mester), 144 o. (G. Mester)

Bengen, H., Norden: 221

Bergmoser + Höller Verlag AG, Aachen: 102 u. (nach ZAHLENBILDER 200125), 111 (nach ZAHLENBILDER 200290), 158 re. (nach ZAHLENBILDER 67260), 195 (nach ZAHLENBILDER 60110)

Bulls Pressedienst GmbH, Frankfurt/M.: 45 u. (J. Unger), 133 o.

BÜNDNIS 90/DIE GRÜNEN, Berlin: 143 re.o.

Calleri, P., Ulm: 151 re.

Campact e.V. - Kampagnen für eine lebendige Demokratie, Verden/Aller: 208 (F. Kindermann)

CartoonStock Ltd, GB-Bath: 92 (A. Bacall)

CDU.de: 143 li.o.

Corbis, Berlin: 198/199 (Reuters/A. Bronic), 212 (Reuters/M. Zmeyev), 218 re. (Reuters/A. Meres)

ddp images, Hamburg: 134/135 (M. Gottschalk), 135 (A. Schmidt), 191 (M. Benk)

Deutscher Bundestag, Berlin: 154 (A. Melde)

Europäische Gemeinschaft, Luxemburg: 204 o.

F1online, Frankfurt/M.: 98 u. 2. v.re. (Aflo)

Fotex, Hamburg: 53 li.Mi. (Melanie)

fotolia.com, New York: 23 (C. Fallini), 46 li. (eyewave), 98 (Kelly Ann), 98 u. 2. v.li. u. (S. Stache), 192 (A. Taths), 193 (A. Raths)

Getty Images, München: 44 o. 2. v.re. (The Image Bank/K. Zimmermann), 46 re.o. (Caiaimage), 46 re.u. (Image Source), 53 re.u. (R. Mackechnie), 63 re.u. (J. Raedle), 80 (P. Kline)

Haitzinger, H., München: 132, 206 o., 237 u.

Hanel, W., Bergisch Gladbach: 118

Haus der Geschichte, Bonn: 100 o. (J. Wolter)

Horsch, W., Niedernhall: 113 o., 238 o.

imagetrust, Koblenz: 123 (M. Vollmer), 170 (K. Mueller)

Imago, Berlin: 39 u. (imagebroker/Waldhäusl), 55 (momentphoto/R. Michael), 234 (imagebroker)

INTERFOTO, München: 24 o.re. (W. Wirth)

iStockphoto.com, Calgary: 44 o.re. (Imgorthand), 98 u.re.

Jack Wolfskin GmbH & KGaA, Idstein i.Ts.: 91

Janson, J., Landau: 214 u.

JOKER:, Bonn: 20 o.li. (P. Albaum)

Kinderhilfe Afghanistan, Mintraching: 243

KOBRA Beratungszentrum, Landau: 52

Köcher, U., Hannover: 13

Konfliktschlichtung e.V., Oldenburg: 186

Koufogiorgos, K., Stuttgart: 247 li.

KUFA e.V., Hamburg: 242 Mi.

Landvogt, J., Münster-Sarmsheim: 14

Latinstock: Titel li.o.

Marcks, M., Heidelberg: 42

mauritius images, Mittenwald: 20 o.re. (imagebroker/J. Tack), 50 re. (imagebroker/Allgöwer)

Mester, G., Wiesbaden: 127 li.

Mohr, B., Königswinter: 70, 83 u., 86, 224 u.

Parteivorstand der Partei DIE LINKE, Berlin: 143 li.u.

Photocase, Berlin: 174/175 (3format)

photothek.net, Radevormwald: 238 u. (T. Imo)

Picture-Alliance, Frankfurt/M.: Titel li.u. (ZB/J. Woitas), Titel re. (dpa/F. Rumpenhorst), 24 o. Mi. (2) (SZ Photo/A. Schellnegger), 24 o.li. (dpa/P. Kneffel), 31 (dpa/H. Ossinger), 39 o. (photononstop/onoky), 44 o.li. (Mary Evans Picture Library), 50 li. (dpa/C. Hager), 53 li.o. (Foodcollection), 53 re.o. (SZ Photo/Haas), 54/55 (ZB/K. Schindler), 63 li.o. (OKAPIA/ H. Lange), 63 li.u. (dpa/A. Löbbecke), 63 re.o. (Sport Moments/Halisch), 71 (ZB/K. Schindler), 84/85 (ZB/B. Pedersen), 94 (Image Source/G. Winterbottom), 96 (AAP/Dean Lewins), 98 u. 2. v.re.o. (dpa/F. May), 152 u. (BPA/B. Köhler), 153 o. (dpa/T. Brakemeier), 153 u. (dpa/M. Gambarini), 165 o. (dpa/C. Jaspersen), 165 u. (BREUER-BILD/J. Reetz), 166 (dpa/U. Deck), 168 (dpa/S. Pilick), 194 (University Hospitals Birmingham), 196 (Keystone/M. Ruetschi), 199 (EPA/S. Pantzartzi), 204 Mi. (epa/J. Warnand), 204 u. (AA/Nikita Shvetsov), 205 Mi. (dpa/S. Pillick), 205 o. (ROPI/Minnella/Graffiti),213 (AA/Dursun Aydemir), 214 o. (AP/M. Sezer), 215 o. (dpa/Maurizio Gambarini), 215 u. (dpa/H. Galuschka), 218 li. (dpa/D.Z. Lupi), 228/229 (dpa/P. Endig), 229 (Photoshot), 230 Mi. (Metrowest Daily News/Ken Mcgagh), 230 o. (AP), 230 u. (dpa/EPA/Ludbrook), 231 o. (AP/Jossy Ola), 232 li.o. (EPA/S. Sabawoon), 232 li.u. (AA/H. Sabawoon), 232 re. (EPA/ H. Shiab), 233 u. (EPA/J. Sabawoon), 240 o.li. + u.li. + u.re. (MM Gambarini), 240 o.re. (AP/D. Roland), 242 o. (dpa/T. Brakemeier), 242 u. (Photoshot234), 245 (dpa/ICC_CPI_COURT), 246 li.o. (Unicef/G. Pirozi), 246 li.u. (AA/M. Hassona), 246 re. (epa/M. Prior/Wfp), nach dpa-infografik: 40, 44 u.re., 81 (2), 93 o., 95 re.o. + u., 103, 117, 119, 122 li., 125 u., 128 (2), 129 (2), 206 u.li., 233 o., 235 o.li. + u., 237 o.

plainpicture, Hamburg: 38/39 (Fancy Images), 44 o. 2. v.li. (Johner)

Rowohlt Verlag GmbH, Reinbek: 79 u.

Sakurai, H., Köln: 152 o., 247 re.

Schopf, O., Wien: 219

Smetek, W., Seevetal: 224 o.

SPD: 143 re.u.

Steiger, I., München: 34 o.

Stiftung Stadtmuseum, Berlin: 9 (Bartsch)

Stuttmann, K., Berlin: 51 u.

Süddeutsche Zeitung GmbH, München: 61 o.

TERZ Pressebüro – S. Husch, Heidenrod: 187

TransFair e.V., Köln: 101

tredition GmbH, Hamburg: 79 o.

TV-yesterday, München: 124 u.re. (W. M. Weber)

ullstein bild, Berlin: 152 Mi. (BPA), 175 (Raupach)

© VG Bild-Kunst, Bonn 2015: 234

Visum, Hamburg: 85 (PhotoXPress)

Vöhringer, M., Freiburg: 7

Verlag an der Ruhr, Mülheim a.d.R.: 78 (fotalia/William Berry)

Wedekind, K., Hamburg: 20 o.Mi.

Wiedenroth, Götz/www.wiedenroth-karikatur.de, Flensburg: 83 o.

Woessner, F., Berlin: 133 u.

www.asterix.com/© LES ÉDITIONS ALBERT RENÉ/GOSCINNY-UDERZO, Paris: 108

www.bildblog.de, Bochum: 211

Zurbonsen, K.-H., Freiburg: 6/7.

Operatoren und ihre Anforderungsbereiche (AFB)

Operatoren	Definition	AFB
aufzählen nennen wiedergeben zusammenfassen	Kenntnisse (Fachbegriffe, Daten, Fakten, Modelle) und Aussagen in kurzer Form unkommentiert darstellen	I
benennen bezeichnen	Sachverhalte, Strukturen und Prozesse begrifflich genau aufführen	I
beschreiben darlegen darstellen	wesentliche Aspekte eines Sachverhaltes im logischen Zusammenhang unter Verwendung der Fachsprache wiedergeben	I
sich erkundigen informieren recherchieren	gezielt nach Texten, Bildern, Materialien suchen	I
analysieren strukturieren	Materialien oder Sachverhalte kriterienorientiert oder aspektgeleitet erschließen, in systematische Zusammenhänge einordnen und Hintergründe und Beziehungen herausarbeiten	II
anwenden	einen bekannten Sachverhalt oder eine bekannte Methode auf etwas Neues beziehen	II
auswerten	Daten oder Einzelergebnisse zu einer abschließenden Gesamtaussage zusammenführen	II
charakterisieren	Sachverhalte in ihren Eigenarten beschreiben und diese dann unter einem bestimmten Gesichtspunkt zusammenführen	II
einordnen zuordnen	eine Position zuordnen oder einen Sachverhalt in einen Zusammenhang stellen	II
erklären	Sachverhalte durch Wissen und Einsichten in einen Zusammenhang (Theorie, Modell, Regel, Gesetz, Funktionszusammenhang) einordnen und deuten	II
erläutern	wie erklären, aber durch zusätzliche Informationen und Beispiele verdeutlichen	II
herausarbeiten ermitteln erschließen	aus Materialien bestimmte Sachverhalte herausfinden, auch wenn sie nicht ausdrücklich genannt werden, und Zusammenhänge zwischen ihnen herstellen	II
interpretieren	Sinnzusammenhänge aus Materialien erschließen	II
vergleichen	Sachverhalte gegenüberstellen, um Gemeinsamkeiten, Ähnlichkeiten und Unterschiede herauszufinden	II
widerlegen	Argumente anführen, dass Daten, eine Behauptung, ein Konzept oder eine Position nicht haltbar sind	III
begründen	zu einem Sachverhalt komplexe Grundgedanken begründet und schlüssig entwickeln	III
beurteilen	den Stellenwert von Sachverhalten oder Prozessen in einem Zusammenhang bestimmen, um an Kriterien orientiert zu einem Urteil zu gelangen	III
bewerten Stellung nehmen	wie beurteilen, aber zusätzlich mit Reflexion individueller und politischer Wertmaßstäbe, die Pluralität gewährleisten und zu einem begründeten eigenen Werturteil führen	III